U0514462

国家社会科学基金项目（18BJL005）研究成果

后凯恩斯主义
"工资导向复苏"经济学
进展研究

刘文超 李辉 ◎ 著

中国财经出版传媒集团

经济科学出版社

Economic Science Press

图书在版编目（CIP）数据

后凯恩斯主义"工资导向复苏"经济学进展研究／
刘文超，李辉著 . -- 北京：经济科学出版社，2023.3
ISBN 978 - 7 - 5218 - 4635 - 5

Ⅰ. ①后…　Ⅱ. ①刘…②李…　Ⅲ. ①后凯恩斯经济
学 - 研究进展　Ⅳ. ①F091.348.1

中国国家版本馆 CIP 数据核字（2023）第 049112 号

责任编辑：张　燕
责任校对：杨　海
责任印制：张佳裕

后凯恩斯主义"工资导向复苏"经济学进展研究

刘文超　李辉　著

经济科学出版社出版、发行　新华书店经销

社址：北京市海淀区阜成路甲 28 号　邮编：100142

总编部电话：010 - 88191217　发行部电话：010 - 88191522

网址：www. esp. com. cn

电子邮箱：esp@ esp. com. cn

天猫网店：经济科学出版社旗舰店

网址：http://jjkxcbs. tmall. com

固安华明印业有限公司印装

710 × 1000　16 开　19.5 印张　330000 字

2023 年 6 月第 1 版　2023 年 6 月第 1 次印刷

ISBN 978 - 7 - 5218 - 4635 - 5　定价：99.00 元

（图书出现印装问题，本社负责调换。电话：010 - 88191545）

（版权所有　侵权必究　打击盗版　举报热线：010 - 88191661

QQ：2242791300　营销中心电话：010 - 88191537

电子邮箱：dbts@ esp. com. cn）

前　言

后凯恩斯主义经济学的起源可以追溯到 20 世纪 30 年代凯恩斯和卡莱斯基基于有效需求原理的宏观经济学革命，可谓源远流长。后凯恩斯主义经济学具有鲜明的非正统经济学特征，在西方经济学界一直具有很大的影响力，尤其是 2008 年美国金融风暴以及引发的全球经济危机印证了其主要理论，这使得该学派影响力进一步扩大，可谓影响日盛。然而，后凯恩斯主义经济学在获得追捧的同时，也遭受着持续的尖锐批评。一方面被批评缺乏建设性：围绕着对新古典经济学的厌恶，而不是围绕积极的理论或方法论建设展开工作；更多的是进行思想史批判，而非为新的经济现象提供解释或者贡献新的政策建议。另一方面被指责缺乏内在一致性和连贯性：没有"既定信条"，关注的主题各不相同，它实际上是相当"异质的组合""不成体系的研究"。

重大历史事件往往在一个经济学派的产生与发展过程中发挥着关键作用。20世纪 30 年代的资本主义大萧条导致了基于有效需求原理的宏观经济学革命的诞生，后凯恩斯主义经济学由此发轫。20 世纪 70 年代资本主义滞胀危机导致了正统凯恩斯主义的解体，也催生了具有自觉意识的后凯恩斯主义学派。那么面对 20世纪 30 年代以来最严重的资本主义危机，后凯恩斯主义经济学取得了哪些进展呢？这场全球性危机给后凯恩斯主义经济学的命运带来怎样的影响呢？

通过归纳分析相关文献后发现，后凯恩斯主义经济学在解释和应对 2008年全球金融危机过程中在经济理论方面取得了八个方面的进展。这八个方面分别是：卡莱斯基分配与增长模型的完善以及基于此模型的危机与复苏分析、明斯基资本主义发展理论的挖掘与阐述、对卡莱斯基理论与明斯基理论进行综合的卡莱斯基—明斯基模型的构建、金融化理论、供给—需求互动增长理论、现代货币理论与经济复苏方案、全球失衡与治理理论、长期停滞理论。

通过对八个方面的研究可以发现，面对 20 世纪 30 年代以来最严重的资本主义危机，后凯恩斯主义经济学从内讧走向团结一致，团结在拯救资本主义的使命之下，从专注于相互攻讦转向聚焦于探索富国裕民之策。我们把团结在拯救资本主义的使命之下、聚焦于探索富国裕民之策的新阶段后凯恩斯主义经济学称作"工资导向复苏"经济学。"工资导向复苏"经济学是对后凯恩斯主义经济学在综合运用其内部各流派方法、理论、模型研究2008年全球金融危机根源及其应对方案过程中形成的一系列理论扩展和政策主张的总称。之所以把这种经济学冠以"工资导向复苏"，是因为它把本次金融危机的原因归结为工资停滞和收入分配恶化，把工资停滞视作经济复苏的根本障碍，主张重塑工资驱动经济增长的增长模式。

由此可见，2008年全球金融和经济危机促使后凯恩斯主义经济学步入新阶段。"工资导向复苏"经济学之所以被视作后凯恩斯经济学发展的新阶段，正是基于其具有的三个特征。

第一，"工资导向复苏"经济学体现为理论上的大综合。这表现在六个方面：（1）卡莱斯基主义与凯恩斯主义实现综合；（2）需求侧分析与供给侧分析实现综合；（3）短期波动分析与长期发展分析实现综合；（4）微观分析与宏观分析实现综合；（5）国内视角与国际视角实现综合；（6）后凯恩斯主义与制度主义实现综合。

第二，"工资导向复苏"经济学对新自由主义进行了全面清算。面对2008年这场长期新自由主义政策酿成的全球金融危机，"工资导向复苏"经济学对新自由主义进行了全面反思和批判。这表现在六个方面：（1）概述了新自由主义增长模式特征；（2）揭示了新自由主义增长模式的动力机制；（3）批判了新自由主义的经济学基础；（4）批判了新自由主义实践；（5）阐述了新自由主义与金融危机之间的关系；（6）揭露了新自由主义的政治方面的问题。

第三，"工资导向复苏"经济学提供了经济复苏的替代性方案。"工资导向复苏"经济学为全球经济走出危机阴霾实现可持续复苏提供了与新自由主义方案截然不同的替代性方案。它强调充分发挥政府对经济的干预功能，主张用集体行动来代替市场机制的自发调节解决人类面临的重大挑战。后凯恩斯主义"工资导向复苏"经济学与危机之前的后凯恩斯主义经济学在视角上发生了明显改变，他们看待经济发展更加全面和深入，政策主张更加综合系统和具有建设性。

2008年全球金融危机爆发15年后的今天，通过考察后凯恩斯主义经济学的新发展阶段——"工资导向复苏"经济学后发现，历史上对后凯恩斯主义经济学的所谓没有建设性、缺乏一致性的批评是站不住脚的，是对处于幼年期新事物的粗陋表现缺乏耐心和过度苛责的反映。"工资导向复苏"经济学非常明确，它反对的是新自由主义理论和政策，支持的是通过集体力量塑造共享繁荣的美好世界；它不仅批判旧的资本主义发展模式，而且提出了构建新秩序的系统性政策方案。过去看上去众多流派松散不连贯，今天看来恰恰体现了"工资导向复苏"经济学广泛的智力来源，过去看上去内在不一致的缺陷现在看来正是形成强大分析能力的原因。

开展"工资导向复苏"经济学研究具有重要的意义。其学术价值体现在三个方面。（1）展现了经济思想史研究的新主题。"工资导向复苏"经济学为经济学学界史（贾根良，2017）的研究提供了例证，为思想史"事件"研究（张林、徐士彦，2019）提供了例证，为经济思想流派"断代史"研究提供了例证。（2）一定程度上改善了我国后凯恩斯主义经济学研究不平衡的局面。对"工资导向复苏"经济学的研究，一定程度上弥补了我国对后凯恩斯主义经济学卡莱斯基主义分支研究不充分的局面，有助于学界更全面地把握后凯恩斯主义经济学。（3）"工资导向复苏"经济学对新自由主义进行了全面清算，系统批判了新自由主义经济理论、政策与实践。本项研究成果展现了西方凯恩斯主义激进派（左派）的新动态，获得了反思新自由主义的新视角。

应用价值体现在以下三个方面。（1）"工资导向复苏"经济学对收入分配、有效需求、生产率和经济增长之间的关系进行了深入研究，这对于认识我国当前发展过程中遇到的收入分配分化严重、工资成本压力加大、增速回落现象并存的经济发展困境问题具有启发意义。（2）"工资导向复苏"经济学针对资本主义国家危机后经济复苏缓慢局面，为恢复资本主义经济发展动力，提出了系统性改革方案和一揽子政策建议。这些改革方案和政策建议具有政策导向性强、深入系统的特征，对于危机后，同样受增长下行困扰、探索新发展动能的中国经济具有一定的启发意义，对于我国当前探索高质量发展新道路具有参考价值。（3）"工资导向复苏"经济学提出的"平等发展战略"和致力于打造一个"植根于广泛共享繁荣的更美好世界"的理想，对于我国解决发展不平衡问题、落实共享发展理念具有启发意义。

著　者
2023 年 3 月

目　　录

.

第1章 导 论

1.1 作为非正统经济学的后凯恩斯主义经济学

在经济学说史上，"后凯恩斯主义"一词曾经一度是在时间意义上被使用的，它表示凯恩斯《就业、利息与货币通论》出版之后一段时期发展起来的宏观经济学。时间意义上的"后凯恩斯主义"一词的英文写法是"post-Keynesian"。但在20世纪80年代之后"后凯恩斯主义"一词逐渐地用来特指一个经济学流派，这种流派意义上的"后凯恩斯主义"一词的英文写法是"post Keynesian"。①

后凯恩斯主义经济学（post Keynesian economics）作为由英国的新剑桥学派发展而来的一个非正统学派，与新古典经济学相对立；同时，它作为凯恩斯经济学的一个分支，与以萨缪尔森为代表的新古典综合凯恩斯主义（neo-classical synthesis Keynesianism）以及以曼昆等为代表的新凯恩斯主义（new Keynesianism）存在明显分歧。后凯恩斯主义经济学在西方经济理论界影响非常大。其历史可追溯到20世纪30年代凯恩斯和卡莱斯基（M. Kalecki）基于有效需求原理的宏观经济学革命，可谓源远流长；先后出现了一批有影响力的后凯恩斯主义经济学家，如罗宾逊（J. Robinson）、卡尔多（N. Kaldor）、温特劳布（S. Weintraub）、明斯基（H. Minsky）、戴维森（P. Davidson）、帕西内蒂（L. Pasinetti）、哈考特（G. Harcourt）、克雷格尔（J. Kregel）等，可谓大师云集、群星璀璨；后凯恩斯主义学派形成了英、美两大阵营，在全球散布着大量追随者，学派专属期刊《剑桥经济学杂志》和《后凯恩斯主义经

① King, J. E. *A History of Post Keynesian Economic Science* 1936 [M]. Cheltenham: Elgar, 2002: 9 – 10.

济学杂志》作为学术阵地影响日盛，可谓薪火相传。2008 年美国金融风暴以及引发的全球经济危机印证了其主要理论，这使得该学派影响力进一步扩大，可谓蒸蒸日上。

后凯恩斯主义经济学是更加一般意义上的非正统经济学的组成部分，像马克思主义经济学、旧制度经济学、演化经济学、社会经济学、女权主义经济学和生态经济学等一样，提供了新古典经济学或正统经济学的替代方案。拉沃（M. Lavoie）总结了非正统经济学和正统经济学在"研究纲领预设"方面具有的五个根本差异，① 这有助于理解后凯恩斯主义经济学的特征。

第一，关于认识论和本体论。非正统经济学坚持实在论。它们认为，经济理论的现实性是重要的，经济学的目的是揭示经济现象内在的结构和因果关系，解释现实世界中经济的实际运作。相比之下，正统经济学建立在"工具主义"的基础上。工具主义认为，理论陈述是否具有现实性无关紧要，只要经济假设导致均衡位置的计算并有利于准确的预测，就会被认为是合理的。

第二，关于理性的概念。非正统经济学假设"环境一致性理性"和"当事人满意"。它们承认个人在获取和处理信息的能力方面临着严重的限制，特别是因为后者可能根本不存在，而且没有处理可用信息的"正确"模型，更不用说当前的决定可能会改变未来可能出现的状态。因此，预期往往基于根本不确定性。遵循规范、惯例、习惯和经验法则，以及建立减少不确定性的制度，被认为是合理的回应。相比之下，正统经济学假设"模型一致性理性"和"当事人最优化"。个人拥有关于当前和未来经济状态的无限知识，他们有能力应用经济的"正确"模型计算经济结果。从这个意义上说，他们被认为拥有"完美信息"和"理性预期"。

第三，关于方法论。非正统经济学遵循"有机论"和"整体论"。它们将个人视为其环境背景下的社会存在，其特征由阶级、性别、文化、社会规范、制度和历史赋予。从这个角度来看，各种微观、宏观悖论都可能出现，这意味着当考虑到个体行为之间的相互关系时，微观层面的合理行为可能不会在宏观层面产生预期的结果。正统经济学的方法是基于方法论的"个人主义"和"原子主义"，这意味着分析必须从社会的个体及其偏好开始。代表性个体在约束下作为效用和利润最大化者的行为为宏观经济学（和制度）提

---

① 马克·拉沃. 后凯恩斯主义经济学新基础［M］. 北京：中国人民大学出版社，2021：19.

供了微观基础，这排除了微宏观之间存在悖论的可能性。

第四，关于经济的核心问题。非正统经济学侧重于"生产"和"增长"。古典经济学家和马克思专注于通过积累盈余和技术进步创造资源，而卡莱斯基和凯恩斯则从 20 世纪 30 年代开始关注资源的充分利用。在这种背景下，非正统经济学的价格被认为是（再）生产价格，受收入分配的影响，而收入分配本身是由社会制度因素决定的。相反，正统理论的出发点和焦点是"交换""分配"和"稀缺"。据此，经济学是关于稀缺资源的有效配置。价格反映了稀缺性，交换是经济分析的起点，而生产和增长只是这一基本观点的延伸，收入分配由生产技术决定。

第五，关于政治的核心问题。非正统经济学坚持认为需要"受监管的市场"和国家对经济的持续干预。不受约束的市场，无论价格灵活还是不灵活，都会产生不稳定、不可接受的不平等和低效率。除此之外，不受限制的竞争倾向于寡头垄断，从而破坏自身。因此，需要由国家进行永久性的市场监管和总需求管理。与此相反，正统观点认为"不受约束"的自由市场通常是稳定的，至少从长远来看，它能在充分就业的活动水平上产生最佳配置。国家干预会导致效率低下，对于正统经济学家来说，只有在存在外部性或垄断滥用的情况下，干预才是可以接受的。

1.2　后凯恩斯主义经济学的根本特征

虽然后凯恩斯主义经济学在西方经济理论界影响日盛，然而，后凯恩斯主义经济学还不是一个"紧密的团体"①。后凯恩斯学派内部存在严重分歧，形成了不同的分支。为了区别于其他非正统经济学学派，可把后凯恩斯主义归纳为五个根本特征，无论属于哪个分支的后凯恩斯主义，都会不同程度地表现出这五个特征，或至少与这五个特征相容，或者说有与其中之一不相容的学派即可以排除在后凯恩斯主义之外。

---

① 布赖恩·斯诺登，霍华德·文，彼得·温纳齐克. 现代宏观经济学指南 [M]. 苏剑，等译. 北京：商务印书馆，1998：444.

1.2.1 有效需求原则

根据有效需求原则，商品的生产和供给会适应商品的需求，这是凯恩斯主义经济学的核心特征。经济是由需求决定的，而不是由供给或要素禀赋决定的。这意味着投资或资本积累不受储蓄的约束，也不会受到居民跨期消费决策的影响。因此，企业家的投资决策行为是独立的关键变量。虽然有效需求原则是所有被称为凯恩斯主义的流派都会坚持的原则，但后凯恩斯主义对此原则贯彻得最彻底、最坚决。后凯恩斯主义不仅认为在短期中经济是由需求决定的，而且认为在长期中也是如此。其他经济学派一般会认为，在长期中存在自然失业率、自然增长率等这些由自然禀赋决定的变量，而后凯恩斯主义认为，即使所谓的自然变量也是由有效需求决定的。例如，人口（劳动力）供给的数量是由经济活动规模对其需求的状况决定的，技术进步是由投资需求或资本积累决定的，二者都是内生的。

1.2.2 根本不确定性

根本不确定性是指，未来是不确定的，人们根本就没有关于未来结果的概率分布函数的知识，根本不确定性是后凯恩斯主义经济学的核心信条。根本不确定性与风险不同，风险是指未来结果存在客观的概率分布，所以未来是确定的。然而后凯恩斯主义主张未来是不可知的，并且，未来的不可知性不是由于人的有限理性，而是起因于人类社会的根本状态，这种状态又归因于人的创造性和主观能动性。未来在被创造之前是不可能被完全认知的，人的每个关键决定都会改变未来的面貌。根据"世界是根本不确定性"这一原则，主流经济学的最大化决策原则就必须被抛弃。既然不存在理性计算的基础，经济主体只能采取别的机制来做出决策，人们更多地依赖社会文化、制度、规则来行动。"对社会基体（social matrix）的依赖是后凯恩斯主义哲学的一个要素。"① 新古典综合凯恩斯主义反对根本不确定原则，它认为，根本

---

① Poitras, G. The Philosophy of Investment: A Post Keynesian Perspective [J]. *Journal of Post Keynesian Economics*, 2002, 25 (1): 105 – 121.

不确定性意味着"虚无主义",这将使经济学研究变得毫无意义,既然什么都可能发生,那么未来便无法预料。① 但后凯恩斯主义强调不确定性仅意味着制度重要,经济研究需要考虑社会因素,而不会导致理论研究中的"虚无主义"。

1.2.3 历史时间的动态发展

后凯恩斯主义经济学批评主流经济学采取的比较静态分析。主流经济学比较两个均衡位置,只要改变一个参数值就会形成一个新的均衡位置,当参数回到原值时,经济又重新回到了原有的均衡位置。主流经济学不关心从一个均衡位置移到另一个均衡位置的过程,似乎过程对均衡的形成不发挥作用。所以主流经济学所描述的经济不是在真实历史时间中运行。主流经济学采取了一种逻辑时间,这种时间不是过程,因为在他们那里过程与研究的问题无关。后凯恩斯主义经济学强调真实的经济世界是在历史时间中运行的。时间是不可逆的,当经济主体做出了一项决策,就改变了经济环境,不可能无代价地恢复到初始状态,新的决策将在前面决策产生的结果的基础上做出。对此,卡尔多说:"我们必须开始建立一个完全不同的抽象模型,一个承认时间是连续和不可逆的过程的模型……,所有这些事情在一个连续变化的时间序列中。"② 历史时间中的经济发展是不可逆的,当前状态是过往一系列事件累积的结果,是路径依赖的,决定当前经济状态的所有因素都是"过去的遗留物"。所以导致一个均衡形成的所有力量都是内生的,是过去历史的产物,因此,经济规律不是永恒的,它具有历史特定性。后凯恩斯主义者认为凯恩斯的革命性在于否定了均衡分析,罗宾逊说:"这场理论革命蕴藏在均衡概念向历史概念的转变当中,蕴藏在理性的原则向以猜测或常规为基础的决策问题的转变当中,……一旦我们承认经济是在时间中存在的,一旦我们承认历史是单向的,从不可改变的过去走向不可预知的未来,那么,与钟摆在一定空间来回摆动的机械原理相类似的均衡概念就变得不堪一击了。"③ 历史时间原则和根本不确定性原则是相互包含的,历史时间涉及过去不可改变、未

① Lucas, R. *Studies in Business-cycle Theory* [M]. Cambridge, Mass: MIT Press, 1981: 224.
② Kaldor, N. *Economics without Equilibrium* [M]. Cardiff: University College of Cardiff Press, 1985: 61.
③ 转引自: 哈考特. 琼·罗宾逊 [M]. 北京: 华夏出版社, 2011: 272.

来不可知状态；根本不确定性也涉及历史时间，没有历史时间的世界，就不会有根本不确定性的存在。

1.2.4 货币化经济

后凯恩斯主义者有一个货币化经济的概念，即货币不仅存在（与物物交换经济相反），而且从短期和长期来看，货币起主导作用，影响正统经济学所称的实际变量，比如生产，因此产生了货币生产理论。正统经济学是围绕物物交换范式构建的：货币、金融、资本资产和生产都可以添加，但该范式假设，即使没有货币金融等因素资本主义的核心特征也是可以把握的。凯恩斯认为，企业家只关心将投资的货币 M 转换成货币利润 M′，而不管这涉及的实际产出或劳动就业是大还是小。因此，他将货币"洗礼"为他所称的"货币生产经济"中的"真实"因素。这样，生产/投资决策取代了正统经济学家主要关注的交换价值决定中的供求关系。进一步，明斯基最充分地描述了"华尔街范式"，它植根于这样一种认识：资本主义是由追求金融收益驱动的，生产先于交换，金融先于生产。① 明斯基关注到了资本主义生产的核心问题：如何为投资融资。根据明斯基的观点，没有货币金融因素就无法把握资本主义的核心特征。后凯恩斯主义者进一步同意，货币在很大程度上是内生的。在"货币生产经济"中储蓄和投资之间的因果关系和调整发生了逆转，不再是储蓄决定投资，而是投资产生储蓄。戴维森建立了一个历史时间的货币理论。它表明，货币是经济关系中不可或缺的一部分，因为它扮演着逃避不确定性的角色。②

1.2.5 强调收入分配

在后凯恩斯主义经济学家眼中，收入分配或更广泛地说，经济权力的分配被视为经济学需要解决的重大社会问题。后凯恩斯主义经济学坚持认为，收入分配和分配冲突对预测经济结果具有重要性。无论是收入、就业和通货

---

① Whalen, C. J. Post-Keynesian Institutionalism: Past, Present, and Future [J]. *Evolutionary and Institutional Economics Review*, 2020, 17 (1): 71 – 92.

② Davidson, P. *Money and the Real World* [M]. London: Macmillan, 1972.

膨胀，还是增长和技术进步，都是如此。后凯恩斯主义经济学的不同分支可能关注分配问题的不同方面，但他们都同意，分配冲突和缓和分配冲突的制度对短期和长期的宏观经济结果都很重要。功能性收入分配从 20 世纪 50 年代开始就是后凯恩斯主义经济学的核心问题之一，2008 年之后对个人收入分配不平等的关注又成为后凯恩斯主义经济学的研究焦点。后凯恩斯主义者把 2008 年金融危机的产生归结为长期以来收入不平等状况的恶化。强调收入分配的重要性并不是后凯恩斯主义经济学特有的，但在这方面后凯恩斯主义经济学的贡献在于对关于收入分配对总需求的影响这一消费不足主义的过往思考进行了形式化，并且置于学说的突出位置。

1.3　松散的联盟和广泛的主题

1.3.1　后凯恩斯主义经济学分支

除了前述五个根本特征之外，后凯恩斯主义经济学也包含其他一些特征，如强调方法论多元化、制度重要、权力关系、阶级冲突、联合生产、开放体系、货币非中性、规模报酬递增、反 L 形成本曲线、成本加成定价等。根据所表现出来的特征差异，后凯恩斯主义经济学内部形成多个独立分支，即原教旨凯恩斯主义、卡莱斯基主义、斯拉法主义、制度主义等。这些分支表现出来的特征各异，关注的主题各不相同，使得后凯恩斯主义学派表现为一个"异质的组合"①。

原教旨凯恩斯主义的代表人物有温特劳布、明斯基、戴维森、摩尔（B. Moore）等。他们只接受凯恩斯思想的启发，自认为是凯恩斯思想的正宗嫡传。他们强调"根本不确定性"、企业家精神、货币重要、金融不稳定。戴维森认为，凯恩斯革命的真谛在于抛弃了三个古典经济学限制性公理——货币中性公理、总替代公理、遍历性公理。戴维森认为，后凯恩斯主义经济学的本质在于像凯恩斯一样抛弃古典经济学的三个限制性公理（或假设），

---

① Harcourt, G. C. Post-Keynesianism: Quite Wrong and/or Nothing New［M］//Arestis P. & T. Skouras. *Post Keynesian Economic Theory: A Challenge to Neo-Classical Economics.* Sussex: Wheatsheaf Books, 1985.

使得它比主流经济学概括性更强。主流经济学只是现实经济的特例。真实世界的经济是"货币为中介，市场为导向的企业家体系"①。原教旨凯恩斯主义又被称为美国的后凯恩斯主义，因发展较晚，也称作晚期后凯恩斯主义。

后凯恩斯主义的第二个分支是卡莱斯基主义。这个分支起初以新剑桥学派成员为主体，受到波兰经济学家卡莱斯基的启发，也间接地受到马克思主义的影响。其代表人物包括罗宾逊、斯坦德尔（J. Steindl）、卡尔多、阿西马克普洛斯（T. Asimakopulos）等。卡莱斯基主义者认为自己的理论特点是更加真实，他们强调经济发展过程的历史时间，强调收入分配和阶级分析法，反对一般均衡分析。他们的成就是扩展了凯恩斯的研究，把有效需求原理扩展到长期资本积累过程中，把收入分配与经济增长联系起来。卡莱斯基主义更具包容性，这个学派吸收了马克思主义、制度主义的思想。这个分支发展得最早，被称作早期后凯恩斯主义。其早期成员都与英国剑桥大学有关联，所以被称作英国的后凯恩斯主义。

第三个分支是斯拉法主义，它继承了意大利经济学家斯拉法的遗产，也间接地受到马克思和古典经济学的影响。它主要关注相对价格、技术选择和多部门生产系统内部固有的联系（例如投入—产出分析)②。很多代表人物都是意大利人，包括加雷格纳尼（P. Garegnani）、帕西内蒂（L. Pasinetti）、隆卡利亚（A. Roncaglia）、萨瓦多里（N. Salvadori）等。

第四个分支是制度主义，它是在与旧制度主义学派的交叉融合过程中产生的。最典型的代表人物是加尔布雷思（J. Galbraith），他既是旧制度学派的代表人物，也是后凯恩斯主义学派的成员。其他代表人物还有艾希纳（A. Eichner）、李（F. Lee）、克雷格尔（J. Kregel）、夏普罗（N. Shapiro）等后凯恩斯主义者，他们在分析企业和定价理论过程中大量借鉴了制度主义者米恩斯（G. Means）、安德鲁斯（P. Andrews）和布伦纳（E. Brunner）以及凡勃仑等的相关理论，这使他们具有了制度主义的特征。③ 后凯恩斯制度主义分支兴起于20世纪七八十年代对微观经济的分析，然而沃伦（C. Whalen）

---

① 保罗·戴维森. 约翰·梅娜德·凯恩斯［M］. 北京：华夏出版社，2009：32.

② 马克·拉沃. 后凯恩斯主义经济学［M］. 王鹏，译. 济南：山东大学出版社，2009：29.

③ 刘文超. 20世纪真实世界的微观经济学——后凯恩斯主义企业理论发展90年回顾［J］. 社会科学战线，2021（1）：110－121；刘文超. 价格理论的真实与虚构——后凯恩斯主义经济学对新古典经济学的挑战［J］. 当代经济研究，2020（12）：41－49.

强调明斯基也是这一分支的代表，因为明斯基晚年关于资本主义发展阶段的分析体现了鲜明的制度主义特征，并且沃伦强调后凯恩斯制度主义不仅是对制度主义的借鉴吸收，更是拓展和丰富了制度主义。[①]

　　由于后凯恩斯主义学派内部的异质性和多样性，即使上述四种类型的分类方法也无法涵盖所有后凯恩斯主义经济学家的研究，因此拉沃又增加了第五个分支——卡尔多主义。[②] 把卡尔多、哈罗德（R. Harrod）、康沃尔（J. Cornwall）等从新剑桥学派独立出来归入卡尔多主义分支，这样戈德利（W. Godley）和古德温（R. Goodwin）等后凯恩斯主义者就有了流派归属。卡尔多主义分支关注开放经济因素和内生增长问题，具有关注多重均衡、不稳定、路径依赖和滞后现象的研究传统，习惯于假设产能利用率等于正常产能利用率来构建增长模型。除了戈德利和古德温之外，纳斯迪帕（R. Naastepad）、斯托姆（S. Storm）、斯科特（P. Skott）和赛特菲尔德（M. Setterfield）等也被归入该分支。

1.3.2　后凯恩斯主义经济学发展的历史阶段

　　后凯恩斯主义经济学的发展经历了不同的阶段。

　　在 20 世纪 30 年代和 40 年代，后凯恩斯主义经济学的历史始于凯恩斯（1936）和卡莱斯基（1939）基于有效需求原理的宏观经济学革命。这一时期的重点显然是确定产出和就业、非自愿失业和贸易周期。

　　20 世纪 50 年代和 60 年代，后凯恩斯主义经济学的学术活动与卡尔多（1955/1956；1957）、帕西内蒂（1962）和罗宾逊（1956；1962）为代表的所谓新剑桥学派有关。早期后凯恩斯主义分配和增长模型的出现，使有效需求原则从短期扩展到了长期；"两个剑桥"围绕资本理论展开争论，新剑桥学者开始认识到他们正在提出一个不同于新古典主义的经济学理论。

　　20 世纪 70 年代，后凯恩斯主义美国学派诞生，李认为，具有自我认同

---

　　① Whalen, C. J. *Post-Keynesian Institutionalism after the Great Recession* [R]. Working Paper No. 724, Congressional Budget Office, May 2012.

　　② 马克·拉沃. 后凯恩斯主义经济学新基础 [M]. 北京：中国人民大学出版社，2021：67.

感的后凯恩斯主义经济学共同体在此时才真正形成。① 艾希纳、克雷格尔、戴维森、内尔（E. Nell）和温特劳布是将后凯恩斯主义经济学带入美国的关键人物。这一时期的研究主题集中在大公司行为、定价和就业等微观领域，制度主义特征初步显现；与此同时，后凯恩斯主义者也开始尝试界定后凯恩斯主义经济学的研究范式，最突出的是戴维森（1972）②、艾希纳和克雷格尔（1975）③。

20 世纪 80 年代，内生货币理论和金融不稳定性假说取得了重要成果，由此原教旨凯恩斯主义分支的特征被塑造，流派特征更加分明。在此期间，另一个重要的进展在于，基于卡莱斯基的工作，提出了第二代后凯恩斯主义分配和增长模型。新卡莱斯基模型、后卡莱斯基模型及其变体相继被提出和探讨。随着卡莱斯基分配和增长模型的繁荣，后凯恩斯主义经济学卡莱斯基主义分支兴盛起来。由此后凯恩斯主义经济学形成凯恩斯主义分支和卡莱斯基主义分支双雄并立的局面。

20 世纪 90 年代，后凯恩斯主义者的关注重点转向方法论、经济思想史以及"凯恩斯的真正含义"。劳森的批判实在论、希拉·道的巴比伦经济方法论、戴维森的根本不确定性都得到了充分的讨论。④这些方法论和思想史的研究，不仅没有使后凯恩斯主义经济学的轮廓更加清晰，反而给人留下了长于批判而短于建设的不良印象。⑤ 与此同时，卡莱斯基分配和增长模型的拓展在继续，一些关于后凯恩斯主义经济学的教科书出版，如阿瑞斯

① Lee, F. A History of Heterodox Economics：Challenging the Mainstream in the Twentieth Century [M]. London：Routledge, 2009：11.

② Davidson, P. *Money and the Real World* [M]. London：Macmillan, 1972.

③ Eichner, A. S. & J. A. Kregel. An Essay on Post-Keynesian Theory：A New Paradigm in Economics [J]. *Journal of Economic Literature*, 1975, 13（4）：1293 – 1314.

④ Lawson, T. The Nature of Post Keynesianism and Its Links to other Traditions：A Realist Perspective [J]. *Journal of Post Keynesian Economics*, 1994, 16（4）：503 – 538；Lawson, T. *Economics and Reality* [M]. London：Routledge, 1997；Dow, S. C. Post Keynesianism as Political Economy：A Methodological Discussion [J]. *Review of Political Economy*, 1990, 2（3）：345 – 358；Dow, S. C. Methodological Pluralism and Pluralism of Method [M] //Salanti A. & E. Screpanti. *Pluralism in Economics：Theory, History and Methodology.* Aldershot：Edward Elgar, 1997：89 – 99；Chick, V. Is There a Case for Post Keynesian Economics? [J]. *Scottish Journal of Political Economy*, 1995, 42（1）：20 – 36；Davidson, P. *Post Keynesian Macroeconomic Theory* [M]. Aldershot：Edward Elgar, 1994.

⑤ 马克·拉沃. 后凯恩斯主义经济学新基础 [M]. 北京：中国人民大学出版社, 2021：52.

蒂斯（P. Arestis，1992）、戴维森（1994）、拉沃（1992）和帕利（T. Palley，1996a）①。

从 20 世纪 90 年代末到 21 世纪初，其特点是在分配和增长领域相关应用和计量经济学工作的研究日益增加，增长体制的实证研究作为对卡莱斯基增长和分配理论研究的延续大量涌现，宏观经济政策分析增多，存量—流量一致模型被开发出来，也有很多关于金融不稳定、微观层面金融化的研究。

通过对后凯恩斯主义经济学发展历史阶段的回顾，可以得到三个发现。一是研究主题广泛且不断转换。二是凯恩斯主义分支和卡莱斯基主义分支的发展演变构成后凯恩斯主义发展的两条主线。三是经历了三次里程碑意义的阶段：20 世纪 30 年代基于有效需求原理的宏观经济学革命、20 世纪 50 年代新剑桥学派的形成、20 世纪 70 年代原教旨凯恩斯主义的诞生。

1.3.3　后凯恩斯主义经济学内部紧张关系与遭受的批评

后凯恩斯主义内部持续存在紧张关系。一方面，首要分歧源自斯拉法主义分支的地位问题。很多后凯恩斯主义者认为，斯拉法主义经济学的主要特征是使用长期分析，假设有持续的力量推动经济走向正常或长期状态，这与后凯恩斯主义经济学根本不确定性和货币合同等制度为特征的"开放"世界的总体主旨格格不入。隆卡利亚（Roncaglia）总结了这一点，他说："将斯拉法的产出解释为'长周期引力中心'……是整合斯拉法和凯恩斯分析的障碍，应该放弃。"② 斯蒂芬·邓恩（S. Dunn）认为，斯拉法主义经济学不符合批判实在论的约束，将这个流派包括在内将引起方法论上的混乱，"现在是时候让后凯恩斯主义正式与斯拉法派分道扬镳，并抛弃负面评论的沉重指

①　Arestis，P. *The Post-Keynesian Approach to Economics* ［M］. Aldershot：Edward Elgar，1992；Davidson，P. *Post Keynesian Macroeconomic Theory* ［M］. Aldershot：Edward Elgar，1994；Lavoie，M. *Foundations of Post-Keynesian Economic Analysis* ［M］. Aldershot，UK：Edward Elgar，1992；Pally，T. I. *Post Keynesian Economics：Debt，Distribution and the Macro Economy* ［M］. London：Macmillan，1996.

②　Roncaglia，A. On the Compatibility between Keynes's and Sraffa's Viewpoints on Output Levels ［M］ // *Income and Eomployment in Theory and practice：Essays in Memory of Athannasios Asimakopulos*. London：Macmilian Press，1995：111 – 125.

责，这些指责主要与斯拉法派的贡献有关"。① 希拉·道（S. Dow）也发现从方法论的角度二者的观点难以调和。② 维克斯（D. Vickers）、阿瑞斯蒂斯、戴维森等也明确支持把斯拉法主义排除在后凯恩斯主义之外。③ 约翰·金（J. King）指出，"今天几乎没有人将'后凯恩斯主义—斯拉法主义'看作一个独立的具有内在一致性的思想学派"④。另一方面，仍然有一些后凯恩斯主义者坚持认为自己的观点与斯拉法主义的观点之间具有某种联系或兼容性，主张以更加包容的方式使用"后凯恩斯主义"标签，这些经济学家包括李、拉沃、哈考特、安德鲁·特里格（A. Trigg）等。

凯恩斯主义者和卡莱斯基主义者之间也存在着紧张关系。大部分学者认为，后凯恩斯主义有两个主要来源——凯恩斯和卡莱斯基。相应地形成了两个最重要的流派：一个是（原教旨）凯恩斯主义；另一个是卡莱斯基主义。凯恩斯主义者更强调不确定性、货币和金融制度，而卡莱斯基主义者通常采用基于阶级的方法区分工人和资本家，并强调他们之间的收入分配。沃特斯和杨（Walters & Young）认为这两个流派之间存在基本的不一致：一方面，原教旨凯恩斯主义者发扬了凯恩斯分析中"时间和不确定性的黑暗力量"，"卡莱斯基通常很少提到预期"；另一方面，原教旨凯恩斯主义者强调货币和金融制度的核心作用，而卡莱斯基通常很少关心金融部门的细节或货币本身的性质。⑤ 戴维森坚决反对后凯恩斯主义阵营包括卡莱斯基主义者，他坚持狭义定义，认为后凯恩斯主义只有一个来源，那就是凯恩斯。拉沃等反对戴维森的看法，认为卡莱斯基主义和凯恩斯主义是互补的关系。他们认为，在卡莱斯基的模型中，货币或金融没有实质性的作用，并不是说卡莱斯基认为

---

① Dunn, S. P. *The "Uncertain" Foundation of Post Keynesian Economics* [M]. London: Routledge, 2008: 121.

② Dow, S. C. *Post Keynesian Methodology* [M] //Holt R. & S. Pressnab. *A New Guide to Post Keynesian Economics*. London: Routledge, 2001: 17.

③ Arestis, P. Post-Keynesian Economics: Towards Coherence, Critical Survey [J]. *Cambridge Journal of Economics*, 1996, 20 (1): 111 - 135; Davidson, P. *The Post Keynesian School* [M] //Snowden B. & H. Vane, *Modern Macroeconomics*. Cheltenham: Elagr, 2005; Vickers, D. *Economics and the Antagonism of Time* [M]. Ann Arbor: University of Mochigan Press, 1994.

④ King, J. E. Post Keynesians and Others [J]. *Review of Political Economy*, 2012, 24 (2): 305 - 319.

⑤ Walters, B. & D. Young. On the Coherence of Post Keynesian Economics [J]. *Scottish Journal of Political Economy*, 1997, 44 (3): 329 - 349.

资本主义可以像易货经济一样进行分析，而是他选择了专注于其他问题；虽然卡莱斯基的理论没有突出不确定性，但与不确定性是相容的；二者都遵守开放的本体论预设、具有现实性。拉沃甚至认为，卡莱斯基比凯恩斯更有资格作为后凯恩斯主义的创始人。

关于制度主义流派的地位问题也存在争议。阿瑞斯蒂斯分类中首次提出"制度主义被提议作为一个额外的贡献传统"①，随后是拉沃明确列举了哪些人是后凯恩斯制度主义者②。然而这种分类还没有得到更广泛的认可，众多后凯恩斯主义著作中没有提到制度主义分支的存在。不仅如此，拉沃把米恩斯、安德鲁斯、艾希纳和李等视作后凯恩斯制度主义流派的先驱或代表，而唐华德（Downward）则认为，就定价理论而言，艾希纳和李不能通过批判实在论方法的检验，他们的理论体现的是封闭系统的观念，不能作为后凯恩斯主义理论的核心。③

什么是后凯恩斯主义以及谁是后凯恩斯主义者，这些问题长期处于争论之中。后凯恩斯主义内部关于什么是后凯恩斯主义的阐述往往是对多个分支特征的归纳，很难下一个明确定义。例如，对于阿瑞斯蒂斯来说，后凯恩斯主义包括卡莱斯基主义、凯恩斯主义和制度主义三个分支，随后他对其共性表述为："强调经济分析与实际经济问题的相关性，以及坚持'让世界成为普通人更美好的地方，创造一个更公正、更公平的社会'目标是最深刻的。因此，阶级、权力、收入和财富分配问题是分析的核心。在一个不确定的世界里，经济运行受制于一个历史过程，在这个世界上，预期不可避免地对经济结果产生重大影响。社会、传统、政治和其他制度塑造了经济事件，并对其演变进行了仔细研究。"④明显前两句话指的是卡莱斯基主义分支的特征，后两句话分别表述的是凯恩斯主义分支和制度主义分支的特征。

后凯恩斯主义经济学内部持续的紧张关系使得它一直受到来自各方面的批评。

①④　Arestis, P. Post-Keynesian Economics: Towards Coherence, Critical Survey ［J］. *Cambridge Journal of Economics*, 1996, 20 (1): 111–135.

②　马克·拉沃. 后凯恩斯主义经济学新基础 ［M］. 北京：中国人民大学出版社，2021：66.

③　Downward, P. A Realist Appraisal of Post-Keynesian Prcing Theory ［J］. *Cambridge Journal of Economics*, 2000, 24 (2): 211–224.

　　主流经济学家批评后凯恩斯主义不是一个连贯的理论体系。例如，托宾写道："作为一批自封的后凯恩斯主义者……完全拒绝均衡分析……并强调非竞争性经济结构的宏观经济影响。他们的有效观点并不构成一个连贯的理论"①。或正如索洛所写："现代后凯恩斯主义者似乎说，凯恩斯对宏观理论的基本贡献在于，他拒绝接受均衡概念。教科书模型……忽视了金融的本质重要性。现在，其中一些对我来说几乎是不可理解的，而我确实理解的部分让我觉得是不恰当的。到目前为止，所谓的后凯恩斯主义似乎更多地是一种心态，而不是一种理论。"②他又说："我并不同情将自己称作后凯恩斯主义者的流派。首先，我从未能够将其作为一种思想流派来加以了解。一方是海曼·明斯基，另一方是艾希纳一类的人，我看不到他们之间存在什么学术联系，除了他们都反对同一件事（即主流而无论主流是什么）之外"③。或者，正如多恩布什和费舍尔的教科书所指出的："后凯恩斯主义经济学仍然是一个折中的思想集合，而不是对新古典主义理论的系统性挑战"④。

　　类似的批评不仅来自后凯恩斯主义经济学外部，而且也来自内部。部分后凯恩斯主义者批评后凯恩斯主义经济学是围绕着对新古典经济学的厌恶，而不是围绕积极的理论或方法论命题展开工作；⑤"它更多地是为那些早就过世的经济学家的思想提供注释，而非为新的经济现象提供解释或者贡献新的政策建议"⑥。另外，后凯恩斯主义经济学也被指责除了反对新古典经济学这种消极的立场之外，在任何积极的方面都缺乏内在一致性和连贯性：后凯恩斯主义没有"既定信条"⑦，关注的主题各不相同，它实际上是相当"异质的组合"⑧"不成

---

　　① Tobin, J. *Theoretical Issues in Macroeconomic* ［M］//Feiwel, G. *Issues in Contemporary Macroeconomics and Distribution*. Albany：Albany State University of New York Press, 1985：115.

　　② Solow, R. W. Alternative Approaches to Macroeconomics：A Partial View ［J］. *Canadian Journal of Economics*, 1979, 12 (3)：339 - 354.

　　③ 转引自：哈里·兰德雷斯. 经济思想史 ［M］. 北京：人民邮电出版社，2014：510.

　　④ Dornbusch, R. & S. Fischer, *Economics*, New York：McGraw Hill, 1990：220.

　　⑤ Dequech, D. Post Keynesianism, Heterodoxy and Mainstream Economics ［J］. *Review of Political Economy*, 2012, 24 (2)：353 - 368.

　　⑥ Dunn, S. P. Wither Post Keynesianism? ［J］. *Journal of Post Keynesian Economics*, 2000, 22 (3)：343 - 364.

　　⑦ Lee, F. *Post Keynesian Price Theory* ［M］. Cambridge：Cambridge University Press, 1998：1.

　　⑧ Harcourt, G. C. Post-Keynesianism：Quite Wrong and/or Nothing New ［M］//Arestis P. & T. Skouras. *Post Keynesian Economic Theory：A Challenge to Neo-Classical Economics*. Sussex：Wheatsheaf Books, 1985.

体系的研究"①，"给人的印象只不过是一些基本无关的理论和论点的集合"②；后凯恩斯主义团体仅仅由那些自称或被视作后凯恩斯主义者的人组成，"仅仅由于它们都具有向正统挑战的愿望而被联系在一起"③，"不是一个紧密的团体"④。

1.4　作为后凯恩斯主义新阶段的　"工资导向复苏"经济学

重大经济事件往往在一个经济学派的产生与发展过程中发挥着关键作用。20 世纪 30 年代的资本主义大萧条导致了基于有效需求原理的宏观经济学革命的诞生，后凯恩斯主义经济学由此发轫。20 世纪 70 年代资本主义滞胀危机导致了正统凯恩斯主义的解体，也催生了具有自觉意识的后凯恩斯主义学派。2008 年全球金融和经济危机促使后凯恩斯主义经济学步入新阶段：从"异质的组合"走向"大综合"。

面对 20 世纪 30 年代以来最严重的资本主义危机，后凯恩斯主义经济学从内讧走向团结一致，团结在拯救资本主义的使命之下；后凯恩斯主义经济学经历了史无前例的大团结，从专注于相互攻讦转向聚焦于探索富国裕民之策。面对新阶段的后凯恩斯主义经济学，前述的关于后凯恩斯主义缺乏内在一致性的批判现在都变成了落伍的喋喋不休和不合时宜的老生常谈。我们把团结在拯救资本主义的使命之下、聚焦于探索富国裕民之策的新阶段后凯恩斯主义经济学称作"工资导向复苏"（Wage-led Recovery）经济学。

"工资导向复苏"经济学是对后凯恩斯主义经济学在综合运用其内部各流派方法、理论、模型研究 2008 年全球金融危机根源及其应对方案过程中形成的一系列理论扩展和政策主张的总称。之所以把这种经济学冠以"工资导

---

① Dunn, S. P. Wither Post Keynesianism? [J]. *Journal of Post Keynesian Economics*, 2000, 22 (3)：343 – 364.

② Lawson, T. The Nature of Post Keynesianism and Its Links to Other Traditions：A Realist Perspective [J]. *Journal of Post Keynesian Economics*, 1994, 16 (4)：503 – 538.

③ 布赖恩·斯诺登, 霍华德·文, 彼得·温纳齐克. 现代宏观经济学指南 [M]. 苏剑, 等译, 北京：商务印书馆, 1998：444.

④ Eichner, A. S. *A Guide to Post-Keynesian Economics* [M]. London：Macmillan, 1979.

向复苏",是因为它把金融危机的原因归结为工资停滞和收入分配恶化,把工资停滞视作经济复苏的根本障碍,主张重构工资驱动经济增长的增长模式。"工资导向复苏"术语最早出现在国际劳工组织研究员霍夫弗(F. Hoffer)2009 年发表的题为《持续的公共投资和工资导向复苏政策》① 一文中,2011年美国国家劳动学院教授夏基塔诺(K. Sciacchitano)发表《争取工资和工作导向的复苏》②,2011 年帕利(T. Palley)在《工资导向复苏经济学:分析和政策建议》③ 一文的标题中直接使用了"工资导向复苏经济学"这一术语,之后"工资导向复苏"或"工资导向复苏经济学"成为后凯恩斯主义经济学分析 2008 年全球金融危机的常用名词流行开来(E. Hein, 2012;M. Lavoie & E. Stockhammer, 2013;Ö. Onaran, 2013, 2016)。④

"工资导向复苏"经济学之所以被视为后凯恩斯经济学发展的新阶段,基于其具有的如下三个特征。

1.4.1 "工资导向复苏"经济学体现为理论上的大综合

(1)卡莱斯基主义与凯恩斯主义实现综合。这主要体现在将货币和金融变量整合进卡莱斯基分配和增长模型中。在这方面取得了两个方面的成果。一是把货币、信贷和食利者阶级整合进卡莱斯基分配和增长模型,讨论利率、信贷变动对收入分配、消费和投资的短期影响,进而根据模型的行为系数推导出不同的潜在体制——债务导向型体制和债务拖累型体制,并分析其稳定性。二是将明斯基提出的债务动态变化(对冲、投机、庞式)添加到卡莱斯

---

① Hoffer, F. Don't Waste the Crisis: The Case for Sustained Public Investment and Wage-led Recovery Policies [J]. Global Labour Column, No. 1, November 2009.

② Sciacchitano, K. Fighting for a Jobs and Wage-led Recovery [J]. *Rank and File Economics*, 2011: 13 – 19.

③ Palley, T. I. The Economics of Wage-led Recovery: Analysis and Policy Recommendations [J]. *International Journal of Labour Research*, 2011, 3 (2): 219 – 244.

④ Hein, E. & Mundt, Matthias. Financialisation and the Requirements and Potentials for Wage-led Recovery: A Review Focusing on the G20 [J]. ILO Working Papers 994709323402676, International Labour Organization, 2012; Lavoie, M. & E. Stockhammer. *Wage-Led Growth: An Equitable Strategy for Economic Recovery* [M]. Basingstoke, UK: Palgrave Macmillan, 2013; Onaran Ö. How to Create More and Better Jobs Via a Wage-led Recovery in Europe? [J]. Paper to Be Presented at the Euromemo Conference, 20 – 21 Sept 2013; Onaran, Ö. Wage Versus Profit-led Growth in the Context of Globalization and Public Spending: The Political Aspects of Wage-led Recovery [J]. *Review of Keynesian Economics*, 2016, 4 (4): 458 – 474.

基分配和增长模型中，然后观察利率、债务变化对经济稳定性的影响。这些模型被称作"卡莱斯基—明斯基模型"，2008 年后利马—梅雷勒斯（Lima & Meirelles）模型、查尔斯（Charles）模型、西弘史（Hiroshi Nishi）模型、斯科特（Skott）模型、利奥（Ryoo）模型等各种版本的卡莱斯基—明斯基模型大量涌现。

（2）需求侧分析与供给侧分析实现综合。与供给侧相关的分析几乎没有出现在传统后凯恩斯主义文献中，这使得后凯恩斯主义者很难考虑技术进步、国际化分工和价值链重组的影响。在 2008 年全球金融危机之后，后凯恩斯主义经济学特别强调了需求对潜在生产率和潜在产出的决定性作用；劳动力市场、收入分配与工资水平被纳入有效需求范畴进行分析，通过"劳动力市场——收入分配——生产率"之间的关系搭建起需求侧与供给侧之间沟通的桥梁。另外，后凯恩斯主义经济学开始从供给侧分析问题，例如有学者将欧元区失衡归因于欧洲核心和外围国家之间在生产能力和出口专业化方面存在的结构性差异；他们开始从供给侧为经济复苏开出药方。又例如，建议通过国家和市场的正确结合，为结构变化提供必要的方向性推动力，通过创新型国家的积极引导实现创新型发展。①

（3）短期波动分析与长期发展分析实现综合。像所有其他凯恩斯学派一样，后凯恩斯主义经济学传统上也是以对短期波动问题的分析而著称，很少涉及长期经济发展问题，然而"工资导向复苏"经济学弥补了这一方面的不足。首先，在 2008 年全球金融危机之后，后凯恩斯主义经济学在强调有效需求对短期经济波动的决定作用的同时，还特别强调了它对潜在生产率和潜在产出的决定作用。其次，对资本主义金融化的分析是"工资导向复苏"经济学的主要方面，金融化在后凯恩斯主义视角下是长期问题。后凯恩斯主义者把金融化视作自 20 世纪 70 年代以来在新自由主义政策主导下发展起来的一种资本主义增长模式，2008 年金融危机是资本主义新自由主义增长模式的破产。最后，面对主要发达经济体金融危机之后经济复苏乏力的局面，学术界重启了对长期停滞问题的公开辩论。在此次辩论中，后凯恩斯主义停滞理论登上历史舞台。后凯恩斯主义停滞理论的形成预示着后凯恩斯主义经济学向

---

① Storm, S. & C. W. M. Naastepad. Europe's Hunger Games: Income Distribution, Cost Competitiveness and Crisis [J]. *Cambridge Journal of Economics*, 2014, 39 (3): 959 – 986.

新研究领域的扩张，也意味着在短期周期研究与长期趋势研究的综合方面迈出了重要的一步。

（4）微观分析与宏观分析实现综合。虽然在 20 世纪 70 年代，后凯恩斯主义经济学的研究主题曾经集中在大公司行为和定价等微观领域，然而随着研究主题的转换这段历史很快被人们遗忘，现在更普遍的共识是，后凯恩斯主义经济学"基本只关注宏观经济学问题"①。然而"工资导向复苏"经济学综合利用了历史上后凯恩斯主义经济学在微观、宏观领域取得的研究成果。"工资导向复苏"经济学在金融化研究中分别从微观视角和宏观视角进行了考察，微观视角的研究是对 20 世纪 70 年代后凯恩斯主义企业理论的拓展。另外，它还对收入不平等加剧条件下的消费者行为进行了分析。与主流经济学企图为宏观经济学寻求微观基础不同，"工资导向复苏"经济学的微观分析是在宏观经济学基础上进行的：金融市场的发展决定了公司"股东价值革命"；收入不平等、信贷市场和政府公共服务等状况决定了消费级联效应。

（5）国内视角与全球视角实现综合。在传统的后凯恩斯主义经济学中，国际宏观经济分析是薄弱环节，处于理论体系的点缀位置，然而"工资导向复苏"经济学扭转了这一局面。由于 2008 年金融危机是全球性危机，所以作为研究其根源及其应对方案的"工资导向复苏"经济学，从一开始就以开放的全球视角统领整个理论分析。首先，在进行收入分配分析时是在开放经济条件下进行的，运用的是 2008 年前后由布莱克尔（R. Blecker）刚刚开发完成的"开放经济条件下的卡莱斯基主义模型"与戈德利和拉沃开发完成的"存量—流量一致模型"。其次，后凯恩斯主义全球失衡理论是"工资导向复苏"经济学的重要组成部分。它认为全球失衡表现为全球范围内两种经济增长模式——债务导向型增长模式和出口导向型增长模式的共生并存关系，这种关系的不可持续、非健康状态是形成 2008 年金融危机的重要原因，也是阻碍持续复苏的重要障碍。最后，在对具体国家展开分析中，把金融化、收入不平等、长期停滞与全球失衡结合起来，借助循环累积效应解释具体国家当前困局的形成与探索其破解之道，从而在理论分析中做到国内视角与全球视角的综合。

（6）后凯恩斯主义与制度主义实现综合。后凯恩斯主义制度流派原来特指广泛采用制度主义方法的后凯恩斯微观经济研究领域，与后凯恩斯主义其

---

① 马克·拉沃. 后凯恩斯主义经济学 [M]. 王鹏，译. 济南：山东大学出版社，2009：10.

他流派研究领域之间的界限是分明的。然而 2008 年之后这种界限模糊了，因为，"工资导向复苏"经济学把 2008 年金融危机及其后的缓慢复苏认定为是资本主义长期增长模式或体制问题，必须进行彻底的制度性改革，于是"工资导向复苏"经济学体现为制度主义方法的广泛应用和对后凯恩斯主义的全面渗透。不仅企业理论和消费行为理论等微观研究体现为制度主义特征，而且宏观分析也体现了制度主义特征。例如，全球失衡理论中的收入不平等假说，贝林格和范特雷克以德国和美国的出口导向型和债务导向型增长模式为例，阐述了制度差异如何有助于解释为什么不同国家发展出不同的收入分配模式，以及收入分配和制度如何相互作用，产生不同的增长模式。[①]再例如，帕利把新自由主义增长模式描述为一种经济制度之盒，其中工人们被四个方面构成的政策边框所包围。除此之外，2008 年全球金融危机之后，后凯恩斯主义者对晚年明斯基的思想进行了挖掘，发展了所谓的"后凯恩斯制度主义"。

1.4.2　"工资导向复苏"经济学对新自由主义进行了全面清算

后凯恩斯主义经济学本质上是反自由主义的，而且它是在批判新自由主义正统经济学的基础上发展起来的，然而其对新自由主义的批判是支离破碎、不成体系的。面对 2008 年这场长期新自由主义政策酿成的全球金融危机，"工资导向复苏"经济学对新自由主义进行了全面反思和批判。（1）新自由主义增长模式特征。新自由主义增长模式的核心特征是，放弃充分就业承诺，隔断工资与生产率增长之间的联系。结果导致不平等和不安全感以及有效需求不足（T. Palley，2010，2013）。（2）新自由主义增长模式的动力机制。新自由主义增长模式依赖债务增长、资产泡沫、出口导向来弥补工资增长停滞和不断扩大的收入差距导致的总需求不足。全球层面形成债务导向型和出口导向型增长模式共生的经济结构，这是不可持续的（T. Palley，2010，2013；E. Disoska，2016）。（3）新自由主义的经济学基础。斯托姆和纳斯迪帕（Storm S. & C. Naastepad，2012，2016）批判了支撑新自由主义经济政策的自然失业率理论；兰德尔·雷（L. Wray，2012）、帕利

---

① Behringer, J. & T. van Treeck. Income Distribution and Growth Models: A Sectoral Balances Approach [J]. *Politics & Society*, 2019, 47 (3): 1–30.

（T. Palley，2016）、贾卡布和库姆霍夫（Jakab Z. & M. Kumhof，2018）批判了自然利率、可贷资金理论。（4）新自由主义实践。斯托克哈默和奥纳兰（Stockhammer E. & Ö. Onaran，2012）与迪索斯卡（E. Disoska，2016）等分析了欧盟国家长期以来实施的新自由主义发展战略及其灾难性后果；奥纳兰等（Ö. Onaran et al.，2011）、西纳蒙（B. Cynamon，2016）分析了美国的情况；帕利（T. Palley，2015，2019）批评了新自由主义全球化。（5）新自由主义与金融危机。金融危机的深层根源是新自由主义增长模式，不从根本上改变增长模式，其他复苏政策均无效（T. Palley，2010，2013；T. Goda，2016）。（6）新自由主义的政治方面。新自由主义使资本家集团俘获了政治组织，协调微观理性与宏观理性之间冲突的政治组织已被新自由主义破坏殆尽（T. Palley，2013；O. Onaran，2016）。

1.4.3 "工资导向复苏"经济学提供了经济复苏的替代性方案

"工资导向复苏"经济学为全球经济走出危机阴霾实现可持续复苏提供了与新自由主义方案截然不同的替代性方案，该方案要点可归纳如下：（1）促进工资增长的结构性改革与刺激短期需求的扩张性宏观政策相结合；（2）通过完善最低工资制度、加强工会力量、提高社会保障水平等措施重建工资与生产率同步增长的机制；（3）实施大规模、聪明、持续的财政刺激，重点在于能创造工作岗位、增加未来生产力、提高生活质量的公共投资支出；（4）将货币政策重心放在促进充分就业上，而不是抑制通胀上；（5）加强金融市场监管，恢复其服务实体经济的功能；（6）改革公司治理机制，限制管理者权利，遏制过高管理薪酬，从追求股东价值转向服务企业成长；（7）通过国家和市场的正确结合，引导经济结构调整、实现创新型发展；（8）通过加强全球治理、强化国际政策协调、重建国际货币体系，避免低工资成本竞争，恢复全球经常账户平衡。

后凯恩斯主义"工资导向复苏"经济学与危机之前的后凯恩斯主义经济学在视角上发生了明显改变，他们看待经济发展更加全面和深入，政策主张更加综合系统和具有建设性。

正如兰德尔·雷所说，资本主义需要一场"真正的变革"，需要利用这次危机机会，借助大政府，用另一种促进经济、金融和环境可持续性的形式取代金融化资本主义。他总结道，"我们需要解决当前的危机，……我们还需要应对长期问题：不平等、环境挑战（包括全球变暖）、老龄化社会以及恢复大多数美国人不断提高的生活水平。……需要我们设想一种新的资本主义形式，这种资本主义在经济、金融、社会、政治和环境方面更具可持续性①"。

后凯恩斯主义"工资导向复苏"经济学认为，2008 年全球金融危机是资本主义系统性危机，需要进行全方位系统性改革，成功的经济发展方案需要一揽子政策的组合。（1）只有当工资随着生产率的增长而增长时，消费支出才能成为长期经济增长可靠的动力，因此，成功的经济发展政策需从根本上将持续的工资增长作为其核心基石，然而作为短期经济稳定政策，扩张性的财政政策和货币政策是必不可少的。（2）以工资为导向的增长战略要取得成功，必须在国际上进行协调。虽然某一国工资份额的上升因增加有效需求会给本国带来好处，但全球劳动力份额逐底竞争会对全球有效需求和增长产生负面影响，因此如果所有其他国家都继续实行"以邻为壑"的政策，那么单个国家从提高工资份额中获益的空间是有限的。（3）牺牲工资的新自由主义增长模式和金融化是相辅相成的，因此提高工资份额的政策要与限制金融化的改革同向而行。（4）2008 年金融危机不仅仅是周期性危机，也不仅仅是一场就业危机，相反，这是一场生活水平和经济机会危机，事实上，这是长达数十年的社会危机的新阶段，只有致力于打造一个植根于广泛共享繁荣的更美好世界才是根本出路。（5）需求刺激是重要的，然而经济持续复苏仅仅靠刺激需求这"一条腿"是不够的，这无助于解决一些国家的结构性问题。更重要的是任何长期的定向推力，或可行战略的"第二条腿"：实施产业政策，升级生产结构和增强创新能力，进而增强出口的技术竞争力，摆脱直接工资成本竞争。（6）资本主义长期经济增长危机不仅仅是宏观经济问题，也有公司治理的微观层面的原因，因此政策组合中需要有关于公司治理结构的改革议程，主要目的是削弱公司"股东价值最大化"原则，限制企业管理层的短期投机行为，设计有利于企业长期发展的激励机制。

就在 2008 年，斯蒂芬·邓恩对后凯恩斯主义经济学提出了最尖锐的批

---

① Wray, L. R. The Return of Big Government: Policy Advice for President Obama [J]. Economics Public Policy Brief No. 99, Levy Economics Institute, 2009.

评,他说:"后凯恩斯主义代表了无知和不连贯的白痴学者的松散联系,他们知道自己反对什么,但不知道自己支持什么。……后凯恩斯主义只是站在一旁吹毛求疵,进行老生常谈的批判,而不寻求对经济理论或经济现象研究做出任何积极贡献。"① 然而十多年后的今天,通过考察后凯恩斯主义经济学的新发展阶段——"工资导向复苏"经济学后发现,邓恩们的批评是错误的。"工资导向复苏"经济学非常明确,它反对的是新自由主义理论和政策,支持的是通过集体力量塑造共享繁荣的更美好世界;它不仅批判旧的资本主义发展模式,而且提出了构建新秩序的系统性政策方案。过去看来众多流派、分支松散不连贯,今天看来恰恰体现了"工资导向复苏"经济学广泛的智力来源,过去看上去内在不一致的缺陷现在看来正是其形成强大分析能力的原因。

---

① Dunn, S. P. *The "Uncertain" Foundation of Post Keynesian Economics* [M]. London: Routledge, 2008: 1.

第2章　基于卡莱斯基增长模型的危机与复苏分析

　　分配和增长理论是后凯恩斯主义经济学卡莱斯基主义学派理论体系的核心，卡莱斯基分配和增长模型的发展和完善也是卡莱斯基主义学派近30年来主要的理论进展。卡莱斯基分配和增长模型构成后凯恩斯主义经济学对2008年全球金融危机解释及其经济复苏分析的基石。卡莱斯基模型的拥护者一般把收入分配不平等、家庭负债和金融危机联系起来，把2008年全球金融危机归结为收入分配持续恶化的后果。面对金融危机后资本主义经济复苏困境，后凯恩斯主义经济学家提出了"工资导向增长战略"。工资导向增长战略旨在建立一个充分就业增长模式，在该模式中，持续的工资增长通过消费增长和投资增长的加速数效应推动需求增长。后凯恩斯主义经济学对经济复苏开出了系统方案，持续的工资增长是其基石。

2.1　卡莱斯基增长模型及其发展

　　20世纪80年代，在后凯恩斯主义经济学内部出现了对剑桥增长模型的反思和批判，并尝试开发与现实经济实践更为一致的增长模型，这些模型更多地继承了卡莱斯基的经济分析传统，因此被称作"新卡莱斯基增长模型"。对新卡莱斯基增长模型的扩展及其应用研究构成近30年来后凯恩斯主义宏观经济学的主体内容。

2.1.1　新卡莱斯基增长模型

新卡莱斯基增长模型由罗森（Rowthorn，1981）、达特（Dutt，1984）、泰勒（Taylor，1985）、阿马德奥（Amadeo，1986）等提出。这些模型的主要特征在于表明"节约悖论"和"成本悖论"总是成立。

在 20 世纪 80 年代早期，模型的开发者（如 Rowthorn、Dutt）采用的投资函数形式是：

$$g^i = \alpha + \beta u + \gamma r$$

具有上述投资函数形式的增长模型可以表示为如下代数形式：

投资函数：
$$g^i = \alpha + \beta u + \gamma r \qquad (2-1)$$

储蓄函数：
$$g^s = s_c \cdot \pi u \frac{1}{v} \qquad (2-2)$$

均衡条件：
$$g^i = g^s \qquad (2-3)$$

利润方程：
$$r = \pi \cdot u \cdot \frac{1}{v} \qquad (2-4)$$

其中，$g^s = \dfrac{S}{K}$，$g^i = \dfrac{I}{K}$；$g^s = g^i$ 是经济均衡的动态条件，宏观经济的静态均衡条件是众所周知的 $S = I$，通过对等式两边同除以资本存量，把静态均衡条件动态化为 $\dfrac{S}{K} = \dfrac{I}{K}$，这个动态均衡条件涉及储蓄方程 g^s（即 $\dfrac{S}{K}$）和投资方程 g^i（即 $\dfrac{I}{K}$）的具体形式；$u = \dfrac{Y}{Y_f}$ 为产能利用率，$r = \dfrac{P}{K}$ 代表实际利润率，α 代表动物精神，β、γ 为正的系数；s_c 是基于利润的储蓄倾向，$\pi = \dfrac{P}{Y}$ 为收入的利润份额，$\dfrac{1}{v} = \dfrac{Y_f}{K}$ 为全产能利用时的资本—产出比的倒数。

解得均衡值：

$$u^* = \frac{\alpha}{(s_c - \gamma) \cdot \dfrac{1}{v} \cdot \pi - \beta} , \; r^* = \frac{\alpha \cdot \pi \cdot \dfrac{1}{v}}{(s_c - \gamma) \cdot \dfrac{1}{v} \cdot \pi - \beta} , $$

$$g^* = \frac{\alpha \cdot s_c \cdot \pi \cdot \dfrac{1}{v}}{(s_c - \gamma) \cdot \dfrac{1}{v} \cdot \pi - \beta} \tag{2-5}$$

上述均衡解对 s_c 的微分表达式分别是:[①]

$$\frac{\partial u^*}{\partial s_c} = - \frac{\alpha \cdot \dfrac{1}{v} \cdot \pi}{\left[(s_c - \gamma) \cdot \dfrac{1}{v} \cdot \pi - \beta \right]^2} < 0 \tag{2-6}$$

$$\frac{\partial r^*}{\partial s_c} = - \frac{\alpha \cdot \left(\pi \cdot \dfrac{1}{v} \right)^2}{\left[(s_c - \gamma) \cdot \dfrac{1}{v} \cdot \pi - \beta \right]^2} < 0 \tag{2-7}$$

$$\frac{\partial g^*}{\partial s_c} = - \frac{\alpha \cdot s_c \cdot \left(\pi \cdot \dfrac{1}{v} \right)^2}{\left[(s_c - \gamma) \cdot \dfrac{1}{v} \cdot \pi - \beta \right]^2} < 0 \tag{2-8}$$

可见，储蓄倾向和均衡的产能利用率、利润率、增长率（积累率）呈反方向的变动关系；储蓄率的提高会降低产能利用率、利润率和增长率，从而对经济产生负面影响，这是所谓的"节约悖论"。

另外，均衡解分别对利润份额 π 求微分，可得：

$$\frac{\partial u^*}{\partial \pi} = - \frac{\alpha \cdot (s_c - \gamma) \cdot \dfrac{1}{v}}{\left[(s_c - \gamma) \cdot \dfrac{1}{v} \cdot \pi - \beta \right]^2} < 0 \tag{2-9}$$

$$\frac{\partial r^*}{\partial \pi} = - \frac{\alpha \cdot \beta \cdot \dfrac{1}{v}}{\left[(s_c - \gamma) \cdot \dfrac{1}{v} \cdot \pi - \beta \right]^2} < 0 \tag{2-10}$$

---

① 在经济正常运行状况下，必然有均衡产能利用率 $u^* > 0$，因此需要假设 $\alpha > 0$。

$$\frac{\partial g^*}{\partial \pi} = -\frac{\alpha \cdot \beta \cdot s_c \cdot \frac{1}{v}}{\left[(s_c - \gamma) \cdot \frac{1}{v} \cdot \pi - \beta\right]^2} < 0 \qquad (2-11)$$

这些不等式证明了"成本悖论":利润份额 π 与产能利用率、利润率和增长率呈反方向变动关系。成本悖论归因于有效需求（由产能利用率表示）对利润份额的变动非常敏感，工资引起的成本的增加，由有效需求的上升所弥补而有余。下式可表示出这种内在关系①:

$$\frac{\pi}{u^*} \frac{\partial u^*}{\partial \pi} = -\frac{(s_c - \gamma) \cdot \frac{1}{v} \cdot \pi}{(s_c - \gamma) \cdot \frac{1}{v} \cdot \pi - \beta} < -1 \qquad (2-12)$$

式（2-12）表明有效需求（产能利用率）对利润份额的变化是富有弹性的。

2.1.2　后卡莱斯基增长模型

对于前述的结论——在任何条件下成本悖论都成立，许多后凯恩斯主义者提出了反对意见，其中具有代表性的是巴杜里和马格林（Bhaduri & Marglin, 1990）。他们提出的模型具有里程碑意义，代表新卡莱斯基增长模型的发展进入更加成熟阶段②。巴杜里和马格林认为，不应忽视工资的双向作用:一方面更高工资会刺激需求，但另一方面高工资也意味着更高的生产成本。在这种相反的作用下，工资率的变动对就业、产出和资本积累有一个复杂的甚至模糊的影响，成本悖论只是在某些条件之下的一种可能性。

巴杜里和马格林（1990）是通过调整投资函数来得到他们的这一结论的。他们的投资函数建立在利润率分解的基础上，利润率被分解成产能利用率和利润份额，即 $r = \pi \cdot u \cdot \frac{1}{v}$。虽然投资仅取决于利润率是一个通常的做

---

① Pasquale Commendatore. Keynesian Theories of Growth [J]. Working Paper, 2001.

② Bhaduri 和 Marglin 版本的增长模型经常被称作后卡莱斯基增长模型（post-Kaleckian model），新卡莱斯基增长模型经常专指 Rowthorn 和 Dutt 版本的增长模型。

法，但这在理论上并不令人满意，因为它并没有深入利润率背后的各个组成部分。实际利润率 r 的变动既可能是由于产能利用率 u 的变化，也可能是由于利润份额 π 的变化，仅取决于利润率的投资函数无法体现这两个因素的各自影响。巴杜里和马格林采取的投资函数形式可表述为：

$$g^i = \alpha + \beta u + \gamma \pi$$

其中，α 代表动物精神，β、γ 为正的系数。这时模型代数表达如下：

投资函数：$\qquad\qquad g^i = \alpha + \beta u + \gamma \pi \qquad\qquad\qquad (2-13)$

储蓄函数：$\qquad\qquad g^s = s_c \cdot \pi u \dfrac{1}{v} \qquad\qquad\qquad\quad (2-14)$

均衡条件：$\qquad\qquad g^i = g^s \qquad\qquad\qquad\qquad\quad (2-15)$

利润方程：$\qquad\qquad r = \pi \cdot u \cdot \dfrac{1}{v} \qquad\qquad\qquad\quad (2-16)$

解得均衡值：

$$u^* = \frac{\alpha + \gamma\pi}{s_c \cdot \dfrac{1}{v} \cdot \pi - \beta}, \quad r^* = \frac{\pi \dfrac{1}{v} \cdot (\alpha + \gamma\pi)}{s_c \cdot \dfrac{1}{v} \cdot \pi - \beta}, \quad g^* = \frac{s_c \pi \dfrac{1}{v} \cdot (\alpha + \gamma\pi)}{s_c \cdot \dfrac{1}{v} \cdot \pi - \beta}$$

$$(2-17)$$

分别对 u^*、r^* 和 g^* 求关于 π 的微分，可得：

$$\frac{\partial u^*}{\partial \pi} = \frac{-\dfrac{1}{v} \cdot s_c \alpha - \beta\gamma}{\left(s_c \cdot \dfrac{1}{v} \cdot \pi - \beta\right)^2}, \quad \frac{\partial r^*}{\partial \pi} = \frac{\dfrac{1}{v} \cdot (\gamma\pi - \beta u^*)}{s_c \cdot \dfrac{1}{v} \cdot \pi - \beta},$$

$$(2-18)$$

$$\frac{\partial g^*}{\partial \pi} = \frac{s_c \cdot \dfrac{1}{v} \cdot (\gamma\pi - \beta u^*)}{s_c \cdot \dfrac{1}{v} \cdot \pi - \beta}$$

其中，$\dfrac{\partial u^*}{\partial \pi}$、$\dfrac{\partial r^*}{\partial \pi}$ 和 $\dfrac{\partial g^*}{\partial \pi}$ 的符号不明确[①]。

---

① 在经济正常运行状况下，必有均衡产能利用率 $u^* > 0$，但根据 u^* 的代数表达式可知，不需要假设 $\alpha > 0$，因此，无法保证 $\dfrac{\partial u^*}{\partial \pi}$ 为负。

当 $\left(\dfrac{1}{v}s_c\alpha + \beta\gamma\right) > 0$ 时，$\dfrac{\partial u^*}{\partial \pi} < 0$，工资份额与产能利用率（总需求）同方向变动，经济是一种工资导向型需求体制（wage-led demand regime）。

当 $\left(\dfrac{1}{v}s_c\alpha + \beta\gamma\right) < 0$ 时，$\dfrac{\partial u^*}{\partial \pi} > 0$，工资份额与产能利用率（总需求）反方向变动，经济是一种利润导向型需求体制（profit-led demand regime）。

当 $u^* \geqslant \dfrac{\gamma\pi}{\beta}$ 时，$\dfrac{\partial r^*}{\partial \pi} \leqslant 0$，$\dfrac{\partial g^*}{\partial \pi} \leqslant 0$，[①] 成本悖论成立，利润份额与利润率、增长率反方向变动，经济是一种工资导向型增长体制（wage-led growth regime）。

当 $u^* < \dfrac{\gamma\pi}{\beta}$ 时，$\dfrac{\partial r^*}{\partial \pi} > 0$，$\dfrac{\partial g^*}{\partial \pi} > 0$，成本悖论不成立，利润份额与利润率、增长率同方向变动，经济是一种利润导向型增长体制（profit-led growth regime）。

对上述模型可以给出如下解释：一方面，工资是收入，工资增加会增加消费需求，并因此诱导企业的投资需求，从而对资本积累和产出产生正面效应；但另一方面，工资是成本，工资增加会增加企业成本，减少利润，从而抑制企业的投资需求，所以对资本积累和产出是负面效应。当工资上升对资本积累和产出的正面效应大于负面效应时，工资上升对经济增长的总效应为正，反之，总效应为负。工资上升的经济增长总效应为正的经济环境被称作"工资导向型增长体制"，工资上升的经济增长总效应为负的经济环境被称作"利润导向型增长体制"。

收入分配对资本积累乃至经济增长的效应与企业的投资需求对产能利用率和利润份额的敏感程度联系最为紧密。当企业投资需求对产能利用率不敏感，而对利润份额（或工资成本）敏感时，工资上升对资本积累和增长的负面效应会大于正面效应，从而增长体制是利润导向的；若企业投资需求对产能利用率敏感而对利润份额（或工资成本）不敏感，工资上升对资本积累和增长的正面效应会大于负面效应，从而增长体制是工资导向的。

后卡莱斯基增长模型提供了一种灵活的分配和增长的综合模型："一些

---

① 相对于产能利用率 u 轴，只有储蓄曲线斜率大于投资曲线斜率，均衡才是稳定的，因此经济收敛条件需要 $\beta < s_c \cdot \pi \cdot \dfrac{1}{v}$。

特定的模型，比如左派凯恩斯主义社会民主党人宣扬的'合作资本主义'模型，马克思主义的'利润挤压'模型，甚至是依靠高盈利和低实际工资的'供给侧'刺激的保守模型……成为这里提出的理论框架的特殊变体。"①

2.1.3 卡莱斯基增长模型的完善

最终，在众多卡莱斯基增长模型中巴杜里和马格林的版本脱颖而出，并取得主导地位，后续一系列深入细致的分析也在其基础上展开，使其解释力和完备性得到了大大加强。这包括布莱克尔（Blecker，1989，2002，2011）将对外贸易因素引入模型；纳斯迪帕和斯托姆（Naastepad & Storm，2006）、斯托克哈默（Stockhammer，2011）澄清了工资导向、利润导向增长体制概念与工资导向、利润导向需求体制概念之间的关系；斯托克哈默（Stockhammer，2011）、拉沃和斯托克哈默（Lavoie & Stockhammer，2013）将增长体制类型和分配政策类型通过矩阵匹配的方式阐述了现实中经济表现类型的产生。

根据后卡莱斯基增长模型，考虑到出口因素，收入分配和总需求之间的基本逻辑关系是清晰的。一方面，由于工资的边际消费倾向高于利润的边际消费倾向，收入向工资的再分配增加了消费需求；另一方面，较高的劳动力成本会降低本国产品的国际竞争力，从而减少出口，同时也会减少私人投资的利润激励。工资份额上升对私营部门（家庭和企业）总需求的总体影响取决于消费、私人投资和净出口对收入分配变化反应的相对大小。如果较高的工资份额对消费的积极影响超过对投资和出口的负面影响，总需求是工资导向的，反之则是利润导向的。从理论上讲，这两种情况都是可能发生的，高工资对消费的正面影响和对投资、净出口的负面影响的绝对值哪个更大，这是一个经验问题，取决于一个经济体的参数。如果消费对分配非常敏感，即如果工资和利润中的边际消费倾向差异很大；如果投资对利润不太敏感，但对需求的反应更大；如果国内需求占总需求的比重更大；如果净出口对相对价格的反应不是很灵敏，劳动力成本对出口价格的影响也不是很大，那么经济更有可能是工资导向型需求体制，反之则更

---

① Bhaduri, A. & S. Marglin. Unemployment and the Real Wage: The Economic Basis for Contesting Political Ideologies [J]. *Cambridge Journal of Economics*, 1990, 14 (4): 375–393.

有可能是利润导向型需求体制。

相比工资导向型需求体制，工资导向型增长体制是一个更强、更长期的概念。前者仅意味着工资份额增加将导致总需求或产能利用率增加，后者额外要求投资支出的增加，长期中，它意味着资本存量积累率的增加。相反，若工资份额增加带来资本存量积累率的降低，我们称之为利润导向增长体制。即使需求是以工资为导向的，经济增长（资本积累）也可能是工资导向或利润导向的，这取决于较高工资份额对产能利用率的积极影响是否足够强大，是否超过了较低盈利能力对投资的直接负面影响。如果需求是以利润为导向的，那么增长也是以利润为导向的。在一种中间情况下，需求或产能利用率可能是弱工资导向的，而增长是利润导向的，这种情况被马格林和巴杜里称为"冲突停滞主义"①。各种情况如表 2 - 1 所示。

表 2 - 1　　　　　　　　　　与收入分配相关的经济体制

项目	工资份额增长对需求（产能利用率）的影响	
	+	-
工资份额增长对增长率和利润率的影响　+	工资导向型体制（工资导向型需求体制和工资导向型增长体制）	不可能
工资份额增长对增长率和利润率的影响　-	工资导向型需求体制和利润导向型增长体制	利润导向型体制（利润导向型需求体制和利润导向型增长体制）

后卡莱斯基增长模型区分经济体制的意义在于：为促进经济扩张，应采取有利于工资的分配政策还是有利于利润的分配政策，取决于该经济体是哪种增长（或需求）体制。收入分配政策可以区分为亲资本分配政策和亲劳动分配政策。亲资本分配政策指导致工资份额降低的政策，经常打着促进劳动市场流动性或工资灵活性的招牌，包括破坏集体谈判制度、削弱工会、降低最低工资标准、弱化就业保护立法。亲劳动分配政策指促进工资份额增加的政策，常指加强福利国家和劳动市场制度，包括加强集体谈判、加强工会力量、提高失业救济、降低工资收入的不平等。亲劳动分配政策与工资导向增长体制配合就会产生工资导向的增长过程，亲资本分配政策与利润导向增长

---

① Marglin, S. A. & A. Bhaduri. *Profit Squeeze and Keynesian Theory* [M] // Marglin, S. A. & J. B. Schor. *The Golden Age of Capitalism.* Oxford: Oxford University Press, 1990: 153 - 186.

体制相配合就会产生利润导向的增长过程。而亲劳动分配政策与利润导向增长体制结合，或者亲资本分配政策与工资导向增长体制结合都会产生停滞或不稳定的增长，具体如表 2 - 2 所示。

表 2 - 2　　　　　　　增长体制与分配政策结合的经济效果

项目	亲劳动分配政策	亲资本分配政策
工资导向型增长体制	工资导向的扩张过程	停滞或不稳定扩张
利润导向型增长体制	停滞或不稳定扩张	利润导向的扩张过程

2.2　工资导向与利润导向体制：实证研究

后卡莱斯基增长模型指出，需求驱动型经济有工资导向型和利润导向型体制之分，并且这种区分对于确定采用什么样的政策以促进经济扩张具有重大意义，于是学者们纷纷进行实证研究试图确定各国分别属于哪种需求或增长体制。基于巴杜里和马格林方法（又称后卡莱斯基方法）的需求和增长体制的计量经济学研究始于 1995 年鲍尔斯（Bowles）和博耶（Boyer）的工作，[①] 在 2008 年全球金融危机后，这种计量研究迎来了高潮。

鲍尔斯和博耶采用的是单一方程估计法，估计了消费、投资和净出口三个需求总量的独立方程，它们受利润份额变化和一组控制变量（表明经济活动的变量）的影响。通过加总，计算得出分配变化对总需求的影响。单一方程估计法在实证研究中已相当流行，可参见多个文献研究（Naastepad，2006；Ederer & Stockhammer，2007；Naastepad & Storm，2007；Ederer，2008；Stockhammer & Ederer，2008；Hein & Vogel，2008，2009；Stockhammer et al.，2009，2011；Onaran et al.，2011；Storm & Naastepad，2012；Hartwig，2013，2014；Onaran & Galanis，2014；Onaran & Obst，2016）。

现代"古德温主义者"使用"双向（或系统）聚合法"（bi-directional (or system) aggregative approach）直接估计分配与经济活动的相互影响，重

---

① Bowles, S. & R. Boyer. *Wages Aggregate Demand and Employment in an Open Economy：An Empirical Investigation* ［M］//Epstein, G. A. & H. M. Gintis (eds). *Macroeconomic Policy after the Conservative Era.* Cambridge, UK：Cambridge University Press, 1995：143 - 171.

点关注这两个变量之间的周期关系。此类研究可参见多个文献研究（Stock-hammer & Onaran，2004；Onaran & Stockhammer，2005；Barbosa-Filho & Tay-lor，2006；Fontana & Palacio-Vera，2007；Diallo et al.，2011；Nikiforos & Foley，2012；Rezai，2015；Kiefer & Rada，2015；Carvalho & Rezai，2016）。双向聚合法的缺陷是不能针对分配是如何影响总需求或资本积累二者进行有效分离。

两种实证方法的研究结果高度不一致。除一些早期研究以外，大多数采用"单向结构方法"的研究发现，发达国家和新兴经济体的内需，也即消费和投资需求的总和，通常是工资导向型。如果将收入分配变化对净出口的影响考虑在内，在再分配孤立进行的前提下，一些小型开放经济体可能会是利润导向型；但如果再分配在大多数国家同步发生，净出口效应就会减弱，再次成为工资导向型——因为世界经济整体可以被看作一个封闭的经济体。[①]然而，采用"双向聚合方法"的古德温主义主要针对美国、欧洲经济体的研究，发现总需求是以利润为导向的。

正如布莱克尔所言："实证研究大体上分为两大阵营：一个阵营使用古德温周期版的聚合法，发现几乎完全是利润导向型需求体制；另一个阵营主要是通过结构性方法得出工资导向型需求体制的结果（特别是对于较大的国家或国家集团）。"[②] 布莱克尔指出，考察时间范围的不同是造成这种差异的原因。基于古德温周期方法的大多数实证文献只估计了短期商业周期波动中的分配作用，"双向聚合方法"一直明确或隐含地关注分配和增长之间的短期周期关系。然而，"单向结构方法"致力于研究收入分配对需求（和资本积累）的中长期影响。布莱克尔针对分配对需求总量的影响在短期内可能表现出利润导向的特征，但从长远来看会转为工资导向的原因进行了解释。他认为，"更高的利润份额（或更低的劳动力成本）对投资和净出口的积极影响主要是短期现象，而工人消费对工资收入的敏感性在长期内可能更强。因此，在其他因素不变的情况下，国民经济在短期内更有可能表现出利润导向型（或更弱的工资导向型）需求，而在长期内更有可能表现出工资导向型

---

① Onaran, Ö. & G. Galanis. Income Distribution and Growth: A Global Model [J]. Environment and Planning A, 2014, 46 (10): 2489–2513.

② Blecker, R. A. Wage-led versus Profit-led Demand Regimes: The Long and the Short of It [J]. *Review of Keynesian Economics*, 2016, 4 (4): 373–390.

（或更强烈的工资导向型）需求"①。

布里吉和夏普（Bridji & Charpe，2016）的研究也印证了布莱克尔的这一观点，他们的研究表明，短期（4～16 年）以利润为导向的需求和增长可能占主导地位，但他们结合英国、法国和美国不同时期的数据资料，发现长期（超过 32 年）会转变为以工资为导向的需求。

斯托克哈默和斯特雷尔（Stockhammer & Stehrer，2011）进一步就短期必然是利润为导向的需求这一观点提出了严重质疑。他们采用"单一方程估计法"，对 12 个经合组织国家的季度（1970 年第一季度至 2007 年第二季度）数据进行研究，结果表明，大多数国家是工资导向的，而不是利润导向的，利润导向型体制是由估计消费函数中的"反常"系数驱动的，而不是由投资函数驱动的，也就是说，从利润中消费的倾向高于从工资中消费的倾向。他们指出，那些以利润为导向的需求体制的国家，在很大程度上依赖于利润对消费而非投资的作用。利润和投资之间的联系似乎不够牢固和可靠，无法承载商业周期中古德温故事的分量。因此，需求侧的古德温模型几乎是不成立的，基于此来判断需求体制是没有科学依据的。拉沃使用目标回报率定价和管理费用模型表明，随着不断加价，利润份额将顺周期变化。② 他认为，实证研究必须仔细研究因果关系，在以利润为导向的需求体制中，需求和产能利用率的上升将与利润份额的上升相关联，但因果关系是从需求到分配，而不是利润导向型体制所暗示的相反方向。

从中长期来看，迄今为止的计量经济学文献似乎证实了新卡莱斯基模型的结论：国内需求和增长是工资导向型的，因为再分配对消费的直接影响比对投资的直接影响大得多。利润导向型需求和增长体制可能只会通过净出口渠道产生，其产生的前提是经济高度融入世界经济，即马歇尔—勒纳条件成立，③ 并且各国孤立地遵循出口导向的重商主义战略。

奥纳兰和加拉尼斯（Onaran & Galanis，2014）估计了 G20 国家利润份额增加 1% 时对消费、投资和净出口的影响（见表 2 - 3）。研究发现，第一，

①　Blecker, R. A. Wage-led versus Profit-led Demand Regimes：The Long and the Short of It ［J］. Review of Keynesian Economics，2016，4（4）：373 - 390.

②　Lavoie, M. *Post-Keynesian Economics*：*New Foundations* ［M］. Cheltenham, UK and Northampton, MA：Edward Elgar, 2014.

③　Blecker, R. International Competition, Income Distribution and Economic Growth ［J］. *Cambridge Journal of Economics*，1989（13）：395 - 412.

利润份额增加对私人消费的绝对负面影响远远大于对私人投资的正面影响。这意味着，撇开国外需求不谈，国内经济部门的需求显然是工资导向的。第二，相对封闭的大型经济体更有可能是工资导向的。考虑到净出口，欧元区12国、英国、美国、日本、土耳其和韩国仍是工资导向型经济体。因为这些国家外贸只占总需求的一小部分，工资份额下降对净出口的积极影响不足以抵消对内需的负面影响。第三，只有当分配对净出口的影响足以抵消对国内需求的影响时，才会转变为利润导向的需求体制。欧元区的小型开放经济体，如荷兰、比利时是以利润为导向的，因为这些国家进出口在国民收入中所占份额较高；除此之外，加拿大、澳大利亚、南非、墨西哥、阿根廷和印度都是以利润为导向的，原因在于它们的净出口效应都较高，工资份额下降对净出口的积极影响抵消了对内需的负面影响。

表2-3 利润份额1%的增长对消费、投资、净出口、国内需求和总需求的影响

单位:%

国家/地区	消费 a	投资 b	净出口 c	国内需求 d (= a + b)	总需求 e (= a + b + c)
12 个欧元区国家	- 0.439	0.299	0.057	- 0.140	- 0.084
德国	- 0.501	0.376	0.096	- 0.125	- 0.029
法国	- 0.305	0.088	0.198	- 0.217	- 0.020
意大利	- 0.356	0.130	0.126	- 0.226	- 0.100
英国	- 0.303	0.120	0.158	- 0.183	- 0.025
美国	- 0.426	0.000	0.037	- 0.426	- 0.388
日本	- 0.353	0.284	0.055	- 0.069	- 0.014
加拿大	- 0.326	0.182	0.266	- 0.144	0.122
澳大利亚	- 0.256	0.174	0.272	- 0.082	0.190
土耳其	- 0.491	0.000	0.283	- 0.491	- 0.208
墨西哥	- 0.438	0.153	0.381	- 0.285	0.096
韩国	- 0.422	0.000	0.359	- 0.422	- 0.063
阿根廷	- 0.153	0.015	0.192	- 0.138	0.054
印度	- 0.291	0.000	0.310	- 0.291	0.018
南非	- 0.145	0.129	0.506	- 0.016	0.490

资料来源: Onaran, Ö. & G. Galanis. Income Distribution and Growth: A Global Model [J]. *Environment and Planning A*, 2014, 46 (10): 2489 - 2513.

　　表 2-3 假设变化只发生在一个国家，表 2-4 总结了 G20 国家的工资份额同时发生变化时的联合影响。由于全体国家采取工资抑制政策，导致工资导向型国家（欧元区 12 国、美国、日本、土耳其和韩国）总需求的收缩程度要比表 2-3 孤立变化时高得多；加拿大、墨西哥、阿根廷和印度等利润导向型经济体，利润份额上升的经济扩张效应变为负了。世界作为一个整体是工资导向型的，不仅仅是因为较大的经济体（欧元区 12 国、美国、英国和日本）都是工资导向型的，小的利润导向型经济体与这些大经济体相比并不重要，而且也因为在竞相逐底的情况下，工资导向型经济体收缩对其他经济体的出口需求产生了负面影响；此外，随着各国劳动力成本的下降，相对价格效应也会减弱。[①] 那么利润份额变化对投资或资本积累的影响如何呢？奥纳兰发现私人投资对利润增长的反应不是很灵敏，但对需求反应强烈。[②] 其他一些研究发现，利润份额对投资没有影响（Stockhammer & Onaran，2004；Hein & Vogel，2008；Onaran & Galanis，2014）。这进一步说明利润导向型增长体制存在的可能性微乎其微。

表 2-4　　　　　　　**利润份额 1% 的增长对总需求的联合影响**　　　　　单位：%

国家/地区	联合影响
12 个欧元区国家	− 0.245
德国	—
法国	—
意大利	—
英国	− 0.214
美国	− 0.921
日本	− 0.179
加拿大	− 0.269
澳大利亚	0.172
土耳其	− 0.717
墨西哥	− 0.111
韩国	− 0.864

---

　　① Onaran，Ö. Wage Versus Profit-led Growth in the Context of Globalization and Public Spending：The Political Aspects of Wage-led Recovery [J]. *Review of Keynesian Economics*，2016，4（4）：458−474.

　　② Onaran，Ö. & G. Galanis. Income Distribution and Growth：A Global Model [J]. *Environment and Planning A*，2014，46（10）：2489−2513.

续表

国家/地区	联合影响
阿根廷	− 0.103
印度	− 0.027
南非	0.390

资料来源：Onaran, Ö. & G. Galanis. Income Distribution and Growth：A Global Model［J］. *Environment and Planning A*, 2014, 46（10）：2489 – 2513.

2.3 收入分配与金融危机

卡莱斯基模型的拥护者一般把收入分配不平等、家庭负债和金融危机联系起来，把 2008 年全球金融危机归结为收入分配持续恶化的后果。正如范特里克（Van Treeck, 2014）所言，"这些文献的共同政策结论之一是，即使'大衰退'可能有许多其他更直接的原因，如金融市场放松管制、金融投机和资产泡沫，从长远来看，除了直接解决收入不平等问题之外别无选择，因此政府将不得不直接解决中产阶级更深层次的焦虑"。

斯托克哈默（Stockhammer, 2015）认为，2008 年全球金融危机应该被视为金融放松管制（或者说是金融化）与不平等加剧相互作用的结果。第一，不平等加剧对总需求造成了下行压力，因为较贫穷的收入群体具有较高的边际消费倾向。第二，国际金融放松管制使各国能够在较长时间内保持巨额经常账户赤字（或盈余）。因此，针对潜在停滞的国内需求，出现了两种增长模式：债务导向型增长模式和出口导向型增长模式。第三，在债务导向型增长模式中，尽管实际工资停滞不前或下降，工人阶级家庭仍试图跟上社会消费标准，由此，更高的不平等性导致了更高的家庭债务。第四，不平等性加剧了投机倾向，因为较富裕的家庭往往持有比其他群体更高风险的金融资产。对冲基金的兴起，特别是次级衍生品的兴起，与超级富豪的崛起息息相关。斯托克哈默讨论了不平等加剧促成危机的四个渠道，然而这不能被理解为对金融因素的替代，而是强调金融和社会因素相互作用。严格来说，不平等性加剧与金融放松管制相互作用，应该被视为危机的共同根源，其作用机理如图 2 – 1 所示。

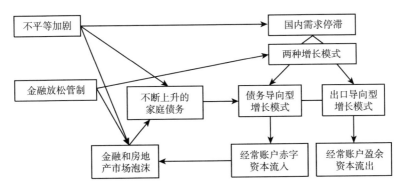

图 2 - 1　不平等加剧和金融放松管制是危机的原因

　　斯托克哈默关于收入不平等促成危机的四个渠道的论点，特别是第一点和第三点，被后凯恩斯主义经济学家广泛接受。韦德（Wade，2009）、霍恩等（Horn et al.，2009）、海因（Hein，2012）、帕利（Palley，2012）以及范特雷克和斯特恩（Van Treeck & Sturn，2012）也提出了类似的论点。

　　上述文献中与斯托克哈默（2015）研究最接近的是海因（2012），他认为不平等性加剧、金融放松管制和全球失衡是危机的主要原因。海因分析的中心是金融化的影响，他认为，自 20 世纪 80 年代初以来，金融化通过以下三个渠道影响了发达资本主义经济体的长期经济发展：以低劳动收入为代价的收入再分配、抑制对实际资本存量的投资、基于财富和债务融资的消费潜力日益增大。在这些基本宏观经济趋势的背景下，全球经常账户失衡，加剧了经济脆弱性和大衰退的严重性。

　　海因通过在卡莱斯基模型中引入家庭债务因素对债务导向型体制进行了分析。在短期和中期，向工人放贷可以补偿企业在实际投资方面的低动物精神和以工人为代价的再分配所带来的负面影响，而不必触发债务增加的累积过程。如果内生决定的利润率超过了利率，表明新贷款的扩张效应超过了由于债务存量增加而产生的利息支付的收缩效应，那么稳定的中期债务导向型体制就可能出现，其中，较高且稳定的工人债务—资本比率与较高且稳定的产能利用率、资本积累率和增长率相连。随着向工人提供更高贷款对总需求的强烈影响，工人的债务—收入比率甚至可能下降，而债务导向型体制可能以宏观经济的"债务悖论"为特征，即向工人提供的食利者储蓄份额越高，工人的债务—收入比率越低。然而，如果内生确定的利润率低于利率，表明新贷款的扩张效应低于利息支付对债务存量的收缩效应，则可能出现一个稳定的中期债务拖累型体制。其中，较高且稳定的工人债务—资本比率与较低但稳定的产能利用率、资本积累率和增长率相连。在债务拖累型体制中，减少对工人的贷款将使均衡的产能利用率和资本积累率增加，工人的债务—资本和债务—收入比率将下降。反过来，一旦工人的债务—资本比率超过稳定的上限，它将继续增加，并对商品市场均衡产生负面影响。如果工人负债增加和经济崩溃导致食利者减少借给工人的储蓄份额，这将进一步抑制经济活动和资本积累，同时工人的债务—资本比率和债务—收入比率将继续上升。这种不稳定的过程可能是由于食利者对工人的贷款增加，使工人的债务—资本比率超过稳定上限，和/或企业在资本存量投资方面的动物精神下降和/或利率上升，后二者都降低了稳定性的上限。海因的论述重点不是不平等到消费信贷的逻辑，而是消费信贷到不稳定的逻辑。

除此之外，海因认为，在金融化资本主义通过收入再分配和资本存量投资产生部分抑制效应的背景下，一些国家依靠债务导向的消费需求飙升作为总需求和国内生产总值增长的主要驱动力，而其他国家则把重点放在重商主义出口导向战略上作为产生需求的替代方案。他认为，在金融化和收入再分配以降低劳动收入份额为代价的背景下，在21世纪初的贸易周期中，国家、区域（欧元区）和全球层面上形成了一个高度脆弱的局面。美国和其他类似国家动态的"债务导向的消费繁荣"式发展，一方面有赖于私人家庭负债的意愿和能力，另一方面，世界其他国家，特别是"出口导向重商主义"国家，愿意保持经常账户盈余并提供信贷。私人家庭不断增加的债务融资消费是基于不断增长的名义财富，特别是由（似乎）不断上涨的房地产价格提供信贷抵押品而产生的。缓慢增长或停滞不前的"出口导向重商主义"经济体不得不依赖世界其他地区，尤其是"债务导向的消费繁荣"经济体的意愿和能力去负债，因为它们温和或疲软的增长率取决于世界需求和出口市场的动态增长。

西纳蒙和法扎里（Cynamon & Fazzari，2016）分析了个人收入分配不平等加剧与金融危机之间的关系。他们考察了自20世纪80年代以来底层95%的人群和顶层5%的人群在收入份额、家庭支出、债务—收入比方面的变化。其理论基础与关注功能性收入分配的新卡莱斯基模型的基本假设一致：高收入者，消费倾向较低；其他人，消费倾向较高；顶层群体收入份额的增加会对需求产生拖累。经过分析之后得出结论：个人收入分配不平等的加剧在很大程度上是由于底层 95% 的人收入增长放缓所致；收入增长放缓，加上实际利率上升，意味着底层 95% 的人将不得不降低消费率，以维持可持续的债务—收入比；然而由于消费习惯的持续性特点①和支出级联效应②，底层 95% 的人不仅没有降低甚至提高了其消费率，因而其总的债务—收入比出现爆炸性增长；这一趋势与对底层 95% 的人群进一步借贷的限制相冲突，最终导致了消费的历史性崩溃，进而导致了大衰退。西纳蒙和法扎里（2016）总结道："这篇文章将过去 30 年中几乎同时开始的两大经济事件联系起来，即收入不平等的急剧加剧和家庭债务—收入比的上升。我们的论点是，这两个事件的历史重叠并非巧合，我们认为，不平等性加剧是导致家庭杠杆率不可持续增长的重要原因，而家庭杠杆率的不可持续增长最终引发了大衰退。"

　　之前无论是主流经济学还是非正统经济学，家庭债务在金融稳定性分析中都没有突出表现。因此，2008 年全球金融危机后，这已成为一个深入研究的领域。不平等加剧导致了家庭债务的一种流行观点是基于弗兰克（Frank）等提出的支出级联效应③：随着超级富豪周围的人试图模仿他们的消费行为，最高收入的增加导致了消费繁荣，其结果是不平等加剧导致整体消费增加。这一观点与卡莱斯基的标准假设④形成了鲜明对比。

　　与这种不平等驱动的家庭债务解释相反，斯托克哈默基于房地产市场投机泡沫的解释强调债务主要是抵押贷款债务，它对房地产价格做出反应。⑤房地产市场的投机动态推动了房地产价格并影响了实际经济活动，这与心理

---

① Marglin, S. A. *Growth Distribution and Prices*［M］. Cambridge, MA, Harvard University Press, 1984.

② Frank, R. H. , Levine, A. S. & O. Dijk. Expenditure Cascades［J/OL］. http：//ssrn. com/abstract = 1690612, 2010.

③ Frank, R. H. , Levine, A. S. & O. Dijk. Expenditure Cascades［J/OL］. http：//ssrn. com/abstract = 1690612, 2010；Van Treeck, T. Did Inequality Cause the U. S. Financial Crisis?［J］. *Journal of Economic Surveys*, 2014, 28（3）：421 – 448；Kapeller, J. & B. Schütz. Conspicuous Consumption, Inequality and Debt：The Nature of Con-sumption-driven Profit-led Regimes［J］. *Metroeconomica*, 2014, 66（1）：51 – 70.

④ 卡莱斯基的标准假设认为，贫富差距扩大导致（总体）消费减少，因为富人的边际储蓄倾向更高。重新分配给高层导致平均储蓄倾向不断增加。

⑤ Stockhammer, E. & R. Wildauer. Debt-driven Growth? Wealth, Distribution and Demand in OECD Countries［J］. *Cambridge Journal of Economics*, 2016, 40（6）：1609 – 1634；Moore, G. & E. Stockhammer. The Drivers of Household in Debtedness Reconsidered：An Empirical Evaluation of Competing Arguments on the Macroeconomic Determinants of Household in Debtedness in OECD Countries?［J］. *Journal of Post Keynesian Economics*, 2018, 41（4）：547 – 577.

解释或财富效应解释相一致，也解释了经合组织国家家庭部门债务上升的原因。这种投机动态得到了宽松的货币政策和信贷市场放松管制的支持，而收入分配在解释家庭债务方面只起次要作用。

这种观点与消费级联论证的不同之处主要有两点。首先，消费级联论点主要集中在消费者债务上。人们消费更多，是基于对富裕家庭消费行为的模仿。在正式模型中，用债务方程表示，该方程表示家庭债务的变化是消费支出减去家庭收入。这误解了家庭债务的性质。事实上，家庭债务绝大多数是与房地产交易有关的抵押贷款债务。其次，消费级联的论点本质上是关于信贷需求方的论点。家庭可能希望获得更多的信用，因为他们想效仿他人的行为。然而，作为信贷供给理论，消费级联的论点缺乏说服力。银行会考虑信贷申请人的收入和资产。简而言之，虽然一个家庭有信贷需求，但这并不会成为银行向该家庭提供贷款的合理动机。因此，在房地产价格上涨的情况下，消费级联可能仅仅是一个促成因素，债务繁荣的最终原因是房地产繁荣，而不是消费模仿。[1]

莱桑德鲁（Lysandrou，2011a，2011b）完全抛开家庭负债这一中间环节，强调了一种财富不平等直接导致危机的特殊机制。莱桑德鲁认为，第一，危机爆发于次级贷款衍生品市场。第二，由于对冲基金需要这些高风险和高回报资产，这些资产不是现成的，而是由投资银行创造的，以满足对冲基金的需求。第三，对冲基金大体上是超级富豪的投资工具（在后期，机构投资者越来越多地投资于对冲基金）："触发危机的结构性信贷产品产生背后的主要驱动力是全球对可投资证券的过度需求，而这种过度需求积累的关键是私人财富的巨大积累"[2]。对冲基金持有大约一半的债务抵押债券。2000～2007年，对冲基金管理的资产增长了四倍，这解释了对冲基金对奇异金融工具的强劲需求。由于对冲基金的最低投资要求很高，2000年，对冲基金基本上是为超级富豪服务的，而到2007年，它们几乎一半的资产来自机构投资者。莱桑德鲁将超级富豪定义为拥有超过100万美元净财富的个人。高净值人士拥有约20%的金融资产，但超过一半的另类投资资产包括债务抵押债券和其他

---

① Stockhammer, E. An Update on Kalecki-Minsky Modeling [J]. *European Journal of Economics and Economic Policies*：*Intervention*，2019，16（2）：179－192.

② Lysandrou, P. Inequality as one of the Root Causes of the Financial Crisis：A Suggested Interpretation [J]. *Economy and Society*，2011a，40（3）：323－344.

衍生品。莱桑德鲁总结道："从上述分析得出的一个主要政策含义是，如果要避免全球金融危机，世界财富的分配必须更加公平"①。

2.4　经济复苏方案

2.4.1　工资导向增长战略

面对 2008 年全球金融危机后资本主义经济复苏困境，后凯恩斯主义经济学家拉沃、斯托克哈默和奥纳兰等提出了"工资导向增长战略"（Lavoie & Stockhammer，2013；Stockhammer & Onaran，2013；Cynamon & Fazzari，2016；Hein，2016），这一战略代表了后凯恩斯主义经济学对经济复苏开出的主导药方。

后凯恩斯主义经济学家认为，在资本主义经济中，工资具有双重功能。它们既是生产成本，也是需求来源。工资份额的增加会对需求产生多方面的影响，现有证据证明，在大多数经济体，内需体制是工资导向的。在开放经济体中，净出口效应可能压倒国内效应，许多国家的总需求很可能以利润为导向。然而，更大的地理（或经济）区域可能属于工资导向的。实证研究表明，世界经济总体上处于工资导向型需求体制，如果所有国家同时推行亲劳动的分配政策，即使是利润导向的国家也将经历总需求的增长，其经济活动将受到国外更快增长的推动。关于工资份额增加的供给负作用的研究相对较少，然而，有几项研究发现工资增长对生产率增长有积极影响，表明工资增长的长期影响可能对经济有利。

基于以上分析，以工资为导向的增长战略是一个可行的选择。工资导向增长战略旨在建立一个充分就业增长模式，在该模式中，持续的工资增长通过消费增长和投资增长的加速数效应推动需求增长，以及通过节省劳动力引发的技术变革推动生产率增长。以工资为导向的增长战略将导致工资份额保持稳定或上升。

---

①　Lysandrou，P. Global Inequality，Wealth Concentration and the Subprime Crisis：A Marxian Commodity Theory Analysis［J］. *Development and Change*，2011b，42（1）：183－208.

在危机时期，在缺乏有效需求的情况下，经济体需要更多的国家参与。成功的经济复苏一揽子政策需要将持续的工资增长作为其核心基石。只有当工资随着生产率的增长而增长时，消费支出才能在不增加债务水平的情况下增长。

创造有利于"工资导向复苏"的权力关系的关键因素包括：通过改进工会立法来加强工会的权力，扩大集体谈判的范围，通过公共物品和社会保障来提高社会工资，制定足够高的最低工资，规范高管薪酬，通过国际劳工标准来平衡全球竞争环境。

海因和特鲁格（Hein & Truger，2012）特别强调，收入和工资政策应该承担起稳定物价的责任。他们认为，加速的通货膨胀总是未解决的分配冲突的结果。在商品市场的垄断程度和企业的利润期望给定的情况下，名义工资应该根据劳动生产率的长期增长加上政府设定的目标通胀率的总和而上升。为了实现名义工资增长目标，必须在宏观经济层面进行高度的工资谈判协调，建立一个有强大工会和雇主协会的有组织的劳动力市场。特别是在劳动力市场高度放松管制和工资日益分散的国家完善最低工资立法，不仅可以遏制收入不平等，也将有助于稳定物价水平。

帕利认为，2008年金融危机之前30年中发达资本主义国家实施的新自由主义增长模式的根本缺陷在于工资与生产率增长脱钩：工资增长持续落后于劳动生产率增长。重塑未来理想增长模式的关键在于"重建工资与生产率增长的联系"，正如帕利所言，"重建工资与生产率增长的联系是工资导向计划的基石"。[①]

2.4.2 辅助性方案

成功的经济复苏方案需要将持续的工资增长作为其核心基石，然而还需要其他政策与之配合，因此成功的经济复苏方案是一揽子政策的组合。

首先，在实施工资导向增长战略的同时，还需要实施积极的财政政策和货币政策来恢复充分就业。工资导向增长战略是一项中长期增长战略，确保在较长时期内消费支出能够增长。虽然工资增长的长期影响是巨大的，但在

---

① Palley, T. I. The Economics of Wage-led Recovery: Analysis and Policy Recommendations [J]. *International Journal of Labour Research*, 2011, 3 (2): 219 – 244.

短期产生的影响还是太小，不足以作为短期稳定政策。作为短期经济稳定政策，财政政策和货币政策是必不可少的。

在贸易平衡或经常账户平衡的情况下，政府赤字必须永久性地占用私人储蓄超过私人投资的部分，以确保高水平的预期就业。一个永久的政府赤字和一个恒定的长期 GDP 增长率将使政府的债务与国内生产总值比率收敛到一个确定的值。因此，不存在加快公共债务与 GDP 比率的问题。此外，较低的实际利率——低于 GDP 增长，因此低于税收增长——将阻止有利于食利者的再分配。政府的长期赤字应指向更广泛意义上的公共投资，为经济提供公共基础设施和各级公共教育，以促进结构变革，实现可持续的长期增长。政府债务也为私人储蓄提供了一个避风港，从而稳定了金融市场，除此之外，反周期财政政策和自动稳定器应在总需求冲击面前稳定经济。此外，累进所得税、财富、财产和遗产税以及社会转移税的目标应是重新分配收入和财富，使之有利于低收入和低财富家庭，既可以减少过度储蓄，稳定总需求，同时又可以避免这些贫困家庭产生不可持续的债务问题。

货币政策应将重点放在低实际利率上，以避免对企业和工人产生不利的成本和分配效应。略为正的实际利率（但低于长期生产率增长率）是一个合理的目标：食利者的实际金融财富将受到保护，免受通货膨胀的侵蚀，但将进行有利于生产部门和以牺牲非生产性食利者部门为代价的再分配，这有利于真正的投资、就业和增长。此外，中央银行必须在流动性危机时期充当最后贷款人以稳定金融市场。这包括确定商业银行再融资业务的信贷标准，以及对中央银行持有的不同类型资产执行强制性准备金要求，以便将信贷引导到理想的领域，并防止某些市场出现信贷融资泡沫。

其次，与工资导向增长战略相辅相成的是进行金融体系改革：限制金融投机以及遏制金融部门薪酬过高。具体措施包括限制银行奖金、金融交易税、顺周期信贷管理、监管影子银行业、关闭保密管辖区（避税天堂）以及在银行业建立一个规模可观的非盈利部门。金融体系的改革根本上引导金融部门为实体经济活动融资，即服务于实际投资和实际 GDP 增长。它至少有三个维度。[①] 第一，对金融部门的重新监管包括提高金融市场透明度的措施，以减

---

① Hein, E. & A. Truger. Finance-dominated Capitalism in Crisis: The Case for a Global Keynesian New Deal [J]. *Journal of Post Keynesian Economics*, 2012, 35（2）: 187–213.

少不确定性、信息和预期不对称、道德风险和欺诈等问题。第二，重新监管应鼓励金融和非金融部门的经济主体关注长期增长而不是短期利润。这包括：减少证券化以抑制"发起—分销"（Originate-to-distribute，OTD）策略，并使银行做银行应该做的事，即评估潜在债权人及其投资项目，发放信贷和监督信贷的使用，并注意债权人履行付款承诺；减少或取消股份回购，以防止经理操纵股价；减少经理人的股票期权计划，延长最低持有期，以减少短期主义；在公司层面上扩展共同决策范围，并增强公司股东之外利益相关者的权利。第三，应采取措施遏制系统不稳定，包括：针对所有金融中介机构的股权监管，应具有不同于《巴塞尔新资本协议》监管的反周期特性，并降低平均杠杆率，因此需要更高的资本基础；针对所有金融中介机构的基于资产的准备金率，这些准备金率也具有反周期性质，不仅可用于防止特定市场的过热和泡沫，还可用于将信贷和投资引向社会更有利的领域；对所有金融交易征收一般交易税，对公司也征收一般资本利得税，以减少短期金融市场流动的投机和波动。

再次，以工资为导向的增长战略要取得成功，必须在国际范围内进行协调。虽然全球劳动收入份额逐底竞争会对大多数国家的增长产生负面影响，但如果所有其他国家都继续实行"以邻为壑"的政策，那么单个国家从提高工资份额中获益的空间是有限的。

海因和特鲁格（2012）提出，重建国际宏观经济政策协调，并建立一个新的世界金融秩序。在欧洲层面，需要进行重大的体制改革。欧洲央行的制度设置及其货币政策必须加以修改，使其不得不考虑其政策的分配、就业和增长效应，并追求低实际利率的货币政策目标。欧洲层面的《稳定与增长公约》必须放弃，取而代之的是在欧元区层面协调国家财政政策，允许财政政策发挥短期和长期稳定作用。海因和特鲁格建议对非周期性政府支出的长期支出路径进行协调。这样的支出方式可以在充分就业的水平上稳定欧元区的总需求，并且可以采用自动稳定器和可自由支配的反周期财政政策来应对需求冲击。必须放弃劳动力市场和社会政策放松管制和灵活性的方向，转而支持重组劳动力市场、稳定工会和雇主协会以及欧元区范围内的最低工资立法。最后，必须在货币、财政和工资政策之间进行有效的宏观经济政策协调——定期展开政府间宏观经济对话是实现协调的有效手段。

在国际层面上，为了避免导致当前危机的失衡，需要恢复一个固定但可调整汇率的世界金融秩序、经常账户赤字和盈余国家间的对称调整义务以及受到监管的国际资本市场。凯恩斯关于建立国际清算联盟的建议可以被看作这方面的蓝图：建立一个固定但可调整的汇率制度下的国际清算联盟，以"bancor"作为中央银行间清算业务的国际货币，以清算联盟作为国际中央银行为临时经常账户赤字融资，并对货币区域间投机资本流动进行有选择的控制。根据凯恩斯的观点，对当前形势最重要的是，长期经常账户赤字国家将不得不收缩国内需求（或使其货币贬值），此外，还应促使长期经常项目顺差国家扩大国内需求，从而增加进口（或使其货币升值），以使整个调整负担不必完全由逆差国家承担。

最后，工资导向型增长与低碳经济相结合。工资导向型增长战略受到生态主义者的批评，认为它旨在通过更高增长恢复充分就业，而忽视了增长的生态限制。为了使工资导向增长战略与生态约束保持一致，必须通过减少工作时间或将税收转向不可再生资源和污染来加以补充。①

奥纳兰（Ö. Onaran，2013）指出，"我们需要动员所有经济政策和公共支出工具，以实现充分就业、生态可持续性和平等"。如果环境资源的使用要保持一定的"可持续"水平，发达资本主义国家的经济增长从长期来看必须是零或较低的水平，即等于"环境生产力"的增长率。这是一个有管理的低增长经济，重新分配现有财富，如果资源得到可持续利用并符合大多数人的需要，这些财富应该足以维持所有人都有尊严和创造力的生活。我们可以通过低增长创造繁荣和平等。在一个更加平等的社会中，消费主义和炫耀性消费也会减少，取而代之的是就业、平等、繁荣和幸福。

奥纳兰（2013）认为，充分就业与低/零增长和低碳经济的协调需要创造更多劳动密集型就业和生态投资，具体包括三个方面的政策。首先，公共支出应在教育、儿童保育、养老院、卫生、社区和社会服务等劳动密集型社会服务领域创造公共就业机会。其次，为了生态可持续性，总需求的构成需要转向长期的绿色投资；公共投资，特别是可再生能源、基础设施、公共交通、住房等新型绿色产业的投资，不仅可以弥补投资的不足，还可以满足应对生态危机最需要的排放目标。最后，在低增长和更平等的收入分配情况下保持充分就业的关键政策措施是大幅缩短工作时间，同时保持生产率的历史

---

① Stockhammer E. & Ö. Onaran. Wage-led Growth：Theory，Evidence，Policy［J］. *Review of Keynesian Economics*，2013，1（1）：61 – 78.

增长。每周工作时间的减少应在不损失工资的情况下进行，特别是对于低等收入者，这意味着小时工资以及工资份额的增加。更短的工作时间不仅能创造更多的增长，而且能在一定的增长率下增加创造就业的潜力。这也是打破劳动力对经济增长的依赖，并通过保障有尊严的工作和公平的收入分配使零增长经济成为社会理想的途径。

第3章 重新发现明斯基：从金融不稳定假说到后凯恩斯制度主义

自 2007 年以来，随着全球经济状况恶化，尤其是美国的次贷危机使得明斯基的观点突然变得非常流行，人们重新发现了明斯基思想的伟大。"明斯基的作品已成为必读物，它正在得到它应得的认可"。[①] 许多关注明斯基思想的人，例如市场分析师和交易员将其思想等同于"明斯基时刻"，即"过度负债的投资者被迫抛售其稳健投资以偿还贷款"。与交易员、投机者关注"明斯基时刻"不同，经济学家更加关注"金融不稳定假说"；前者被看作单一经济事件，后者被看作经济演化过程。而作为后凯恩斯主义经济学家来说，明斯基思想不仅仅是"金融不稳定假说"，更不是"明斯基时刻"，"要充分理解明斯基的见解，就必须认识到，他生命的最后十几年主要致力于综合金融不稳定假说和对长期资本主义发展的理解"[②]。

3.1 明斯基的金融不稳定假说

3.1.1 根本不确定性

在 1975 年出版的《约翰·梅纳德·凯恩斯》一书中，明斯基对凯恩斯

---

① Yellen, J. L. A Minsky Meltdown: Lessons for Central Bankers [J]. 18*th Annual Hyman P. Minsky Conference on the State of the US and World Economies*, New York, Levy Economics Institute of Bard College, 2009.

② Whalen, C. J. A Minsky Perspective on the Global Recession of 2009 [M] //Daniela Tavasci & Jan Toporowsk. *Minsky, Crisis and Development*. London: Palgrave Macmillan, 2010: 106 – 126.

的解读是基于凯恩斯对风险和不确定性之间区别的理解。涉及风险的情况是可以自信地指定概率的情况，而涉及不确定性的情况则不同，不确定性没有精确的概率可依赖。明斯基论述道："凯恩斯在《概率论》中论述了不确定性下的决策，这是《通论》的核心。在对维纳的反驳中，凯恩斯不遗余力地将自己关于不确定性的观点与他的老师和同事马歇尔、埃奇沃思和庇古的观点区分开来。"① 明斯基强调，"在解释《通论》时，我们应该记住凯恩斯首先是《概率论》的作者"②。

明斯基认为，不确定性在资本主义经济生活中扮演着核心角色。这在积累财富方面尤为如此，因为财富是所有资本主义投资活动的目标，而投资活动是一个在不确定性的历史时间中展开的过程。明斯基的观点与凯恩斯在一篇文章中所说的一致，凯恩斯写道："财富积累的全部目的是在相对遥远的、有时是无限远的日期产生结果或潜在结果。因此，我们对未来的了解是波动的、模糊的和不确定的，这一事实使财富成为一个特别不适合古典经济理论方法的主题。"③

个人无知，不是因为他们不知道如何理性行事，而是因为未来不是一成不变的，这从根本上说是不确定的。为了减少对未知未来的无知，人们通过社会互动创造基本面，以提供未来愿景，证明当前决策的合理性。由于惯例导致个人的行为方式使未来如预期的那样展开，因此可能会有一个自我实现的过程。换句话说，面对根本不确定性，人们创造了替代理性计算的决策机制——惯例性决策，即按惯例行事。据此，凯恩斯认为，股票的市场价格，不是取决于由估价模型估算出的所谓内在价值，而是取决于投资者在互动中产生的股票价格或价值的流行看法。与此类似，明斯基把资产价格说成是通过模仿过程社会性地决定的，是基于预测关于适当市场价格的流行意见。

因为惯例是一种社会心理现象，它并不存在客观的、可靠的理性计算基础，所以极易发生突然和剧烈的变化，这种变化既可能起因于外生偶发冲击，也可能起因于预期的内生的不稳定性。明斯基借用凯恩斯的论点总结道："面对不确定性和'行动和决策的必要性'，我们设计了一些惯例：我们假设

① Minsky, H. P. *John Maynard Keynes* [M]. NewYork：Columbia University Press, 1975：63.

② Minsky, H. P. *John Maynard Keynes* [M]. NewYork：Columbia University Press, 1975：65.

③ Keynes, J. M. The General Theory of Employment [J]. *The Quarterly Journal of Economics*, 1937, 51 (2)：209 – 223.

现在是'对未来有用的指南'，我们假设现有的市场条件是对未来市场的良好指导，'我们努力遵从大多数人或普通人的行为'。鉴于这些脆弱的基础，对未来的看法'可能会发生突然而剧烈的变化'。'所有这些漂亮的、形式化的技巧都是为一个精心布置的董事会会议室和一个监管良好的市场而设计的，它们很可能会崩溃'。"①

3.1.2　投资金融理论

在《通论》中凯恩斯提出了一个所谓的"商业周期投资理论"，其中投资决策在解释短期经济运动中具有核心作用。投资增加，导致收入增加，从而带动消费增加，直到储蓄上升到与新的投资水平相等。投资水平是资本边际效率与市场利率的函数，当资本边际效率高于市场利率时，就会进行投资，进一步通过支出乘数增加收入、产出和就业。这一过程一直持续到资本边际效率下降、利率上升或两者的某种结合消除了缺口。当资本边际效率等于市场利率时，经济恢复平衡。

凯恩斯的资产价格流动性偏好理论与乘数理论、有效需求理论密不可分。他提出，只有当使用劳动力生产的某些资产（厂房、资本设备、商业和住宅建筑、私人基础设施）的边际效率超过货币边际效率时，才会产生投资。凯恩斯将投资决策理论纳入资产价格流动性偏好理论。根据资产价格流动性偏好理论，持有任何以货币衡量的资产的预期回报都可以表示为：$q - c + l - a$，其中 q 是资产的预期收益，c 是保管费用，l 是流动性升值，a 是预期价格升值（或贬值）。预期回报用于计算每项资产（包括货币）的边际效率。大部分非流动资产（如资本）的回报由 $q - c$ 组成，而持有流动资产的回报由 l 组成。预期对不同类型资产的边际效率产生不同的影响：对未来经济信心增强将提高资本资产的预期收益 q，同时降低流动资产的主观价值 l，因此资本的边际效率提高。在这种情况下，将产生资本资产，也即投资增加。从逻辑上讲，投资、就业、产出和消费可以通过这一过程持续增长，直到任何类型的资本的边际效率都不会超过流动金融资产的预期回报，实现有效需求（以及就业、收入和产出）的新均衡水平。

---

① Minsky, H. P. *John Maynard Keynes* [M]. NewYork：Columbia University Press, 1975：64.

　　明斯基认为，凯恩斯的商业周期投资理论是不完整的，因为他没有真正分析当资本资产的边际效率超过货币的边际效率时，投资是如何融资的。《通论》中似乎暗含着"只要投资项目就可以获得资金"的假设。因此，明斯基最重要的贡献是通过加入投资金融理论对凯恩斯的周期投资理论进行了拓展。投资金融理论强调资产头寸的融资方式对理论、现实经济结果都具有重要性。

　　明斯基的投资金融理论由"双价格体系"和"贷款人和借款人风险"两个关键部分组成。明斯基区分了当前产出价格体系和资产价格体系。当前产出价格由"成本加成"决定，设定在一个水平上，只要维持规定的价格和足够的销售量，就能产生利润。当前产出包括消费品、服务和投资品等。资产价格取决于它们预期产生的现金流和资本化率。

　　利用当前产出价格体系可以获得资本资产的供给价格。（1）企业内部融资可以实现资本品的生产，当前的产出价格（P_I）实际上是资本资产的供给价格——这个价格刚好足以促使供应商提供新的资本资产，图3-1中原点到 O_{IF} 的距离表示能够使用内部资金生产的投资品的数量。（2）一旦需要外部融资进行资本品生产，那么资本供给价格还需要加上显性融资成本（利率、其他费用和成本），"贷方风险"包含在借入资金的融资成本中。在图3-1中，表现为向右上方倾斜的投资供给曲线（P_{IS}），使用外部资金生产的数量等于从 O_{IF} 到 O_{Id} 的距离。

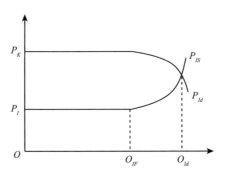

图3-1　明斯基的投资金融理论

　　利用资产价格体系可以获得资本资产的需求价格。资产包括资本资产、金融资产和货币等任何可以作为名义财富储存的东西。除货币（流动性最强的资产）外，这些资产会产生资本收益，但预期收益无法确定，取决于主观预期。（1）不考虑融资安排的情况下，通过以旧资本资产的价格（P_K）为参考点，结合对未来收入的预期，可以得到愿意为该资产支付的价格也即资本资产的需求价格。（2）考虑到融资安排，更大的借款将使买方面临更高的破产风险。与贷款人的风险不同，借款人的风险完全是主观确定的。这种情况下，人们通常会在购买资产时设定一个"安全边际"：愿意为该资产支付的价格会低于该资产期望收益的贴现价值，以确保即使收入低于预期，也能够偿还为资产头寸融资而创建的债务合同。如图 3-1 所示，投资的需求曲线就表现为向右下方倾斜的曲线（P_{Id}）。

投资水平 O_{Id} 由向上倾斜的投资供给曲线（P_{IS}）和向下倾斜的投资需求曲线（P_{Id}）的交点决定。明斯基认为，资本资产需求价格随投资需求水平而下降，而供给价格随投资而上升。这是由于卡莱斯基的"风险递增原则"，该原则指出，鉴于预期的内部资金和关于适当杠杆率的惯例，企业家和银行家认为，随着预期外部资金水平的增加，投资的风险越来越大。因此，随着投资水平高于 O_{IF}，企业家的投资意愿逐步降低，资产需求价格随着借款人风险的增加而下降；而银行家随着外部融资的增加变得越来越严格，资产供给价格随着贷款人风险的增加而上升。在从严重衰退中复苏之初，由于预期悲观，利润率较高；随着时间的推移，如果扩张产生的回报超过了预期，这会降低借款人和贷款人的感知风险，从而产生更平坦的 P_{Id} 和 P_{IS} 曲线，从而增加对投资产品的需求。

3.1.3　扩展的卡莱斯基利润方程

如前所述，资本主义经济中有两个价格体系：一个是当前产出价格；另一个是资本资产价格。当资本资产价格相较于当前产出价格较高时，经济环境有利于投资；当资本资产价格相较于当前产出价格较低时，经济环境不利于投资，这实际上预示着经济的衰退或萧条过程。经济周期正是在这两个价格水平的交替之下产生的。要保持经济稳定，就要求两个价格达到一个合理的水平以保证最恰当数量的投资。这进一步要求要实现和期望的利润流足够大、足够稳定，以使资本资产价格高于当前产出价格一个合理水平。因此，"什么决定利润"是理解经济如何运行的最核心问题。[1]

---

[1]　海曼·P. 明斯基. 稳定不稳定的经济［M］. 北京：清华大学出版社，2015：127.

明斯基在他的分析中加入了卡莱斯基利润方程。卡莱斯基把有效需求原理和阶级分析方法结合起来推导出两部门条件下的利润决定公式。根据有效需求原理，产出由投资和消费支出决定；根据阶级分析方法，社会可以分为工人和资本家两个阶级，他们的收入分别来自工资和利润，工人的储蓄倾向为零，资本家的储蓄倾向为正。由这两个方面的规定，必然得出两部门利润决定原则：资本家的利润由他们的投资和消费支出来决定。用公式表示就是：

$$\Pi = C_c + I \text{ 或 } \Pi = \frac{1}{s_c}I \qquad\qquad (3-1)$$

其中，Π 是利润收入，C_c 和 I 分别是资本家的消费支出和投资支出，s_c 是基于利润的储蓄倾向。卡莱斯基的利润决定原则可由两部门国民收入核算恒等式推导出，即：

$$W + \Pi = C_w + C_c + I \Rightarrow \Pi = C_c + I \Rightarrow \Pi = (1 - s_c)\Pi + I \Rightarrow \Pi = \frac{1}{s_c}I$$
$$(3-2)$$

其中，W 是工资收入，C_w 代表工人的消费支出。卡莱斯基通过论证 Π 不受公司控制，而右侧的变量取决于自由裁量的选择，从而从同一性中推导出因果关系。①

通过从两部门分析扩展到四部门，同时考虑到工人储蓄，明斯基扩展了卡莱斯基关于利润决定的分析。四部门国民收入核算恒等式为：

$$W + \Pi + T = C + I + G + X - J \qquad\qquad (3-3)$$

其中，T 为税收，C 为（资本家和工人的）消费水平，I 为投资水平，G 为政府支出水平，X 为出口，J 为进口。从两边同时减去 $W + T$，并定义 C_c 为资本家的消费（因此消费分为资本家消费 C_c 和工人工资消费 C_w），得到：

$$\Pi = C_c - S_w + I + DEF + NX \qquad\qquad (3-4)$$

其中，S_w 是工薪阶层的储蓄水平（$S_w = W - C_w$），DEF 是政府财政赤字，NX

---

① Kalecki, M. *Selected Essays on the Dynamics of the Capitalist Economy* [M]. Cambridge: Cambridge University Press, 1971: 78 - 79.

是净出口。

根据明斯基的投资金融理论，投资资金由内部资金和外部融资共同提供。在扩张过程中，借贷意愿更为强烈，这使得预期毛利润中越来越多的部分用于偿还债务，进而导致公司面临更大的风险，因为如果收入流低于预期，或者如果融资成本上升，公司可能无法偿付这些债务。然而，这种结果不一定必然出现。明斯基在他的分析中加入卡莱斯基利润方程后，总利润等于投资、政府赤字、净出口与利润中的消费减去工资中的储蓄之和，这也就意味着，在其他条件相同的情况下，更高的投资会产生更高的利润。这种结果实际上会加剧系统从稳定走向脆弱的转变，因为如果利润持续超出预期，还债变得容易，那么企业的借贷意愿进一步强化。在投资热潮中，利润将随着投资而增加，有助于验证预期并鼓励更多投资。这为明斯基的主张增添了力量，即资本主义经济的根本不稳定正在向投机狂潮的方向发展（因为投资产生利润），而投机狂潮孕育了更多的投资。

此外，明斯基将卡莱斯基的利润观点也纳入他的周期投资理论中，明斯基认为，只有在预期未来投资的情况下，今天的投资才会到来。因为今天的投资产生利润以验证"昨天"做出的投资决策，所以对"明天"的预期会影响到在现有资本资产融资时履行"昨天"做出的承诺的能力。这意味着企业需要在"今天"获得利润，以满足他们在过去购买资本时持有的期望，从而验证过去所做出的决定；同样，今天的投资又取决于对"明天"的预期。明斯基将其与"双价格体系"联系起来，任何降低预期未来盈利能力的行为都会将今天的资本需求价格拉低至供给价格以下，从而导致投资量的减少、今天的利润低于验证过去预期所需的水平。这也意味着，借款人风险中包含的安全边际可能是不充分的，由于失望，借款人和贷款人会对风险进行重新评估，调整安全边际，从而资本资产的需求价格进一步降低，供给价格进一步上升，导致投资数量的继续减少，并通过乘数效应导致产出和就业率更低。经济可能会螺旋式下滑，陷入更深的衰退。

3.1.4　融资类型及转化

明斯基把企业的融资分为三种类型：对冲性融资、投机性融资和庞氏融资。①这就是著名的财务状况分类法：对冲单位可以从收入流中兑现支付承诺；投机单位只能支付利息，但必须展期本金；庞氏单位甚至无法支付利息，因此必须"资本化"（借钱付息）。经济中对冲性融资、投机性融资和庞氏融资的权重是经济稳定性的一个决定因素。存在大量投机性融资和庞氏融资的头寸是金融处于脆弱性的必要条件。

根据明斯基的说法，资本主义金融系统往往会从对冲性融资的保守状态，到风险更高的投机性融资形式，再到不可持续的庞氏融资形式，然后再回到另一轮对冲融资，三种类型的融资依次转化，周而复始，形成了资本主义周期。在经济形势向好时，公司开始从对冲融资转向投机融资，整个经济从对冲融资占主导地位过渡到投机融资占较大比重。最终，一些公司发现他们无法支付利息，被迫转向庞氏融资。除非收入流最终增加，否则庞氏单位的未偿债务将持续增长，因此，银行不愿意贷款给庞氏单位，当银行停止放贷时，庞氏骗局就会崩溃。明斯基描述了一个"债务通缩"过程：一个借款人的破产可以拖垮他的债权人，这些债权人对自己的债务违约，并产生雪球般的违约。不确定性和悲观情绪上升，投资崩溃，通过乘数效应，收入和消费也不断下降，经济走向衰退。②

明斯基认为，资本主义经济周期性地在稳健和脆弱的融资结构之间摇摆，而金融危机爆发的前提是危机前存在融资结构的不稳定性。融资结构从稳健变为脆弱以及从脆弱变为稳健是一种内生现象。在一个赚取利润并预期有资本升值的环境中，没有人愿意因为投资不足而落后，投机性融资和庞氏融资获得激励；在金融危机后，银行家和商人对投机性融资和庞氏融资都会避之唯恐不及，资本资产投资的外部融资的比例降低。对此明斯基论述道："在一个存在不确定性的世界中，由于资本资产生产时期较长、私人所有权和复杂的华尔街融资活动等因素的存在，使得经济在其中平稳运行的融资结构，随着时间的流逝而变得越来越脆弱。内生的力量使对冲性融资主导的环境变得不稳定，随着投机性融资和庞氏融资比重的增加，致使经济不稳定的力量越来越强。"③

① Minsky, H. P. *Stabilizing an Unstable Economy* [M]. New Haven, CT：Yale University Press, 1986.

② Wray, L. Randall. *Minsky Crisis* [R]. Working Paper, No. 659, 2011, Levy Economics Institute of Bard College, Annandale-on-Hudson, NY.

③ 海曼·P. 明斯基. 稳定不稳定的经济 [M]. 北京：清华大学出版社，2015：187.

3.1.5　制度的上下限

金融的内生演化过程会使经济活动模式产生一系列繁荣和衰退，经济体可以通过发展适当的制度为经济波动提供"上限"和"下限"来限制不稳定性。明斯基认为，资本主义经济体的"上限和下限"是为成功地防止另一次大萧条，在 20 世纪 30 年代和战后初期实施的。这些上限和下限采取了各种各样的制度安排形式，有些是政府的，有些是私人的；有些是自动的，有些是斟酌安排的。明斯基认为，"制度和干预通过中断内生过程和以非市场确定的价值作为'初始条件'再次'启动'经济，从而阻止了市场经济自然产生的不稳定滋生动力"①。

两个最重要的"上限和下限"是政府能够逆经济风向而行事，以及央行的贷款干预。逆经济风向而行事有助于在经济不景气时，通过财政赤字维持企业收入流，同时在经济繁荣时，通过财政盈余抑制收入流；类似地，央行愿意在资产价格暴跌时，进行干预并提供流动性，从而为资产价格设定下限。这样，当私人支出下降时，政府赤字自动产生，有助于维持总需求和企业总资本收入，使企业能够继续维持财务状况。如果一些公司遇到困难，央行的干预可以帮助防止问题蔓延。

这一分析导致了明斯基所谓的"反自由放任定理"，即"在一个内部动态意味着不稳定的世界中，通过在环境中引入惯例、约束和干预，可以实现或维持稳定的表象"②。"为了遏制市场体系可能带来的弊端，资本主义经济发展了一系列制度，这些制度实际上阻止了产生不协调的经济过程，并以新的初始条件和新的反应系数重新启动了经济"③。"制度和干预措施的适应性将在很大程度上决定经济经过一段时间的道路是平静的还是动荡的，是渐进的、停滞的还是恶化的"④。

①② Ferri, P. & H. P. Minsky. Market Processes and Thwarting Systems [J]. *Structural Change and Economic Dynamics*, 1992, 3 (1): 79–91.

③④ Minsky, H. P., Delli Gatti, D. & M. Gallegati. *Financial Institutions, Economic Policy and the Dynamic Behavior of the Economy* [J]. Working Paper #126, The Jerome Levy Economics Institute of Bard College, October 1994.

3.2 明斯基的资本主义发展理论

明斯基不仅关注商业周期，而且关注长期中经济系统的结构演变，他提出资本主义发展理论以解释二战后美国经济的变化。他认为，20世纪八九十年代的美国经济与五六十年代的经济有着根本性的不同，认识这些关键差异对于理解和管理20世纪末的经济活动至关重要。明斯基的资本主义发展理论强调金融市场创新及其对更广泛经济的影响。在一篇题为《熊彼特和凯恩斯的货币与危机》的文章中，明斯基指出，"理解资本主义的进一步进展很可能取决于将熊彼特关于资本主义进程动态和创新企业家作用的见解整合到一个其本质属性是凯恩斯主义的分析框架中"①。明斯基整合的结果是他勾勒出了一个美国经济发展的长期理论，一个侧重于金融和产业相互作用的理论。

3.2.1 明斯基资本主义发展理论的要素

明斯基资本主义发展理论的第一个要素是，经济是依赖时间的动态演进过程。明斯基认为，熊彼特和凯恩斯对经济学的任务有着共同的认识——将经济理论必须解释的问题定义为一个不断积累的资本主义经济在历史上的发展路径。② 明斯基把经济活动作为一个时间过程加以关注，经济活动会随着内生和外生因素的变化而变化。明斯基认为，资本主义动态可以有多种形式，他常说"资本主义的种类和亨氏腌菜的种类一样多"③。

明斯基资本主义发展理论的第二个要素是，信贷和金融制度是资本主义发展的中心。明斯基将经济活动作为一个时间过程加以关注，所以他强调生产先于交换，金融先于生产。他写道："由于信贷对发展过程至关重要，经济发展理论需要将货币纳入其基本框架"，从而产生了一种与瓦尔拉斯理论

---

① Minsky, H. P. Money and Crisis in Schumpeter and Keynes [J]. In Wagener H. J. & J. W. Druker (Eds.), *The Economic Law of Motion in Modern Society: A Marx-Keynes-Schumpeter Centennial*, Cambridge, UK: Cambridge University Press, 1986: 113.

②③ Whalen, C. J. Integrating Schumpeter and Keynes: Hyman Minsky's Theory of Capitalist Development [J]. *Journal of Economic Issues*, 2001, 35 (4): 805-823.

不一致的方法，"在一个先前或主导模型已经确定了基本产出和相对价格变量之后，货币因素不能被添加"①。

明斯基资本主义发展理论的第三个基本要素是利润动机的驱动力。明斯基坚持认为，当前和未来的利润会在给定的制度结构背景下影响经济活动，而这种制度结构本身也会因追求利润的活动而发生变化。鉴于经济是一个不断演变的系统的概念，明斯基还强调了制度结构的动态性。经济的制度结构是特定发展道路的根本决定因素，这种自身不断发展的结构促进、影响、调节和约束经济活动。利润驱动的结构变化在明斯基的著作中变得越来越重要②。

明斯基资本主义发展理论的第四个基本要素是金融创新。明斯基认为，金融创新是制度演进的一个关键决定因素。明斯基强调，熊彼特不仅关注在产品市场和制造过程中的创造和破坏力量，而且关注金融体系的变化。金融市场的发展不仅是为了响应商业领袖和个人投资者的利润驱动活动，而且也是由于金融公司追求利润的企业家精神。明斯基写道："没有哪一个领域比银行业和金融业更明显地体现出进化、变革和熊彼特企业家精神，也没有哪一个领域比利润驱动更明显地成为促成变革的因素"③。

明斯基资本主义发展理论的第五个基本要素是政府行为——公共政策。政府政策塑造了制约经济活动的制度框架。正如明斯基所说，"政策可以改变经济的细节和整体特征"④。因此，政策制定者必须关注制度的设计以及一系列制度中的经济活动。由于经济是内生发展的，任何政策制度都无法"一劳永逸"地解决经济困难。随着时间的推移，由于金融和商业的创新或新问题的出现，曾经行之有效的政策可能不再适用。明斯基认识到，政策制定者

---

① Minsky, H. P. *Schumpeter*: *Finance and Evolution* [M] //Arnold Heertje, Mark Perlman. & Ann Arbor. *Evolving Technology and Market Structure*: *Studies in Schumpeterian Economics*. The University of Michigan Press, 1990: 55.

② Ferri, Piero & H. P. Minsky. The Breakdown of the IS-LM Synthesis: Implications for Post-Keynesian Economic Theory [J]. *Review of Political Economy*, 1989, (1) 2: 123 – 143; Minsky, H. P. Finance and Stability: The Limits of Capitalism [J]. Working Paper No. 93, Jerome Levy Economics Institute, May 1993.

③ Minsky, H. P. *Schumpeter and Finance* [M] //Salvatore Biasco, Alessandro Roncaglia & Michele Salvati. *Market and Institutions in Economic Development*: *Essays in Honor of Paulo Sylos Labini*. New York: St. Martin's Press, 1993: 106.

④ Minsky, H. P. *Stabilizing an Unstable Economy* [M]. New Haven: Yale University Press, 1986: 7.

不可能也不希望不断进行重大的制度改革，但当公众对经济表现极为不满时，制度改革是至关重要的。

综上所述，资本主义的发展由制度结构决定，但这种制度结构总是随着逐利活动而演变。在这一理论中，金融体系具有特殊的重要性，这不仅是因为金融对企业活动有着强烈的影响，而且还因为这种制度特别容易创新。由于金融与产业发展是一种共生关系，金融演化在经济动态模式中起着至关重要的作用。

3.2.2 资本主义发展阶段

20 世纪 90 年代初，明斯基发表了两篇重要论文，[①] 将美国资本主义发展划分为四个阶段：商业资本主义、金融资本主义、管理资本主义和货币经理资本主义。明斯基从融资领域、资金来源、融资主体与权力中心四个维度考察了不同发展阶段所呈现出的不同特征，具体如表 3 - 1 所示。

表 3 - 1　　　　　　　　　　　明斯基资本主义发展阶段

维度	商业资本主义	金融资本主义	管理资本主义	货币经理资本主义
融资领域	商品贸易或加工	工业企业的建立和扩张	宏观经济振兴	提升公司股票市场价值和利润的策略
资金来源	商业银行	投资银行	中央银行	机构投资者
融资主体	独资企业或合伙企业	合并公司	通过中央银行系统融资的私营部门	国际公司
权力中心	分散的商人和银行家	投资银行家	公司经理	货币基金经理

自 1982 年开始的长期扩张中，大量资金由专业机构管理，权力中心转移到货币基金经理手中，使委托给他们的资源价值最大化成为货币经理的目标，也成为评判他们工作业绩的唯一标准，明斯基将这一阶段称为"货币经理资本主义"。明斯基论述道："美国的资本主义现在正处于一个新阶段，即货币

---

① Minsky, H. P. *Schumpeter*: *Finance and Evolution* [M] //Arnold Heertje, Mark Perlman. & Ann Arbor. *Evolving Technology and Market Structure*: *Studies in Schumpeterian Economics*. The University of Michigan Press, 1990: 55; Minsky, H. P. *Schumpeter and Finance* [M] //Salvatore Biasco, Alessandro Roncaglia & Michele Salvati. *Market and Institutions in Economic Development*: *Essays in Honor of Paulo Sylos Labini*. New York: St. Martin's Press, 1993.

经理资本主义，在这个阶段，绝大多数金融工具的直接拥有者是共同基金和养老基金。投资组合的总回报率是衡量这些基金经理业绩的唯一标准，这意味着对企业组织管理的底线的强调。"①

明斯基表达了他对货币经理资本主义的不满。他认为，机构投资者的兴起为证券化贷款、金融公司的商业票据和其他创新提供了现成的买家池，从而鼓励了金融体系的进一步发展。每位货币经理必须实现平均回报以维持客户，为了竞争，需要通过创新规避监管，并在法律上减少管制，这种变化使得杠杆率提高，风险随之增长，金融脆弱性日趋加剧。

货币经理资本主义的另一个特点是加剧了工人的不安全感和收入不平等。股价最大化是评价货币经理的唯一目标，由此，商业领袖对短期利润和公司股票市场估值高度敏感。由于日益激烈的国际竞争，导致了各种各样的企业重组，以及劳动力缩减、生产外包和离岸外包，所有这些都加剧了工人的不安全感和收入不平等。② 正如一组美国研究人员在 1997 年得出的结论，这个新时代的雇佣关系的特点是急于将人力资源视为需要最小化的成本：企业高管越来越多地将劳动力视为另一种"现货市场"商品。③

3.2.3　资本主义发展理论的扩展和应用

明斯基的资本主义发展理论，尤其是对货币经理资本主义的讨论为分析 2008 年金融危机提供了一个重要的框架④。但明斯基没有预料到许多机构投资者会利用他们的权力从内部改变公司，没有预见到风险资本融资的巨大增长，也没有预见到 20 世纪 90 年代末投资主导的繁荣。

---

① Minsky, H. P. Uncertainty and the Institutional Structure of Capitalist Economies [R]. Working Paper, No. 155, Jerome Levy Economics Institute, April 1996.

② Whalen, C. J. Post-Keynesian Institutionalism after the Great Recession [R]. Working Paper No. 724, Congressional Budget Office, May 2012.

③ Cappelli, Peter, Lauri Bassi, Harry Katz, David Knoke, Paul Osterman & Michael Useem. *Change at Work* [M]. New York: Oxford University Press, 1997.

④ Whalen, C. J. Understanding the Credit Crunch as a Minsky Moment [J]. *Challenge*, 2008, 51: 91 – 109; Whalen, C. J. *An Institutionalist Perspective on the Global Financial Crisis* [M] //Kates, S. (ed). *Macroeconomic Theory and Its Failings*. Edward Elgar, Cheltenham, 2010: 235 – 259; Wray, L. R. The Rise and Fall of Money Manager Capitalism: a Minskian Approach [J]. *Cambridge Journal of Economics*, 2009, 33 (4): 807 – 828.

兰德尔·雷对货币经理资本主义的兴衰进行了更具体的分析。① 他认为，"金融资本主义是货币经理资本主义的历史前奏"，"货币经理资本主义是金融资本主义的光荣复兴"。遵循明斯基的观点，兰德尔·雷指出，金融资本主义是由"商业资本主义"发展起来的。在商业资本主义阶段，企业利用商业银行提供营运资本。后来，厂房和设备变得昂贵，需要外部资金来投资，于是投资银行对产业资本发挥了支配作用，金融资本主义兴起。在商业资本主义阶段，外部融资是短期行为，其作用类似于熊彼特循环流中货币所起的作用。然而，随着金融资本主义的兴起，外部融资是对未来利润的预先承诺，由此需要投资昂贵、使用期限长的资本资产，而这反过来又需要融资。金融与投资的关系从根本上改变了资本主义经济的本质，使其更加不稳定。

20世纪20年代末30年代初发源于美国的"大萧条"结束了金融资本主义的早期形式。由于一系列新的制度，资本主义从第二次世界大战中崛起，变得比以往任何时候都更加强大，这被称作管理资本主义，其中金融的作用大大减弱了。管理资本主义是相当成功的大政府资本主义。政府不仅在经济中占了更大的比重，在规范和监督商业行为方面也提供了许多安全网和保障，促进了更大的平等和收入的增长，这些措施的实施有助于稳定经济。然而，随着时间的推移，货币经理及其政府代表粉碎了新政的约束，经济演变成了一个更为脆弱的金融结构，稳定变得不稳定。

兰德尔·雷认为，"从罗斯福新政到20世纪70年代初的这段干预年代，应该被视为反常现象。……不幸的是，稳定性被解释为验证了市场过程自然稳定的正统信念——如果放松限制，结果会更好。随着新政制度的削弱，一种新的金融资本主义形式开始主导美国和全球经济。这就是明斯基所说的货币经理资本主义"②。当大萧条的记忆逐渐被淡忘，金融机构围绕约束条件不断进行制度创新，相对稳定促进了风险承担，决策者开始依赖自我监管，经济的金融结构变得更加脆弱。货币经理重申了对"产业资本"的金融控制。此外，财政紧缩和经常账户赤字要求经济增长由私营部门支出带动，鉴于私人收入增长缓慢，债务融资将不断增加。为了逃避监管以及降低银行的成本，许多金融活动被从银行资产负债表中划出。全球化也发挥了作用，促进了放

---

①② Wray, L. R. The Rise and Fall of Money Manager Capitalism: A Minskian Approach [J]. *Cambridge Journal of Economics*, 2010, 33 (4): 807 - 828.

松管制以保持国际竞争力，即使管理的资金可以自由地在世界各地寻找最佳回报。正如大萧条被视为放任资本主义的失败一样，2008 年全球金融危机代表着货币经理资本主义的失败。这场危机有可能导致向更强健的资本主义的转变，也正如大萧条促进了稳定的制度、法规和政策的建立。

由于社会是"进化的野兽"①，关于明斯基资本主义发展阶段的研究还在不断补充，从事这方面工作应该特别关注金融化的发展。明斯基对货币经理资本主义的关注与新兴的"金融化"文献有相当大的重叠，这两个术语在许多情况下可以互换使用。②

查尔斯·沃伦在 2017 年发表的《理解金融化：站在明斯基的肩膀上》一文中，通过对大量文献的综合、解读和评价，探讨了明斯基所说的货币经理资本主义与金融化文献的关系，叙述了明斯基对金融化研究的贡献。他总结道："明斯基的资本主义发展理论与阿瑞吉和其他从事宏观领域工作的学者所做的金融化工作类似。这两种研究方法都把美国和全球过去几十年的经济发展放在更广泛的历史背景下进行研究，都把金融和工业的相互作用放在分析的核心。明斯基的工作值得认可，这是金融化进程的一部分，不仅是针对货币经理资本主义的观察，而且还在于将这些观察连接起来的分析框架，并使我们能够随着经济的持续发展将它们与我们的发现相结合。"③

3.3　货币经理资本主义的危机

《经济学家》《华尔街日报》《金融时报》的许多评论家断言明斯基的金融不稳定假说与理解 2008 年金融危机相关，有些人甚至称 2008 年金融危机爆发为"明斯基时刻"。然而，后凯恩斯主义经济学家认为，2008 年全球金

---

①　Minsky, H. P. Schumpeter and Finance [J]. In Salvatore Biasco, Alessandro Roncaglia & Michele Salvati, *Market and Institutions in Economic Development*: *Essays in Honor of Paulo Sylos Labini*, New York: St. Martin's Press, 1993: 104.

②　Whalen, C. J. Understanding Fnancialization: Standing on the Shoulders of Minsky [J]. *E-Finance*,2017 (13): 45 – 61; Jo, T. H. & J. F. Henry. The Business Enterprise in the Age of Money Manager Capitalism [J]. *Journal of Economic Issue*, 2015, 49 (1): 23 – 46.

③　Whalen, C. J. Understanding Fnancialization: Standing on the Shoulders of Minsky [J]. *E-Finance*,2017 (13): 45 – 61.

融危机与明斯基的金融不稳定假说并不吻合。在他们看来，2008 年全球金融危机与其说是"明斯基时刻"，不如说是货币经理资本主义的危机。

在贝鲁（T. Behlul）看来，"虽然明斯基确实为 2008 年的金融危机提供了一些有用的见解，但他最著名的理论——金融不稳定假说解释当前危机的能力并不存在"①。2008 年全球金融危机不是传统的内生明斯基过程的结果，在这种过程中，风险意识的下降会导致安全边际降低，进而导致金融脆弱性。真正意义上的"时刻"是在一个累积的不稳定过程之后到来的，而"时刻"是一个债务通缩过程。然而，为了达到那个"时刻"，经济应该首先从对冲融资转向投机融资，最后转向庞氏融资。而在 2008 年金融危机中，在抵押贷款创造的"发起和分销"新模式中选择的信用评估方式，注定了银行系统从一开始就是投机性或庞氏融资。此外，贝鲁通过数据分析发现，在危机爆发前的十年中，非金融公司层面的金融行为并没有表现出逐渐和渐进的恶化趋势——这是明斯基时刻的基本要求。

克雷格尔和戴维森也坚持同样的观点。② 他们都认为，明斯基时刻的先决条件是不存在的。克雷格尔将这些先决条件称为"安全缓冲的逐渐侵蚀"。他指出，由于风险定价错误，"安全缓冲"（或者安全边际）从未被侵蚀，而是从一开始就缺乏。另外，戴维森试图区分次级抵押贷款借款人从事的是投机交易还是庞氏交易。戴维森认为，这两种情况都不是次级借款人的可行选择，因此得出结论，次级抵押贷款引发的金融市场困境不符合明斯基规定的投机性或庞氏金融操作特征。

兰德尔·雷明确指出，2008 年金融危机是明斯基的货币经理资本主义危机。他预言，"当前这场危机如此严重，……这可能是货币经理资本主义的终结"③。兰德尔·雷没有从过去十年的事件中找到当前危机的根源，而是指出，这场

---

① Behlul, T. Was it Really a Minsky Moment? ［J］. *Journal of Post Keynesian Economics*, 2011, 34（1）: 137 –158.

② Kregel, J. Minsky's Cushions of Safety Systemic Risk and the Crisis in the US. Sub-prime Mortgage Market ［J］. *Finance & Bien Communication*, 2008, 2（31 –32）: 51 –59; Davidson, P. Is the Current Financial Distress Caused by the Subprime Mortgage Crisis a Minsky Moment? Or Is It the Result of Attempting to Securitize Illiquid Non-commercial Mortgage loans? ［J］. *Journal of Post Keynesian Economics*, 2008, 30（4）: 669 –678.

③ Wray, L. R. The Rise and Fall of Money Manager Capitalism: A Minskian Approach ［J］. *Cambridge Journal of Economics*, 2009, 33（4）: 807 –828.

危机是金融体系从稳健结构向脆弱结构长期转型的产物。他说："我们不应认为这是一个可以追溯到最近事态发展的'时刻'。相反，正如明斯基所说，近 50 年，我们经历了金融体系向脆弱性的缓慢转变，最终导致了系统性的全球性危机。"①

兰德尔·雷指出，二战后出现的阶段被称作管理资本主义，其特点是："大政府"财政部预算逆周期波动以稳定收入、就业和利润流；"大银行"美联储保持低利率并作为最后贷款人进行干预；各种各样的政府担保（存款保险、大多数抵押贷款的隐性政府支持）；社会福利计划（社会保障、对单亲家庭的援助、医疗补助和医疗保险）；对金融机构密切监督和监管；促进更大的收入和财富平等的各种方案（累进税、最低工资法、对有组织劳动的一些保护；增加低收入个人获得教育和住房的机会）。此外，政府在提供融资和再融资机构（例如重建金融公司和房主贷款公司）以及发展由政府支持的现代住房抵押贷款市场方面发挥了重要作用。与此同时，大萧条和第二次世界大战直接促成了一个有利于金融稳定的环境：大萧条摧毁了大部分的金融资产和负债，这使得企业和家庭几乎没有私人债务；二战期间政府的巨额赤字支出创造了私营部门的储蓄和利润；中产阶级的产生和婴儿潮使消费需求居高不下；地方政府在基础设施和公共服务方面的支出迅速增长。总而言之，二战后的几十年里，"金融资本"发挥了异常小的作用，管理资本主义的低负债、高工资、高消费和大政府促进了稳定。

20 世纪 70 年代初是一个转折点。政府支出增长速度滞后于国内生产总值增长，工人实际工资因工会失去权力而停滞不前，不平等加剧，失业率上升，贫困率停止下降，经济增长放缓。供给学派主张将收入集中在富人手中以产生更多的储蓄和投资，然而，结果与预期相反。同样，诸如税收优惠等有利于投资的政策也不能弥补消费需求的不足。此外，私人投资在 GDP 中所占份额的增加，既造成了通货膨胀，也带来了不稳定。

20 世纪 60 年代和 70 年代，随着实体经济盈利机会的减少，金融业对此做出了反应，在业务上进行了系列创新。其中包括抵押贷款证券化、对冲利率（和汇率）风险的衍生品以及许多类型的"表外"操作（帮助规避准备金

---

① Wray, L. R. The Rise and Fall of Money Manager Capitalism: A Minskian Approach [J]. *Cambridge Journal of Economics*, 2009, 33 (4): 807 – 828.

和资本限制)。这促成了 20 世纪 90 年代的另一个重大转变。金融创新增加了获得信贷的机会，改变了企业和家庭对审慎债务水平的态度；强劲的经济增长由私人赤字支出推动。所有这些导致了明斯基所说的货币经理资本主义。随着对大萧条的记忆逐渐淡忘，随着金融机构围绕约束条件进行创新，随着相对稳定促进了风险承担，以及决策者开始依赖自我监管，经济的金融结构变得更加脆弱。货币经理重新掌握了对"产业资本"的金融控制。

金融市场的一个主要创新是越来越多地使用金融衍生工具。监管机构"解放"了银行和储蓄机构，以追求更高回报率、风险较大的活动。长此以往的后果是为避免利率风险，通过资产证券化和出售的方式将资产从账面上转移。原本是非市场的活动（由贷款官员和潜在房主协商的合同）逐渐转变为生产一种在全球市场上销售、看似同质的金融产品。与此类似，包括信用卡应收账款、学生贷款、汽车相关债务和商业贷款等其他债务也很快被证券化。每一种金融衍生品都在促成这场危机的条件中发挥了作用。

与此同时，随着 20 世纪 70 年代经济表现恶化，新保守主义者承诺"自由市场"可以为"计划"提供解药，而"计划"被认为是限制复苏和增长的。新保守党利用放任主义的幌子，简单地将服务对象改为富人，而从不缩减政府规模。也就是说，"掠夺性国家"是一个以放任市场为掩护，代表货币经理利益的大政府，这在从管理资本主义向货币经理资本主义的转变中起到了关键作用。与掠夺性国家和新保守主义意识形态的兴起相一致的是，提倡"所有权社会"议程。所有权社会的存在实际上取决于住房所有权，因为自住住房是所有家庭持有的唯一重要资产。然而，大约一半的房屋"业主"已经抵押了他们的财产，债务占个人可支配收入的比例不断攀升。此外，虽然金融资产和资产净值严重偏向最富有的家庭，但相对于收入来说，贫困人口承担的债务更为沉重。

对此，兰德尔·雷总结道："出现了一种偶然的协同效应：政府政策促进了'所有权'，'自由市场'实际上产生了日益加剧的不平等，创新增加了风险，而深奥的工具使住房更难以负担。其结果是债务不断增加，最终导致金融体系崩溃。"①

---

① Wray, L. R. The Rise and Fall of Money Manager Capitalism: A Minskian Approach [J]. *Cambridge Journal of Economics*, 2009, 33 (4): 807–828.

　　总而言之，金融的本质已经发生了根本性的变化，不断朝着脆弱的方向发展。证券化的增长导致杠杆比率的大幅度提高，所有者几乎不使用自有资金，通过发行风险较大的商业票据或其他负债而为证券头寸提供资金。这创造了一个所谓的"良性循环"：在信贷宽松的情况下，资产价格可能会被抬高，而不断上涨的价格鼓励更多的创新和竞争，以进一步提高杠杆率。创新增加了贷款供给，刺激了购房，推高了房地产的价值，从而进一步提高了贷款的需求，并由此证明杠杆比率的上升是合理的，因为如果出现问题，住房总是可以再融资或以更高的价格出售。这种"良性循环"推动金融体系穿过明斯基所称的对冲、投机，最后是庞氏骗局，需要以资产价格上升为保障前提。

　　当利率上升或资产价格停止上涨时，庞氏阶段就会结束。从 2004 年开始，美联储加息以冷却繁荣，最终会减缓投机行为，削弱房地产价值的上升，并增加风险利差。当次级债的亏损开始超过模拟结果时，证券价格下跌。问题蔓延到包括货币市场共同基金和商业票据市场在内的其他市场，一夜之间银行甚至不愿再放贷。由于杠杆率较高，基金经理面临的损失大大超过资本本身，开始通过抛售来降低杠杆率，从而给价格带来更大的下行压力。随着次贷市场的崩溃，恐慌蔓延到商业房地产贷款、市政债券等其他资产支持证券市场。此外，由于证券风险高于此前预期，保险公司的损失也将超过预期，因此评级机构下调了其信用评级。这使得为这些资产提供担保的保险变得一文不值，导致证券评级进一步下调。良性循环变成了"恶性循环"。

　　兰德尔·雷总结道："明斯基认为，大萧条代表着小政府、自由放任的经济模式的失败，而新政则促进了大政府/大银行资本主义模式的高度成功。当前的危机同样令人信服地代表了大政府/新保守主义模式的失败，这种模式提倡放松管制、减少监督、私有化和巩固市场力量。它用对市场的自我监督取代了新政改革，在安全网被撕碎的情况下，更多地依赖'个人责任'，并采用了不利于维持充分就业和充分增长以提高大多数美国人生活水平的货币和财政政策。这个模式陷入困境，不仅仅是针对当前的全球危机，因为美国面临着创纪录的不平等和中产阶级的毁灭、医疗危机、监禁灾难和其他超出本分析范围的问题。"①

---

　　① Wray, L. R. The Rise and Fall of Money Manager Capitalism: A Minskian Approach [J]. *Cambridge Journal of Economics*, 2009, 33（4）: 807-828.

3.4　帕利对金融不稳定假说的重新解读

托马斯·帕利在其专著《金融化：金融资本支配经济学》① 第 8 章"明斯基超级周期与金融危机理论"中指出，明斯基在其金融不稳定假说中提出的观点，超出了标准周期分析的范畴，为理解金融化提供了一个包罗万象的框架。这个框架和范畴被经济学家们忽视了。尽管有很多人试图将明斯基的工作形式化，但这些尝试往往把他看作金融商业周期的狭隘理论家，而不是金融资本主义的过程理论家。

托马斯·帕利认为，不仅需要通过传统中期商业周期视角，而且还需要通过长期波动的视角来理解明斯基。中期周期被称为"基本周期"，通过明斯基的金融模式阶段（对冲—投机—庞氏）运作。长周期动态被标记为"超级周期"。明斯基超级周期将经济描述为经历了许多阶段，在这个过程中，"遏制制度"受到侵蚀，最终以危机告终。这种解释扩展并丰富了明斯基的金融不稳定假说，可以理解为广义的金融周期理论。这种广义的理论将基于乘数—加速数机制上的凯恩斯式中期动态模型与熊彼特等经济学家的长周期思维传统结合在一起。人们对明斯基思想的基本周期研究较多，但对长期波动的超级周期维度却关注较少。然而，正是超级周期最终导致了金融危机。

3.4.1　基本周期与超级周期

帕利认为，明斯基的金融不稳定假说建立在两个不同的周期过程之上，如图 3 - 2 所示。第一个过程被称为"明斯基基本周期"，而第二个过程被称为"明斯基超级周期"。

明斯基基本周期被广泛认可，基本周期反映了市场主体的资产负债表和融资安排中所体现的金融脆弱现象。明斯基的基本周期理论涉及重要的心理影响。融资阶段之间的转移在一定程度上是由市场主体变得越来越乐观所推

---

① Palley T. I. *Financialization：The Economics of Finance Capital Domination* ［M］. Basingstoke, UK：Palgrave Macmillan，2013.

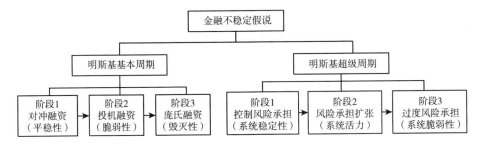

图 3 - 2　明斯基基本周期与明斯基超级周期

动的。这种乐观表现在对资产的估值和对收入流的评估越来越乐观，加上越来越愿意承担更多的风险，表现为从对冲融资开始，经过投机融资，最后是庞氏融资的演变过程。

明斯基基本周期存在于每个商业周期中，并在企业层面运行。明斯基超级周期在多个商业周期中运行，并在系统层面运行。超级周期是一个转变商业制度、商业实践和惯例，以最终导致重大金融危机的方式控制市场结构的过程。尽管明斯基在与皮耶罗（Piero Ferri）合著的一篇论文①中针对超级周期进行了充分阐述，但超级周期并没有得到更多的认可。

明斯基虽然没有以双周期的方式来描述金融周期，但却始终将对金融创新、放松监管和监管变革的关注嵌入其中。明斯基的另一个主要关注点是确保资本主义经济稳定所需的治理结构，并将这些结构称为"遏制制度"，因为它们遏制了不稳定。遏制制度的作用是"将资本主义市场过程的结果限制在可行或可接受的结果上"，阻止经济不稳定产生的趋势。

明斯基认为，最重要的遏制制度是稳定总需求的"大政府"。在大萧条之前，美国的政府支出约占 GDP 的 5%，但此后一直在 20% 左右。在金融领域，最重要的遏制制度是中央银行的金融监管。中央银行扮演着最后贷款人的角色，通过限制直接资产负债表构成、保证金要求、资本要求和准备金要求等金融监管措施来阻止过度冒险。在国际金融市场上，遏制制度是诸如布雷顿森林体系之类的建立可调节的固定汇率、防止竞争性贬值遏制性安排，中央银行从事货币互换的意愿和国际货币基金组织提供的紧急资金构成了浮

① Ferri, P. & H. P. Minsky. Market Processes and Thwarting Systems [J]. *Structural Change and Economic Dynamics*, 1992, 3 (1): 79 - 91.

动汇率制度下国际金融的遏制制度。在劳动力市场，"生产率加通胀规则"等有助于维持总需求和防止消费不足的工资制定惯例构成了遏制制度。

明斯基超级周期与基本周期同时发生，超级周期的侵蚀和转变过程需要经历几个基本周期。图 3 - 2 说明了明斯基超级周期的三个阶段：系统稳定性、系统活力和系统脆弱性。当明斯基超级周期有时间侵蚀经济体系的遏制制度时，就会发生严重的金融危机，经济经历了较为有限的金融"膨胀——破灭"的周期。

明斯基超级周期发展模式显示了一个以更大振幅为特征的逐渐演变的周期，如图 3 - 3 所示。随着遏制制度的对称减弱，经济系统运行确定的地板和天花板的频段变得越来越宽。最终，遏制制度受到了充分的侵蚀，加之过度的金融融资，以至于经济经历了一场不受控的周期性崩溃。一旦爆发了全面的危机，经济就进入下一个遏制制度的重建阶段。

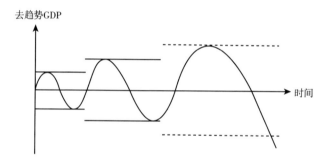

图 3 - 3   对称的明斯基超级周期

完整的明斯基体系可以看作三种不同的商业周期方法的结合。基本动态取决于萨缪尔森提出的经济周期乘数加速数公式的金融驱动版本。遏制制度包括"地板"和"天花板"，并将明斯基的想法与希克斯构建的贸易周期联系起来。超级周期方面则通过"地板"和"天花板"的移动和减弱来捕捉，这为熊彼特等经济学家提供了联系。

3.4.2   明斯基超级周期的细节

明斯基超级周期可以被认为是允许越来越多的金融风险进入系统。这一周期包括图 3 - 4 所示的"监管放松"和"风险承担增加"的双重发展。可

以通过风险供给的日益增加来确定放松监管的过程，而通过风险供求的增加
来确定承担风险的过程。

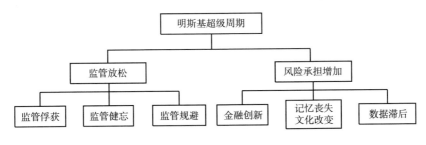

图 3 - 4　明斯基超级周期的细节

　　监管放松可以从风险供给增加的过程来考察，包括监管俘获、监管健忘
和监管规避三个方面。第一，监管俘获。为了削弱监管而捕获监管机构，例
如华尔街通过不断强化的游说打通了对联邦储备委员会、证券交易委员会和
财政部等管制机构施加影响的"后门"。第二，监管健忘。监管者忘记了过
去的教训，转而相信商业周期终结的论调。其结果是，在人们认为形势已经
变化且监管已无必要的条件下愿意削弱监管。第三，监管规避。遏制制度建
立时，金融创新行为尚未出现，因此创新活动逃脱了监管领域，这就需要不
断更新遏制制度以实现监管目的。然而，为保持一个全面连贯的监管体系，
监管俘获和监管健忘的力量会阻碍监管更新过程。

　　有效监管是市场和监管机构之间的动态博弈，市场总是试图逃避监管①。
如果监管在经济上具有约束力，能够限制市场参与者在没有监管时将从事的
活动，那么市场很可能最终围绕监管进行创新。事实上，良好的监管必然会
通过提供创新动力而播下自身毁灭的种子，而这种微观经济逻辑是明斯基超
级周期的一部分。

　　风险承担增加的过程涉及金融创新、记忆丧失和文化改变、数据滞后三
个方面。第一，金融创新。金融市场通过创新活动创造并扩大了一系列新产
品的使用，如房屋净值贷款、较低的抵押贷款首付、证券化和证券衍生品及
期权的分档等所有这些产品都使得债务人能够承担更高的风险水平。第二，

---

　　① Palley, T. I. *Plenty of Nothing: The Downsizing of the American Dream and the Case for Structural Keynesianism* [M]. Princeton, New Jersey, USA: Princeton University Press, 1998: 7.

记忆丧失和文化改变。随着时间的流逝，人们忘记了先前金融危机的教训，产生新的承担风险的意愿。金融危机永久性地减少了亲历者对股票的需求，但是没有经历过大萧条的新生代却成为了股票的热衷投资者。随着股票投资偏好的重建，推高了股价，降低了相对回报率。另外，文化的改变也成为风险水平提高的因素。投资已经发展成为一种新的娱乐方式，文化的改变使得人们对房屋所有权的理解转变为居住场所和投资机会的双重定位。第三，数据滞后。危机之后是重新建立遏制制度的时期，这些制度降低了风险，并改变了系统生成的数据结果。此后在很长的一段时期内，随着监管俘获、监管健忘、监管规避、金融创新、记忆丧失和文化改变的不平衡发展过程，数据生成过程也会不断地发生着变化。由于记忆丧失、金融创新和监管放松，债务人承担风险的意愿增加，人们习惯使用滞后的数据，采用时间序列进行程式化的风险/回报的分析，然而，实际的风险/回报已经因为结构条件的变化而发生了变化。这种盲目性适用于市场的方方面面，市场准则越来越无法防范最终导致危机的头寸积累。债权人和债务人携手陷入了危机的深渊。

3.4.3 作为一个自反过程的金融不稳定性假说

明斯基对资本主义过程的建构是一个基本的后现代建构，它体现了反身性。反身过程是因与果之间的循环过程，在此过程中，一种结果会折回来影响最初行为的原因。明斯基经济过程的构建不仅可以应用于金融商业周期，而且可以得到更广泛的应用。

例如，应用于对工会及其经济影响的普遍理解。在大萧条之后的时期，工会被视为纠正过度收入不平等的必要机构。随着时间的推移，工会成功地降低了收入不平等，人们开始认为收入不平等的问题已经得到永久的解决，不再需要工会。因此，公众对工会的支持下降，导致工会萎缩，收入分配问题再次出现。

对于凯恩斯主义经济学和新自由主义之间的关系，也可以做出类似的逻辑。第二次世界大战后，凯恩斯经济学取得了胜利，需求管理可以恢复充分就业。在这场胜利之后的 25 年里实现了历史上的快速增长、稳定的环境和低失业率。然而，这一成功可能使人们相信经济问题已得到永久解决，忘记了成功背后的历史。这种记忆的丧失反过来促成了凯恩斯主义的退却，促进了自由放任的新自由主义的回归。也就是说，凯恩斯经济学成功地控制了经济，同时通过金融化为不稳定的重生创造了空间。

金融不稳定假说、对工会的态度演变以及对经济政策的演变都包含着一个共同的明斯基过程。人们对经济的理解是随着时间的推移而演变的，人们参与到改变他们理解的结果中。同时，他们的初步理解也有助于实现这些结果。由此产生"初步理解→结果→新的理解"的反馈循环。这个反馈循环基本上是自反的，它是明斯基超级周期的核心。更重要的是，作为社会的成员和参与者，经济学家和政策制定者将陷入推动超级周期的长波之中。遏制制度成功实施，创造了稳定的环境，然后，市场参与者可能开始承担更多风险，并对允许更多风险承担的新规则提出政治要求。经济学家和政策制定者可能会赞同这一点，因为他们认为，形势已经发生了变化，抑制金融风险的遏制制度成为不必要。这是一种大规模运作的自反性。

3.4.4　政策含义

明斯基的工作为政策和决策提供了深刻的处方。这些政策处方与新古典主义和新凯恩斯主义宏观经济学的处方大相径庭。

（1）政策制定者应该对伴随着商业周期而来的极度兴奋情绪抱有自觉怀疑态度，这种极度兴奋情绪是金融不稳定假说逻辑的必然产物。

（2）资本主义经济需要严格的监管，以遏制金融投机和金融过剩，因为经济具有不稳定的自动行为倾向。

（3）强调对政策规则的自由裁量权。模型、数字和规则不足以制定政策。在决策中，没有什么能够替代判断，因为经济是由一种不可避免的不稳定趋势演变而来的，基于规则的策略无法识别和响应此过程。相反，有必要将自由裁量权与防范制度结合起来，防范制度正是明斯基所认为的规则。

总之，明斯基的金融不稳定假说是金融资本主义下的经济过程理论。因此，它为金融化时代提供了一个"大局"窗口。在明斯基看来，通过明斯基基本周期和超级周期的组合，经济过程不可避免地倾向于产生不稳定性。政策制定者面临的挑战是，既要找出不稳定的初期根源，又要避开那些由于私人利益主张废除遏制制度的市场参与者。

3.5 走向后凯恩斯制度主义

3.5.1 后凯恩斯制度主义发展简史

后凯恩斯制度主义在 20 世纪 80 年代作为制度经济学的一个分支出现，沃伦（C. Whalen）是后凯恩斯制度主义的主要阐释者，他把明斯基的经济思想作为理解后凯恩斯制度主义的核心要素。

后凯恩斯制度主义在很大程度上借鉴了许多制度主义者和后凯恩斯主义者的共同点。制度主义与后凯恩斯主义的结合能够由康芒斯和凯恩斯的研究所预示。康芒斯和凯恩斯都"有兴趣将他们的研究应用于当今的实际问题"，并且对确定性经济模型持"怀疑态度"。他们认为，任何有用的经济理论都必须认识到，经济活动和结果是由历史、制度和对不确定未来的预期所塑造的。康芒斯和凯恩斯也反对社会主义和自由放任的资本主义。他们提出社会主义与人类自由相抵触，无法与资本主义的创造力相匹敌；资本主义存在严重缺陷，不能放任自流。因此，他们的目标是发展"拯救资本主义所必需的制度"，特别是解决高失业率和宏观经济波动的其他有害后果。

制度主义和后凯恩斯主义的结合发生在 20 世纪 70 年代末。彼得森（W. Peterson）1977 年在进化经济学协会的主席演讲[①]中指出，制度主义和后凯恩斯主义能够通过建立一个共享的分析框架来理解和解决现实世界的问题。彼得森的演讲阐述了制度主义和后凯恩斯主义的共同观点：（1）不确定性是经济生活中不可避免的一部分；（2）制度和权力关系影响人类行为和经济绩效，并强调经济学者必须认真关注收入分配；（3）货币和金融是资本主义的关键制度；（4）发达资本主义经济体天生就容易出现周期性不稳定；（5）公共行动被认为是解决私人权力过度集中和滥用的关键。彼得森罗列了许多为凯恩斯的这种解释铺平道路的经济学家，包括罗宾逊、温特劳布和戴维森，并特别关注海曼·明斯基，他称明斯基为凯恩斯新经济学的"建筑师之一"。

[①] Peterson, W. C. Institutionalism, Keynes and the Real World [J]. *Journal of Economic Issues*, 1977 (11): 201 - 221.

1980 年，迪拉德（D. Dillard）同样在进化经济学协会的主席演讲①中探讨了凯恩斯和制度主义者将金融制度和利润预期作为解释生产、就业、失业和商业周期的因素这一共同点，迪拉德将这一共同关注点描述为生产的货币理论，并呼吁将制度主义和凯恩斯经济学纳入新的宏观经济理论。迪拉德认为，以商业周期为导向的宏观经济学可以注入对技术变革和现代公司的大量制度主义洞察力，从而成为新古典理论的有力替代方案。

20 世纪 80 年代初，后凯恩斯制度主义时代已经到来。许多学者针对制度主义与后凯恩斯主义的共同点展开研究。布拉泽尔顿（W. Brazelton）强调了制度主义者和后凯恩斯主义者对现实世界工资和价格决定的共同关注，包括工资的制度决定因素和加价定价的宏观经济意义。② 凯勒（R. Keller）通过强调制度主义和后凯恩斯主义在时间、货币和权力的经济意义方面的兼容性来回应彼得森，制度主义提供了政府在经济发展中的建设性作用的更深层次的考虑。后凯恩斯主义提供了对滞胀等问题的更深入的分析。③ 马歇尔（R. Marshall）在观察到美国经济刚刚经历了异常高的通货膨胀并面临自大萧条以来最严重的衰退之后呼吁制度主义者和后凯恩斯主义者抓住机会并形成一个综合体，以提供卓越的经济分析。④

1983 年，威尔伯和詹姆森（Wilber & Jameson）的《经济学的贫困调查》⑤ 出版，该著作明确地将后凯恩斯制度主义作为传统经济学和其他经济范式的替代方案。根据威尔伯和詹姆森的说法，后凯恩斯制度主义旨在从一个有利的角度理解和解决现实世界的问题，即认为经济不仅在不断发展，而且是整体和系统的。换言之，从后凯恩斯制度主义的角度来看，经济与其他社会领域并不完全分离——相互依赖无处不在，社会的各种制度塑造着经济生活。

1984 年，明斯基和法扎里（S. Fazzari）利用后凯恩斯主义视角，特别是

① Dillard, D. A Monetary Theory of Production: Keynes and the Institutionalists [J]. *Journal of Economic Issues*, 1980, 14 (2): 255 – 273.

② Brazelton, W. R. Post-Keynesian Economics: An Institutional Compatibility? [J]. *Journal of Economic Issues*, 1981, 15 (2): 531 – 542.

③ Keller, R. R. Keynesian and Institutional Economics: Compatibility and Complementarity? [J]. *Journal of Economic Issues*, 1983, 7 (4): 1087 – 1095.

④ Marshall, R. Comments on the Institutionalist View of Reaganomics [J]. *Journal of Economic Issues*, 1983, 7 (2): 503 – 506.

⑤ Wilber, C. K. & K. P. Jameson. *An Inquiry into the Poverty of Economics* [M]. Notre Dame, Indiana: University of Notre Dame Press, 1983.

资本主义本质上是不稳定的概念，批判性地审视货币主义，并勾勒出传统经济理论和政策的替代方案①。尽管迪拉德提出，明斯基金融不稳定的分析是将货币理解为资本主义制度的主要贡献，彼得森强调，明斯基的工作是将现代资本主义的关键制度纳入宏观经济学的"一个充满希望和想象力的开端"②，但直到1996年明斯基去世，他的两项研究才引起后凯恩斯主义和制度主义的广泛关注。一个是早期关于金融不稳定性的研究，另一个是他对货币经理资本主义出现的分析。明斯基在金融不稳定性和货币经理资本主义方面的研究很快成为新兴后凯恩斯制度主义的关键组成部分。

1995～2002年的互联网繁荣和崩溃，使后凯恩斯制度主义引起了非正统经济学家的极大关注。许多经济学家认识到，20世纪90年代的扩张和随后的紧缩与明斯基的金融不稳定性分析基本一致。与此同时，商业记者们提出，20世纪90年代的扩张在很大程度上是由公司重组推动的，而这种重组的压力来自机构投资者，人们发现商业记者们所谓的"新经济"与明斯基的货币经理资本主义分析一致。

2007年末开始并持续到2009年的全球金融危机使得后凯恩斯制度主义受到了更广泛的关注。当被问及主流经济学家为何没有预见到危机的到来时，劳伦斯·萨默斯强调传统经济学在宏观经济学和金融学的交叉领域尤其薄弱，"我认为经济学知道很多。但我也认为经济学已经忘记了很多相关的东西，而且它已经被大量的东西分散了注意力"③。

3.5.2　后凯恩斯制度主义核心要素

沃伦总结了后凯恩斯制度主义的核心要素。④
（1）不断演变的现实世界是后凯恩斯制度主义研究的视角。第一，与错

---

① Fazzari, S. M. & Minsky H. P. Domestic Monetary Policy: If Not Monetarism, What? [J]. *Journal of Economic Issues*, 1984, 18 (1): 101 – 116.

② Peterson, W. C. Macroeconomic Theory and Policy in an Institutionalist Perspective [J]. *Journal of Economic Issues*, 1987, 21 (4): 1587 – 1621.

③ Summers, L. H. A Conversation on New Economic Thinking [EB/OL]. http://larrysummers. com/commentary/speeches/brenton-woods-speech/, April 8, 2011.

④ Whalen, C. J. Post-Keynesian Institutionalism after the Great Recession [R]. Working Paper No. 724, Congressional Budget Office, May 2012; Whalen, C. J. Post-Keynesian Institutionalism: Past, Present, and Future [J]. *Evolutionary and Institutional Economics Review*, 2020, 17 (1): 71 – 92.

误模型构建相比，后凯恩斯制度主义更关注基于现实假设的分析。第二，人们在一个充满不确定性的世界中行动，决策受到习惯、社会习俗、经验教训的影响，并且其目的和手段在不断地被重新考虑和调整。第三，后凯恩斯制度主义将制度而不是客观力量或自然法则，视为经济的平衡轮。后凯恩斯制度主义承认价格体系可能呈现均衡趋势，但由于累积因果关系、路径依赖和滞后等原因，市场可能不会迅速或完全自我纠正，对不确定未来的理性决策可能导致繁荣或严重衰退。

（2）华尔街范式研究。传统经济学是围绕物物交换范式构建的，货币、金融、资本资产和生产都可以添加，但该范式假设，没有它们，资本主义的核心特征是可以把握的。相比之下，后凯恩斯制度主义从华尔街的范例开始，它植根于这样一种认识：资本主义是由追求金融收益驱动的，生产先于交换，金融先于生产。

（3）内生的商业周期是当代资本主义的"基本特征"。后凯恩斯制度主义旨在以连贯的方式解释从周期中的一个阶段到另一个阶段的过渡。为此，后凯恩斯制度主义特别关注经济的两个特征之间的相互作用——昂贵且耐用的资本资产以及允许短期融资和持仓的金融机构。

（4）金融不稳定假说。金融不稳定假说考虑了预期的突然变化，是对金融市场有效市场假说的一种替代。此外，金融不稳定假说与商业周期理论相结合，不仅强调总需求，还强调金融结构随时间的演变。后凯恩斯制度主义者将金融不稳定假说与消费者支出和不平等性相结合，做出了卓有成效的扩展。

（5）政府在经济生活中发挥创造性作用。传统经济学认为，政府的角色是纠正市场失灵。相比之下，后凯恩斯制度主义认为，政府通过制定和执行不断演变的规则，深刻而不可避免地参与了经济的塑造过程。

3.6 基于明斯基制度主义的改革议程

明斯基和沃伦早在 1996 年的论文《经济不安全与资本主义成功的制度前提》① 中就指出，货币经理资本主义的主要问题是"现在经济不安全感弥漫

① Minsky, H. P. & C. J. Whalen. Economic Insecurity and the Institutional Prerequisites for Successful Capitalism [J]. *Journal of Post Keynesian Economics*, 1996, 19 (2): 155 –170.

在劳动力队伍中","我们目前的困难使我们不仅需要考虑如何衡量一个经济体的成功,而且还需要考虑21世纪资本主义成功的制度前提"。这篇论文的结论是,"管理资本主义的制度结构减少了经济的不安全感,提高了经济的绩效,使一个失败的经济体系转变为成功的秩序。同样,需要进行适当的制度变革,将滋生不安全感的货币经理资本主义转变为有利于成功资本主义的新结构"。

沃伦沿着这一分析视角和思路,把经济不安全视作资本主义面临的核心问题,把增强经济安全视作资本主义制度改革议程的根本目标。

沃伦分析了经济不安全性的表现:临时工作在增加、永久性失业、工资停滞、养老金和医疗福利不断减少、收入波动加大和薄弱的财务缓冲、向上流动性下降和中产阶级萎缩、贫穷与绝望。除此之外还涉及民众对医疗、儿童保育、教育和退休等问题的焦虑。沃伦指出,"我们现在在美国面临的不仅仅是周期性危机。事实上,这不仅仅是一场就业危机,相反,这是一场生活水平和经济机会的危机。事实上,我们目前所经历的只是长达数十年的'无声萧条'的最新阶段"①。

"后凯恩斯制度主义总是从人类经验的现实出发,致力于打造一个植根于广泛共享繁荣的更美好世界"。基于后凯恩斯制度主义立场,沃伦提出了应对经理资本主义危机的资本主义改革议程。②

第一,监管更为广泛的金融机构。不仅仅是银行,对更广泛的金融机构进行更严格的监管;为监管机构提供遏制威胁金融稳定的创新所需的权力;必须解决"太大而不能倒"的问题。

第二,关注工薪家庭的问题是改革议程的首要问题,而不是削减赤字或模糊的"财政责任"概念。决策者必须集中精力创造旨在提升人力资本与生活水平的经济机会。在这一过程中,必须承认并解决资源枯竭和环境可持续性的挑战。一旦经济复苏,以工人家庭福祉为目标的政策改革的一个关键组成部分必须是致力于保持高总需求和经济运行的热度。"充分就业"肯定应该成为政策追求的目标。

第三,加强退休保障。为老年人提供安全的退休生活对个人、经济和社

---

①② Whalen, C. J. Economic Policy for the Real World [R]. Policy Note, No. 2010 – 1. Annandale-on-Hudson, NY: Levy Economics Institute of Bard College, 2010.

会都有好处。可以将医疗保险的资格年龄降低到 55 岁，因为这将"允许老年工人选择提前退休"，从而为新工人腾出空间；另一项明智的政策改革是鼓励回归固定收益的养老金计划。

第四，国际范围内提高工资标准。创建工人的公平竞争环境。这需要根据国际劳工组织公约、联合国《世界人权宣言》和其他国际协议在国际范围内提高工资标准。此外，美国还需要进行劳动法改革，让工人有更现实的机会组织起来，集体谈判，并在做出工作决定时有机会做出有意义的贡献。

除此之外，沃伦还提出了加强财政自动稳定器、改革技术发展和相关教育等创新政策。正如沃伦指出的，后凯恩斯制度主义者拥有坚实的方法论基础、强大的分析元素、在理论和政策方面的建设性研究以及危机后的完整改革议程[①]。他们的经济分析不仅借鉴了生产的货币理论、对劳动力市场制度的广泛研究和以经验为基础的管理价格方法，而且还借鉴了分析内生商业周期、金融不稳定和资本主义发展的工具和理论。尽管传统经济学家对 2008 年全球金融危机毫无准备，但后凯恩斯制度主义者的工作预示了这一点，他们迅速提出了旨在复苏和改革的建设性政策建议，以及解决日益严重的经济不平等和工人不安全等长期问题的政策议程。兰德尔·雷是其中重要的代表人物。

兰德尔·雷在 2008 年全球金融危机爆发不久就提出了旨在复苏和改革的政策建议。他的核心主张用他自己的话说就是，"现在是时候把全球金融作为实现可持续发展的工具，重新放回适当的位置。这意味着大幅压缩和谨慎的重新监管。政府必须发挥更大的作用，这反过来又需要一种新的经济范式，承认通过适当的政策同时实现社会公正、充分就业、价格和货币稳定的可能性"[②]。

第一，加强对金融机构的监管，建立一个促进稳定而不是投机的金融结构。需要能够促进工人工资上涨的政策，从而使为实现中产阶级生活水平的借贷变得不必要；而对于失业者，则需要促进就业而不是转移支付的政策；货币政策必须从提高利率以预防通胀转向稳定利率、直接信贷控制以防止失

---

① Whalen, C. J. Post-Keynesian Institutionalism: Past, Present, and Future [J]. *Evolutionary and Institutional Economics Review*, 2020, 17 (1): 71–92.

② Wray, L. Minsky's Money Manager Capitalism and the Global Financial Crisis [J]. *International Journal of Political Economy*, 2011, 40 (2): 5–20.

控的投机和监管。

第二，救助实体经济而不是金融部门。所有"大而不能倒"的机构都应该得到解决——如果一家银行如此之大以至于倒闭会威胁到金融体系，那么它就是"系统性的危险"，且规模太大而无法挽救。必须通过直接针对实体经济而不是金融部门来管理附带损害：需要保护就业、工资、保险存款和退休收入，但不需要保护包括银行在内的金融机构；如果收入能够充分增长，偿还债务就变得更加容易，但仍需要直接为家庭减免债务，而不是通过对金融机构救助的间接援助。

第三，在经济复苏期间，私营部门不可能成为刺激需求的主要来源，因为它一直在累积债务。随着经济增长放缓，税收的降低和转移支付的增加都会导致政府预算赤字不断增加，尽管这将有助于抑制衰退的深度，但不会主动创造增长。经济复苏首先需要的是大规模的财政刺激，其次是永久性的更大的财政存在，以便在不依赖私营部门债务的情况下实现经济增长。

第四，经济需要"去金融化"。国家需要用普遍、充足、公共资助的医疗保健和退休制度取代"金融化"的医疗保健和由货币经理控制的私人养老金；国家需要为高等教育提供资金，以减少对管理捐赠的依赖；应该取消政府对管理资金的补贴，如税收优惠和担保，以停止鼓励投机冒险。

按照明斯基的逻辑，1929 年大萧条代表着小政府、自由放任的经济模式的失败，而新政则促进了大政府/大银行管理资本主义的高度成功模式；然而，取而代之的货币经理资本主义，基本上扭转了管理资本主义的大部分成就，并产生了不平等和金融不稳定；2008 年全球金融危机预示了货币经理资本主义模式的失败。明斯基强调，"经济系统不是自然系统。……政策可以改变经济的细节和整体特征"①。他认为，"政策的目的是确保维持一个开放、自由的社会的文明和文明标准的经济先决条件存在。如果扩大的不确定性、收入分配不均和社会不平等的极端情况削弱了民主的经济基础，那么创造这些条件的市场行为就必须受到限制。……必须建立新的经济制度来约束不确定性的影响"②。遵循明斯基的信念，明斯基思想的现代继承者们呼吁："我

---

① Minsky, H. P. *Stabilizing an Unstable Economy* [M]. New Haven, CT: Yale University Press, 1986: 7.

② Minsky, H. P. Uncertainty and the Institutional Structure of Capitalist Economies [R]. Working Paper, No. 155, Jerome Levy Economics Institute, April 1996.

们需要一个新政，以创建这些新的制度和约束市场行为。"①

　　为了应对大衰退，许多经济学家开始利用后凯恩斯制度主义的核心要素来解决经济政策问题。例如，上述兰德尔·雷和沃伦概述了持续复苏和改革的议程；蒂米涅（E. Tymigne）强调需要对金融机构进行监管；② 托多罗娃（Z. Todorova）探讨了政府是否能够接受金融机构救助的原因；③ 扎莱夫斯基（D. Zalewski）将美国止赎危机视为联邦政府未能履行其最后贷款人的角色；④ 卡布布（F. Kaboub）强调了政府作为最后雇主的必要性；⑤ 扎莱夫斯基呼吁制定政策，促进更大的经济安全，以此作为解决经济不平等和日益增长的中产阶级焦虑的手段；⑥ 切尔内娃（P. Tcherneva）概述了美国就业保障提案的轮廓。⑦

　　然而，政策必须随着不断变化的经济而发展，正如明斯基所说，"没有神奇的经济子弹；没有单一的计划或特定的改革可以让事情永远正确"⑧。事实上，金融脆弱性需要长期检测，并找到金融监管的有效方法，还需要解决不平等性加剧和工人不安全感问题，这些后凯恩斯制度主义长期关注的问题，也都是全球性问题，是当今人类社会普遍存在的挑战，值得全世界经济学家认真对待。

---

①　Wray, L. Minsky's Money Manager Capitalism and the Global Financial Crisis ［J］. *International Journal of Political Economy*, 2011, 40（2）: 5 – 20.

②　Tymigne, E. Financial Stability, Regulator Buffers and Economic Growth after the Great Recession: Some Regulatory Implications ［M］//Whalen, C. J.（ed.）. Financial Instability and Economic Security after the Great Recession. Edward Elgar, Cheltenham, 2011: 114 – 140.

③　Todorova, Z. What Makes a Bailout Acceptable? ［J］. *Journal of Economic Issues*, 2009（43）: 319 – 325.

④　Zalewski, D. A. Collective Action Failures and Lenders of Last Resort: Lessons from the US Foreclosure Crisis ［J］. *Journal of Economic Issues*, 2012（46）: 333 – 342.

⑤　Kaboub, F. *Understanding and Preventing Financial Instability: Post-Keynesian Institutionalism and Government as Employer of Last Resort* ［M］//Whalen, C. J.（ed.）. *Financial Instability and Economic Security after the Great Recession*. Edward Elgar, Cheltenham, 2011: 73 – 90.

⑥　Zalewski, D. A. Uncertainty, Control, and Karl Polanyi's Protective Response ［J］. *Journal of Economic Issues*, 2018（52）: 483 – 489.

⑦　Tcherneva, P. R. The Job Guarantee: Design, Jobs, and Implementation ［R］. Levy Economics Institute of Bard College Working Paper, No. 902, 2018.

⑧　Minsky, H. P. *Stabilizing an Unstable Economy* ［M］. New Haven, CT: Yale University Press, 1986: 293.

第4章 卡莱斯基—明斯基模型

卡莱斯基—明斯基模型是一类模型的总称。这类模型将收入分配和金融因素视为宏观经济理论的核心。确切地说，模型考虑了工资导向型需求体制以及内生金融周期的可能性。前者与卡莱斯基相关，后者与明斯基相关，因此这些模型被称为"卡莱斯基—明斯基模型"。如前一章所述，明斯基金融不稳定假说包含着卡莱斯基理论的因素。首先是卡莱斯基的"风险递增原则"，其次是卡莱斯基利润方程。这种共同的基因为二者走向融合提供了基础。早在20世纪90年代中期，就有学者（Dutt，1995；Lavoie，1995）尝试将明斯基对对冲、投机和庞氏三种融资类型的划分引入卡莱斯基分配和增长模型中，这大大拓展了后凯恩斯分配和增长模型。卡莱斯基与明斯基的结合是将金融问题纳入后凯恩斯主义宏观经济模型的重要渠道。2008年全球金融危机的爆发，使得宏观经济模型纳入金融问题的必要性凸显出来，卡莱斯基与明斯基的结合再次成为后凯恩斯主义理论研究的热点。

在卡莱斯基—明斯基模型中，一般假设经济是由家庭、企业和银行组成的封闭经济。家庭消费全部来自收入，不贷款。企业是唯一积累债务的部门，银行按需提供贷款。企业的投资率通常由卡莱斯基主义的投资函数捕捉。投资受到各种因素的影响，如毛利润、产能利用率和利息支付。债务是企业预算约束的剩余部分。这意味着，企业利用银行贷款为留存利润未覆盖的投资支出提供资金。贷款由银行按需提供（也就是说，没有信贷配给），没有股票市场。通常，有两种类型的家庭：工人和食利者。工人通常消费他们所有的收入（工资份额是外生的）；而食利者的收入来源于公司分配的利润和存款利息，他们会将部分收入储蓄起来。假定商品市场稳定（即凯恩斯稳定条件成立），并调整产能利用率以确保稳定。金融脆弱性通常通过企业的债务资本比率（即杠杆比率）来衡量，也有一些模型依靠明斯基对对冲、投机和庞氏融资体制分类来衡量金融脆弱性。

在大多数模型中，实体经济和金融市场之间的相互作用可以通过一个动态系统来捕捉，该系统将投资率和债务—资本比率作为状态变量。尽管周期在明斯基的金融不稳定性假说中非常重要，但大多数卡莱斯基—明斯基模型并不关注周期出现的条件。他们只是简单地分析稳定性和不稳定性是如何产生的，多数研究特别关注企业部门向对冲、投机或庞氏体制收敛的条件。

4.1 明斯基分类法的形式化

弗利（D. Foley，2003）的论文具有开创性，它在后凯恩斯主义增长理论的背景下考察了明斯基融资分类法。根据 Foley 的分析，企业资金来源和用途方面的现金流恒等式可表示为：

$$R + B \equiv I + F \tag{4-1}$$

其中，R 为企业净营业收入，B 是新借款，I 是投资，F 是利息费用。用 D 表示债务存量，则 $D = \mathrm{d}D/\mathrm{d}t = B$，于是可得：

$$\dot{D} = B = I + F - R \tag{4-2}$$

根据式（4-2），可以把明斯基融资分类法正式化为如下形式：

对冲融资：$\qquad R \geq I + F$ 或 $B \leq 0 \qquad\qquad$ （4-3）

投机融资：$\qquad R < I + F$ 或 $I > B > 0 \qquad$ （4-4）

庞氏融资：$\qquad R \leq F$ 或 $B \geq I \qquad\qquad$ （4-5）

就明斯基分类法的形式化，利马和梅雷勒斯（Lima & Meirelles，2007）采纳了弗利的分析，并根据需要进行了变形。

增长率表示为 $g = I/K$，利润率表示为 $r = R/K$，利息费用表示为 $F = iD$，其中 i 表示利率，债务—资本比表示为 $\lambda = D/K$，于是方程（4-2）就变形为：

$$\dot{D} = B = (g - r + i\lambda)K \tag{4-6}$$

用 r_p 表示生产资本家在一般利润率中所占的比例，用 r_f 表示金融资本家在一般利润率中所占的比例，则有 $r = r_p + r_f = r_p + i\lambda$，再结合方程（4 - 6）可得利马和梅雷勒斯版本的明斯基分类法：

对冲融资： $\qquad r - i\lambda \geqslant g$ 或 $r_p \geqslant g$ $\qquad$ （4 - 7）

投机融资： $\qquad r - i\lambda < g$ 或 $0 < r_p < g$ $\qquad$ （4 - 8）

庞氏融资： $\qquad r - i\lambda \leqslant 0$ 或 $r_p \leqslant 0$ $\qquad$ （4 - 9）

4.2 利马和梅雷勒斯（Lima & Meirelles）模型[*]

4.2.1 基本模型

利马和梅雷勒斯的模型基于卡莱斯基分配与增长模型的基本框架，包含了投资方程、储蓄方程和利润方程，除此之外，利马和梅雷勒斯模型附加了一个内生利率决定方程。模型表示如下：

$$g^I = \frac{I}{K} = \alpha + \beta r - \gamma i \qquad (4 - 10)$$

$$g^S = \frac{S}{K} = s_p r + (s_f - s_p) i\lambda \qquad (4 - 11)$$

$$r = (1 - Va)u \qquad (4 - 12)$$

$$i = hi^* \qquad (4 - 13)$$

$$\dot{h} = \theta(u - u_r) \qquad (4 - 14)$$

其中 s_p、s_f 分别是生产资本家和金融资本家的储蓄率；V 是实际工资，a 是劳动—产出比，因此 $(1 - Va)$ 是收入中的利润份额；用实际产出—资本比 $u = X/K$ 来代表产能利用率；i^* 是货币当局外生设定的基准利率，名义利率 i 由商业银行设定，是在基准利率之上加成得到的。h 是银行加成，且 $h > 1$。基准利率保持不变，但银行加价 h 根据经济活动水平 u 相对于外生参考水平 u_r 的变化而变化。银行利率加价要么顺周期要么逆周期，取决于 θ 的符号。

[*] Lima, G. T. & J. A. Meirelles. Macrodynamics of Debt Regimes, Financial Instability and Growth [J]. *Cambridge Journal of Economics*, 2007, 31（4）: 563 - 580.

4.2.2　模型短期分析

这里的"短期"被定义为一个时间跨度，资本存量 K，名义利率 i、债务存量 D（包括债务—资本比 λ）被视为给定的时间跨度。

根据方程（4-10）、方程（4-11）、方程（4-12），可求解得到 u、r、g 的短期均衡值：

$$u^* = \frac{\alpha - [\gamma + (s_f - s_p)\lambda]i}{(s_p - \beta)(1 - Va)} \tag{4-15}$$

$$r^* = \frac{\alpha - [\gamma + (s_f - s_p)\lambda]i}{(s_p - \beta)} \tag{4-16}$$

$$g^* = \frac{s_p(\alpha - \gamma i) - \beta(s_f - s_p)\lambda i}{(s_p - \beta)} \tag{4-17}$$

这些均衡解分别对利率 i、债务资本比率 λ 求导，从而可以根据结果的正负号判断利率和债务—资本比变化的短期经济效应，分析后得出了如下结论。

（1）实际工资的上涨将导致产能利用率的提高。通过将储蓄的资本家的收入重新分配给不储蓄的工人，实际工资的增加会提高消费需求，从而提高产能利用率。然而，实际工资的这种上升将使总体利润率保持不变，因为它会在提高产能利用率的同时降低收入中的利润份额。（2）利率或债务资本比率的变化对产能利用率和一般利润率的短期均衡值的影响是不明确的。当金融资本家比生产资本家具有更高的储蓄倾向时，更高的利率或更高的债务比率将明确地降低产能利用率、利润率和增长率。当生产资本家的储蓄倾向高于金融资本家时，只有利率变化的影响仍然不明确，而较高的债务比率将明确提高产能利用率、利润率和增长率。

4.2.3　模型长期动态分析

长期中，假设内生变量 u、r、g 的短期均衡值总会实现，资本存量 K、名义利率 i 和债务存量 D（包括债务资本比率 λ）都是可变的，这导致了经济随着时间的推进而演进。因此，可以通过检查债务资本比率和名义利率的动态来分析经济的跨期、长期行为。

根据利率决定方程（4-13）和方程（4-14）可以得出名义利率的动态方程：

$$\dot{i} = \mathrm{d}i/\mathrm{d}t = i^*\theta(u - u_r) \qquad (4-18)$$

根据债务资本比率定义 $\lambda = D/K$ 可以推导出债务—资本的动态方程：

$$\dot{\lambda} = \mathrm{d}\lambda/\mathrm{d}t = (g - r) + \lambda(i - g) \qquad (4-19)$$

将利马和梅雷勒斯版本的明斯基分类法表达式（4-7）、式（4-8）、式（4-9）与利润率、增长率均衡值表达式（4-16）、式（4-17）相结合，并为简单起见假设金融资本家和生产资本家具有共同的储蓄倾向，可以推导出（i, λ）空间中存在的三种融资体制的分界线：

$$\lambda_{h-s} = \frac{(1-s)\alpha}{(s-\beta)}\frac{1}{i} - \frac{(1-s)\gamma}{(s-\beta)} \qquad (4-20)$$

$$\lambda_{s-p} = \frac{\alpha}{(s-\beta)}\frac{1}{i} - \frac{\gamma}{(s-\beta)} \qquad (4-21)$$

λ_{h-s}、λ_{s-p} 分别表示从对冲融资到投机融资的转变、从投机融资到庞氏融资转变所对应的债务水平，如图4-1所示，（i, λ）空间被分成三个融资体制区域。

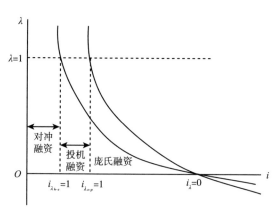

图4-1 （i, λ）空间中的明斯基融资体制

接下来就可以结合方程（4-18）、方程（4-19）、方程（4-20）、方程（4-21）进行详细分析，在给定的（i, λ）区域内，以名义利率和债务资本比率作为状态变量的系统的动态稳定性与盛行的明斯基融资体制类型之间的联系。利马和梅雷勒斯的分析结果如下所述。

首先，位于对冲融资区域的长期均衡解只有在银行加价呈顺周期性且利率低于增长率时才必然是稳定的。反过来，无论利率和增长率的相对大小如何，逆周期银行业加价都会导致不稳定的长期均衡解。事实上，给定基准利率的顺周期银行业加价和给定银行业加价的顺周期基准利率都意味着顺周期利率。因此，通过顺周期基准利率实施的货币政策可能有助于对冲金融体制的动态稳定性，但前提是不违反利率低于增长率的条件。

其次，对于位于投机融资区域的长期均衡解，其稳定性不仅取决于银行加价的周期性行为，还取决于资本家的储蓄倾向。储蓄倾向过低必然导致不稳定的长期均衡。只要资本家的储蓄倾向足够高，就会出现类似于对冲区的稳定可能性。同样，只有当银行加价是顺周期的且利率低于增长率时，长期均衡才一定是稳定的；而反周期的银行加价，无论利率和增长率的相对大小如何，都将导致不稳定的长期均衡解。因此，与对冲体制一样，通过顺周期基准利率实施的货币政策可能有助于投机体制的动态稳定。

最后，无论资本家的储蓄倾向或银行加价的周期性行为如何，位于庞氏融资区域的长期均衡解都将是不稳定的。因此，该模型的一般含义是，随着系统在财务上变得越来越脆弱，它确实变得更加不稳定。

4.3 查尔斯 (Charles) 模型 *

查尔斯（S. Charles）直接将债务的不稳定效应引入卡莱斯基主义宏观模型的结构中，自称提供了一个简单的、介绍性的、易于处理的积累和债务模型。

4.3.1 关于投资率

查尔斯假设了一个价格水平不变的封闭经济体。经济体包括三类主体：

---

* Charles, S. Teaching Minsky's Financial Instability Hypothesis: A Manageable Suggestion [J]. *Journal of Post Keynesian Economics*, 2008, 31 (1): 125 – 138.

企业、资本家和工人。工人阶层不储蓄,他们的支出完全等于工资收入。此外,为了简单起见,还假设不涉及股份发行。总储蓄函数表示如下:

$$S/K = s_f(r - i\lambda) + s_c[(1 - s_f)(r - i\lambda) + i\lambda] \qquad (4-22)$$

其中,s_f 是企业净利润留存率。s_c 是资本家收入的储蓄倾向,这些收入包括股息收入 $(1 - s_f)(r - i\lambda)$、利息收入 $i\lambda$。

假设投资和储蓄之间实现宏观经济相等,即商品市场的增长率均衡,于是可以得到:

$$g = I/K = S/K \qquad (4-23)$$
$$g = s_f(r - i\lambda) + s_c[(1 - s_f)(r - i\lambda) + i\lambda]$$

企业的意愿投资率是动物精神、毛利润率和偿债费用的函数,可表示为方程(4-24):

$$g^d = \alpha + \beta(r - i\lambda) \qquad (4-24)$$

其中,α 是代表自主支出的正参数,$0 < \beta < 1$ 是与留存收益重要性相关的系数。

关于 g 的运动规律,使用调整方程(4-25)表示:

$$\dot{g} = \delta(g^d - g) \qquad (4-25)$$

4.3.2 关于债务资本比率

企业新增债务取决于预算约束,等于投资减去净留存利润,即,企业投资资金的自有资金缺口由对外负债来弥补。

$$\dot{D} = I - s_f(R - iD) \qquad (4-26)$$

两边同时除以资本存量 K 后可得:

$$\frac{\dot{D}}{K} = g - s_f(r - i\lambda) \qquad (4-27)$$

通过对负债率的微分可得负债率的动态特征:

$$\dot{\lambda} = \frac{\dot{D}}{K} - g\lambda \qquad (4-28)$$

4.3.3　内生利率与金融不稳定假说

接下来查尔斯将利率内生化，风险资产的利率 i 高于无风险资产的外生利率 i^*。它们之间的差异是风险程度的指标，也是借款人风险的代表。因此，可以用式（4-29）表示：

$$i = i^* + \varphi\lambda \tag{4-29}$$

式（4-29）表明，债务资本比率 λ 或者其系数 φ 水平越高，借款人的风险就越高，进而促使银行提高贷款利率以补偿这种风险。这符合卡莱斯基的风险递增原则，也符合明斯基对金融脆弱性的解释。

据此在查尔斯的模型中明斯基金融不稳定假说被简化为如下因果关系：

$$I > s_f(R - iD) \rightarrow \dot{D}\uparrow \rightarrow \lambda\uparrow \rightarrow i\uparrow \tag{4-30}$$

当企业投资大于留存利润时，外部融资增加；当外部融资所占百分比增加时，也即债务资产比率更高时，导致风险增加，进而导致了更高的利率。

4.3.4　动态分析

借助前述变量之间的关系，通过一系列运算，得到 $\dot{g}$ 和 $\dot{\lambda}$ 的动态方程：

$$\dot{g} = \delta\left[\frac{\beta s_f - s_F}{s_F}g - \frac{\beta s_f s_c}{s_F}(i^*\lambda + \varphi\lambda^2) + \alpha\right] \tag{4-31}$$

$$\dot{\lambda} = \left[\frac{s_c(1 - s_f) - s_F\lambda}{s_F}\right]g + \frac{s_f s_c}{s_F}(i^*\lambda + \varphi\lambda^2) \tag{4-32}$$

其中 $s_F = s_f + s_c(1 - s_c)$。

根据动态方程进行分析，最终得到资本积累率 g 和负债率 λ 之间的动态关系，如图 4-2 所示。由于 $\dot{g}$ 和 $\dot{\lambda}$ 的动态方程的非线性形式，图 4-2 显示了 E_1、E_2 两个均衡点的存在。稳定均衡点 E_1 表现出较高的资本积累率，不稳定均衡点 E_2 代表了恶化的宏观经济形势。在 E_2 点，资本积累率更小，债务资本比率更高，涉及的内部资源更小。E_2 点代表明斯基所称的投机融资或庞氏融资，E_1 对应于对冲融资。

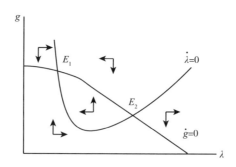

图 4 - 2　资本积累率与债务资本比率的动态关系

查尔斯评论到，方程（4 - 30）表示的明斯基金融不稳定假说解释了商业周期的上升阶段如何产生金融不稳定，从而导致经济衰退。一种可能性来自内部因素，经济下滑是由于经济上升期间的过度负债，风险被异常低估。另一种可能性来自外部因素，如央行利率的变化，通过阻止经济达到均衡点 E_1 的货币政策，金融脆弱性在经济上升期间出现，这导致了衰退的出现。这种干预可以理解为对通胀风险的回应，通胀风险由经济向充分就业和高增长率的收敛所触发。所有这些都有助于理解明斯基为何推动最后雇主政策，将其作为对抗通胀的更好工具。另外，宽松的货币政策通过让经济远离庞氏融资（ E_2 点）和经济普遍崩溃的风险来应对产出下降。

查尔斯总结道："在这个框架中，我们证明了提供一个可管理的积累和债务模型是可能的。……整合了明斯基中央银行的一些干预措施和不稳定概念，如留存收益的作用和利率对经济体系金融不稳定的影响。事实上，我们保持了利率增长的不稳定作用不变，这是明斯基结论的一个基本方面。此外，宏观经济政策的含义相当明确：政府和央行的干预可能会纠正不稳定，以防止留存利润崩溃和出现投机融资与庞氏融资。"①

查尔斯模型与利马和梅雷勒斯的模型主要有两点区别：首先，查尔斯仅用负债率的高低对融资结构进行简单、模糊的区分，而利马和梅雷勒斯对三种融资结构进行了正式建模，三种融资结构的区别取决于总利润与总支出的比较。其次，查尔斯模型中内生利率取决于负债率，而利马和梅雷勒斯模型

---

①　Charles, S. Teaching Minsky's Financial Instability Hypothesis: A Manageable Suggestion［J］. *Journal of Post Keynesian Economics*, 2008, 31（1）: 125 - 138.

中，利率取决于经济活动。两种模型虽然有差异但也有共同之处：首先，两个模型都不关注周期出现的条件，它们只是简单地分析均衡点是否稳定以及稳定与否的条件。其次，都坚持杠杆率是顺周期的。最后，都没有区分金融增长体制，均暗含经济是债务负担增长体制，即债务比率上升抑制了资本积累。

4.4　西弘史（Hiroshi Nishi）模型

4.4.1　模型背景

明斯基认为，资本积累受到企业家对现金流的长期预期的影响。当一个经济体持续繁荣，企业家的预期变得乐观时，就会产生积极的资本积累。然而，随着资本积累，企业更加依赖外部融资，企业的杠杆率逐渐增加，财务状况变得脆弱。

有许多研究质疑顺周期杠杆率的假设（Lavoie，1995；Lavoie & Seccareccia，2001；Hein，2007）。这些研究依赖于"债务悖论"的想法：即使公司可能想要增加（降低）他们的投资率和债务资本比率，但是他们最终可能会得到更低（更高）的债务资本比率，因为较高（较低）的债务融资投资可能会通过较高（较低）的宏观经济活动导致较高（较低）的利润。

利奥（Ryoo，2013）和西弘史（Nishi，2012）都指出，明斯基强调债务比率随着资本积累的激增而增加，但明斯基也指出过，资本积累下降而债务比率保持在较高水平的情况是存在的，特别是在经济衰退的早期阶段。就金融增长体制而言，前者意味着债务导向型增长，后者意味着债务拖累型增长。明斯基认为，利率的变化可能会导致从繁荣向衰退的转变。在经济低迷阶段，由于盈利困难，过往积累的债务仍处于高位，安全边际会下降，安全边际下降会阻碍公司的投资活动。因此，明斯基的论点需要考虑两种金融增长体制的可能性与金融脆弱性之间的关系，即资本积累可能随着债务比率的增加而扩大或缩小。

资本积累可能随着债务比率的增加而扩大或缩小。这一领域的工作涉及以债务导向型或债务拖累型体制为基础的经济增长形式化（Hein，2007；

Sasaki & Fujita，2010)[1]。如果债务率（也被称为债务资本比率）的上升刺激了资本积累，那么资本积累模式被称为债务导向型增长体制。相反，如果债务率的上升抑制了资本积累，那么资本积累模式被称为债务拖累型增长体制。

本章前述明斯基—卡莱斯基模型对明斯基分类法的研究虽然是从经济增长的角度进行考察的，但并未充分考虑金融增长体制的类型。例如，利马和梅雷勒斯在分析融资类型的宏观动态时假设生产资本家和金融资本家的储蓄率相等。尽管他们的模型可以表明利息变化对经济增长的影响是负面的，但却无法从债务比率的角度解释债务导向型和债务拖累型增长体制。因此，他们的模型无法捕捉债务导向型和债务拖累型增长与明斯基分类法之间的关系。弗利的模型仅涵盖债务拖累型增长，这是由于利率和资本流入增加的抑制效应所致。此外，查尔斯的模型只有在债务拖累增长的情况下才可行，这是由于利息支付对投资的巨大负面影响。因此，这些研究无法解释金融增长体制的一般阶段，它们只能捕获金融增长体制的一个阶段。债务导向型和债务拖累型增长体制与明斯基金融结构之间的关系尚待澄清。

基于此，西弘史（2012）构建了包含明斯基融资结构并可以涵盖债务导向型和债务拖累型两种金融增长体制的一般化模型。西弘史明确指出："本文的新贡献在于我们在动态模型中明确解释了金融增长体制与明斯基分类法之间的关系。因此，我们不仅更普遍地形式化了金融增长体制（即我们的模型将债务导向型和债务拖累型增长体制形式化），而且还考虑了它们与明斯基分类法（即对冲、投机和庞氏体制）的关联。"[2]

4.4.2 基本模型

西弘史模型作出了以下假设：（1）封闭经济，没有财政支出。（2）一种既用于投资又用于消费的单一商品，由企业通过固定系数技术将劳动力和资本结合起来生产，生产中没有技术变化。（3）假定经济中存在以下阶级：工

---

① Hein，E. Interest Rate，Debt，Distribution and Capital Accumulation in a Post-Kaleckian Model [J]. *Metroeconomica*，2007，58（2）：310 – 339；Sasaki，H. & S. Fujita. The Importance of the Retention Ratio in a Kaleckian Model with debt Accumulation [J]. Kyoto University，Graduate School of Economics，Research Project Center Discussion Paper Series（E – 10 – 008），2010.

② Nishi，H. A Dynamic Analysis of Debt-led and Debt-burdened Growth Regimes with Minskyian Financial Structure [J]. *Metroeconomica*，2012，63（4）：634 – 660.

人、所有者和管理者、银行（包括中央银行）和食利者。所有者和管理者经营公司并获得留存利润。食利者通过银行向企业提供资金，持有企业发行的股票和债券，并获得利息和股息。银行的存在是隐含假设，银行活动在模型中没有明确形式化。

西弘史模型的一系列假设与利马和梅雷勒斯模型一致。企业的贷款由食利者以既定利率 i 提供，企业必须为其债务存量支付利息费用 iD，并在每个时期向食利者支付股息。假定股息率（分红率）是 $(1 - s_f)$，留存率是 s_f，因此企业净利润是 $R - iD$，食利者总收入为 $(1 - s_f)(R - iD) + iD$。

与利马和梅雷勒斯模型中的利率根据经济活动水平或杠杆率水平内生变化不同，在西弘史模型中利率是外生变量，由央行的货币政策控制。

投资方程、储蓄方程和利润方程如下：

$$g^i = \frac{I}{K} = \alpha + \beta r - \gamma i\lambda \tag{4-33}$$

$$g^s = \frac{S}{K} = s_c\left[(1 - s_f)(r - i\lambda) + i\lambda\right] + s_f(r - i\lambda) \tag{4-34}$$

$$r = \pi u \tag{4-35}$$

西弘史模型中的投资函数与利马和梅雷勒斯模型中的投资函数基本一致，唯一的区别在于前者假设投资受到利息费用的负面影响，而后者假设投资受到利率的负面影响。储蓄方程与利马和梅雷勒斯模型、查尔斯模型中的储蓄方程完全一致。

4.4.3　短期分析

根据方程（4-33）、方程（4-34）、方程（4-35），可求解 u、r、g 的短期均衡值：

$$u^* = \frac{\alpha + \left[s_f(1 - s_c) - \gamma\right]i\lambda}{\pi(\Delta - \beta)} \tag{4-36}$$

$$r^* = \frac{\alpha + \left[s_f(1 - s_c) - \gamma\right]i\lambda}{\Delta - \beta} \tag{4-37}$$

$$g^* = A + Bi\lambda \tag{4-38}$$

其中，$\Delta = s_f(1 - s_c) + s_c$，$A = \dfrac{\alpha\Delta}{\Delta - \beta}$，$B = \dfrac{s_f(1 - s_c)(\beta - \gamma) - \gamma s_c}{\Delta - \beta}$。

u^*、g^*均衡解分别对债务资本比率λ求偏导，根据结果的正负号判断债务资本比率变化的短期经济效应。

$$\frac{\partial u^*}{\partial \lambda} = \left[\frac{s_f(1 - s_c) - \gamma}{\pi(\Delta - \beta)}\right]i \qquad (4-39)$$

$$\frac{\partial g^*}{\partial \lambda} = Bi = \left[\frac{s_f(1 - s_c)(\beta - \gamma) - \gamma s_c}{\Delta - \beta}\right]i \qquad (4-40)$$

通过均衡值表达式（4-36）、式（4-37）、式（4-38）可以看出，利润份额的降低将导致产能利用率的提高。这是因为，收入从储蓄的企业向不储蓄的工人的再分配提高了消费需求，从而提高了产能利用率。然而，收入分配份额的变化对利润率和资本积累率没有任何影响。这是因为利润份额的增加将在相同程度上降低产能利用率。

相反，通过方程（4-39）、方程（4-40）可以看出，债务资本比率的变化对产能利用率和资本积累率的短期均衡值的影响是模糊的。债务资本比率的变化会影响有效需求水平，如果投资对利息支付的反应系数γ大于企业留存率和食利者消费倾向的乘积$s_f(1 - s_c)$，则债务资本比率的增加会降低产能利用率。相反，债务资本比率的增加会提高产能利用率。除了利息支付和储蓄参数外，短期金融增长体制还取决于投资的利润效应β。如果$s_f(1 - s_c)(\beta - \gamma) - \gamma s_c > 0$，则短期金融增长体制为债务导向型增长。在这种情况下，债务资本比率的增加会提高资本积累率。在相反的情况下$[s_f(1 - s_c)(\beta - \gamma) - \gamma s_c < 0]$，短期金融增长体制是债务拖累型增长，债务资本比率的增加会降低资本积累率。

4.4.4 长期动态分析

先对明斯基融资类型进行形式化。根据现金流恒等式可得如下等式：

$$\dot{D} = g_L K - R + iD \qquad (4-41)$$

其中，g_L是长期积累率。

明斯基融资类型定义如下：

对冲融资：	$R \geqslant \dot{D} + iD$	(4 -42)
投机融资：	$R \geqslant iD$	(4 -43)
庞氏融资：	$R < iD$	(4 -44)

结合等式（4 -41），对不等式（4 -42）、式（44 -43）、式（4 -44）进行变形后，可得根据债务状况和利率来区分的明斯基融资类型：如果 $0 < \lambda \leqslant \dfrac{1}{2}$，是对冲融资；如果 $\dfrac{1}{2} < \lambda \leqslant \dfrac{\alpha}{(s_c + \gamma - \beta)i}$，是投机融资；如果 $\dfrac{1}{2} < \dfrac{\alpha}{(s_c + \gamma - \beta)i} < \lambda$，是庞氏融资。

西弘史考虑了长期资本积累率随债务比率的动态变化。假设长期资本积累率 $\dot{g}_L$ 根据短期积累率的动态形式确定，通过对方程（4 -38）关于时间进行微分得到：

$$\dot{g}_L = Bi\dot{\lambda} \qquad\qquad (4 -45)$$

另外，假设企业每个时期新债务额等于长期资本积累和企业净利润之差，即 $\dot{D} = g_L K - (rK - iD)$，于是可得：

$$\dot{\lambda} = g_L - r + i\lambda - g_L\lambda \qquad\qquad (4 -46)$$

长期稳态满足 $\dot{g}_L = \dot{\lambda} = 0$，再结合短期方程（4 -37），可得：

$$g_L = \frac{1}{(1 - \lambda)(\Delta - \beta)}\big[\alpha - (s_c + \gamma - \beta)i\lambda\big] \qquad\qquad (4 -47)$$

方程（4 -47）表示该经济体的稳态轨迹。进一步通过方程（4 -47）对 λ 进行偏微分，可以得到稳态轨迹的斜率：

$$\frac{\partial g_L}{\partial \lambda} = \frac{1}{(1 - \lambda)^2(\Delta - \beta)}\big[\alpha - (s_c + \gamma - \beta)i\big] \qquad\qquad (4 -48)$$

金融增长体制类型和长期稳态轨迹斜率的组合在全域稳定中起着重要作用。如前所述 $s_f(1 - s_c)(\beta - \gamma) - \gamma s_c$ 决定了增长体制是债务导向型还是债务拖累型，但方程式（4 -48）中的 $[\alpha - (s_c + \gamma - \beta)i]$ 表示长期稳态轨迹的斜率，$[\alpha - (s_c + \gamma - \beta)i]$ 可以是正的，也可以是负的，这取决于明斯基的融资结构。表 4 – 1 总结了西弘史模型关于金融增长体制和明斯基融资结构之间的相互关系。第一，利率决定了庞氏和非庞氏体制下明斯基融资结构的类型。利率在防止企业财务结构恶化方面起着重要作用，如果利率设定得相对较低，则只会出现对冲和投机性融资结构。如果设定相对较高，不仅会出现对冲和投机性融资结构，还会出现庞氏融资结构。第二，根据稳态下确定的负债率，最终确定经济的融资结构。负债比率越高，越不太可能出现对冲融资结构。第三，债务比率随着资本积累而增加的明斯基阶段可能涉及不稳定的动态。在庞氏体制下，两种金融增长体制都无法保证无条件稳定。

表 4 – 1 　　　　　　　　　　　**明斯基分类法与经济增长的稳定性**

融资结构与增长模式	非庞氏体制	庞氏体制
对冲融资	$0 < \lambda \leqslant \dfrac{1}{2}$	$0 < \lambda \leqslant \dfrac{1}{2}$
投机融资	$\dfrac{1}{2} < \lambda < 1$	$\dfrac{1}{2} < \lambda \leqslant \dfrac{\alpha}{(s_c + \gamma - \beta)i}$
庞氏融资	—	$\dfrac{\alpha}{(s_c + \gamma - \beta)i} < \lambda < 1$
债务导向型增长模式	有条件的稳定	不稳定
债务拖累型增长模式	稳定	有条件的稳定

与利马和梅雷勒斯模型进行比较，西弘史模型的独特之处在于：首先，西弘史模型更具一般性，因为它涵盖了金融增长体制和所有明斯基融资结构。与利马和梅雷勒斯认为债务对经济增长是中性的观点不同，西弘史模型研究明斯基融资结构的同时，考虑了债务对经济增长不是中性的情况。其次，西弘史模型的稳定性结果也比较一般。在利马和梅雷勒斯模型中，在庞氏体制下经历债务拖累型增长的经济是不稳定的。而西弘史模型的研究表明，在庞氏体制下经历债务拖累型增长的经济并不一定不稳定。最后，西弘史模型可以得出一个重要的政治含义。利马和梅雷勒斯认为，无论银行加价政策如何，庞氏区域总是不稳定的，系统变得越来越不稳定，这表明没有有效的政策来稳定经济。相比之下，西弘史模型暗示，即使经济具有庞氏体制的属性，也有一些政策可以防止经济陷入庞氏体制。例如，将经济导向债务拖累型的增长体制，并适当选择债务比率和长期积累率的初始位置，控制利率等都是可能的政策。

4.5　讨论周期的卡莱斯基—明斯基模型

尽管卡莱斯基—明斯基模型更多的是关注经济向融资体制（对冲、投机、庞氏）收敛的条件以及稳定性，然而也有部分卡莱斯基—明斯基模型关注周期。这些模型依赖金融脆弱性和债务顺周期性。假设债务资本比率和投资率最初较低，低债务资本比率意味着公司的利息支付较低，这导致他们增加投资。由于顺周期性，债务资本比率上升，这意味着我们正处于繁荣阶段，高投资和高金融脆弱性并存。然而，一旦债务资本比率变得足够高，投资率就会开始下降，因为利息支付很高（这是萧条时期）。投资的下降最终会降低债务资本比率，从而开启新的周期。

有一些卡莱斯基—明斯基模型在对周期分析过程中实现了对需求、分配和金融如何相互作用的系统讨论，使得后凯恩斯主义综合取得实质性进展。下面就介绍四个这方面的成果。

4.5.1　伪古德温周期

古德温（Goodwin，1967）提出了就业和收入分配之间周期性相互作用的简单动态模型。该模型建立在两个关键的马克思主义关系的基础上。第一个是积累的利润挤压理论，即，产出增长受到较高的实际工资率的制约，由于投资是由利润驱动的，因此，随着工资的上升和利润的下降，投资减少，增长率下降。第二个是代表后备军假设，随着失业率的上升，劳动力的议价能力降低，导致工资率下降。这意味着较高的产出水平与较高的就业率和上升的工资份额相关联。根据古德温的模型，周期是由储蓄驱动的积累与后备军分配函数之间的相互作用产生的。由于假定工人不储蓄，古德温周期假设产出中工资份额的增加将对积累产生负面影响，因为利润份额的减少会导致投资下降。古德温还假设工资份额会随着产出水平的提高而上升，因为劳动力的议价能力随着失业率的下降而增强。这两种动态行为关系的相互作用在产出—工资份额空间中产生逆时针循环。

在古德温的原始模型中，所有利润都被再投资，更高的工资份额导致更低的投资，这相当于假设一个利润导向的需求体制，因此，古德温周期是基于利润导向的需求体制和后备军分配函数。

斯托克哈默和米歇尔（Stockhammer & Michell，2017）分析了在工资导向型的明斯基经济中是否会出现伪古德温模型。他们将伪古德温周期定义为不依赖于利润驱动的投资和后备军的相互作用而产生的工资份额—产出空间的逆时针运动。简单地说，伪古德温周期看起来像古德温周期，但实际上并不是。斯托克哈默和米歇尔提出了一个极简三方程模型，其中明斯基成分通过金融变量和需求的交互作用产生周期。金融变量（理解为债务收入比）正依赖于产出。需求对金融变量的增加产生负面反应。明斯基模型辅以马克思主义的产业后备军分配方程，即工资份额与产出成正比（因为增加工人议价能力的就业与产出正相关）。三个方程都包含负反馈项，这些负的自身反馈效应降低了变量无限增长的趋势，并有助于抑制系统的振荡。在需求函数中，由于逆周期政府干预或供给侧短缺在繁荣期间对系统产生了稳定作用。同样，工资份额和金融脆弱性的增长随着其水平的增加而受到抑制，因为工资份额受劳动力和资本组织力量的影响，金融脆弱性将受到金融监管的制约。该系统表示如下：

$$\dot{f} = f(-a + py - kf) \qquad (4-49)$$

$$\dot{y} = y(b - qf + s\omega - hy) \qquad (4-50)$$

$$\dot{\omega} = \omega(-c + ry - g\omega) \qquad (4-51)$$

该系统的非平凡不动点是：

$$f^* = \frac{-a + p y^*}{k} \qquad (4-52)$$

$$\dot{y} = \frac{b + \dfrac{aq}{k} - \dfrac{sc}{g}}{h + \dfrac{pa}{k} - \dfrac{rs}{g}} \qquad (4-53)$$

$$\dot{\omega} = \frac{-c + r y^*}{g} \qquad (4-54)$$

其中，f 代表金融脆弱性，y 代表产出，ω 代表工资份额。该模型的关键特征是产出和工资份额的逆时针循环运动——伪古德温周期。

　　然而，这个模型并不总是产生阻尼周期。在需求函数中当具有更强的工资导向部分（即参数增加）时，该模型可以产生爆炸性的动态。斯托克哈默模拟发现，与稳定反馈效应相比，工资导向效应的相对大小是决定系统稳定性的因素之一。负的自我反馈效应使系统稳定。因此，在某些参数组合下，该模型可以在工资导向型的明斯基模型中生成伪古德温循环，而不会产生系统范围的不稳定性。同样，在需求函数中包含工资导向因素不会改变（w，y）空间中循环的方向，但会影响稳定性。如果工资导向效应相对于自我稳定力量较大，该模型将产生爆炸性行为。总体而言，工资导向型的需求体制仍可能出现伪古德温循环，工资导向型的需求会导致爆炸性的动态，仅仅是一种可能的结果，而不是必然的结果。

　　产出—工资份额空间的逆时针循环可能由于与古德温机制无关的原因而出现。（1）金融脆弱性与产出相互作用的明斯基模型被扩展为包括产业后备军的函数。（2）在需求方程中引入工资导向效应。在这两种情况下，都会出现伪古德温循环。一个更复杂的模型表明，伪古德温循环也可以在具有"长期"工资导向型特征的系统中产生，即更高的工资份额与更高的稳态产出相关的系统。工资导向型需求体制与后备军分配函数相结合，确实构成了系统长期不稳定的力量。在更复杂的模型版本中，稳定或不稳定的动态由工资导向的需求效应相对于系统自稳定力的大小决定。

　　斯托克哈默和米歇尔（2017）分析了模型的多个版本，所有这些版本都生成了伪古德温周期，也就是说，伪古德温周期将出现在任何具有后备军分配函数的周期经济中。收入分配将被产出拖着走，如果产出具有周期性，收入分配也将具有周期性，由此产生的共同运动将产生伪古德温周期。由此也就证明了，工资份额和产出的逆时针运动的存在并不是古德温周期或利润导向需求体制的决定性证据。

　　伊尔马兹和斯托克哈默（Yilmaz & Stockhammer，2019）分析了具有乘数加速数循环机制和明斯基债务循环的经济体。换句话说，有一种"真实"和"金融"循环机制在起作用，这两种机制都会影响真实活动。该论文分析了两者之间的相互作用，特别是在何种条件下，孤立地给出稳定循环（更准确地说：闭合轨道）的参数会在组合系统中产生不稳定性或稳定性。他们发现，组合系统的稳定性特性取决于循环机制各自的周期性以及对公共变量影响的相对大小。换句话说，结合两个"稳定"循环机制通常会产生稳定或不稳定的系统。如果周期越短的机制对公共变量的影响越大，则组合系统是稳定的。这其中的一个含义是，如果金融周期比实际周期长，那么金融周期的权重增加将破坏组合系统的稳定。

斯托克哈默等强调，如果将模型的加速数部分解释为真实周期，将其明斯基部分解释为金融周期，那么正确识别子周期机制及其相互作用对于制定政策尤为重要。金融化过程可能会扩大利润率对投资的影响，从而破坏整体经济体系的稳定，这就要求政府和中央银行在周期的早期阶段迅速采取行动，以减轻并在可能的情况下，使用适当的政策工具防止周期扩大。决策者的这种强有力的非线性反应对于确保各种政策变量在理想水平附近的温和波动以及防止爆炸性动态可能是至关重要的。

4.5.2 收入分配与投资组合变化周期[①]

斯科特（P. Skott, 2013）借助投资组合份额的变化，分析了不平等加剧和金融不稳定之间的关系。他认为，不平等性的加剧不仅影响总需求，也影响资产需求的构成。穷人几乎没有金融资产，他们的投资组合偏向于固定收益资产。相比之下，富人财富的很大一部分是股票。因此，不平等的加剧往往会增加对股票的需求。这会产生资本收益，这些收益会助长泡沫，因为理想的投资组合会进一步转向股票。

假设有贫穷者和富有者两类家庭，消费由收入和财富决定，富有者有低的消费倾向。

$$C_P = aY_P + bW_P \qquad (4-55)$$

$$C_R = \gamma aY_R + bW_R \qquad (4-56)$$

其中，C、Y、W分别代表消费、收入和财富，下角标P和R分别代表贫穷者和富有者；系数a、b和γ满足：$0 < a < 1$，$b > 0$，$0 < \gamma < 1$。

假设有两种金融资产——银行存款（M）和股票（N），存款的回报率为0，股票回报率由股息和资本利得的组合构成。假设穷人只有存款，而富人有存款和股票。由此可得如下关系：

① Skott, P. Increasing Inequality and Financial Instability [J]. *Review of Radical Political Economics*, 2013, 45（4）：478 - 488.

$$M_P = W_P \qquad\qquad (4-57)$$

$$M_R = (1 - \alpha) W_R \qquad\qquad (4-58)$$

$$v N_R = \alpha W_R \qquad\qquad (4-59)$$

$$M = M_P + M_R \qquad\qquad (4-60)$$

$$W = W_P + W_R = M + vN \qquad\qquad (4-61)$$

其中，v 是股份价格，N_R 是富有者持有的股份数量。富人的投资组合（α 的值）随预期股本回报率的变化而变化。

家庭的预算约束由下式给出：

$$C_P + \dot{M}_P = Y_P \qquad\qquad (4-62)$$

$$C_R + \dot{M}_R + v\dot{N} = Y_R \qquad\qquad (4-63)$$

运用式（4-56）、式（4-58）、式（4-59）和式（4-63）可得：

$$\hat{W}_R = (1 - \gamma a) \frac{1}{q_R} - b + \frac{v\dot{N}}{W_R} \qquad\qquad (4-64)$$

变量上的"^"表示增长率，q_R 代表财富—收入比，即 $q_R = \dfrac{W_R}{Y_R}$。

股票市场的均衡条件如下：

$$\dot{v}N = \dot{\alpha}W_R + \alpha\dot{W}_R = \dot{\alpha}W_R + \alpha\left[(1 - \gamma\alpha)Y_R - bW_R + \dot{v}N\right] \quad (4-65)$$

经过一系列运算可得财富—收入比 q_R 的增长率为：

$$\hat{q}_R = \frac{1 - \gamma a}{1 - \alpha}\frac{1}{1 - \alpha}b + \frac{\dot{\alpha}}{1 - \alpha} - g - \hat{x} \qquad\qquad (4-66)$$

其中，$x = \dfrac{Y_R}{Y_R + Y_P}$，表示分配收入中的富有者份额。

假定富人的投资组合 α 的变化由下式决定：

$$\dot{\alpha} = \mu\left[\alpha^*(\rho^e) - \alpha\right], \ \alpha^* > 0, \mu > 0 \qquad\qquad (4-67)$$

其中，α^* 是期望的股本份额，ρ^e 是股本预期的回报率。

根据简单的适应性预期，假定股本预期的回报率表示为：

$$\dot{\rho}^e = \lambda(\rho - \rho^e) \tag{4-68}$$

其中，式（4-68）中的实际回报率 ρ 可表示成：

$$\rho = \frac{(1-s_f)\pi Y}{vN} + \hat{v} = \left[\frac{\pi-s}{1-s}\frac{1}{x}\frac{1}{\alpha} + \frac{1-\gamma a}{1-\alpha}\right]\frac{1}{q_R} + \frac{1}{1-\alpha}(\hat{\alpha} - b) \tag{4-69}$$

其中，$s = s_f\pi$，s_f 是企业利润的留存率。

等式（4-69）表明 ρ 作为 α，q_R 和 $\hat{\alpha}$ 的函数。因此，将方程（4-69）代入方程（4-68），方程（4-67）、方程（4-68）和方程（4-69）构成了关于 ρ^e，α，q_R 的三维微分方程组。系统有一个唯一的稳定解，如果投资组合对当前收益的变化反应缓慢，则满足局部稳定性的 Routh-Hurwitz 条件。该反应由 λ、μ 和 α^* 决定，并且给定其中任意两个，可以通过充分减少第三个来实现局部稳定性。对于高 λ、μ 和 α^* 值，很容易失去稳定性。

4.5.3 股票价格周期模型[①]

利奥（Ryoo）给出明斯基金融不稳定理论的数学形式，并检查模型的动态特性。模型表明，在一些假设下，明斯基周期是从债务积累和投资组合转换之间的相互作用中产生的。

在明斯基周期模型中，企业通过留存收益、向银行借款和发行新股票为支出融资，家庭对股票和存款这两种资产进行投资组合选择。该模型侧重于企业负债结构和家庭投资组合构成的内生演变，这由以下两个变量捕获：

$$m = \frac{M}{pK} \tag{4-70}$$

$$\alpha = \frac{vN}{M} \tag{4-71}$$

其中，M、p 和 K 分别是企业的未偿债务水平、资本品的价格和资本品的数量。m 是企业部门的债务资本比率。v 和 N 分别是股票的单价和数量。在对银

① Ryoo, S. Minsky Cycles in Keynesian Models of Growth and Distribution [J]. *Review of Keynesian Economics*, 2013, 1 (1): 37-60.

行业的一些隐含假设下，企业的未偿债务（M）创造了相同数量的家庭存款（M^H），因此我们将交替使用 M 和 M^H。α 代表家庭持有的股票与存款的比率，衡量家庭对股票的投资组合偏好。m 和 α 的变化决定了托宾平均 q 的轨迹：

$$q = \frac{vN + M}{pK} = (1 + \alpha)m \qquad (4-72)$$

公司的债务资本比率 m 和家庭投资组合构成 α 根据以下方程演变：

$$\dot{m} = \tau\left(\frac{r^f}{rm}\right), \tau' > 0 \qquad (4-73)$$

$$\dot{\alpha} = \kappa\left[\eta(\rho^e - r) - \alpha\right], \eta' > 0 \qquad (4-74)$$

$$\dot{\rho}^e = \lambda \cdot (\rho - \rho^e) \qquad (4-75)$$

其中，r^f 是企业的毛利率，ρ 是股本回报率，ρ^e 是预期股本回报率。r 是存款和贷款的实际利率。

方程（4-73）体现了明斯基的观点，即相对于债务偿付义务的利润水平（"基本安全边际"）在确定公司负债结构中具有最重要的意义。如果企业的盈利能力相对于它们通过债务合同承诺的支付而言是强劲的，那么企业的接受意愿和银行提供贷款的意愿就会增加，从而增加企业的负债。如果企业的盈利能力相对较低，企业的负债率就会下降。投资组合转换是明斯基理论中周期性波动背后的重要驱动力。方程（4-74）表明，家庭期望的投资组合份额 $\eta(\rho^e - r)$ 与预期股本回报率（ρ^e）正相关：给定 r，更高的预期股本回报率证明了家庭投资组合中股票的权重更高。在公式（4-75）中，一个简单的适应性规范强调了外推在符合明斯基观点的期望形成中的作用。

股本回报率被定义为：

$$\rho = \frac{Div + (\hat{v} - \hat{p})vN}{vN} \qquad (4-76)$$

其中，$(\hat{v} - \hat{p})vN$ 代表资本收益（变量上的"^"代表变量的增长率）。股票收益与公司的预算方程有关。考虑公司的预算方程：

$$pI + iM + Div = \Pi + \dot{M} + \dot{v}N \qquad (4-77)$$

其中，I、i、Div 和 Π 分别是实际投资支出、名义利率、股息支付和毛利润。

经过进一步的变形演算后可得：

$$\rho = \left[\frac{\dot{\alpha}m + (1+\alpha)\dot{m}}{(1+\alpha)m} + g\right]\left(\frac{1+\alpha}{\alpha}\right) + \frac{r^f - \delta - rm - g}{\alpha m} \quad (4-78)$$

其中，g、r^f 和 δ 分别为资本存量增长率、利润率和资本折旧率。股本回报率由两个部分组成。第一个组成部分与企业市值的增长率有关。第二个组成部分代表企业扣除利息和总投资后的利润与股票价值的比率，可以看作企业基本盈利能力的一个指标。相对于投资支出和支付承诺的强劲盈利能力与高股本回报率相关。

接下来，需要指定实际部门的结构以了解财务决策（m 和 α）如何影响 r^f 和 g。为了保持分析的一般性，可以将 r^f 和 g 写为 m 和 α 的一般函数：

$$r^f = r^f(m,\alpha) \quad (4-79)$$

$$g = g(m,\alpha) \quad (4-80)$$

由此，股本回报率表达式（4-79）可以写成：

$$\rho = \left[\frac{\dot{\alpha}m + (1+\alpha)\dot{m}}{\alpha m}\right] + R(m,\alpha) \quad (4-81)$$

$$R(m,\alpha) = \frac{r^f(m,\alpha) - \delta - rm + [(1+\alpha)m - 1]g(m,\alpha)}{\alpha m} \quad (4-82)$$

系统方程（4-73）、方程（4-74）、方程（4-75）的驻点均衡（m^*，α^*，ρ^{e*}）必须满足：

$$0 = \tau\left(\frac{r^f(m^*,\alpha^*)}{rm^*}\right) \quad (4-83)$$

$$\alpha^* = \eta(\rho^{e*} - r) \quad (4-84)$$

$$\rho^{e*} = R(m^*,\alpha^*) \quad (4-85)$$

利奥根据明斯基的金融不稳定性假说，做了四个假设：第一，家庭投资组合中每项资产具有一个最小的部分，因此家庭投资组合中每项资产的权重不会消失。第二，假设存在基本安全边际（利润—利息比）水平，可以保持恒定的债务资本比。第三，看涨（看跌）的股市增加（减少）了公司的盈利能力。股市繁荣提高了公司盈利能力，使公司轻松偿还债务，这鼓励了公司扩大债务比率，鼓励了银行家接受不断增加的杠杆率。第四，企业负债的增加会逐渐侵蚀基本的安全边际。

在做了一系列合理的假设之后，利奥推导出结论：驻点均衡唯一且存在。系统的局部稳定性关键取决于 κ、λ 和 η' 的大小。如果 κ 或 λ 足够低则驻点是局部稳定的，然而若 η'、κ 和 λ 足够高，则驻点失去稳定性，并通过霍普夫（Hopf）分岔形成极限周期。这种不稳定的条件很容易理解。

高的 η' 意味着预期收益率 ρ^e 的上升会强烈增加持有股票的意愿。在高 κ 值的情况下，期望投资组合的增加将导致实际投资组合向股票的大幅度转变［见方程（4-74）］。因此，股票价格大幅上涨并产生大量资本收益，这有助于将股本回报率 ρ 保持在预期率 ρ^e 之上，即，$\rho > \rho^e$。因此，股票市场最初的乐观预期将得到加强［见方程（4-75）］。在 λ 高的情况下，ρ^e 的进一步增加是巨大的，这将诱使家庭继续将他们的投资组合转向股票，因为在一段时期内期望的投资组合比率高于实际的投资组合比率，即 $\eta(\rho^e) > \alpha$。股票市场中的不稳定力量与债务动态相互作用。根据假设（$r_\alpha^f > 0$），股市的繁荣（α 的增加）刺激了企业的盈利能力。在扩张期间，高盈利能力证明了高负债率是合理的。因此，股市繁荣伴随着企业部门负债的增加。增加 m 反过来将有助于股本回报率保持在高水平，因为方程（4-81）中 $\dot{m}$ 对 ρ 的影响是正的。这种向上的不稳定性的机制有一个明显的限制，因为意愿的投资组合 η 接近其上限 $\bar{\eta}$（根据假设一，有 $\eta < \bar{\eta}$）。因此对股票投资组合的调整将放缓，这只能产生有限的资本收益。股票市场将达到一个转折点，又将开始下跌。这对企业的盈利能力有负面影响。随着企业盈利能力的下降，企业的负债水平将变得毫无根据。去杠杆化过程将从某个点开始。模拟表明，稳定的极限周期产生于债务和投资组合动态之间的这种相互作用。

在完成明斯基周期的模型化之后，利奥接下来使之与卡莱斯基增长与分配模型结合起来。用他的话说就是，根据后凯恩斯主义宏观经济模型描述的实体部门结构和行为假设重建明斯基周期模型。

消费函数表示如下：

$$\frac{C}{K} = f(y, q) \text{,} f_y > 0 \text{,} f_q > 0 \text{,} q = (1 + \alpha)m \qquad (4-86)$$

其中，y 是家庭收入，是工资、股息和利息之和，q 是财富，包括股票和存款，二者均有资本存量标准化。根据定义收入 y 可写成如下形式：

$$y = (1 - \pi)u + (1 - s^f)(\pi u - \delta - rm) + rm \qquad (4-87)$$

$$y = u - \delta - s^f(\pi u - \delta - rm) \qquad (4-88)$$

采取卡莱斯基模型中经常使用的投资函数：

$$\frac{I}{K} = g + \delta = \phi(u) + \delta, \phi_u > 0 \qquad (4-89)$$

产品市场均衡要求：$\dfrac{C}{K} + \dfrac{I}{K} = \dfrac{Y}{K}$，因此产品市场均衡条件为：

$$f(y,q) + \phi(u) + \delta = u \qquad (4-90)$$

根据式（4-90），可把均衡利用率表示成金融变量的函数：

$$u = u(m, \alpha) \qquad (4-91)$$

通过运算可以得到：

$$u_m = \frac{f_y s^f r + f_q(1 + \alpha)}{1 - f_y(1 - s^f \pi) - \phi_u} > 0 \qquad (4-92)$$

$$u_\alpha = \frac{f_q m}{1 - f_y(1 - s^f \pi) - \phi_u} > 0 \qquad (4-93)$$

式（4-92）表示，m 的增加会增加收入和财富，从而刺激消费并在商品市场上创造过度需求。这需要更高的利用率来恢复商品市场的均衡。式（4-93）表示，家庭投资组合转向股票（α 增加）会增加家庭财富和消费，这需要提高利用率以吸收需求的增加。

运用方程（4-91）可以得到作为 m 和 α 函数的资本积累率和利润率的表达式：

$$g = \phi[u(m, \alpha)], g_m = \phi_u u_m > 0, g_\alpha = \phi_u u_\alpha > 0 \qquad (4-94)$$

$$r^f = \pi u(m, \alpha), r_m^f = \pi u_m > 0, r_\alpha^f = \pi u_\alpha > 0 \qquad (4-95)$$

α 对 r^f 产生正影响，原因在于 α 增加会增加消费，进而增加利用率。m 对 r^f 有正效应，这是因为债务资本比的上升会增加利用率和盈利性，然而正效应不应太大，以满足随着债务资本比上升产生下降的安全边际的假设。

在卡莱斯基经济中，产品市场均衡是通过给定利润份额情况下通过产能

利用率变化来实现的。金融变量对利润率和积累率的扩张效应来自该框架下
利用率的诱发变化，而不是对投资的托宾 q 效应。金融变量的波动引起总需
求的变化，从而导致利用率、利润率、积累率和股本回报率的变化，这些变
量的变化会反馈到企业、银行和家庭的财务决策中。

在利奥的卡莱斯基—明斯基周期模型中，金融要素是总需求的关键决定
因素，对产生不稳定和周期至关重要。关于积累行为的假设使得商品市场在
模型中稳定，金融因素的波动会驱动实际变量的波动，否则实际变量会收敛
到稳定的稳态增长路径。

4.5.4　房地产价格周期模型

利奥（2016）开发了房地产价格周期模型，分析住房债务，特别关注房
价与抵押品之间的相互作用。该模型中的房价与股票价格周期模型中的股票
价格起着相似的作用。公司通过发行股票和使用内部资金来为其投资支出融
资。他们不承担公司债务。有两种类型的家庭：工人和食利者。工人承担抵
押贷款并投资于住房市场，而食利者家庭投资于股票和存款。银行考虑到他
们的抵押品，向工人家庭提供抵押贷款。

利奥区分了卡尔多短周期和金融长波。长波由 3D 系统捕获，其中状态
变量是工人的住房财富—资本比率、房屋预期回报率和家庭债务资本比率。
工人的住房财富—资本比率（ h^ω ）和房屋预期回报率（ μ^e ）根据以下等式
变化：

$$\dot{h}^\omega = k\left[\eta(\mu^e - i)c^\omega - h^\omega\right] \qquad (4-96)$$

$$\dot{\mu}^e = \psi(\mu - \mu^e) \qquad (4-97)$$

其中，c^ω 是工人家庭消费—资本的比率，μ 是（实际）住房回报率，η 是住房

预期回报率的正非线性函数（即 $\dfrac{\partial \eta}{\partial \mu^e} > 0$ ）。由式（4-96）可知，工人期望

的住房财富—消费比 $\eta(\mu^e - i)$ 越大，住房预期收益率 μ^e 相对于存款利率

（恒定）越高。当期望的住房财富—资本比率高于实际财富—资本比率时，
住房财富—资本比率增加。等式（4-97）表明，住房的预期回报率通过适
应性预期机制发生变化。3D 系统的第三个状态变量，债务资本比，受到工人

家庭净收入和净资产的积极影响。在该体系中，当信贷供应对抵押品价值高度敏感、住房供应对价格的敏感性较低且住房需求对预期资本收益高度敏感时，不稳定的可能性更大。产生的周期类似于股票价格明斯基模型中的周期。值得注意的是，即使债务资本比率不变，也有可能在 h^w 和 μ^e 空间中获得周期。

预期房价通胀的增加会导致对房屋的需求增加，这会提振房价并提高房屋的实际回报率。与股票价格周期模型类似，工人家庭对房屋的预期回报率有适应性预期。因此，房屋的实际收益率越高，各自的预期收益率就越高。这提振了房屋的需求。在某个时候，因为家庭不希望住房财富与消费比率高于特定上限，所以工人的住房财富与资本比率停止增加。此时，工人理想的住房财富资本比和预期的住房回报率开始下降。下降不会永远持续下去，因为家庭总是希望将一部分净财富投资于房屋。当 h^w 和 μ^e 变得足够低时，新的周期开始，房屋的预期回报率和工人的住房财富资本比率再次开始增加。

在债务资本比内生变化的情况下，房价上涨会提振抵押品的价值。抵押品的价值越高，银行提供的信贷额度就越高。在某个时候，债务支付承诺变得足够高，减少贷款扩张，从而降低债务资本比。

第5章 金融化理论：从垄断资本学派到后凯恩斯主义

5.1 垄断资本学派对金融化的早期探索

自 20 世纪 70 年代末以来，主要资本主义国家经济发生了深刻的变化，其特征可由三个词来概括：新自由主义、全球化、金融化。相对于前两个特征，金融化特征是受关注最晚，而在 2008 年全球金融危机之后受关注程度最高的一个，人们习惯把开始于 20 世纪 70 年代末至 2008 年金融危机之前的资本主义经济发展阶段称为"金融化"阶段。

"金融化"一词在 20 世纪 90 年代的文献中大量出现，但其缘起已无从考证，可确定的是较早投入较大热情关注金融化问题的是西方左翼学者，尤其是马克思主义者。美国的资本积累学派代表人物哈里·马格夫和保罗·斯威齐最早追踪研究了金融化问题。他们是金融化理论的首创者，做出了开创性贡献。

巴兰与斯威齐合著的《垄断资本》在 1966 年出版，标志着垄断资本理论的提出，开创了垄断资本学派。垄断资本理论的核心要旨为：一个社会所生产的产品价格与生产它的成本之间的差额为经济剩余，在垄断资本主义下，由于垄断公司价格政策和成本政策作用，经济剩余在绝对数上和相对数上有增长的倾向。另外，垄断资本主义制度却不能为经济剩余提供消费和投资的出路，经济剩余的吸收成为垄断资本主义的根本问题。"既然不能吸收的剩余就不会被生产出来，所以垄断资本主义经济的正常状态就是停滞"。① 垄断

---

① 保罗·巴兰，保罗·斯威齐. 垄断资本 [M]. 北京：商务印书馆，1997：106.

资本主义制度之所以没有崩溃或越来越深地陷入长期萧条的泥沼中，得益于外在"抵消力量"的存在，即吸收经济剩余非常规途径的存在，"理解这些抵消力量的性质和含义是一件至关重要的事情"①"问题并不是为什么我们存在缓慢地增长和持续的高失业率，而是为什么我们出现长期高涨的繁荣……和仅仅是温和的周期性下降"。②

斯威齐和马格多夫以垄断资本理论为依据分析资本主义金融化现象，与此同时，他们又根据金融化现实来补充和完善垄断资本理论。他们把金融膨胀作为他们所考查的资本积累过程中的一个新出现的重要现象，把其置于垄断资本主义停滞和积累过剩的因果中来考察，关注其作为抵消停滞趋势的外在力量在吸收经济剩余中的作用。

难能可贵的是，斯威齐的研究几乎与金融化现象同步，在20世纪70年代末观察到金融扩张现象。他在1978年4月发表于《每月评论》上的《现阶段的资本主义世界危机》一文中关注到，20世纪70年代后美国"消费信用异乎寻常地膨胀"，进一步指出，债务基础上的消费膨胀，而不是资本积累，使美国经济表现优于其他发达资本主义国家。③ 1980年，斯威齐在《美国资本主义的危机》一文中引用格林斯潘的话表达了对美国房地产价格迅速上涨、消费信贷膨胀所支撑的经济的深深担忧。④

1981年斯威齐在《论美国经济危机》中，把美国20世纪70年代后期经济危机的表现归纳为两个方面：一方面是"滞胀"，"另一方面是经济结构中金融上层建筑的膨胀，同它的作为基础结构的生产和实际资本形成的缓慢增长，比例失调"。⑤斯威齐在20世纪80年代早期经常使用的"金融膨胀"（financial ballooning、financial inflation、financial explosion）一词其实是当前流行的"金融化"术语的前身。斯威齐在1981年的论文中给出了"金融膨胀"或"金融化"定义的一个最早版本："金融部门的扩张从未限于债务在数量上的增加。而且，金融机构和金融市场在种类上空前扩张，在规模上也有很大发展。反过来这又引起和刺激金融交易和投机的实际增长"⑥。斯威齐从一开始就在金融化分析中突出虚拟经济与实体经济的关系，他认为当时美

① 保罗·巴兰，保罗·斯威齐. 垄断资本［M］. 北京：商务印书馆，1997：106.
②④ 保罗·斯威齐. 美国资本主义的危机［J］. 现代外国哲学社会科学文摘，1981（8）：10-15.
③ 保罗·斯威齐. 现阶段的资本主义世界危机［J］. 国际经济评论，1978（2）：19-24.
⑤⑥ 保罗·斯威齐. 论美国经济危机［J］. 现代外国哲学社会科学文摘，1982（7）：1-4.

国经济的大部分货币是在金融部门流通，宽松的货币政策无法刺激实体经济，他还说："资产阶级发现买卖各种可以取得财富的证券要比投资于使用价值的实际生产远为有利可图"①，于是，斯威齐给出判断："金融部门的恶性膨胀是病态性和寄生性的，因为它一直与作为基础的生产性经济的恶化同时发生和并肩前行"②。

斯威齐在 1982 年《经济停滞的原由》一文中，认为 20 世纪 70 年代与 30 年代相比，经济停滞的直接原因是相同的，"这就是具有强大的调节能力和微弱的投资力量的趋势"③，即垄断资本获取剩余的能力与剩余实现之间的不协调，具体地说，20 世纪 70 年代经济停滞归因于二战带来的投资刺激消逝，积累过剩问题再次浮出水面。为什么 20 世纪 70 年代的经济形势没有比 30 年代更差？这归结为以下三个事实：（1）大量政府支出；（2）消费者债务的巨额增长；（3）经济的金融部门的畸形膨胀。其中后两条即今天我们所说"金融化"的主要内容。可见斯威齐把金融化视作抵消资本主义经济停滞这一内在趋势的外在力量，当然他也清楚这外在力量是靠不住的，"往往造成不可收拾的危局"④。斯威齐始终把金融膨胀和经济停滞捆绑在一起，将其视作垄断资本主义在 20 世纪 70 年代之后出现的独特现象。1982 年斯威齐与马格多夫合著的《金融不稳定：一切将在哪里结束？》一文中再次指出，战后资本主义经济发展中最引人注目的一幕是"与生产和就业领域的停滞相对应的，是经济中的金融上层建筑持续的急剧膨胀"⑤。

1983 年斯威齐和马格多夫发表文章《生产和金融》，他们认为，在 19 世纪末，资本主义经济构成发生的质的变化，逐渐分化为生产和金融两个相对独立的部门。这种分化的根源在于股份公司制的发展，因为股份公司制的发展导致了生产性资产占有和股份所有权之间的分离。前者代表实际生产经营活动，后者代表一揽子合法权利；前者构成实体经济，后者构成虚拟经济，因此，斯威齐和马格多夫的生产和金融二分法其实就是实体经济和虚拟经济的二分法。在 20 世纪，尤其是在二战后大繁荣时期，新的金融机构和金融工具出现了前所未有的爆炸性增长，投机活动空前活跃，相对于生产部门，金

①② 保罗·斯威齐. 论美国经济危机 [J]. 现代外国哲学社会科学文摘，1982（7）：1-4.
③④ 保罗·斯威齐. 经济停滞的原由 [J]. 世界经济与政治论坛，1982（16）：1-7.
⑤ Magdoff, H. & P. M. Sweezy. Financial Instability：Where Will It All End？[J]. *Monthly Review*，1982，34（6）：18-23.

融部门获得极大扩张。越来越多的货币资本流入钱生钱的游戏，而这与生产部门并无直接联系，随着金融膨胀，金融部门与生产部门的分化越来越严重，按斯威齐和马格多夫的说法，购买金融工具的资金"继续以货币资本的形式在金融部门中循环，助长金融市场的增长，而金融市场正日益呈现出自己的生命"①。所以生产停滞和金融膨胀可以并存，由此引申开来，按马格多夫和斯威齐的观点，金融化即指金融部门脱离生产部门并自我膨胀的过程。他们断言，除非受到严重国际金融恐慌的冲击，这种生产停滞与金融膨胀"共舞"的局面将会持续很长时间。

1985 年斯威齐和马格多夫发表的《金融爆炸》一文②试图解释经济停滞与金融爆炸之间共生关系的本质。对此可概括为三点结论。第一，20 世纪 70 年代之后出现的金融爆炸现象与之前资本主义一二百年来反复出现的投机狂热不同。之前反复上演的投机狂热是商业周期中繁荣后期阶段的伴随现象，预示着恐慌和崩溃的来临，但 20 世纪 70 年代以来的金融爆炸则是与经济停滞相伴而生的持久现象。也正是从这个意义上我们认定斯威齐和马格多夫所用术语金融爆炸或金融膨胀即是当前所谓的"金融化"概念，而不是指周期性的金融扩张，投机狂热现象。第二，停滞经济是金融爆炸的温床。实体经济停滞、工业投资放缓逼迫金融部门开拓新的债务销售渠道，新金融机构、新金融工具不断涌现，信贷市场的供给大大增加了。与此同时，金融部门是过剩的资本实现保值增值的避难所，这些资本对金融产品产生了大量需求。金融扩张一旦开始，就成为自食其身、自我扩张的经济自治系统。面对经济停滞局面，政府采取债务扩张政策，不仅没对金融的迅猛发展采取制动措施，而是乐于接受并事实上促进了金融膨胀。第三，金融爆炸是抵制经济停滞的力量。金融爆炸过程中要消耗设备，要进行基础设施建设，这为实体部门过剩积累开辟了投资途径；金融爆炸带来食利者收入增加刺激了消费需求，因此金融爆炸成为支撑经济增长的重要力量。毫无疑问，金融爆炸意味着过多资源投入钱生钱的游戏中，但它绝不是以牺牲生产部门为代价的，因为即使紧缩金融部门，被金融部门吸纳的人才和资源也不会转向富有成效的生产部门，只会造成更大的失业和资源闲置。虽然几乎所有人都对"赌场社会"现

---

① Sweezy, P. M. & H. Magdoff. Production and Finance [J]. *Monthly Review*, 1983, 35 (1): 1-13.

② Sweezy, P. M. & H. Magdoff. The Financial Explosion [J]. *Monthly Review*, 1985, 37 (7): 1-10.

象忧心忡忡，痛心疾首，但并没采取严格的措施来控制它，因为若金融爆炸得到控制，整体经济会陷入混乱。每次发生金融灾难时，政府都会以埋下更大金融隐患的方式扑灭危险。

斯威齐和马格多夫在 1988 年出版的论文集《不可逆转的危机》① 中论述了其金融不稳定性假说。他们阐述了金融爆炸作为抵制经济停滞的力量的最终历史命运。债务增长是经济增长的发动机，伴随私人债务增长的是债务质量恶化，风险提高，因此债务增长是有界限的，一旦债务膨胀达到极限，其扩张会停止甚至收缩，随之而来的则是金融崩溃和经济衰退，这是对之前扩张过程的清算，经历一段时期的低谷休养生息之后，金融又开始了新的周期。政府大规模的干预，阻止了金融崩溃对之前债务和经济扩张的切断、清算，否定和阻止了正常的资本主义调节机制——信贷周期，信贷周期的前一个扩张阶段积累的失衡得以延续。政府大规模干预在避免暂时危机的同时，也使风险在更大规模上被积累，政府出手终究会有力不从心之时，经济衰退甚至大萧条将不可避免。关于该论点，马格多夫和斯威齐早在 1982 年驳斥明斯基关于大萧条不会再发生的观点时就提出过，他说："从过去绝不能轻视的经验来看，即使不是确定的，其发展趋势的确指向一种可能，即发生一次严重的崩溃，以至于在一场痛苦且持久的通货紧缩过程中，任何调控的努力都将无济于事。我们一直倾向于认为，这是我们正在目睹的经济中根深蒂固的金融脆弱性的最可能的结果"②。

1991 年斯威齐在《二十五年后的垄断资本》一文中，通过与现实情况对照，反思了垄断资本学派开宗立派之作《垄断资本》。结论是，该书整体经受住了检验，但存在唯一疏漏之处，即，没有预见到金融大发展，"经济中金融日益重要""美国和全球资本主义经济中大幅扩张和日益复杂的金融部门在最近二十五年中获得蓬勃发展，而这种发展反过来又对公司主导的'真实'经济的结构和运作发挥了重要的反作用"③。在对比中，斯威齐描述了金融化的三个特征。首先，公司兼并和杠杆收购狂热。金融家借助金融市场获

———————————

　① Magdoff, H. & P. M. Sweezy, *The Irreversible Crisis*： *Five Essays*, NewYork：Monthly Review Press, 1988：65 – 76.

　② Magdoff, H. & P. M. Sweezy. Financial Instability：Where Will It All End? ［J］. *Monthly Review*, 1982, 34（6）：18 – 23.

　③ Sweezy, P. M. Monopoly Capital After Twenty-five Years ［J］. *Monthly Review*, 1991, 43（7）：52 – 57.

取公司控股权，公司控制权从会议室转向了金融市场，公司完全服从金融市场投机交易需要被切割、精简、破产、重组。投机金融改变了垄断公司特性，使其从专注长期发展转向热衷短期投机。其次，资本主义经济结构发生了显著而永久的变化——金融业扩张。金融业发生了永久性扩张，不是以往的周期性收缩、扩张。这种永久性扩张包括：金融市场的种类和数量增多；这些市场的活动急剧扩张；金融业就业绝对和相对地增长；国民收入中金融收入份额增长。最后，经济复苏过程中的投资多发生在金融部门，而不是实体经济领域，如制造业、运输业、公用事业等工厂和设备之上。斯威齐认为，《垄断资本》之所以有这种疏漏，在于"对资本积累过程的概念化是片面和不完整的"①。必须对其作出补充，资本积累不仅包括增加"真实"资本方面，也包括增加金融资产方面，例如股票和债券资产。斯威齐总结道："只有在更充分的资本积累理论的基础上，特别是强调其真实方面和金融方面的相互作用，才能更好地理解当今的垄断资本主义社会"②。可以说，修正后的"垄断资本理论"是垄断资本学派后起之秀福斯特的"垄断金融资本"研究的起点。

三年之后的 1994 年，斯威齐对金融化的认识又向前迈进了一大步，这体现在《金融资本的胜利》③一文中。之前，斯威齐一直强调由生产与金融两个部门构成的资本主义经济结构在量上的变化，而现在关注经济结构在质上的变化。斯威齐把资本主义世界的新趋势概括为"金融资本的胜利"或"金融资本主导"，即，金融资本脱离其本初角色——服务实体经济，而成为自我扩张的投机资本统治着整个世界经济。这一切是怎样发生的？斯威齐结合经济史给出了一个逻辑说明。19 世纪末资本主义向垄断资本主义转变，金融资本也得到发展壮大而成为工业资本集中的推动者，这为金融资本的最终胜利奠定了基础，但还没达到胜利的程度，因为金融仍服务于生产，二者共同致力于生产资本的利润最大化，虽然金融家与工业家为战利品展开了争夺。垄断资本主义阶段经济植入了根深蒂固的停滞力量，它作为经济系统运行的主导因素浮出水面。20 世纪 30 年代动荡是其停滞力量的集中体现，二战中断了停滞趋势，经历了 20 年的战后黄金时期，到了 70 年代，当抵消停滞的

---

①② Sweezy, P. M. Monopoly Capital After Twenty-five Years [J]. *Monthly Review*, 1991, 43 (7): 52 – 57.

③ Sweezy, P. M. The Triumph of Financial Capital [J]. *Monthly Review*, 1994, 46 (2): 1 – 11.

外在力量消失，停滞再次回归，此时作为抵消停滞的新兴力量——金融膨胀登上舞台并急速前奔，为过剩资本提供了出路。所以严格来说，金融化是 20 世纪 70 年代"迫切需要一种新的刺激措施，并且它出现的形式虽然肯定是未曾预料到的，但却是全球资本主义经济中已确立的趋势的合理结果"[1]。经历 20 余年的膨胀，金融资本取得最终胜利，主导了世界。金融资本的最终胜利或金融资本主导体现在三个方面：（1）经济实权，即资源配置权，在公司董事会中不像在金融市场那么重要，因为董事会越来越受金融资本的限制和控制；（2）政治权力在能做什么不能做什么方面，越来越多地受金融市场控制；（3）满足大多数人的需要，如体面工作、安全、生计，只有挑战现有的金融资本统治，别无选择。

　　1997 年斯威齐在讨论全球化的《再说全球化》一文中[2]，把 20 世纪 70 年代以来的资本主义历史趋势概括为三大特征：（1）增长放缓；（2）垄断跨国公司的全球扩张；（3）资本积累过程的金融化。在此斯威齐用到了"金融化"一词[3]。他又一次从 20 世纪初近百年的演化史阐述了垄断、停滞、金融化之间的复杂关系。在他这里全球化是与资本主义如影随形的，而金融化则是垄断资本主义的产物。

　　以上是垄断资本学派代表人物斯威齐与马格多夫的金融化研究历程回顾，从中清晰地呈现出了垄断资本学派金融化理论的内容。难能可贵的是，他们与金融化历史进程同步对其展开追踪研究，他们主办的《每月评论》杂志成为 20 世纪 90 年代中期之前研究金融化的唯一空间，几乎领先了其他人 20 年，在他们研究结束后，其他研究才起航。20 年后的今天，他们的研究成果不逊色于金融化争鸣的任何一个流派，依旧璀璨夺目。汉斯·德斯佩恩（Hans Despain，2015）的评价是："垄断资本理论家是最早认识到金融化的开始和重要性的理论家之一。他们应该受到赞扬，因为他们既预测了 2007 ~ 2008 年的崩溃，也解释了危机和未来经济停滞的持久性"[4]。拉帕维查斯（Lapavitsas，2013）认为，垄断资本学派金融化理论有三个优势：一是对 20

---

①　Sweezy, P. M. The Triumph of Financial Capital [J]. *Monthly Review*, 1994, 46 (2): 1 – 11.

②　Sweezy, P. M. More (or Less) On Globalization [J]. *Monthly Review*, 1997, 49 (4): 1 – 4.

③　"金融化"一词实际上是 1993 年由保守派政治分析家转变为评论家的（理查德·尼克松的前顾问）凯文·菲利普斯（Kevin Phillips）创造的，并在不久后被左派理论家采纳。

④　Hans Despain. Sweezyian Financial Instability Hypothesis— Monopoly Capital, Inflation, Financialization, Inequality and Endless Stagnation [J]. *International Critical Thought*, 2015, 5 (1): 67 – 79.

世纪最后几十年，成熟的资本主义经济结构将转向有利于金融的判断是非常有先见之明的；二是试图将金融化与资本主义经济的潜在弊病剩余吸收失败联系起来；三是将金融化描述为资本从出现故障的生产部门逃离。其缺点在于，除了发展公认的马克思主义垄断论点外，还没有在资本主义企业和金融机构层面上全面研究过金融化的原因。最接近于描述生产资本变化的金融行为的观点是，随着非金融企业将盈余引向金融，金融资产价格趋于膨胀，从而创造了投资性环境。然而，如果非金融资本确实一直在通过从事金融投机活动来寻求摆脱停滞，那么实业家、商人和银行家肯定有经济理由改变他们的行为，而这些理由必须相应地加以说明。在这方面，垄断的趋势很重要，但也过于笼统，无法解释20世纪70年代开始的金融转型的具体特征。① 我们认为，其缺点不仅如此，更重要的是，垄断资本学派关于金融化对经济结构或生产方式造成的根本影响没有给予足够重视，仅仅被视作垄断资本主义条件下抵消停滞趋势的一个外在、意外因素，金融化的地位被严重低估了。斯威齐认为，停滞是垄断资本主义的一般现象，停滞与金融膨胀的结合是垄断资本主义在20世纪70年代以后的特殊现象，但后者是否构成一个独立时代，斯威齐没有回答，他似乎更关注垄断资本主义的一般性，这样基本结构和生产方式的转变就不存在了。斯威齐所说的生产停滞与金融膨胀共舞，但在他这里，生产与金融只在宏观层面产生关联——金融吸收经济剩余，但我们更想知道的是在金融化时代各种微观主体行为方式发生了怎样的变化，进一步资本主义组织生产的方式发生了怎样的变化。后凯恩斯金融化理论在这方面具有优势。

5.2 金融化下的后凯恩斯主义企业理论

后凯恩斯主义经济学关注中心在宏观经济方面，投资是决定宏观经济表现的最重要变量，决定着有效需求和经济增长，因此企业投资决策行为被纳入后凯恩斯主义经济学研究范围，并由此形成了独树一帜的后凯恩斯主义企

---

① Lapavitsas, C. *Profiting Without Producing：How Finance Exploits Us ALL* [M]. New York：Verso, 2013.

业理论。基于此，不难明白，后凯恩斯主义企业理论重点在投资决策行为
方面。

5.2.1 传统的后凯恩斯主义企业理论

5.2.1.1 企业目标

后凯恩斯主义企业理论的研究对象是在寡头垄断行业中的"巨型公司"，
默认的研究范围是垄断资本主义阶段，由此，其理论来源不仅包括卡莱斯基、
罗宾逊、卡尔多、伍德（A. Wood）、艾希纳、克罗蒂（J. Crotty）等正宗后凯
恩斯主义经济学家，而且还包括美国制度学派的凡勃仑、加尔布雷思和垄断
资本学派斯威齐等专注于垄断资本主义的非正统经济学家。后凯恩斯主义企
业理论的系统阐述者是拉沃。

在后凯恩斯主义者看来，企业是进行投资决策的独立主体。与新古典企
业理论把企业还原为所有者的立场不同，后凯恩斯主义企业理论认为企业有
自己的生命，有自己的目标，它并不是所有者的附属物，也不是所有者意愿
的延伸。企业一旦脱离家庭生产的从属地位，成为参与市场竞争的大规模生
产经营组织形式，就会为自己的生存和成长打拼。例如，公司的分红政策不
是出于股东效用最大化的考虑，而是出于公司增长和独立性的考虑。罗宾逊
说："在资本主义经济中，各家厂商具有它们自己的生命。它们不单是为食
利者挣得利润而存在着。"[1] 卡尔多也讲到，虽然企业在很大程度上由食利者
资本家所有，但他们的个人储蓄倾向和他们所拥有的企业的储蓄倾向没
关系。[2]

企业是独立的主体，那么其目标是什么呢？后凯恩斯主义者认为，企业
追求的目标不是最大化利润，而是增长。因为在残酷的市场竞争中活着是最
重要的事，不断增长、扩大规模、提高市场份额，是企业生存的唯一途径。
加尔布雷思说："对于任何组织来说，正如任何有机体，生存目标是天然的

---

① 琼·罗宾逊. 现代经济学导论 ［M］. 北京：商务印书馆，1982：120.

② Kaldor, N. Marginal Productivity and the Macro-Economic Theories of Distribution：Comment on
Samuelson and Modigliani ［J］. *The Review of Economic Studies*，1966，33（4）：309 – 319.

杰出假说。可以肯定地说，这也适合于企业。"① 艾希纳说："最可能长期生存的大公司是那些设法以最高速度增长的公司，通过持续多样化和扩张进入更新更快成长的产业。因此，有必要把确保生存——决定了最大化增长——当作企业目标。"② 克罗蒂说："一个更现实的投资理论应包括公司是一个有自己的偏好函数的半自主主体的假设。我们预期公司追求规模、市场份额、利润等的增长（增长目标）和避免对它的决策自主权或金融安全的威胁（安全目标）。"③ 罗宾逊表示，"积累的核心机制是企业生存和成长的冲动。"④ 拉沃等（Lavoie，2014；Galbraith，1972；Dunn，2011）⑤ 把企业追求的目标与根本不确定性联系起来，认为企业的出现是对围绕重要、复杂、长期投资的不确定性的持久的制度反应，特别是旨在减轻其影响。为了克服不确定性保持生存与兴盛，企业要有支配力，支配它的环境，不管是经济的、社会的，还是政治的。也就是说企业要能保证获得资本融资，掌控原料供应、销售渠道、价格水平、劳动力质量、使用的技术种类，能影响政府、立法、工会等。支配力可以让企业控制他们自己决策的结果，在市场中存活下来的企业是能影响其决策结果的那些企业。怎样才能有支配力呢？答案就是企业必须大，必须增长，最大化增长率。企业越大越容易颠覆市场力量，越有大视野作出明智的行动计划，有更多可调动的资源。通过增长才能保持或扩大市场份额，有利于实现规模报酬递增。归根结底由于根本不确定性导致了企业最大化增长目标。

一部分后凯恩斯主义者（Eichner，1983；Crotty，1990；Marris，1964；Galbraith，1972）把企业的增长目标归结为寡头垄断大公司所有权与控制权分离的结果。分散的股东失去了对公司的控制，控制权落到了管理者手中，

---

① Galbraith, John K. *The New Industrial State* [M]. New York: New American Library, 2nd edn, 1972: 170.

② Eichner, A. S. *The Macrodynamics of Advanced Market Economics* [M]. Armonk, New York: M. E. Sharpe, 1987: 360 – 361.

③ Crotty, J. Neoclassical and Keynesian Approaches to the Theory of Investment [J]. *Journal of Post Keynesian Economics*, 1992, 14 (4): 483 – 496.

④ Robinson, J. *Essays in the Theory of Economic Growth* [M]. London: Macmillan, 1962: 38.

⑤ Lavoie, M. *Post-Keynesian Economics*: *New Foundations* [M]. Cheltenham, UK and Northampton, MA: Edward Elgar, 2014: 129 – 130; Galbraith, John K. *The New Industrial State* [M]. New York: New American Library, 2nd edn, 1972; Dunn, S. P. *The Economics of John Kenneth Galbraith*: *Introduction*, *Persuasion and Rehabilitation* [M]. Cambridge: Cambridge University Press, 2011: 180 – 220.

公司变成了"管理公司"，公司的目标体现的是公司管理层（加尔布雷思称作"技术结构"）的利益。企业的增长与安全的目标和管理者的动机是一致的。管理者通过所管理企业的增长、不断扩大的规模和支配力，能够获得声望、金钱和安全。克罗蒂表示，"大型非金融企业的高管通常会长期为现有企业服务，并认同这一点：企业的成功就是他们的成功。高管的首要目标是公司自身长期再生产、增长和安全，并通过这些目标来确保他们自己的地位和安全"①。股东仅仅构成外部约束，像债权人一样，他们的要求很容易满足，并且单个公司在他们的投资组合中只占很小比重，所以他们一般不会寻求干预企业决策。拉沃对此评论说，"管理者们减少股息的波动，试图保持股东的快乐和股市的平静。只要股东不反对现有股息水平或股息率，管理者们通常就会保持不变的股息水平，或者让其慢慢增加"，于是"在加尔布雷思主义和后凯恩斯主义的公司中，股东扮演着纯粹被动角色"。② 之所以公司把增长作为目标，因为控制权战胜了所有权。

另一部分后凯恩斯主义者（Lavoie，1992，2014；Robinson，1971；Wood，1975）反对把企业追求的目标与所有权和控制权的分离发生关联。他们认为，追求增长目标对企业来说具有普适性，与企业类型无关。罗宾逊认为，"一些人认为增长是所有权和控制权分离的现代现象，然而 19 世纪家庭企业像现代公司一样倾向于增长"，企业中的任何人都想生存，生存则需企业增长，面对你死我活的市场竞争，把利润用于家庭消费是不负责任的。③伍德说："公司负责人的基本目标是使销售收入尽快增长……但我不同意马里斯（Marris）的观点，认为企业行为模式是由所有权从控制权中分离出来引起的，相反，我认为这反映了这样一个事实：对支配力的渴望比对金钱的渴望更强烈。因此，增长最大化，不仅是所有权分散化的大公司存在的现象，非公司企业、个人独资企业均如此。"④ 拉沃认为，公司控制结构对公司目标

① Crotty, J. Owner-manager Conflict and Financial Theories of Investment Instability：A Critical Assessment of Keynes, Tobin, and Minsky [J]. *Journal of Post Keynesian Economics*, 1990, 12（4）：519 – 542.

② Lavoie, M. *Foundations of Post-Keynesian Economic Analysis* [M]. Aldershot, UK：Edward Elgar, 1992：107 – 108.

③ Robinson, J. *Economics Heresies：Some Old-fashioned Questions in Economic Theory* [M]. London：Macmillan, 1971：101.

④ Wood, A. *A Theory of Profits* [M]. Cambridge：Cambridge University Press, 1975：8.

或行为没有明显影响。为了获得支配力这一最终目标，现代巨型公司决策者试图尽快扩张增长目标，而不是以利润销售目标为主导，不管是大企业还是小企业，也不管是所有者控制的企业还是管理者控制的企业。①

企业是独立的投资主体，投资决策是企业决策者（或被称为管理者）做出的，企业的目标即投资的目标，必然归到投资决策者的目标上。第一类学者认为，所有者被分离出去，所以投资决策者是只有管理权没有所有权的纯企业管理者，他们的权利被称作控制权。企业目标只与仅有控制权的纯管理者目标一致，即增长最大化，利润最大化者——所有者或股东被分离出去了或被支配了，所有者、所有权是无足轻重的概念。第二类学者认为，决策者无论是纯管理者还是所有者，他们都会追求最大化增长，无论是谁，作为投资决策者其动机都是企业增长，纯管理者和所有者没有动机上的冲突。

5.2.1.2 投资决策模型

在明确了企业目标是增长（即资本积累）后，接下来就是说明企业是如何做出投资决策的。对此，后凯恩斯主义者强调了企业投资决策的两个约束——投资的融资约束和投资的盈利能力约束，这两个约束条件构成了后凯恩斯主义投资决策模型的两大支柱。

企业投资面临的首要问题是资金从何而来，对此，后凯恩斯主义经济学特别强调两个不同的渠道——一是内部融资，即用留存收益（未分配利润）进行投资；二是外部融资，即负债（向银行借贷或发行债券）和股权融资。其中留存收益特别重要，它一方面被直接用于投资，另一方面还是外部融资的依据。根据卡莱斯基"风险递增原则"②，企业能够或愿意获得的外部资金的数量与内部资金（留存收益）的数量密切相关。一方面，企业自身不愿意接受高杠杆率，因为失败会使企业存在风险，企业会把外部融资限定在留存收益的一定倍数以内。另一方面，银行等金融机构也会出于风险考虑把企业留存收益作为企业可靠性指标，决定其向企业提供资金数额。因此，假设外部融资是留存收益的一个倍数是合理的。于是我们有如下关系式：

---

① Lavoie, M. *Post-Keynesian Economics：New Foundations* ［M］. Cheltenham, UK and Northampton, MA：Edward Elgar, 2014：133.

② Kalecki, M. *Selected Essays in the Dynamics of the Capitalist Economy* ［M］. Cambridge：Cambridge University Press, 1971：105.

$$I = (P - i_s K_s - i_d K_d) + \rho(P - i_s K_s - i_d K_d) \qquad (5-1)$$

其中，P 代表利息和股息支付之前的总利润，K_s 是股东所有的资本，K_d 是借入资本，i_s 是股息率，i_d 是利率。ρ 表示外部融资是企业留存收益的倍数，由惯例决定。等式右边第一个式子 $(P - i_s K_s - i_d K_d)$ 是留存收益（未分配利润），第二个式子代表外部融资。

为了简化，假设 $i_s = i_d = i$，$K_s + K_d = K$，于是有：

$$I = (P - iK) + \rho(P - iK) \qquad (5-2)$$

两边同时除以 K，整理后可得：

$$r = i + \frac{g}{1+\rho} \text{ 或 } g = (1+\rho)(r-i) \qquad (5-3)$$

其中，$r = \dfrac{P}{K}$ 为利润率，$g = \dfrac{I}{K}$ 为积累率。方程（5-3）就是融资约束表达式，由马里斯（Marris，1964）、西洛斯·拉比尼（Sylos Labini，1971）和伍德（1975）探讨，最终由拉沃（1992）完成。方程（5-3）表明，企业要实现 g 的速度增长，必须至少获得 r 的利润率才行。或者说，在利润率为 r 的条件下，企业最高积累率为 g。其他条件不变，更高的利润率会带来更高的积累率；利率越高，为保障一定的积累率，需要更高的利润率；惯例决定的杠杆率 ρ 越高，实现一定的积累率所需要的利润率越低。用几何图形来表示融资约束方程，则形成融资边界（见图 5-1）。融资边界之下的部分表示现有利润率不足以获得现有积累率的外部融资，因此，现有积累率不可持续。融资边界及其之上的部分代表积累率在融资条件上是可行的。

图 5-1 融资边界

企业投资活动面对的第二个约束是投资的盈利能力约束。企业的预期利润率直接受到资本积累率（即企业增长速度）的影响，当企业进行投资决策时，不得不考虑资本积累速度对企业盈利能力的影响。资本积累率与利润率之间的关系被马里斯称作需求—增长曲线，被伍德称作机会边界，被斯托克哈默称为利润—增长权衡，最流行的称谓是拉沃提出的扩张边界。企业增长速度对其盈利能力有正负两个方面的影响。在低积累率阶段，通过提高增长速度，企业可以引进更先进的生产设备，使用新的生产技术，比竞争对手获得成本优势；另外，更快增长意味着抢占更大的市场份额，对市场的支配力增强，获得垄断优势。因此，在较低增长阶段，积累率与利润率呈现正向关系。当积累率超过一定点后，积累率与利润率呈负向关系。这种负向关系主要归因于两个方面，一方面是所谓的"彭罗斯效应"[1]，彭罗斯指出，企业管理层在有效应对变化和扩张方面具有天然的局限性，这造成了随着增长速度加快，管理成本递增的局面。"管理协调上的局限性不是在企业绝对规模中，而是在其扩张速度中"[2]。另一方面是伍德给出的解释，如果公司希望以更快的速度增长，就需要降低利润份额，这是因与其他公司的市场份额竞争以及广告等销售成本的增加而导致的。

如图 5 - 2 所示，积累率和预期的最大利润率之间存在一种凹形关系，在积累率 $g < g^{**}$ 时，扩张边界上升；在 $g > g^{**}$ 时，扩张边界下降；在 $g = g^{**}$ 时，实现最大利润率 r^{**}。有效的企业应该运行在扩张边界上，扩张边界外面的区域是无法获得的利润率和增长率的组合，里面的区域表示资本积累

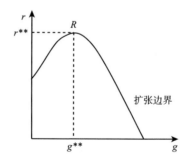

图 5 - 2　扩张边界

① Edith T. Penrose. *The Theory of the Growth of the Firm* ［M］. Oxford：Basil BlackWell, 1959.

② Lavoie, M. *Post-Keynesian Economics：New Foundations* ［M］. Cheltenham, UK and Northampton, MA：Edward Elgar, 2014：142.

过快，会造成过低的产能利用率。根据 $r = \pi \times u \times \dfrac{1}{V}$ 的逻辑，扩张边界的位置受正常利用率 U_n 的影响，若企业接受的正常利用率越低，则扩张边界范围越小。还受到 π 的影响，市场竞争越加剧，工人议价能力越高，单个公司扩张边界越小。

如图 5-3 所示，追求最大积累率的企业，在融资约束和投资盈利能力约束之下，会选择融资边界和扩张边界的交点进行投资，此时最大化增长率为 g^*，实现的利润率 r^* 为此增长率目标提供资金。

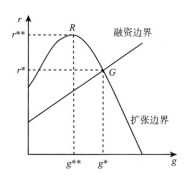

图 5-3 投资决策模型

5.2.2 金融化与公司治理原则的变化

关于金融化，被引用最广泛的是爱泼斯坦（Epstein，2005）给出的定义："金融化意味着金融动机、金融市场、金融主体和金融机构在国内和国际经济体运行中的作用日益重要。"后凯恩斯主义者认为这个定义过于宽泛，缺乏分析上的精确性，他们更愿意结合到不同层面的具体问题给予更精确的理解。具体到微观企业层面，他们认为，金融化表现为公司治理原则的新变化——从追求企业增长到追求股东价值。博耶（Robert Boyer，2000）认为，公司治理中的"股东价值特权"是金融化的五大特征之一，具体包括高管为股东进行企业管理、企业回报率要求提高、劳动合同更加灵活等方面。拉佐尼克（William Lazonick，2000）认为，企业高管将自身利益与外部金融利益相结合，而不是与其控制的生产性组织的利益相结合，使得"股东价值最大化"成为公司治理的新原则。他进一步指出："在过去 20 年中，以'创造股东价值'的名义，公司高管在公司资源配置和回报方面的战略取向发生了明显转变，从'保留和再投资'转向'精简和分配'。"[1] 后凯恩斯主义者对博耶和拉佐尼克两位马克思主义者关于金融化对企业影响的论述持完全肯定态度。斯托克哈默（Stockhammer，2004）类似地把公司治理原则的变化称为金融化三大现象之一，并称之为"股东价值革命"，也即"管理层将追求股东价值作为其优先事项"。海因和范特里克（Hein & Van Treeck，2008）认为，金融化的潜在含义之一为："企业作为一个整体的目标和约束都可能受到影响。一方面，股东权力的增加会使管理层和工人对企业长期积累的偏好服从于股东对短期盈利的偏好。另一方面，增加股息支付、股票回购等将限制企业投资项目的融资"。[2]

传统的后凯恩斯主义企业理论只关注到了劳资之间的冲突，但并不存在管理者与所有者（股东）之间的冲突，因为它认为所有权是"缺位"的，股东完全是被动的，企业是管理者的企业。所以，传统的后凯恩斯主义企业理论中所谓的劳资冲突，归根结底也不过是工人和管理者之间的冲突。后凯恩斯主义者中较早强调了"管理者—所有者"冲突重要性的经济学家是克罗蒂（Crotty，1990）、斯托克哈默（Stockhammer，2004）和达莱里（Tomas Dallery，2009）。克罗蒂反对把所有者和管理者合二为一或由一方取代另一方的理论化方法，他认为应该"把所有者和管理者概念化为半自主的经济主体"[3]，"这既不是完美的融合，也不是完全的独立"[4]。二者具有自立性，不能归为相同的经济主体，因为他们在目标、约束、时间视界、信息和资产流动性方面存在显著差异；二者又不完全独立，一方受另一方的制约和限制，在斗争中求生存。"尽管管理者和所有者是不同的经济主体，但他们受到彼此决策的影响，他们只是半自主的"。[5] 管理者追求企业增长，这往往依赖融资，而

---

① Lazonick, W. & Mary O'sullivan. Maximizing Shoreholder Value: A New Idelogy for Corporate Governace [J]. *Economy and Society*, 2000, 29（1）: 13－35.

② Hein, E. & T. Van Treeck. "Financialisation" in Post-Keynesian Models of Distribution and Growth: A Systematic Review [J]. IMK Working Paper, No. 10, 2008.

③⑤ Crotty, J. Owner-manager Conflict and Financial Theories of Investment Instability: A Critical Assessment of Keynes, Tobin, and Minsky [J]. *Journal of Post Keynesian Economics*, 1990, 12（4）: 519－542.

④ Stockhammer, E. Finacialisation and the Slowdown of Accumulation [J]. *Cambridge Journal of Economics*, 2004, 28（5）: 719－741.

增加公司可用资金的办法——降低股息分红和增加负债、降低公司流动性，会损害到股东的利益，这会引发来自金融市场的威胁——股价下跌、恶意收购、更换高管。当管理者的自主权受到威胁时，他所追求的目标就变得次要了。所以管理者不得不兼顾股东的利益，在增长的渴望与保持股东平静的需求之间寻求平衡。斯托克哈默强调在企业分析中补充阶级分析法的必要性，食利者（包括股东）和管理层的区分是重要的。他认为，公司治理原则的转变源于公司内部权力结构的转变，而公司权力结构的转变又归因于公司和经济的具体制度的转变。传统的后凯恩斯主义企业理论是对管理资本主义时代公司的一套精辟理论。在当下金融化时代，公司控制权市场（即解雇管理者的可能性，以及与业绩相关的薪酬计划）的发展导致股东相对于管理者的地位上升，从被动角色变成支配角色。企业目标也随着这种权力结构变化而调整。斯托克哈默论述道："管理层的阶级地位不明确，因此其利益对制度变迁敏感。薪酬结构的变化以及敌意收购的威胁，将使其采纳股东的偏好。"[①]达莱里指出，传统后凯恩斯主义企业理论所指述的公司本着增长的精神来管理，这是管理资本主义时代的产物，即控制权战胜所有权的时代，然而"这种企业理论在 20 世纪 80 年代初就结束了，从那时起，金融化改变了这一游戏规则，如今股东可以提出要求"[②]。

5.2.3　金融化条件下的投资决策模型

在金融化条件下，企业的权利结构发生了有利于股东价值取向的转变，这可能引发两件事情：第一，股东对管理者施加了影响，管理者对企业增长的偏好减弱，公司目标发生了改变；第二，股东要求分配更高的利润以及减少新股发行来维持股价，从而导致追求增长的企业面临新的约束。

5.2.3.1　作为改变企业目标的金融化

斯托克哈默尔（2006）在保留传统后凯恩斯投资模型的基础上，增加了

---

① Stockhammer, E. Finacialisation and the Slowdown of Accumulation [J]. *Cambridge Journal of Economics*, 2004, 28 (5): 719 – 741.

② Tomas Dallery. Post-keynesian Theories of the Firm under Financialization [J]. *Review of Radical Political Economics*, 2009, 41 (4): 492 – 515.

企业效用函数，这反映了股东和管理者之间的权利斗争。假设股东只关心利润率，而管理者只关心增长率，企业的效用函数依赖于这两个目标，以及每一类人各自把其利益强加给另一类人作为公司目标的能力：

$$U = U(g,r) = I^{\alpha} \times R^{\beta} \tag{5-4}$$

其中，I，R分别代表投资和利润。公司的效用是增长率（g）和利润率（r）的函数，而二者又分别是管理者和股东所追求的方向相反的目标。α、β分别代表管理者和股东的权力指数，$\alpha + \beta = 1$。管理者支配力越大，则α值越大，公司更偏向于增长。反之，股东支配力越大，则β值越大，公司更偏向于逐利。换句话说，权力结构越有利于管理者，即α值越大，则企业的目标越倾向于管理者的利益；权力结构越有利于股东，即β值越大，则企业的目标越倾向于股东的利益。在此框架下，金融化意味着向有利于股东的权力关系和逐利政策的改变，即β增加。

图5-4是由图5-3加上一组无差异曲线U_i得到的，这些无差异曲线反映了在扩张边界向下倾斜部分面临增长—利润权衡的企业的不同偏好（也是受股东影响后，管理者的不同偏好）。这些无差异曲线随着股东权利的增强变得更加平缓，位置更加靠上。在股东完全支配管理者的极端，无差异曲线U_3与扩张线的最高点相切于d点，此时利润率达到最大值r^{**}，迫使管理者实施g^{**}。在管理者绝对支配的另一个极端，企业偏好由U_0代表，但此时受融资条件限制，无法实现。只能在融资边界和扩张边界的b点进行经营，增长率达最大值g^*。两个阶级之间的权力平衡，公司的投资决策将位于g^*和

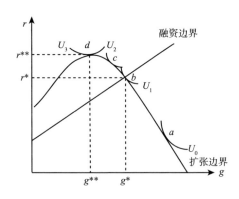

图5-4　投资决策模型

g^{**} 之间，股东的权力越大，公司投资决策越接近于 g^{**}，在权力结构决定的企业偏好 U_2 处，投资决策位于 c 点，不受融资条件约束。

引入金融化后的投资模型解释了金融化时代的一个程序化事实：日益萎缩的投资，不断增加的利润，即斯托克哈默尔所谓的"投资—利润之谜"。

5.2.3.2　作为约束的金融化

达莱里提出了将金融化引入后凯恩斯主义企业理论的另一种处理方法。管理者仍然确定企业战略方向，增长最大化仍是管理者和企业的目标，股东权利的提高并未改变管理者的偏好，但金融化将被视为对公司定位的一种限制。"管理者不想为了股东的利益而改变他们的政策，但是他们必须考虑到这一新的约束来管理他们的公司。"[1]

在伍德（1975）的分析基础上，达莱里对融资边界方程进行了重新表述。他从投资资金来源和使用的会计恒等式开始，公司进行的生产性投资和金融投资支出，等于留存收益、新借款净额和新股票融资净额之和，于是有：

$$I + X_f I = X_S I + X_d I + S_f(P - iD) \qquad (5-5)$$

其中，I 代表净实物投资，X_f 代表净金融投资—净实物投资比，X_d 代表净新债—净实物投资比，X_S 代表新股权融资净额—净实物投资比，S_f 代表利润留存率，i 是利率，D 是债务存量。

式（5-5）两边除以资本存量 K，整理后可得：

$$r = \left(\frac{1 + X_f - X_S - X_d}{S_f}\right)g + id \qquad (5-6)$$

其中，d 是债务—资本存量比。

在金融化环境中，股东价值取向表现为：第一，管理层不得不支付更多的股利给股东，因此，公司必须降低利润留存率（S_f 下降）；第二，公司会增加金融投资（X_f 上升）；第三，为维护公司股票价格，保障股东的资本利得，公司会减少新的股本发行，甚至回购自己的股票（X_S 下降，甚至变为负数）；第四，公司必须通过负债借入更多资金，为前三项变化提供资金（X_d

① 　Tomas Dallery. Post-keynesian Theories of the Firm under Financialization ［J］. *Review of Radical Political Economics*，2009，41（4）：492–515.

上升），这会推高公司负债，导致债务负担增加（d增加）。

如图5-5所示，非金融条件下，融资边界为FF_1，融资边界FF_1与扩张边界EF的交点决定了追求增长最大化的公司实现的最大化增长率为g_1，此时实现的利润率为r_1。在金融化条件下由于上述四点变化，会导致融资边界向上移动，并且斜率增加。新的融资边界为FF_2。在新的融资约束条件下，企业必须达到更高的利润率r'_1来为它的投资项目融资，也即，在金融化时代，保持管理者战略决策的自主性要比以前付出更多的代价。但受到扩张边界的约束，维持g_1增长速度所需的利润率r'_1无法实现，因此，管理者只能放弃g_1增长目标。他们将自己的政策定位在新的融资边界FF_2和扩张边界EF的交点上。在金融化条件下，追求增长最大的管理者将追求实现比原来较低的增长率g_2，此时仍需较高的利润率r_2。"面对股利分配增加这一新的融资约束，管理者不得不降低自己的增长目标，以保持自己的决策自主权。"①

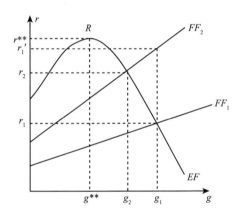

图5-5　金融化约束下的投资决策模型

面对金融化约束时，管理者为了实现更高的增长目标，会积极寻求解决方案。若要保持原有增长政策不变，就必须使扩张边界向外移动，即一定的积累率所能实现的利润率更高（见图5-6）。企业利润率公式可以分解如下：

$$r = \frac{P}{K} = \frac{P}{Y} \times \frac{Y}{Y_f} \times \frac{Y_f}{K} = \pi \times u \times \frac{1}{V} \tag{5-7}$$

---

① Tomas Dallery. Post-keynesian Theories of the Firm under Financialization [J]. *Review of Radical Political Economics*, 2009, 41（4）: 492-515.

其中，π 为利润份额，u 为产能利用率，v 为资本—产出比。

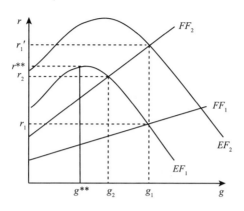

图 5 - 6　金融化约束下的扩张边界移动

为了实现更高的利润率，管理者有两个方案可供选择。一个是把股东压力转移给工人。管理者可以借助金融化过程中劳动力市场灵活性日益增强，社会福利日益减少的趋势，施加压低工资、增强劳动强度的手段。通过压低工资和提高生产率的方法，可以提高利润份额（π）和降低资本—产出比（v），由此提高利润率。第二个方案是，降低企业产能、储备。在不确定性的环境中，企业为了应对需求的意外增长，总是维持一个过剩产能，建设一个过大的工厂规模。为了提高利润率，企业可以降低过剩产能储备，这样就可能会使实际的产能利用率（u）提高，但这是以增加客户流失的风险为代价的。当市场需求意外增加时，由于生产能力过度利用，公司无法满足客户的需求，这会导致公司市场份额的永久性损失，因为客户是具有忠诚度的，他们不会把交易交给曾经无法满足他们的企业。可见管理者要在相互冲突的目标（增长、利润、工资、过高产能利用率）之间作出权衡、取舍。后凯恩斯主义企业理论揭示出，在金融化背景下，要么资本积累会被放缓，盈利能力增加；要么积累不减缓，但必须以工人处境更困难，企业违约风险增加为代价，来保持盈利能力增加。

5.3　金融化下的后凯恩斯主义宏观经济体制理论

后凯恩斯主义经济学开展金融化研究最早是从微观企业视角入手的，但很快就转向了宏观经济视角，这是后凯恩斯主义经济学擅长的领域。从宏观经济的角度来看，后凯恩斯主义对金融化传导的主要宏观经济渠道总结为四个方面，即对分配、资本存量投资、消费以及经常账户和资本账户的影响，并据此把金融化的特征归结为四个方面。对此海因（Hein，2012，2020）进行了阐述。

（1）在分配方面，一方面，金融化有利于毛利润份额的上升，包括留存利润、股息和利息支付，从而导致劳动收入份额的下降，另一方面，工资和高层管理人员工资以及个人或家庭收入的不平等性加剧。可以说，自20世纪80年代初以来，金融主导的资本主义导致了劳动收入份额的下降，并主要通过以下两个渠道加剧了不平等：一是工人和工会的议价能力下降，尤其是越来越强大的食利者（债权人和股东）强加的利润要求上升；二是经济的部门组成发生变化，有利于金融公司部门发展，而非金融公司部门或劳动收入份额较高的公共部门发展受限。

（2）在股本投资方面，金融化意味着增加股东相对于公司和员工的权力，要求食利者持有更高的股本回报率，以及通过与业绩相关的短期薪酬计划（如奖金、股票期权计划等），使管理层与股东利益保持一致。一方面，这给管理层带来了短期主义，导致管理层在股本实际投资和公司长期增长方面的动物精神下降，并增加了对金融投资的偏好，在短期内产生了高额利润。另一方面，它通过增加股息支付和股票回购来提振股价，增加股东价值，从而耗尽了非金融公司用于实际投资目的的内部融资手段。这些"偏好"和"内部融资手段"都对公司的实际股本投资产生了部分负面影响。

（3）关于消费，金融化在一些国家产生了越来越大的基于财富和债务融资的消费潜力，从而创造了补偿金融化抑制需求效应的潜力。股市和房价的上涨都增加了家庭愿意借钱的名义财富。不断变化的金融规范、新的金融工具、由抵押债务证券化和商业银行的"发起和分销"策略引发的信用标准恶化，使低收入、低财富家庭越来越容易获得信贷。这可使消费增长快于收入中值，从而稳定总需求。但这也增加了私人家庭的债务收入比率。尽管新的家庭信贷将在短期内提振总需求和产出，但从长期来看，家庭债务变量对产出和增长的影响将变为负值。这表明新的信贷流和债务存量对消费的矛盾影响。

（4）国际资本市场和资本账户的自由化使得全球以及区域层面，尤其是欧元区内部的经常账户失衡不断加剧和持续。

上述金融化的四个宏观经济特征结合不同国家的特定情况可以产生不同的宏观经济需求和增长体制。海因（Hein，2019，2020）根据主要需求总量（私人消费、公共消费、投资、净出口）和主要宏观经济部门（私人家庭部门、金融和非金融企业部门、政府部门、对外部门）的部门金融余额的增长贡献，把经济体区分为三种体制类型：（a）债务导向的私人需求繁荣体制；（b）出口导向的重商主义体制；（c）内需导向的体制。

债务导向的私人需求繁荣体制的特点是私人家庭部门的财务余额为负或接近零，这意味着私人家庭部门储蓄率为负，即存在当前赤字，通过增加债务存量和/或减少资产存量来融资。这些私人家庭的赤字又被企业的赤字所强化，因此国内私人部门整体上存在赤字。国外部门拥有正的金融余额，这意味着由债务推动的私人需求繁荣的国家通常都存在经常账户赤字。私人国内需求的高增长贡献（在很大程度上由信贷提供资金）以及商品和服务余额的负增长贡献，从长期来看，导致经常账户出现赤字。

以出口为导向的重商主义体制的特点是，整个国内部门的金融余额为正，因此国外部门的金融余额为负，因此经常账户盈余。在某些年份，国内需求对增长的贡献相当小，甚至是负的，而增长主要是由商品和服务余额的积极贡献以及因此而增加的净出口推动的。

内需主导型体制的特点是私人家庭部门的财务余额为正。在这里，通常是政府以及在一定程度上是企业部门出现赤字。国外部门大致平衡，只有轻微的赤字或盈余。国内需求的增长贡献为正，但私人消费，特别是信贷融资消费的增长贡献不明显，而对商品和服务余额的增长贡献为负或正。

金融化对消费和私人支出的影响，以及对经常账户的影响，使债务导向的私人需求繁荣和出口导向的重商主义两种极端体制成为可能。特别是，债务导向的私人需求繁荣经济体的赤字融资支出，在这些国家产生了经常账户赤字，为出口导向的重商主义国家的经常账户盈余居高不下和不断上升提供了条件。

基于"金融化"对宏观经济的影响，后凯恩斯主义文献中还出现了其他类型宏观经济增长体制的划分。

一些学者考虑了"金融导向型增长"体制的可能性，其中股东价值取向对增长具有总体积极影响。[1] 这种情况的条件是，食利者的收入有很高的消费倾向和/或对消费有很强的财富效应，这意味着信贷融资消费的强大效应。这补偿了以劳动力为代价的再分配所造成的消费损失。反过来，它还通过加速数机制刺激投资，并过度补偿股东价值取向对实际投资的直接负面影响。

其他学者认为"无投资的利润"体制可能会出现。[2] 在这种体制下，公司向食利者支付的利息或股息的增加与利润率上升和产能利用率上升有关，但也与资本积累率下降有关。由于从食利者的收入和/或财富中消费的高倾向性，再次意味着信贷融资消费的重要性日益提高，有利于食利者的再分配能够补偿劳动力收入份额下降造成的消费需求损失。但是，面对管理层股东价值取向的增加以及与高额股息支付或股份回购相关的公司内部融资手段的减少，这不足以刺激资本积累。

最后，一些学者指出，可能会出现一种"收缩"体制，即向食利者支付的利息和股息的增加会对产能利用率、利润和资本积累率产生限制性影响。由于食利者的消费倾向较低，且隐含着较低的财富效应，因此基于信贷的消费不太重要，则食利者收入的增加无法弥补该体制中以劳动力为代价的再分配造成的消费需求减少。管理层的股东价值取向以及内部融资手段的丧失也导致了资本积累的放缓。

从经验上看，自20世纪80年代初以来，面对繁荣的利润，投资疲软的"无投资的利润"体制似乎一直主导着美国的发展，只是在20世纪90年代后半期的新经济繁荣中被打断，当时投资也在飙升。

---

① Hein, E., Niechoj, T., Spahn, P. & A. Truger. *Finance-led Capitalism? Macroeconomic Effects of Changes in the Financial Sector* [M]. Marburg: Metropolis-Verlag, 2008; Van Treeck, T. Reconsidering the Investment-profit Nexus in Finance-led Economies: An ARDL-based Approach [J]. *Metroeconomica*, 2008, 59 (3): 371–404.

② Hein, E. Shareholder Value Orientation, Distribution and Growth-short-and Medium-run Effects in a Kaleckian Model [J]. Department of Economics Working Papers wuwp120, 2008; Hein, E., & T. van Treeck. "Financialisation" in Kaleckian/Post-Kaleckian Models of Distribution and Growth [J]. IMK Working Paper 07/2007.

第6章 明斯基、帕利与马克思：三种金融化理论的比较与综合

6.1 关于金融化研究的类型

自20世纪70年代以来，主要发达资本主义国家经济经历了深层次的结构性变化，即所谓的"金融化"进程："金融动机、金融市场、金融参与者和金融机构在国内和国际经济运行中的作用日益增强。"① 对资本主义金融化进程的不同认识，必将带来应对金融化的不同政策取向。2008年全球金融危机爆发后，金融化文献出现了爆发式增长。浩瀚的金融化文献中有三条线索非常典型：第一条线索是金融核心论，将金融化视作金融部门的长期膨胀过程；第二条线索是增长模式论，把金融化等同于资本主义实现增长或积累的一种阶段性体制；第三条线索是根本生产方式论，金融化被理解成资本主义生产方式的内在趋势。金融核心论的思想来源是明斯基，增长模式论的代表是帕利，根本生产方式论的思想导师是马克思。虽然三种典型金融化理论在视角、逻辑、政策主张等方面存在巨大差异，但由于这三类学说同属于反正统的激进经济学，坚持现实性和动态演化观，因此它们体现的是真实世界经济学在理论上的多元化；我们想获得对金融化现象更全面的理解，任务不是从中选择最优的理论，而是对其比较综合、借鉴吸收。

金融化概念存在过于宽泛、过于模糊的问题，同一"金融化"术语往往被指向大相径庭的经济现象。范德兹万（Natascha Van der Zwan）指出了金融

---

① Epstein, G. A. *Financialization and the Word Economy* [M]. Edward Elgar, Cheltenham, 2005: 3.

化文献中的三个类型。① 第一个类型是把金融化等同于积累体制，即资本主义增长和发展的新阶段。在这个类型中，近几十年的金融化被视为一种积累模式，利润越来越多地通过金融渠道而不是通过贸易和商品生产来实现。第二个类型将金融化等同于公司股东价值的支配地位。这些文献强调了非金融公司股东价值取向的出现，并重点研究了所有权和控制权问题以及公司与金融市场关系的变化。第三个类型是日常生活的金融化。这类研究涉及公民作为投资者的崛起，它们从文化角度看待金融化，特别是金融对日常生活领域的侵蚀。克里普纳（Gretta Krippner）补充了另外三种金融化文献。② 第一种把金融化等同于新金融工具的兴起以及随后金融交易的爆炸性增长。第二种使用金融化来描述资本市场对以银行为基础的金融制度日益增长的支配作用。第三种用金融化来指那些从金融投资中获得收入的人（即食利者阶层）的经济和政治力量的激增。国内学者张思成把金融化研究归类为宏观、中观、微观三个视角。③ 宏观视角的金融化指"泛金融业的膨胀"；微观视角指"微观企业的金融化"；中观视角指"商品金融化"，包括大宗商品金融化和普通商品金融化。

　　以上学者关于金融化研究的分类均是从研究领域、对象或内容的角度做出的，旨在追求全面，尽可能把相关文献都包含进来。本书研究提出的"三条典型线索"分类方法是基于对金融化在本质认识上的差异进行分类的。虽然尚无普遍接受的金融化概念，但关于金融化概念应该包括"量"和"质"两个维度却是共识。金融化"量"的维度是指金融的膨胀，"质"的维度指与金融膨胀相伴而生的实体经济与虚拟经济关系的颠覆、生产生活方式根本性的系统变革等。"金融化"一词初始就是用来表达实体经济与金融之间的发散性分裂现象的，④ 若抛开这一"质"的规定仅谈"量"的发展很难说是关于"金融化"的研究。基于此，本书研究对金融化文献的分类着眼于激进经济学，因为激进经济学关于金融化的研究重点在于资本主义经济制度变革的含义与趋势等"质"的方面。它们的认识视角可被归类为纵向由浅到深的

　　① Van der Zwan, N. Making Sense of Financialization [J]. *Socio-Economic Review*, 2014, 12 (1): 99 – 129.

　　② 格雷塔·克里普纳. 美国经济的金融化 [J]. 国外理论动态, 2008 (6): 7 – 15.

　　③ 张思成. 金融化的逻辑与反思 [J]. 经济研究, 2019 (11): 4 – 20.

　　④ 陈波. 经济金融化：含义、发生机制及影响 [J]. 复旦学报（社会科学版）, 2018 (5): 159 – 168; 约翰·福斯特. 资本主义的金融化 [J]. 国外理论动态, 2007 (7): 9 – 13.

三个层面：表层——金融现象、中层——增长模式、深层——根本制度。金融化研究的激进经济学文献类型之所以追溯到明斯基、帕利和马克思这三者，因为当代激进经济学的思想来源是马克思与凯恩斯，而明斯基与帕利分别是后凯恩斯经济学（左派凯恩斯主义）原教旨派和卡莱斯基派的代表人物。

6.2 明斯基、帕利与马克思的三种金融化理论

6.2.1 明斯基基于金融不稳定假说的金融化理论

明斯基的金融不稳定假说，对资本主义经济周期波动给出了一种内生解释。在明斯基看来，企业对投资进行外部融资是资本主义经济的根本特征；生产先于交换，金融先于生产，因此，金融是资本主义发展的中心。"现有的金融结构是资本主义经济行为的主要决定因素"①。金融市场从稳定开始逐渐发生演变——从对冲融资主导，经过投机融资，最后是庞氏融资占主导，相应地金融市场从稳定走向脆弱。融资类型之间的变换是由市场主体（借贷双方）变得越来越乐观的心理变化所推动的。"稳定孕育着不稳定"，"持续的成功为失败埋下伏笔"，因此内生过程会使一个稳定的金融系统趋于脆弱。

资本主义经济的实际发展路径被明斯基描述为系统内生动力（金融从稳定走向脆弱）和制度、政府干预等外在力量联合作用的结果。他把这些制度和干预称为"防范制度"。防范制度的作用是"将资本主义市场过程的结果限制在可行或可接受的结果上"②。"间歇性有效的制度约束，以及政府干预，可以解释为为金融不稳定的内生动态过程创造了新的初始条件"③。完整的明斯基金融不稳定假说隐含着"双周期"的存在，即短周期和长周期。所谓短周期，是指在一定的防范制度约束之下，由于市场主体心理因素而引起的金

---

① Minsky, H. P. *Schumpeter and Finance* ［M］//Salvatore Biasco, Alessandro Roncaglia & Michele Salvati. *Market and Institutions in Economic Development*：*Essays in Honor of Paulo Sylos Labini*. New York：St. Martin's Press, 1993, P. 103.

② Ferri, P. & H. P. Minsky. Market Processes and Thwarting Systems ［J］. *Structural Change and Economic Dynamics*, 1992, 3（1）：79–91.

③ Minsky H. P. Longer Waves in Financial Relations：Financial Factors in the More Severe Depressions Ⅱ［J］. *Journal of Economic Issues*, 1995, 29（1）：83–96.

融活动从谨慎到疯狂的周期过程。所谓长周期，是指防范制度的周期过程，即在演化过程中，防范制度不断受到侵蚀，短周期的波动幅度越来越大、频率越来越高，最终以发生深度危机而宣告防范制度的彻底崩溃。

明斯基根据他的长周期理论，对资本主义金融体系的长期转型进行了演化方法的分析。如第3章所述，明斯基把资本主义划分为四个发展阶段：商业资本主义、金融资本主义、管理资本主义和货币经理资本主义。19世纪末20世纪初，资本主义进入金融资本主义阶段，该阶段投资银行成为为公司提供融资的主要力量，除了为昂贵的建设项目融资，还为托拉斯和卡特尔的兴起提供资金。投资银行家成为市场权力主宰者。投资银行家疯狂的投机引发了1929年大危机，金融体系最终崩溃，结束了金融资本主义不受监管的时代。新政改革和一系列监管举措开创了更加稳定的管理资本主义时代。

二战后早期经济活动始于对债务的谨慎使用，迎来了金融稳定和经济发展的黄金时代。但是，随着经济繁荣期延长，人们对大萧条的记忆慢慢褪色，负债的安全边际减少，金融机构开始规避监管，金融体系也在不断演化：不仅是相对于内部融资而言，更加依赖于外部融资，而且还趋向于短期融资和更多地利用债务来获取现有资产。此外，金融机构的活动也呈爆炸式增长，金融创新源源不断。当金融机构寻找到规避监管的方法时，管理当局接纳创新，进而助长了投机。结果，一度强大的金融体系变得越来越脆弱。

随着新政制度被削弱，一种新的金融资本主义形式开始主导美国和全球经济，这就是明斯基所说的"货币经理资本主义"。这个阶段始于20世纪80年代，一直至今。对此明斯基这样定义："美国的资本主义现在正处于一个新阶段，即货币经理资本主义，在这个阶段，绝大多数金融工具的直接拥有者是共同基金和养老基金。投资组合的总回报率是衡量这些基金经理业绩的唯一标准，这意味着对企业组织管理的底线的强调。"①

在明斯基这里，所谓金融化就是货币经理资本主义的崛起。货币经理资本主义兴起带来的后果是经济中短期主义投机活动盛行。货币经理的目标和唯一的评判标准是基金持有人投资的价值最大化。因此主动管理取代了被动的"买入并持有"策略。这些基金不会为了长期增加股息收入而购买和持有

---

① Minsky, H. P. Uncertainty and the Institutional Structure of Capitalist Economies: Remarks upon Receiving the Veblen-Commons [J]. *Journal of Economic Issues*, 1996, 30 (2): 357–368.

股票，捕捉短期利率或股价波动的年化收益率很容易支配利息或股息收入。货币经理的影响力日益增强，迫使企业领导者越来越关注公司股票市场价值。这种压力促使许多非金融企业缩减成本高昂且常常老化的制造业业务，以前所未有的速度参与并购，并将注意力转向传统上与金融公司相关的投资和贷款业务。简言之，货币经理资本主义，一方面，使经济的金融结构越来越像一个赌场，带来金融不稳定；另一方面，迫使非金融企业选择"精简和分配"策略，工人阶级日益缺乏保障，社会不平等现象日益严重。

2008 年全球金融危机代表货币经理资本主义的失败，这种模式用放松管制、减少监督、私有化和巩固市场力量来不断破坏遏制金融市场内在不稳定的屏障。需要进行适当的制度变革，将不断积累金融脆弱性的货币经理资本主义转变为有利于成功资本主义的新结构。

明斯基认为，应对当前局面的政策处方在于：加强监管，重建防范制度。[①] 具体如下：（1）政策制定者应该对伴随着商业周期而来的极度兴奋情绪抱有自觉怀疑态度。（2）资本主义经济需要严格的监管，以遏制金融投机和金融过剩，因为经济具有不稳定的自动行为倾向。（3）政府干预应该具有自由裁量权，在决策中，没有什么可替代判断，模型、数字和规则不足以制定政策，有必要将自由裁量权与防范制度结合起来。

6.2.2 帕利的结构凯恩斯主义金融化理论

经济学家帕利属于后凯恩斯主义卡莱斯基派经济学家，后凯恩斯主义的这一分支强调阶级冲突引发的收入分配对社会有效需求的影响，帕利把这种分析方法称作"结构凯恩斯主义"。与明斯基主义者把 2008 年全球金融危机理解成可由金融不稳定假说解释的纯粹金融危机不同，帕利认为，2008 年全球金融危机根植于实体经济中的深层原因，是新自由主义增长模式总危机。

帕利认为，金融化时代与新自由主义时代重合，理解金融化先要理解 20世纪 80 年代以来的新自由主义增长模式。[②]

---

① Palley T. I. *Financialization*：*The Economics of Finance Capital Domination* ［M］. Basingstoke, UK：Palgrave Macmillan，2013：141.

② Palley T. I. *Financialization*：*The Economics of Finance Capital Domination* ［M］. Basingstoke, UK：Palgrave Macmillan，2013：202 - 204.

帕利认为，1945～1980 年，主要资本主义国家的特点是"良性循环"的凯恩斯增长模式，建立在充分就业、工资增长与生产率增长挂钩的基础上。生产率的增长推动了工资的增长，从而推动了需求增长，创造了充分就业；由工资增长引起的需求增长为投资提供了激励，从而推动了生产率的进一步增长，并支持了更高的工资水平。

1980 年后，良性循环的凯恩斯增长模式被新自由主义增长模式所取代。新自由主义时代的主要特征是切断了实际工资与生产率增长之间的联系。1980 年以前，工资增长是需求增长的引擎，1980 年后，债务和资产价格上涨成为了引擎。

经济政策在推翻凯恩斯主义良性循环增长模式中起到了关键作用，新的政策范式可以被描述为一个新自由主义的"盒子"。工人们被四个方面构成的政策边框所包围：全球化、劳动力市场灵活性、关注通货膨胀而不是充分就业、小政府。企业全球化使工人通过自由贸易协定和资本流动支持的全球生产网络参与国际竞争。劳动力市场的灵活性议程攻击工会和对劳动力市场的保护，如最低工资、失业救济等保障制度。放弃充分就业的政策目标造成就业不安全，削弱工人的议价能力。最后，"小"政府议程攻击政府干预的合法性，导致政府不顾危险推动放松管制，以及经济服务、公共产品和经济安全的政府供给被削弱。

新自由主义增长模式的另一个关键部分涉及金融化和金融的作用。首先，它为新自由主义政策盒提供了支持。其次，它支持总需求生成过程。①

金融业从三个方面支持新自由主义政策盒。首先，金融市场通过实施公司治理的股东价值最大化范式来控制公司。因此，公司被重新定位为服务于金融市场的利益和公司最高管理层的利益。其次，金融市场和企业在政治上为新自由主义政策进行游说，他们支持倡导这些政策的智囊团和经济研究。最后，金融创新通过敌意收购、杠杆收购和反向资本分配促进了金融市场对公司的控制。通过捕捉和重组公司，金融市场改变了商业行为，再加上新自由主义经济政策，产生了一个压制工资和加剧不平等的经济方框。如果没有金融市场的这些支撑，四边形的"盒子"很容易倒塌。

---

① Palley, T. I. Inequality and Stagnation by Policy Design: Mainstream Denialism and Its Dangerous Political Consequences [J]. *Challenge*, 2019, 62 (2): 128 – 143.

金融的第二个重要作用是支持总需求。新自由主义模式通过工资停滞和不平等加剧，逐渐破坏了收入和需求的产生过程，造成了越来越大的结构性需求缺口。金融的作用就是填补这一缺口。放松管制、金融创新、投机和抵押贷款欺诈使金融业能够通过向消费者放贷和刺激资产价格上涨来填补需求缺口。因此，通过提供需求，金融化使得新自由主义增长模式得以维持。在这一过程中，它不可避免地制造了金融泡沫，泡沫的破裂成为引发金融危机和经济停滞的导火索。

帕利认为，金融化是新自由主义增长模式的一部分，加强金融监管的政策处方远未涉及新自由主义增长模式这一危机的根源。帕利指出："恢复稳定的繁荣共享，需要重建工资与生产率挂钩的新模式代替新自由主义增长模式。……金融过度是新自由主义增长模式的主要驱动器，单独的金融改革将使经济停滞恶化。"① 帕利对资本主义的未来持乐观态度，他认为，无论金融化还是新自由主义增长模式都是政策选择的结果，通过改变政策选择就可以消除错误增长模式引发的一切弊病。

帕利的金融化理论代表了解释金融化的一个类型。这种理论把金融化的根源归结于新自由主义，即错误政策；把金融化与增长模式联系起来，或者说，金融化是资本积累的特殊模式；金融在这种增长模式中发挥独特功能，是增长模式的不可分割的组成部分；为了解决危机和停滞仅仅加强金融监管于事无补，必须改变增长模式或资本积累模式。

6.2.3 马克思的资本主义生产方式内在趋势的金融化理论

金融化是最近二三十年来才出现的概念，马克思著作中没有出现过这一术语，也没有直接的对等物。但遵循马克思对资本主义的动态演化分析思路，可以引申出金融化的马克思主义见解。以马克思的视角来看，金融化是资本主义生产方式变迁的内在趋势，是一个天生的资本主义发展过程。金融化基因包含在资本主义的胚芽当中，绝非 20 世纪 80 年代后新自由主义的产物，甚至也不仅仅是 19 世纪末所谓的金融资本主义的产物。

---

① 托马斯·帕利. 明斯基金融不稳定假说对危机解释的局限性［J］. 国外理论动态，2010（8）：21－28.

商品经济是资本主义生产方式的前提。商品经济是以交换为目的的经济形式，简单商品交换的运动公式可表示成 $W - W$，即直接的物物交换。商品经济发展到一定阶段产生了货币，于是简单的物物交换发展成为以货币为媒介的商品流通：$W - G - W$。在此，商品流通的目的是使用价值，商品所有者为了使用价值而交换，货币充当流通手段，是转瞬即逝的交换媒介。与商品流通相适应产生了货币流通 $G - W - G$，货币流通大大促进了商品交换，促进了商品经济的发展。商品经济继续发展，商品化程度继续提高，以至于劳动力成为商品，于是资本主义生产方式诞生。在资本主义生产方式下，生产目的是榨取剩余价值，于是货币转化为了榨取剩余价值的手段——资本。资本是在运动中谋求自身增值的价值。资本家追求资本增值，资本运动总公式可表示为：$G - W - G'$，这个公式表示了预付资本通过商品生产和交换发生的增值。在资本主义生产过程中游离出的货币资本被借贷给职能资本家，借贷资本家通过瓜分职能资本家的利润而获得货币资本的增值——利息。为了获得利息而不断被贷出的货币资本被称为生息资本，生息资本运动公式表示为 $G - G'$。

生息资本的产生是货币资本商品化的结果，马克思说，生息资本"是作为商品出现的，或者说，货币作为资本变成了商品"①。在生息资本上，资本关系取得了最表面、最富有拜物教性质的形式。社会关系最终成为一种物即货币同它自身的关系。在生息资本形式下，人们"完全不顾再生产和劳动的条件，把资本看作自行运动的自动机，看作一种纯粹的、自行增长的数字"②。换句话说，生息资本是最符合资本的本质属性的资本形态，生息资本运动公式 $G - G'$ 除了表明资本是自行增值的价值，不包含任何实质内容。

社会商品化程度持续加深，实物商品化之后是权力（股权、债权……）的商品化。股权、债权等一切能产生收入流的东西被证券化，进而被买卖，于是虚拟资本产生。虚拟资本有它独特的运动。这就是说，收入索取权已经成为商品，而这些商品的价格有独特的运动和决定方法，这产生了虚拟经济。"人们把虚拟资本的形成叫作资本化。……和资本现实增值过程的一切联系就彻底消灭干净了。资本是一个自行增值的自动机的观念就牢固地树立起来了"③。"这些所有权证书的价值的独立运动，加深了这种假象，好像除了它

---

① 马克思．资本论（第三卷）[M]．北京：人民出版社，1975：381．
② 马克思．资本论（第三卷）[M]．北京：人民出版社，1975：445．
③ 马克思．资本论（第三卷）[M]．北京：人民出版社，1975：529．

们可能有权索取的资本或权益之外，它们还构成现实资本"①。"在一切进行资本主义生产的国家，巨额的所谓生息资本或货币资本都采取这种形式。货币资本的积累，大部分不外是对生产的索取权的积累，是这种索取权的市场价格即幻想资本价值的积累。"② 幻想资本价值的积累使资本主义逐渐陷入赌场资本主义，"赌博已经代替劳动，并且也代替了直接的暴力，而表现为资本财产的原始方法"③。赌场资本主义带来的是无休止的金融动荡和经济危机。

马克思主义经济学家本·法因（Ben Fine）沿着马克思对生息资本的论述，"将金融化定义为虚拟资本的深入而广泛的积累"④，换句话说，金融化可被视为生息资本在深度和广度上的扩张，也即，"生息资本在资本积累中的范围和普及程度不断提高"⑤。深度层面指的是，金融资产的增长及扩散本身与商品生产及交换本身的联系日趋减少，广度层面则涉及生息资本与其他资本类型相杂糅的形式，拓展至社会经济生活的新领域。

法因认为，金融化不仅限于金融的存在或扩展（抵押贷款、信用卡等），而是将这些纳入进一步的金融操作中，这些操作在较深的层次上构成了生息资本的广泛和深入的扩张。他说，金融化就是"将作为信用的货币（非投资目的的借贷）、作为资本的货币（生息资本）、虚拟资本和生产资本相互结合的'混合体'以惊人的速度扩大，以有利于生息资本"⑥。金融化是一种将各种信贷关系纳入虚拟资本轨道的特殊的现代形式。

布莱恩（Dick Bryan）、马丁（Randy Martin）、拉弗蒂（Michael Rafferty）等把金融化理解为"一种固有的资本主义过程，而不是对资本主义生产的扭曲"⑦。他们认为，资本作为运动中谋求自身增值的价值，要释放自己的天性，有必要取消资本的实体化，摆脱物质形式上的束缚，获取流动性、灵活性和竞争驱动力。金融化——证券化和衍生品的发展适应了资本释放天性的

---

① 马克思.资本论（第三卷）[M]．北京：人民出版社，1975：530.
② 马克思.资本论（第三卷）[M]．北京：人民出版社，1975：532.
③ 马克思.资本论（第三卷）[M]．北京：人民出版社，1975：541.
④⑤⑥ Ben Fine. Financialization from a Marxist Perspective International [J]. *Journal of Political Economy*，2013，42（4）：47–66.
⑦ Bryay，D.，Martin，R. & M. Rafferty. Financialization and Marx：Giving Labor and Capital a Financial Makeover [J]. *Review of Radical Political Economics*，2009，41（4）：458–472.

内在要求。"证券化和衍生品是关于整个循环中资本的估值"①，它们使非流动资产所体现的资本转化为流动的、竞争驱动的资本。正是通过这种方式，我们获得了资本的财务表现，以便根据市场标准被视为表现不佳的资产通过证券和衍生品价格的变动立即减记其价值。证券化和金融衍生品，是对资本表现的衡量和对剩余价值流动的评估，换个角度说是社会权力关系的商品化、量化。而证券化和金融衍生品本身发展的内在驱动力是商品化——风险的商品化，正如布莱恩等所说，"实际上，衍生品和证券化的共同特征是（风险的）商品化过程：一个与马克思对资本主义发展的分析一致的过程"。② 金融化改变了主要经济范畴的内涵：劳动力——劳动力的再生产本身成为剩余价值的来源；生产——流动的劳动服务合同；货币——流动性金融资产充当了一般等价物；价值——融入风险因素。③

索蒂洛普洛斯（Dimitris P. Sotiropoulos）等持有类似的观点。他们"不同于那种认为当前全球金融形势只是投机以及金融与'实体'经济日益分离的分析"，而是"将金融化视为一种特殊的技术，它叠加在金融市场现有的社会权力关系之上，以便组织它们的运作"。④ 他们借助马克思的虚拟资本和拜物教理论指出，金融化是以风险为基础的一种特定表现形式，它依赖于金融估价，这种估价方式加强和强化了资本"法则"的实施。虚拟资本是预期未来收入流的资本化，资本化可以被定义为一种处理风险的技术，也可以被定义为一种根据风险进行标准化的社会过程。在发达金融领域的帮助下，经济能够从风险的角度观察自己。金融市场给某人（一家公司、一个国家、一个工薪阶层、一个学生，等等）附上一份风险简况表，意味着在一个由权力关系支撑的复杂世界中，获取并衡量其顺从地适应角色的效率。风险计算包括对每个市场参与者实现社会权力关系所定义的特定目标的效率进行系统评估。"基于风险的标准化相当于一种强加给市场参与者的特定权力技术，其目的不仅是控制金融市场，而且是组织不同社会权力关系的运作，以使其运作更

---

①② Bryay, D., Martin, R. & M. Rafferty. Financialization and Marx: Giving Labor and Capital a Financial Makeover [J]. *Review of Radical Political Economics*, 2009, 41 (4): 458 –472.

③ Dick Bryan, Michael Rafferty & Chris Jefferis. Risk and Value: Finance, Labor, and Production [J]. *South Atlantic Quarterly*, 2015, 114 (2): 307 –329.

④ Sotiropoulos, D. P., Milios, J. & S. Lapatsioras. *Demystifying Finance: How to Understand Financialization and Think of Strategies for a Good Society* [M] //Marangos J. (ed.). *Alternative Perspectives of a Good Society*, Basingstoke. UK: Palgrave Macmillan, 2012: 99.

有效和更有针对性。"① 通过金融化，资本的权力得到强化，劳动对资本从"形式隶属"发展到"实际隶属"。

与大多数非正统经济学家从金融过度扩张引起的金融脆弱性或资本主义积累的障碍角度来解释2008年金融危机不同，拉帕奇罗斯等（Spyros Lapatsioras et al.，2009）认为，最近的危机是金融化环境下阶级斗争的发展造成的，应将其视为资本危机而不仅是流动性危机。他们指出："当前的危机是资本主义生产和再生产关系的永久性特征的结果，也是这种关系的新自由主义组织的核心所特有的特征的结果，也就是说，是资本主义生产关系现在的表现形式的核心所特有的特征的结果。"② 新自由主义为资本主义扩大再生产服务的方式是推动债务证券化和资本的国际流动。通过金融衍生品，每一种金融证券在国际层面上的盈利能力都有了融合、联系和比较，进而国际资本主义竞争加剧，劳动力的国际竞争不断增强。资本主义再生产过程中存在抵制资本获取利润的各种阻力，我们所看到的风险管理，无非是通过其他手段继续进行生产领域对劳工的日常阶级斗争，通过其他手段继续进行旨在确保国际投资领域正常利润率的资本之间的日常斗争，证券市场和风险管理技术与资本的阶级力量及其引发的斗争始终是同一逻辑的一部分。金融衍生品的激增和创新的风险管理形式助长了这场危机。首先，它们导致了基于资本循环推动剥削战略的新理性的形成。这种新的理性假设了一种服从资本"法则"的态度。这些新理性系统地推动了对风险的低估，当代资本主义陷入了一种既有效率又有高风险的紧张关系中。其次，新剥削战略的影响——收入分配日益不平等，工资所占的份额减少，以及人的需求商品化的新类型，为管理总需求带来了问题（需求不足），换言之，增加资产阶级支配地位的条件与削弱这种支配地位的条件同时出现。应对危机的根本出路，在于推动去商品化的社会进程，也就是说，把社会建立在满足人民生存发展需要的基础上，而不是建立在资本估值计算的基础上。

按马克思的思路，金融化是一个天生的资本主义发展过程，它符合资本

① Sotiropoulos, D. P., Milios, J. & S. Lapatsioras. *Demystifying Finance：How to Understand Financialization and Think of Strategies for a Good Society* ［M］//Marangos J. （ed.）. *Alternative Perspectives of a Good Society* Basingstoke，UK：Palgrave Macmillan，2012：109.

② Lapatsioras，S.，Maroudas，L.，Michaelides，P. G.，Milios，J. & D. P. Sotiropoulos，On the Character of the Current Economic Crisis ［EB/OL］. Radical Notes，2009，Internet：http：//radicalnotes.com/content/view/99/39/.

增值内在逻辑：资本流动性、灵活性、竞争性内在要求和万物商品化结合到一起，完成了劳动对资本的实际隶属。资本主义生产进一步的社会化采取了金融化的形式，因为金融已经深入和广泛地渗透到更多的经济和社会再生产领域，为直接或间接应用生息资本创造了条件，也加强和扩大了资本主义基本生产关系。金融化表现为资本估值理念越来越多地融入资本循环，伴随着经济和社会的重组，甚至改变了资本主义生活方式。

6.3　三种金融化理论的比较与综合

6.3.1　三种金融化理论的差异比较

根据上述对三种金融化理论的介绍，可以把三种金融化理论的差异归纳如下。

第一，明斯基和帕利均把金融化视作资本主义 20 世纪 80 年代以来特殊历史阶段的产物，而马克思把其视作资本主义生产方式一直存在的内在趋势，这一趋势是在商品经济关系中存在的胚芽，一直处于孕育成长过程中，在 20 世纪 80 年代后展现得更为充分。

第二，明斯基把金融化视作纯粹金融现象，而帕利和马克思把金融化归结为实体经济的深刻变化。帕利与马克思的不同之处在于，前者把金融化归因于新自由主义增长模式，金融化是支撑自由主义增长模式的外在条件，而后者把金融化归因于资本主义生产方式——资本增值方式的内在变化。

第三，明斯基与帕利认为，金融化就是高杠杆负债，是信贷膨胀，继而是金融泡沫。但他们认为，金融从根本上仍然承担着服务于实体经济的功能。而马克思认为，信贷膨胀并非金融化，金融化是生息资本的广泛和深入的扩张。金融化主要指金融衍生品膨胀，资金"脱实向虚"，在金融市场空转，金融变成了"钱生钱"的游戏；此外，更多领域被商品化、证券化，为生息资本的扩张提供了基础。

第四，明斯基的金融化理论属于微观经济分析，基于市场主体和管理者的心理分析，企业家、银行家和货币经理的逐利活动导致金融结构和防范制度的演变。帕利的分析属于宏观视角，关注新自由主义增长模式政策框架以及金融化在弥补有效需求中的作用。马克思的资本主义生产方式分析属于系统分析，生息资本渗透到社会再生产的各个环节，对整个资本主义再生产过程带来影响、引发重组。

第五，关于金融化动力机制，在明斯基看来是金融市场参与者和管理者乐观情绪的累积过程，这个过程包含着金融市场高风险活动的蔓延和防范制度的削弱。帕利认为是 20 世纪 70 年代的外在冲击带来了资本主义经济困难，在应对困难过程中错误地选择了新自由主义增长模式，结果陷入了低工资率、高利润率、由金融泡沫支撑需求的不可持续的状态。而马克思则主张，金融化的动力是资本增值本性的解放以及资本主义持续商品化的进程。

第六，帕利把金融化完全归结为政策问题，纠正错误政策就可以完全扭转金融化现象。明斯基和马克思把金融化解释为内在趋势。但明斯基所谓的内在趋势是说从微观心理角度看金融化的出现有必然性，但从理性认知的角度，只要管理者够聪明，就可以通过政策改变扭转局面，通过政策可以改变和重塑内在趋势。心理活动可以产生金融化趋势，也可以通过心理认知的改变产生逆金融化趋势。对于马克思而言，金融化是不以人的意志为转移的客观规律，政策能发挥作用改变规律发挥作用的方式和影响，但不能取消和逆转。

第七，政策主张方面，明斯基最乐观，主张加强金融监管，筑牢防范制度即可避免金融化。帕利不悲观，认为只需根本放弃新自由主义增长模式，调整阶级关系，重建工资与生产率挂钩的新增长模式，外加加强金融监管，金融支配和削弱实体经济的局面就可以得到控制。如果说明斯基和帕利是改良主义的，那么马克思是革命的。马克思认为，只有根本上改变追求资本增值的基本经济制度，才能从根源上消除金融化，重建金融服务实体经济的局面，改良措施在资本主义制度框架内都是空想。马克思认为，这些改良措施是与"社会的政治和意识形态结构完全对立的，在社会的性质未发生根本变革之前，绝无施行的可能"①。

6.3.2 三种金融化理论综合的必要性与可行性

2008 年国际金融危机以来，中国应对全球金融危机和世界经济停滞趋势

---

① 约翰·B. 福斯特. 结构凯恩斯主义对国际金融危机解释的局限性［J］. 国外理论动态，2010（10）：20－28.

的政策基本上是成功的。这些成功的政策得到了三种金融化理论的支持，反过来证明三种金融化理论对我国政策选择具有指导价值，它们不应被视为水火不容的对立关系，而应该被拿来借鉴吸收，为我所用。

国际金融危机以来，各国纷纷出台金融改革方案，加强了金融监管，遏制了金融危机的扩大。防范金融的系统性风险一直是我国金融工作的重中之重，因此我国受国际金融危机的冲击较小。随着金融市场的发展，我国需要时刻警惕金融泡沫，防范金融风险，加强金融监管，引导资金流向。对金融风险必须防微杜渐，因为金融活动遵循着"金融创新——摆脱监管——危机——加强监管——金融创新"的路线周而复始。中外应对金融危机的举措符合明斯基对金融脆弱性及其应对的分析。

调整经济结构，改变经济增长方式，也是过去几年我国经济政策工作重点。为了应对经济周期下行，抵御外部风险，增强内生动力，我国实施了供给侧结构性改革，推出扩大内需、脱贫攻坚等战略部署，确立工资持续增长的机制，提出"国内大循环为主体、国内国际双循环相互促进"的发展战略，这些发展战略和举措与帕利对重建良性循环增长模式的主张有异曲同工之妙。

我国金融业改革、增长模式调整取得成功的根本因素，在于用追求共同富裕、共享繁荣、实现现代化、民族复兴的奋斗目标，取代了资本增值动机，成为引导物质资料再生产的动力机制。只有坚持马克思主义金融化观点，才能增强定力，坚定不移走社会主义共同富裕道路。另外，只有坚持马克思金融化观点，才能认清资本主义金融化长期趋势，构造应对国际金融化环境的政策体系。继续推进改革开放事业，构建世界命运共同体，实现人民币国际化，需要中国金融市场更加开放，中国很难摆脱世界资本主义经济体系的影响而独善其身，融入全球经济，与狼共舞是不二之选，这需要对资本主义金融化的长期性保持清醒认识，以马克思对资本主义的深刻理解为指导。如果仅仅把资本主义金融化理解成短期的金融泡沫，那么会使我国失去长期战略准备，将会被资本主义金融化趋势裹挟，将使改革开放事业遭受巨大损失。

三种金融化理论进行综合之所以可能，在于它们具有共同的本体论基础，即它们都坚持认为世界是动态、开放、系统的，这是与正统的新古典经济学的静态、封闭、机械的本体论根本对立的。第一和第三种金融化理论都坚持动态视角，把资本主义视作动态演化的历史过程，它们要么把金融化视作资本主义的一个特殊历史阶段，要么把金融化视作整个资本主义过程发展的趋势。而正统的新古典经济学把资本主义视作静止均衡状态，处于逻辑时间之中，围绕均衡点做钟摆式运动，资本主义结构不会发生变化。第二和第三种金融化理论都坚持系统、开放的视角，金融化理论不是在封闭系统环境中逻辑演绎的结果，而是内在趋势与外在政策、历史必然性与主观能动性、金融部门与实体经济、多个利益相关主体之间相互作用的结果，真实的历史不是有唯一的结果而是有多种可能。第三，直面资本主义市场经济的问题，理论分析的出发点是真实世界的矛盾，而不是完美市场经济的先入为主的辩护。三种金融化理论充满了一种超越理论世界、与实践生活密切接触的渴望。

　　虽然三种典型金融化理论在视角、逻辑和政策主张等方面存在差异，但由于这三类学说同属于反正统的激进经济学[①]，坚持现实性和动态演化观，它们体现的是真实世界经济学在理论上的多元化。后凯恩斯主义坚持方法论多元主义，认为开放的世界是复杂、动态、易变的，经济学的任务是透过事物表层分析深层结构，因此，需要多个证据来源来阐述深层结构，只借助单一理论或分析工具是无法完成任务的。每种非正统思想流派都对理解开放世界的某个方面作出了贡献，应该得到承认和尊重。

6.3.3　三种金融化理论综合的方法论依据和框架

　　实现三种金融化理论的综合可以借助批判实在论[②]。批判实在论（critical realism）是一门兴起于 20 世纪 80 年代的马克思主义科学哲学。批判实在论认为，每当人们作出理论声明时，他们已经或明或隐地猜想了世界存在的方式，已经作了本体论承诺。批判实在论认为世界是动态、开放、系统、有机、整体的，因而批判实在论又可称为"结构本体论"或"开放本体论"。

　　批判实在论具有"分层""转变""拜物教"等三个属性。第一，"分层"是指世界分为经验的表层和支配表层现象的深层结构，二者之间具有相

---

　　① "激进经济学"这一术语，在这里是在宽泛的意义上被使用的，是指所有批判主流新古典经济学方法的总称。关于激进经济学的概念可参见：简·哈代. 激进经济学和马克思的经济学［J］. 国外理论动态，2017（9）：2 - 16。

　　② 关于批判实在论的论述详见：刘文超. 马克思经济学与西方经济学的收入分配理论比较——基于批判实在论的视角［J］. 经济问题探索，2015（10）：165 - 170；另可参见：贾根良. 演化经济学导论［M］. 中国人民大学出版社，2015。

互独立性，不能相互还原。深层结构独立于人类认知而客观地存在，独立存在的世界与解释世界的知识形成对立，即深层结构具有"不可及性"；更进一步地，关于深层结构的知识不能简单通过经验而获取，即深层结构具有"超验性"。在开放的世界体系中，由于结构间的相互作用使得深层结构与表层表现之间并不存在一一对应关系，直接根据经验现象无法获知关于本质结构的知识。第二，批判实在论提出了处理结构和能动性之间关系的"社会行动转变模型"：已有的社会结构为人类活动提供了条件，但人类活动不仅受已有社会结构的支配，而且还能调动经济、政治、法律、文化等各种因素进行有意图的干预，不断改变潜在的社会结构。批判实在论反对进行"纯粹"的社会科学研究的企图，它主张在一个更加广阔的视域内，结合人文因素开展社会科学研究。第三，拜物教性质是指，社会结构由个体的行动和观念构成，但个体总是无法直接掌握这个深层结构，他们仅生活在"虚幻"的表层现实世界之中，根据表层世界的可经验的事件和观念作出判断、采取行动。为此，批判实在论提出社会科学要批判已有理论和观念的错误，并且揭示这种错误观念产生的深层的结构性根源，通过对行为主体持有的理论、观念、意识形态等的批判性解释，引起人们反思，进而改变人们的思想和行为，从而达到转变社会结构的目的。

社会科学无疑要研究社会或特定系统的深层结构，因为它构成社会的核心和本质，统领着社会经济生活的表层。但是，由于社会世界的分层、转变和拜物教的本体论特征，决定了达到此目的不仅需要研究深层结构，而且也要研究表层。表层经验是深层结构的载体和存在方式，是核心的展现。只有在表层经验与深层结构之间的关联、互动、异相的整体中研究二者，才能揭示结构、事件、经验之间的因果关系机制。这是一种整体的、系统的、抽象的研究策略。厄巴尔指出，经济的表层与核心通过两个相反渠道的交流汇成整体：（1）核心送出关于自身的信息到表层；（2）经济主体在经济表层的框架下相互作用，并且通过行为表现核心传来的信息，作为一种无意识的间接影响维持和再现核心结构。①

批判实在论为整合明斯基、帕利和马克思的金融化理论提供了依据。三

---

① 安德鲁·布朗，史蒂夫·弗利特伍德. 批判实在论与马克思主义［M］. 陈静译，桂林：广西师范大学出版社，2007：66.

种金融化理论分属于结构本体论的不同层面。首先，马克思金融化理论解释的是金融化的深层结构。金融化进程根本上是资本本性的解放，是资本增值形式的演进。一方面，资本形式越来越脱离物质束缚，获得流动性极高的纯粹价值形式；另一方面，资本运动越来越脱离生产的束缚，成为钱生钱的游戏。这种演进符合资本主义生产方式的内在逻辑，是一种永恒的深层趋势。其次，帕利的金融化理论解释的是金融化的中层现象。资本主义生产方式决定着资本主义的政治、法律、政策等上层建筑，上层建筑反作用于生产方式，为生产方式的生存保驾护航。新自由主义政策盒为资本增值提供了制度环境，满足了资本扩张的内在要求。新自由主义增长模式是由资本本性主导的，但在解放资本天性的过程中，孕育了更大的矛盾——金融膨胀和实体经济萎缩。看似错误的政策导致的结果，实际体现了资本主义生产方式的局限性：用孕育更大危机的方式解决当前的资本增值危机。最后，明斯基金融化理论描述了金融化的表层现象。本质结构主导着表层，但经济行为人生活在"虚幻"的表层现实世界之中，金融化直接表现为金融活动的变化，而这需要用金融活动参与者的动机和心理的行为主义来解释，这种动机改变了政策环境，改变了深层结构。金融活动具有拜物教性质，歪曲地反映深层结构，金融化理论的任务是通过金融市场的变化回溯基本生产方式的变化，通过批判错误的金融观念转变深层结构；通过对金融风险的认知和监管政策，反作用于增长方式，进而影响生产方式。

对中国当前改革实践具有重大指导意义的马克思主义金融化理论必将是以马克思金融化理论为基础，以明斯基和帕利金融化理论为补充的理论体系，批判实在论这一马克思主义科学哲学，为综合三种金融化理论，从而构建科学的马克思主义金融化理论提供了可行框架。

具体来说，实现三种金融化理论的综合，要做到四个方面的"结合"。第一，金融化概念上三结合。更全面的金融化概念应包括金融领域的变化（金融膨胀和金融创新）、虚拟经济与实体经济之间关系的变化、生产生活方式与社会结构的变化三个方面。也就是说要从更系统更全面的角度理解金融化现象。第二，金融功能上三结合。要从微观融资功能、宏观需求功能、中观资本积累功能三个方面综合理解金融部门在现代经济中的地位和作用。金融的存在有服务实体经济的微观和宏观功能，除此之外，金融部门还是一个相对独立的国民经济部门，是资本进行积累的一个领域，有自身独特的运行规律。第三，在金融化治理上三结合。为了保障经济健康发展，需要监管金融市场防范风险、改革增长方式重塑经济增长活力、分类指导信贷流向三个举措并行。第四，发展理念上两结合。面对经济社会金融化趋势，经济体制改革方向上必须综合考虑资本增值本性、人民生存发展需要。以人民生存发展需要为根本，发挥资本增值本性在引导资源配置和提供发展动力方面的积极作用，限制其负面影响。

第7章 需求—供给互动增长理论

与其他凯恩斯主义经济学一样，后凯恩斯主义经济学的核心特征之一是强调有效需求在宏观经济中的主导地位。然而，与其他凯恩斯主义经济学不同的是，在后凯恩斯主义经济学中，一方面，有效需求的主导地位不仅体现为对短期经济波动的决定作用，而且还体现为对潜在生产率和潜在产出的决定作用；另一方面，劳动力市场、收入分配与工资水平被纳入有效需求范畴进行分析，通过"劳动力市场——收入分配——生产率"之间的关系搭建起需求侧与供给侧之间沟通的桥梁。根据"需求创造供给"以及"劳动生产率增长内生于需求和工资增长"等命题，后凯恩斯主义经济学为经济复苏开出药方：通过国家和市场的正确结合，为结构变化和经济多样化提供必要的方向性推动力，从而塑造未来的比较优势；通过经济决策的社会协调和监管以及创新型国家的积极指导实现创新型发展。

7.1 需求创造供给

后凯恩斯主义经济学认为，无论是短期还是长期，需求都先于供给。后凯恩斯主义经济学将"萨伊定律"颠倒过来，得出"需求创造供给"：需求不仅影响现有生产资源的利用，而且通过诱发技术进步和创新以及对劳动力参与的影响，影响这些资源的发展。

7.1.1 劳动生产率增长的内生性

后凯恩斯主义经济学有一个基本认识，即，劳动生产率增长是内生的，它取决于总需求增长和实际工资增长。

由总需求和产出增长引起的劳动生产率增长在文献中称为卡尔多—凡登（Kaldor-Verdoorn）效应。卡尔多—凡登效应的存在可归结为三个原因。首先，产出增长对生产率增长的积极影响是因为规模收益递增的事实，即由于市场扩张，劳动分工深化，生产率提高。其次，通过刺激经济活动水平，需求扩张可以刺激经济体中"干中学"的数量和速度。最后，就需求增长中的投资增长而言，新投资带来了更高的劳动生产率，因为新安装的设备体现了最新的生产技术，因此比旧的资本存量具有更高的生产率；同时，需求增长引起的投资加快促进资本深化，也会提高劳动生产率。关于卡尔多—凡登效应最全面的研究来自麦康比等（McCombie et al.，2002）[1]，他们回顾了 80 项实证研究，发现即便这些研究采用了不同的计量经济学方法和数据，但都得出了需求增长与生产率增长之间的因果关系。近年来诸多研究把西方国家 20 世纪 70 年代以来生产率增长的长期下降（很大一部分）归咎于需求增长停滞（Storm，2017；Girrdi et al.，2018；Fontanari et al.，2019）。根据大量实证研究结论，可以简单计算出经合组织国家卡尔多—凡登系数平均值为 0.46，这意味着，需求增长每增加 1% 会使劳动生产率增长增加 0.46%。[2]

劳动生产率内生增长的第二个决定因素是实际工资增长。实际工资压力促使追求利润的企业加快节省劳动力的技术进步步伐。较高的工资刺激资本深化，将效率低下的企业赶出市场，鼓励经济结构变革，提高高技能工人在劳动力中的比例，并总体上促进节省劳动力的技术进步。这种思想至少可以追溯到马克思，并由希克斯引入主流经济学：企业可以通过削减工资或提高生产率来降低劳动力成本，如果它们成功地抑制了工资，那么提高生产率的创新动力就会减少（Taylor & Ömer，2019）。费海尔和克莱因克内希特（Vergeer & Kleinknecht，2010）提供的 19 个经合组织国家（1960～2004 年）的长期证据表明，实际工资增长提高 1%，生产率增长将提高 0.31%～0.39%。斯托姆和纳斯迪帕（Storm & Naastepad，2011）对 20 个经合组织国

---

① McCombie, J., Pugno, M. & B. Soro. *Productivity Growth and Economic Performance*：*Essays on Verdoorn's Law* [M]. Basingstoke and London：Palgrave, 2002.

② Storm, S. & C. W. M. Naastepad. *Wage-led or Profit-led Supply*：*Wages, Productivity and Investment* [M] //Lavoie M. & E. Stockhammer. *Wage-led Growth*：*An Equitable Strategy for Economic Recovery*. Bastoke：Palgrave Macmillan, 2014：100－124.

家（1984～2004 年）的数据进行了简单估算，发现包括法国、德国、荷兰、英国、美国和北欧国家在内的各个经济体的"工资成本引发的技术进步效应"为 0.38，意味着实际工资增长每增加 1% 将带来生产率增长 0.38%。

7.1.2　实际工资增长变动的影响

斯托姆和纳斯迪帕总结了实际工资增长 1% 时引起的增长、生产率和就业的变化。[①] 与任何工资导向型或利润导向型增长模型一样，工资份额是其中的关键变量。工资份额取决于实际工资和劳动生产率。实际工资增长会提高工资份额，但劳动生产率增长会降低工资份额，因为按照给定的工资率计算，一小时的工作现在会产生更多的产出，因此单位产出的劳动力成本会降低。如果实际工资增长超过生产率，工资份额就会增加，也就意味着利润份额会减少。

图 7 - 1 所示为工资导向型经济。一方面，较高的实际工资增长会增加工资份额，从而导致需求和产出的增加，进一步导致了就业增长的增加。另一方面，较高的实际工资增长会通过诱导劳动节约型创新带动劳动生产率的增长，从而导致了就业增长的下降。就业变动的正负方向取决于这两种力量的强弱。此外还需要补充两点：一是导致劳动生产率增长提高的因素除了较高的实际工资增长（通过诱导劳动节约型创新），还包括需求和产出的增加因素（通过卡尔多—凡登效应）；二是决定工资份额增长的因素除了实际工资增长的变动，还包括劳动生产率增长的变动。

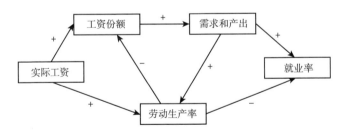

图 7 - 1　工资导向型增长体制中实际工资增长变动的影响

---

① Storm, S. & C. W. M. Naastepad. *Wage-led or Profit-led Supply*：*Wages*, *Productivity and Investment* [M] //Lavoie M. & E. Stockhammer. *Wage-led Growth*：*An Equitable Strategy for Economic Recovery*. Bastoke：Palgrave Macmillan, 2014：100 - 124; Storm, S. & C. W. M. Naastepad. *Macroeconomics beyond the NAIRU* [M]. Cambridge, MA：Harvard University Press, 2012.

由图7-1可以看出,实际工资的变化对就业率的影响取决于工资份额与劳动生产率两个方向的力量。首先,如果工资份额增长幅度较小,由此增加的需求和产出将会被限制在一定范围内,经济增长不再是工资导向型;其次,劳动生产率对实际工资变化越敏感,工资导向型的需求增长就越有限。实际上,由于工资增长对生产率增长的影响常常被忽略,因此,工资增长变化对需求增长的影响常常被高估。

实际工资增长下降的影响也同理可证。如果实际工资增长下降,由于实际工资增长抑制对生产率增长的反向影响大于产出增长的同向影响,从而创造了更高的就业,但这种失业率的降低是通过抑制生产率的增长,而不是提高盈利能力、投资以及出口和产出增长来实现的。换句话说,较低的失业率损害了福利和工资导向型经济的整体活力。

2008年金融危机后乏力的经济复苏重新唤起了人们对长期停滞假说的兴趣。根深蒂固的理论信念认为,长期趋势增长(被认为是由"技术"和"人口"供给侧因素决定)可以与围绕这一趋势的实际增长的短期波动完全分离,而实际增长的短期波动被认为是由需求变化引起的,虽然需求确实影响实际增长,但它不会也不能影响潜在增长。因此,长期停滞绝不是需求不足的问题,而是供给侧的问题(Fernald,2016;Furman,2015;Gordon,2014,2015)。劳动力老龄化和人口停滞构成了第一个供给侧问题。但真正的问题是,潜在产出增长的主要组成部分——全要素生产率(TFP)增长惊人地稳步下降。全要素生产率增长速度下降反映了技术停滞,从而降低了投资回报,压低了预期的投资支出,这构成了第二个供给侧问题。

斯托姆在《生产率增长的长期停滞》[①] 一文中主要关注生产率增长的长期停滞,对美国增长长期停滞的原因必须归结于供给侧因素的观点提出了质疑。他认为,生产率增长的放缓反映了需求危机,由于实际工资停滞不前、不平等性加剧、工作不安全感和两极分化加剧等因素,导致需求不足,进一步导致劳动生产率下降。

斯托姆分析了潜在产出下降和长期停滞问题,其中描述了需求增长影响潜在产出增长的动态渠道(见图7-2)。由于经验投资通常完全由通过总需

---

① Storm, S. The Secular Stagnation of Productivity Growth [J]. Working Papers Series 108, Institute for New Economic Thinking, 2019.

求运行的"加速数效应"主导，因此需求增长的结构性下降通过资本积累下降、产能利用率下降抑制了劳动生产率的增长，从而导致较低的潜在产出增长率。更为重要的是，一旦需求不足降低了潜在产出增长，也就意味着实际增长的速度会很低。

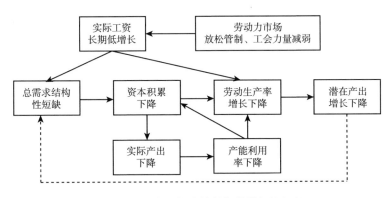

图 7 - 2　需求侧角度的长期停滞经济运行

由于持有"通胀不利"信念的货币政策制定者相信低 TFP 增长是由技术问题造成的，将采取政策使实际增长接近停滞的潜在增长。如图 7 - 2 所示，从"潜在产出增长"到"总需求结构性短缺"用虚线箭头表示，因为"观察到的"产出缺口很小，也即通胀风险看起来相对较大，货币政策当局将倾向于踩刹车，提高利率，以应对实际增长的复苏——将复苏扼杀在萌芽状态，并创造一种"病态复苏"，这种复苏"在婴儿期就会夭折"。停滞虽然是可以避免的，因为更高的投资和需求可以提高潜在增长，但现在停滞成为了一个自我实现的过程（Storm，2017；Fontanari et al.，2019）。

罗伯特·戈登（Robert Gordon）解释说，认识到实际工资增长是生产率增长的主要驱动力，这对宏观经济政策有着重要的启示："……对总需求的刺激不仅提供了提高产出和就业的直接好处，而且还提供了提高实际工资和创造替代劳动以提高生产率的间接好处，……，由于需求扩张可以带来这一双重好处，反对刺激需求的理由必须建立在令人信服的证据上，即此类政策将导致无法接受的通胀加速。"①

---

① Gordon, R. J. Productivity, Wages, and Prices inside and outside of Manufacturing in the U. S., Japan, and Europe [J]. *European Economic Review*, 1987, 31 (3): 685 – 733.

7.1.3 工资、生产率和利润

即使在经合组织中工资导向最为强烈的国家，工资导向的增长也不太可能创造就业机会，因为它会带来节省劳动力的技术进步和生产率增长。解决这一问题的一个办法是全面减少工人工作时间。具体而言，在就业增长不足甚至是负增长时，通过共享就业的方式抑制失业率上升。只有在（强有力的）工资导向型经济体系中，通过扩大产出和提高生产率来应对更高的工资增长，才能实现成功的就业分享；在以利润为导向的经济体中，这是不可行的，这种经济体会因实际工资的增长而收缩。

为什么工资导向型经济可以接受这种就业分享？原因是企业利润对较高的实际工资相对不敏感，这在很大程度上是因为生产率增长对工资增长的反应相对强烈。随着企业和工人在公平约束下运营，企业获得了更多的工人承诺、更高的生产率和更多的需求，以及更大的工人合作意愿，以促进技术进步，换取更高的工资和更平等的结果。更重要的是，更快速的需求增长和更高的生产率增长使企业能够在面临更高的实际工资时保持其盈利能力。

很明显，在保持所有其他因素不变的情况下，更高的实际工资增长必然会降低利润的增长。这就是我们所说的实际工资提高所带来的直接利润损失。但是，较高的实际工资会产生额外的有利于利润的间接影响：第一，在单位产出利润不变的前提下，工资导向的体系越强，产出随着工资的提高增长越快，从而提高了总利润；第二，更高的实际工资增长提振了生产率增长，因为降低了单位产出的工资成本，反过来又转化为更高的利润增长。在工资导向型经济体中，这两种影响往往非常大，以至于实际工资增长提高对利润的直接损害几乎完全被其对利润的间接影响所抵消。这一发现为北欧国家的合作资本主义版本提供了基础。①

后凯恩斯主义经济学家们将称为"社会生产率主义"的北欧模式与"社会停滞主义"的荷兰模式进行了比较。纳斯迪帕（2006）仔细研究了荷兰模式，发现荷兰产出增长对工资增长不敏感，这限制了生产率增长刺激，更高的实际

---

① Storm, S. & C. W. M. Naastepad. *Wage-led or Profit-led Supply*: *Wages*, *Productivity and Investment* [M] //Lavoie M. & E. Stockhammer. *Wage-led Growth*: *An Equitable Strategy for Economic Recovery*. Bastoke: Palgrave Macmillan, 2014: 100 – 124.

工资增长确实极大地抑制了荷兰的利润增长。实际工资增长和利润增长之间的这种剧烈权衡有助于解释为什么荷兰工会没有推动更高的工资，而是决定通过社会妥协来讨价还价，争取更多的工作，这意味着荷兰长期承诺抑制实际工资增长。可以预见，这种实际工资限制确实导致了企业盈利能力的恢复以及所谓的"荷兰就业奇迹"，但这是工资放缓导致生产率增长放缓的副产品。"社会停滞主义"的标签适用于大多数其他欧盟经济体，包括法国、德国、意大利和西班牙。这些欧洲大陆国家的特点与荷兰一样，工资导向的总需求较弱，而且还选择了高就业、低工资增长，而不是高生产率增长、高工资增长和就业共享。

7.2　NAIRU 理 论 批 判

主流的"非加速通胀失业率"（non-accelerating inflation rate of unemployment，NAIRU）理论，又被称作自然失业率理论，是新自由主义政策的理论基石之一。根据 NAIRU 理论，均衡失业率不取决于总需求，而是完全由工资推动因素决定，包括长期持久的失业福利、严格的就业保护立法、慷慨的社会保障缴款和高劳动力税收、集体工资协调和强大的工会。需求政策长期无效：需求刺激可能会暂时将实际失业率降低到均衡失业率以下，但这会导致工资和物价上涨；通货膨胀趋势只能通过实际失业率的上升（达到 NAIRU 水平）来抑制，以迫使工人接受预定的工资份额。NAIRU 理论的政策含义很简单，即为了减少失业，劳动力市场必须放松管制，福利国家必须缩小。

NAIRU 理论支持的首要政策目标并不是增加就业，而是抑制通货膨胀。中央银行有权改变利率以将实际失业率保持在 NAIRU 水平，同时确保实际通货膨胀率等于目标通货膨胀率。NAIRU 理论的支持者坚信通胀目标不会对实体经济造成任何损害，与此同时可以在不降低经济增长和造成额外失业的情况下成功降低通货膨胀。这种通胀控制的"长期中性假设"是 NAIRU 经济学的本质。

斯托姆和纳斯迪帕（Storm & Naastepad，2012，2016）认为 NAIRU 理论是错误的。他们通过对 NAIRU 理论进行模型化来揭示其错误之处。

斯托姆和纳斯迪帕从一个总需求关系开始，将实际失业率 u_A 表述为目标利率 r_T 和自主需求 a 的函数：

$$u_A = \gamma r_T - a \tag{7-1}$$

其中，r_T 是与中央银行的通胀目标一致的利率，$\gamma > 0$；a 代表自主支出对产出和失业的影响。

工资设定过程（以增长率的形式）可以表示为：

$$\hat{W} = \alpha_0 - \alpha_1 u_A + \alpha_2 \hat{\lambda} + \alpha_3 z + \hat{p}_e \quad (\alpha_0, \alpha_2, \alpha_3 > 0, 0 < \alpha_1 < 1)$$

$$(7-2)$$

其中，$\hat{W}$ 是名义工资增长；$\hat{\lambda}$ 是劳动生产率增长；u_A 是实际失业率；z 是工人的"保留工资"，取决于劳动力市场监管；$\hat{p}_e$ 是预期通胀。生产率增长 $\hat{\lambda}$ 进入工资谈判过程，因为工人们试图索取生产率增长所创造的部分盈余。就业立法保护的工作越多，最低工资越高，失业救济金越高等，保留工资 z 越高；z 越高，工人对工资增长的要求就越高。

名义工资增长、劳动生产率增长、价格增长率之间具有如下关系：

$$\hat{W} - \hat{p} = \hat{\lambda} \tag{7-3}$$

若公司有能力支付与生产率增长率相等的实际工资增长，可以保持其利润份额不变。将式（7-2）代入式（7-3），得到菲利普斯曲线，其中 $\hat{p}$ 是通货膨胀变化率。

$$\hat{p} = \alpha_0 - \alpha_1 u_A - (1 - \alpha_2)\hat{\lambda} + \alpha_3 z + \hat{p}_e \tag{7-4}$$

假设通货膨胀没有加速，而是稳定的均衡条件 $\hat{p} = \hat{p}_e$，则由方程（7-4）可以推导出 NAIRU：

$$u_N = \frac{\alpha_0 - (1 - \alpha_2)\hat{\lambda} + \alpha_3 z}{\alpha_1} \tag{7-5}$$

方程（7-5）满足新自由主义的结论，即劳动力市场放松管制（降低保留工资 z）降低了 NAIRU。另外，更高的生产率增长会降低 NAIRU（$0 < \alpha_2 < 1$），因为更高的劳动生产率增长为实际工资的增长创造了更多空间，从而降低了工资推动的通胀压力。正统理论假设 $\hat{\lambda}$ 是给定的——外生生产率增长单向影响工资增长、通货膨胀和 NAIRU，但本身不受经济体系中发生的任何事情的影响。

最后，方程（7-6）给出了中央银行的反应函数，其中，$\hat{p}_T$ 是中央银行的目标通货膨胀率，并且 $\theta_0, \theta_1, \mu > 0$ 。

$$r_T = \theta_0 + \theta_1(\hat{p} - \hat{p}_T) + \mu(u_N - u_A) \tag{7-6}$$

斯托姆和纳斯迪帕给出了货币政策规则的推导过程。[①] 中央银行有权改变利率以将实际失业率保持在 NAIRU，同时确保实际通货膨胀率等于目标通货膨胀率。

结合方程（7-1）、方程（7-4）和方程（7-6）可以对 NAIRU 模型进行简化分析。例如由于财政刺激，而使总需求增加，在目标利率不变的情况下，将会导致实际失业率的下降，通货膨胀开始抬头。经济主体开始更新通胀预期，提高实际工资水平，并进一步导致价格的上升。因此，央行将及早进行干预，将目标利率提高到使实际失业率等于自然失业率的水平，通货膨胀率回到 $\hat{p}_T$。由于央行坚定地致力于 $\hat{p}_T$ 的通胀目标，财政政策的积极影响将完全被更高的利率挤出。

NAIRU 理论的关键假设是无论启动条件和宏观政策如何，经济都会随着时间的推移不可避免地朝着自然失业率增长发展。央行只是在帮助加速平衡过程，从而可以说降低了调整成本。但斯托姆和纳斯迪帕认为，不存在一个恒定的 NAIRU，NAIRU 本身会随着总需求的变化而变化，并进一步指出 NAI-RU 随宏观政策而变化，而且存在路径依赖。[②]

由方程（7-2）和方程（7-4）可知，生产率增长 $\hat{\lambda}$ 是工资设定和通货膨胀变化率的核心变量，然而事实上生产率增长 $\hat{\lambda}$ 是内生的。通过卡尔多—凡登效应，更高的（投资）需求增长导致更快的生产率增长，从而降低了通胀压力（通过方程（7-4））。生产率更快增长的结果会使菲利普斯曲线向下移动，再结合方程（7-5），NAIRU 水平将会下降。

方程（7-4）表明通货膨胀变化率受到多种因素影响，在这些因素中哪一个占主导地位？答案并不清楚，因为它取决于工人和公司的讨价还价行为，以及卡尔多—凡登效应的强度。假设两种力量相互平衡，通货膨胀稳定在 $\hat{p}_T$ 和原始利率 r_T 的水平，而且增长率较高，实际失业率低于自然失业率的水平。为实现 NAIRU 的目标，央行将提高目标利率，以便使实际失业率回到自

---

①② Storm, S. & C. W. M. Naastepad. NAIRU Economics and the Eurozone Crisis [J]. *International Review of Applied Economics*, 2015, 29 (6): 843–877.

然失业率的水平。这只能通过抑制投资和总需求来实现,从而在没有充分理由的情况下造成额外的失业。而真正的破坏性后果是,通过卡尔多—凡登效应的反向运作,更高的利率降低了生产率增长,菲利普斯曲线上升,最终系统稳定在稳定的 $\hat{p}_T$ 通胀率、较低的生产率增长率和自然失业率的水平。

斯托姆和纳斯迪帕认为,基于 NAIRU 的通胀目标确实会通过减缓总需求增长、加剧不平等、打破社会上层结构和延缓这一过程的技术进步,导致巨大的而且是本可以避免的经济和社会成本。

7.3 供给—需求互动增长模型

7.3.1 斯托姆—纳斯迪帕增长模型

抑制实际工资增长在改善宏观经济表现方面收效甚微,原因是实际工资增长的减少可能会减缓生产率增长。因此,实际劳动力成本增长下降幅度小于实际工资增长,从而限制了后者对需求和产出增长的影响。在新古典增长模型中没有考虑到这种可能性,在新古典增长模型中,盈利能力的增加(由于实际工资增长的下降)意味着总储蓄增加、投资增加,从而提高产出和生产率增长。在马克思的"利润挤压"模型和卡莱斯基的利润导向增长模型中也忽略了这一点,这些模型预测更高的盈利能力会提高投资和 GDP 增长。正是由于这种疏忽,这些模型无法解释一个重要事实,即尽管利润率由于实际工资显著放缓而恢复到黄金时代的水平,但 1980 年后经合组织的宏观经济表现持续低于 20 世纪 60 ~ 80 年代的表现。

为此,斯托姆和纳斯迪帕开发了用以分析生产率—需求相互作用的更为一般的凯恩斯增长模型。该模型在巴杜里和马格林等提出的工资导向型或利润导向型的总需求体制的基础上,整合了更高的需求和更高的实际工资促进生产率增长的新卡尔多供给系统。① 因此,该模型不仅包括巴杜里和马格林

---

① Naastepad, C. W. M. Technology, Demand and Distribution: A Cumulative Growth Model with an Application to the Dutch Productivity Growth Slowdown [J]. *Cambridge Journal of Economics*, 2006, 30 (3): 403 – 434; Storm, S. & C. W. M. Naastepad. *Macroeconomics Beyond the NAIRU* [M]. Cambridge, MA: Harvard University Press, 2012.

所述的给定劳动生产率下实际工资变化对需求的净影响，而且还描述了实际工资变化以及需求变化如何影响生产率，以及随之产生的生产率变化到总需求的反馈过程——生产率变化影响单位劳动力成本，进而影响收入分配、消费、投资和出口。

斯托姆和纳斯迪帕提出，内生技术变革和生产率增长的引入从根本上改变了增长过程的性质，在生产率和需求体制的某些限制下，甚至可能迫使利润导向体制以工资导向体制的方式运行，反之亦然。

斯托姆—纳斯迪帕增长模型由两个方程构成：

$$\hat{y} = \lambda = \lambda_0 + \lambda_g g + \lambda_w \hat{w} , \lambda_g > 0, \lambda_w > 0 \qquad (7-7)$$

$$g = \eta_0 + \eta_1(\hat{w} - \lambda) \qquad (7-8)$$

方程（7-7）描述了生产率体制，表明劳动生产率的决定因素。其中，$\lambda_g > 0$ 代表劳动生产率正向取决于产出增长率，这是由于所谓的卡尔多—凡登效应。$\lambda_w > 0$ 代表劳动生产率正向取决于工资增长率，这是由于工资导向（诱导）技术进步效应。方程（7-8）描述了需求体制，表明经济增长率的决定因素，即所谓的投资方程。其中 $(\hat{w} - \lambda)$ 代表劳动份额的增长率。$\eta_1 > 0$ 代表经济是工资导向型增长体制，$\eta_1 < 0$ 代表经济是利润导向型增长体制。

将方程（7-7）和方程（7-8）描绘在一张平面坐标图中（见图7-3），横轴表示生产率增长率，纵轴表示产出增长率。方程（7-7）用曲线 PR 表示，又称作生产率体制曲线。方程（7-8）用曲线 DR 表示，又称作需求体制曲线。PR 曲线的斜率总为正，而 DR 曲线的斜率可正可负，具体取决于参数 η_1 的符号。

如图7-3所示，在工资导向型需求体制下，初始点在 PR_0 曲线和 DR_0 曲线的交点 E_0，产出增长率和生产率增长率分别为 g^* 和 λ^*。如果实际工资增长率提高，则 DR_0 曲线向上移动到 DR_1。在保持生产率不变的情况下，经济移动到 D 点，实现更高的产出增长率 g_p，反映了仅由有效需求引起的局部效应。然而更快的增长将引起更快的技术进步，这反过来减少了工资份额，导致生产率体制曲线向下移动到 PR_1，经济会到达新的交点 E_1，产出增长率被拉回 g^{**}。因此，在工资导向型经济中，生产率效应减小了实际工资的增加对有效需求的影响。这种减少能否大到新的产出增长率低于初始值呢？即是否有可能存在 $g^{**} < g^*$？

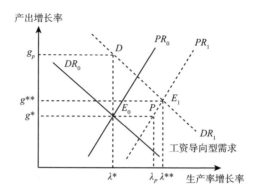

图 7 - 3 工资导向型需求体制下，实际工资增长率提高的影响

为了回答这个问题，我们需要把方程（7 - 7）和方程（7 - 8）联立方程组，然后求解得到：

$$\lambda^* = \frac{\lambda_0 + \lambda_g \eta_0 + (\lambda_g \eta_1 + \lambda_w)\hat{w}}{1 + \lambda_g \eta_1} \qquad (7 - 9)$$

$$g^* = \frac{\eta_0 - \eta_1 \lambda_0 + \eta_1(1 - \lambda_w)\hat{w}}{1 + \lambda_g \eta_1} \qquad (7 - 10)$$

在经验研究范围内方程分母为正值。在工资导向型需求体制下，$\eta_1 > 0$，因此，若 $\lambda_w < 1$，实际工资增长率的增加对产出增长率就有正影响，反之，若 $\lambda_w > 1$，实际工资增长率的增加对产出增长率就有负影响。

我们也可以反向思考该问题。如果保持总需求不变，假定实际工资上升得更快。PR 曲线向外部移动。这对劳动生产率的增长产生了正向的局部效应，在图 7 - 3 中使其从 λ^* 移动至点 P 对应的 λ_p。然而，实际工资更快的增长引致总需求的增加，这通过卡尔多 - 凡登效应导致劳动生产率的增长率增加更快。一旦将直接效应和引致效应考虑在内，劳动生产率的增长率就会移至 λ^{**}。因此，在工资导向增长中，有效需求效应增加了实际工资增长对劳动生产率增长的正效应。

图 7 - 4 描述了利润导向型增长体制下的情况。为了使模型保持稳定，生产率体制曲线必须比需求体制曲线更陡峭。因为 $\eta_1 < 0$，所以产出增长率 g 是生产率增长率 λ 的增函数，因此，DR 曲线的斜率为正。初始点在 PR_0 曲线和 DR_0 曲线的交点 E_0，产出增长率和生产率增长率分别为 g^* 和 λ^*。如果实

际工资增长率提高，则 DR_0 曲线向下移动到 DR_1。暂时保持劳动生产率不变，经济移动至 D，产出增长率下降为 g_p。另外，实际工资增长率提高刺激更多的提高生产率的投资，因此将生产率增长率移至点 P 对应的 λ_p。然而，更低的产出增长通过卡尔多—凡登效应引致更慢的技术进步，导致生产率的增长率减少至 λ^{**}。

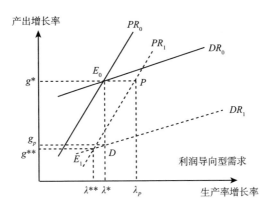

图 7 - 4　利润导向型需求体制下，实际工资增长率提高的影响

是否 $g^{**} < g^*$ 以及是否 $\lambda^{**} < \lambda^*$，可以根据方程（7－9）和方程（7－10）进行判断。由于 $\eta_1 < 0$，因此，若 $\lambda_w < 1$，实际工资增长率的增加对产出增长率就有负影响；反之，若 $\lambda_w > 1$，实际工资增长率的增加对产出增长率就有正影响。另外，如果 $|\lambda_g \eta_1| > \lambda_w$，即如果强烈的利润导向型体制伴随着强烈的卡尔多—凡登效应，而工资诱导技术进步效应较弱，则实际工资增长率的增加对生产率增长率有负效应。

接下来分析就业市场的情况。根据劳动生产率定义：$y = q/L$，可得：

$$\hat{L} = \hat{q} - \hat{y} = g - \lambda \qquad (7-11)$$

根据关系式（7－11）结合方程（7－9）和方程（7－10）中的均衡 g 和 λ 的值，可以得到：

$$\frac{d\hat{L}}{d\hat{w}} = \frac{\eta_1(1 - \lambda_g - \lambda_w) - \lambda_w}{1 + \lambda_g \eta_1} \qquad (7-12)$$

因为分母为正，仅需考虑分子的符号。在利润导向的需求体制下，$\eta_1 < 0$，只要 $\lambda_g + \lambda_w < 1$，实际工资增长率的提高对就业增长率 $\hat{L}$ 有负向影响。在工

资导向的需求体制下，情况更加不明确。实际工资增长率的提高对就业增长率有正向影响需要分子为正，即满足下列条件：

$$\eta_1 > \frac{\lambda_w}{1 - \lambda_g - \lambda_w} \qquad (7-13)$$

这种情况倾向于出现在强烈的工资导向型需求体制下（较大的 η_1），而且伴随着不大的工资诱导技术效应（较小 λ_w）以及不大的卡尔多—凡登效应（较小的 λ_g）。但根据斯托姆和纳斯迪帕的实证研究，发现条件（7-13）几乎是无法满足的。他们发现在 OECD 国家，假定 $\lambda_w = 0.38$，$\lambda_g = 0.46$，$\eta_1 = 0.30$。斯托姆和纳斯迪帕根据方程（7-12）估计出实际工资增长率每提高1%，就会导致就业增长率下降0.29%。因此他们总结道，即使处于工资导向型需求体制的国家中，实际工资更快的增长对就业增长率的影响更有可能是负的的。①

最后，斯托姆和纳斯迪帕对他们构建的增长模型进行了如下总结。

第一，在工资导向的需求体制中，只要生产率增长相对于实际工资增长的弹性，即 $\lambda_w < 1$，则实际工资增长抑制的结果是停滞的，即产出增长和生产率增长均下降。如果生产率增长下降的幅度大于产出增长的下降幅度，就业增长就会上升。

第二，在利润导向的需求体制中，实际工资增长的下降会提高产出和生产率的增长，只要实际工资增长对生产率增长的负面直接影响被积极的卡尔多—凡登效应所抵消，增长轨迹就是"兴奋主义"的。然而，当实际工资抑制对生产率增长的负面直接影响（绝对值）大于积极的卡尔多—凡登效应时，生产率增长下降，该轨迹被称为"技术上倒退的兴奋主义"。在这种情况下，由于工资放缓，就业增长将大幅增加。

当 $\lambda_w > 1$ 时，工资增长抑制将导致两种需求体制中生产率增长的超过比例的下降。单位劳动力成本增长率将上升，导致利润导向（工资导向）体制下产出增长的下降（上升）。引入工资诱导的内生技术变化和生产率增长后，从根本上改变了增长过程的性质。

---

① Storm, S. & C. W. M. Naastepad. *Wage-led or Profit-led Supply*: *Wages*, *Productivity and Investment* [M] //Lavoie M. & E. Stockhammer. *Wage-led Growth*: *An Equitable Strategy for Economic Recovery*. Bastoke: Palgrave Macmillan, 2014: 100 - 124.

7.3.2 总供给与总需求增长协调模型[①]

自然增长率是属于供给侧的问题，而实际增长率属于需求侧的问题。经济的持续稳定发展需要自然增长率与实际增长率之间协调一致，也即总供给与总需求增长的协调一致。对此一般认为有两种机制发挥着协调作用。一种是主流经济学坚持的机制，即有内在力量将实际增长率推向自然增长率；另一种是后凯恩斯主义经济学热衷坚持的机制，即有内在力量将自然增长率拉向实际增长率。

令 g_p 代表产出增长率，则方程（7-11）改写成：

$$\hat{L} = \hat{q} - \hat{y} = g_p - \lambda \qquad (7-14)$$

自然增长率 g_n 为经济活动人口增长率与劳动生产率增长率之和：

$$g_n = \hat{N} + \hat{y} = \hat{N} + \lambda \qquad (7-15)$$

就业率定义为 $E = L/N$。根据方程（7-14）和方程（7-15），可以发现就业增长率与经济活动人口增长率之差就是产出增长率与自然增长率之差：

$$\hat{E} = \hat{L} - \hat{N} = g_p - g_n \qquad (7-16)$$

第一种协调机制被称作"朝向供给侧的协调机制"，可以表示成：

$$\hat{\gamma} = -\chi_1(\hat{L} - \hat{N}) = -\chi_1\hat{E}, \chi_1 > 0 \qquad (7-17)$$

其中，γ 为投资函数中的自主变量（或动物精神参数）。方程（7-17）表示，随着就业率 E 上升，货币当局可能强制推行紧缩政策以及更高的实际利率，这将放缓资本积累和经济发展。

第二种协调机制被称作"朝向需求侧的协调机制"，可以表示成：

$$\hat{\lambda} = \chi_2(\hat{L} - \hat{N}) = \chi_2\hat{E} = \chi_2(g_p - g_n), \chi_2 > 0 \qquad (7-18)$$

方程（7-18）体现了卡尔多—凡登效应，表明自然增长率是内生的，

---

① 马克·拉沃. 后凯恩斯主义经济学新基础［M］. 北京：中国人民大学出版社，2021：604-611.

"增长创造了它自己的资源,这种资源表现为劳动力的可获得性增加以及劳动生产率更高"①。

图 7 – 5 解释了将两种机制结合起来的影响。当经济处于 A 点时,朝向供给侧的协调机制将使实际增长率沿着横轴向右移动,朝向需求侧的协调机制将使自然增长率向下移动。与此类似,当经济处于 B 点时,实际增长率高于自然增长率,两种比率将会收敛于某个 B 点之上的位置,例如 B*,在此过程中,两个比率向彼此移动,移动后的位置由相关参数的力量决定。

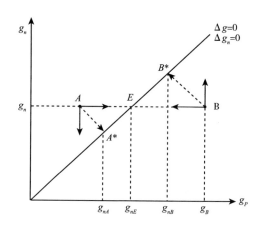

图 7 – 5　综合供给侧和需求侧机制以寻求内生自然增长率

7.4　二元结构论

泰勒等(Taylor et al.,2019)分析了 1990 ~ 2016 年美国 16 个经济部门的生产结构,"停滞"部门(建筑、教育和卫生、其他服务、娱乐、住宿和食品、商业服务、运输和仓储)与"活力"部门(制造、信息、金融、采矿、零售、批发、农业、公用事业)之间的差异表明近几十年来美国经济的二元性正在加强。这一现象表现为停滞行业的就业增长、活力行业的就业下降、生产率零增长或负增长以及收入分配的不平等性加剧。为了探究这种二

---

① Leon-Ledesma, M. A. The Endogeneity of the Natural Rate of Growth [J]. *Cambridge Journal of Economics*, 2002, 26 (4): 441 – 459.

元论背后的原因，泰勒等分解了就业率增长和生产率增长。分解结果表明，停滞部门和活力部门之间的生产率增长差异，导致低生产率停滞部门中低收入工人就业的增加，而这反过来又阻碍了投资于生产率更高技术的动机。在需求增长和生产率下降的帮助下，停滞部门在总就业中的份额上升，但他们的工资份额却停滞不前，实际产出份额甚至有所下降。停滞部门的这些变化加在一起似乎导致了美国经济整体生产率的下降和不平等性的加剧。另外，大多数有活力的部门生产率增长率较高，工资水平相对较高。然而，工资增长率一直落后于这些行业的生产率增长率。因此，工资和生产率增长之间的差距越来越大，整个经济的生产率增长也没有加速，这表明工资抑制而不是垄断力量成为高收入和低收入者之间不平等加剧的主要原因，尽管垄断力量可能在充满活力的部门中发挥作用。

　　泰勒等提出由于部门间失衡加剧导致长期停滞的可能性增加。如果有活力的部门生产率提高，就业将从有活力的部门被推向停滞的部门。如果停滞的部门就业对充满活力的部门商品和服务需求的反馈很弱，那么经济停滞部分的低工资工人产生的需求将下降，从而导致长期停滞背后的力量加强。

　　总体而言，主要问题是结构性问题（即医疗、教育、制造业就业创造乏力、全球化和贸易的影响、停滞部门的不公平合同、工会率下降、劳动力市场结构），这迫使该体系走向二元性。虽然必须重建体系结构，但通过以下政策可能会缓解现有问题：（1）干预主义政策应侧重于财政和货币扩张，通过取代停滞部门的就业岗位来提振对充满活力的部门商品和服务的需求；（2）将收入从高收入者重新分配给具有高消费倾向的低收入者；（3）刺激停滞部门工资的收入政策将有助于打破停滞部门和活力部门之间不平衡造成的扭曲。

7.5　欧元区结构失衡危机

　　2008 年美国金融崩溃引发的欧元区主权债务危机暴露了成员国在 1999 年引入共同货币后积累起来的重大宏观经济失衡。这些欧元区内部失衡的主要症状表现为，欧元区外围国家的高经常账户赤字和不断增长的外债与核心国家的高盈余以及商业银行持有的越来越多的债权相匹配。

欧美官方政策圈的共同观点认为，外围国家失去了竞争力，因为它们的工资增长超过了生产率增长，因此它们的单位劳动力成本上涨过多，这又归因于其"僵化"劳动力市场中的亲工人扭曲和"过度"公共部门工资增长。与此同时，核心国家德国因国内改革提高了工资成本竞争力。在这一诊断中，外围国家单位劳动力成本的上升降低了出口，增加了经常账户赤字，为了为过度支出融资，外围经济体不得不吸收更多的外国贷款。

斯托姆和纳斯迪帕等后凯恩斯主义经济学家对上述观点给予了严厉的批评，并提出了他们关于欧洲主权债务危机的解释。

7.5.1 欧元区危机不是成本竞争力危机

斯托姆和纳斯迪帕认为，相对价格或成本竞争力的变化并不能解释欧元区内部失衡的大规模积累。[1] 主流的观点认为，欧元区失衡是由于相对单位劳动力成本引起的。然而，大量研究表明，相对劳动力成本或价格增长对出口或市场份额的影响相当微弱（Carlin et al.，2001；Felipe & Kumar，2011；Storm & Naastepad，2007，2012，2015a，2015b；Onaran & Galanis，2012）。斯托姆和纳斯迪帕对此给出了理论解释[2]，这可以用式（7 - 19）表示。

$$\varepsilon_{ULC}^{EX} = \frac{(\mathrm{d}EX/EX)}{(\mathrm{d}p/p)} \times \frac{(\mathrm{d}p/p)}{(\mathrm{d}ULC/ULC)} = \varepsilon_P^{EX} \times \varepsilon_{ULC}^P \qquad (7-19)$$

式（7 - 19）表明，出口的 ULC（单位劳动力成本）弹性是出口需求的价格弹性和出口价格的 ULC 弹性的乘积。以制造业为例，ULC 仅占其总产值的 20% ~ 25%，利润加成率为 10% ~ 15%。斯托姆和纳斯迪帕使用这些数字计算发现，ε_{ULC}^P 对于大多数可贸易部门的值为 0.20 ~ 0.25。这意味着，如果制造业 ULC 增长 1%，即便劳动力成本上升完全"传递"到价格上，总产出价格也只会增长 0.25%。如果成本传递不是完全的，这个值会更低。换句话

---

① Storm, S. & C. W. M. Naastepad. Europe's Hunger Games: Income Distribution, Cost Competitiveness and Crisis [J]. *Cambridge Journal of Economics*, 2015, 39 (3): 959 – 986; Storm, S. & C. W. M. Naastepad. Germany's Recovery from Crisis: The Real Lessons [J]. *Structural Change and Economic Dynamics*, 2015, 32 (1): 11 – 24; Storm, S. & C. W. M. Naastepad. Structural Divergence and Crisis in the Eurozone: The Role of NAIRU Economics [J]. *Contemporary Issues in Macroeconomics*, 2016: 101 – 128.

② Storm, S. & C. W. M. Naastepad. Structural Divergence and Crisis in the Eurozone: The Role of NAIRU Economics [J]. *Contemporary Issues in Macroeconomics*, 2016: 101 – 128.

说，影响进出口的因素中劳动力成本并不重要。

7.5.2　经常账户失衡是由资本账户的变化驱动的

欧元区失衡是外围国家强劲内需增长的结果。欧洲金融一体化带来了外围国家信贷繁荣，消除了阻碍债务从核心国流向外围国的障碍。跨境金融流的增长远远超过了跨境商品和服务贸易，特别是在 2003~2007 年，从欧元区核心国家的银行流向外围国家的债务流显著增加。外围国家信贷繁荣背后的主要因素是 21 世纪初普遍存在的异常低的长期利率。在 2001~2008 年，为应对欧元区核心国家，特别是德国长期的低迷增长和高失业率，欧洲央行无视外围国家正在经历的更高的通胀率，"一刀切"地将目标利率制定在远远低于泰勒规则为外围国家推荐的水平，结果是外围国家的实际利率大大降低。因此，在斯托姆和纳斯迪帕的解释中，不可持续的经常账户失衡是由资本账户的变化驱动的——因为更高的债务融资引起的国内需求溢出导致了更高的进口。这表明泛欧金融一体化本身是有问题的，而不是外围的劳动力市场和福利国家制度。

第一，外围国家巨额的资本流入推动了需求的增长。遵循最高私人回报原则，外围国家的巨额资本流入推动了非贸易、低技术部门（例如建筑业和旅游业）的投资。因此，欧洲货币联盟提振了外围国家的内需增长，2000~2007 年，与德国停滞不前的国内需求相比，希腊和西班牙的国内需求以每年 4.5% 和 4.3% 的速度增长。更多的国内需求意味着更高的进口——外围国家的经常账户问题来自更高的进口，而不是糟糕的出口表现。第二，非金融资产的增加加强了对外部资金的依赖。债务国外部状况的恶化与家庭金融资产负债表的恶化密切相关，这主要是由于购买非金融资产（主要是住房）的增加。家庭和非金融公司增加了对国内金融体系的负债，这反过来又增加了对外部资金的依赖。信贷增长为欧洲外围国家的繁荣经济提供了资金。货币统一后，所有外围经济体都从异常低的实际利率中受益。使用 12 个欧元区国家（1990~2007 年）的数据，可以发现实际利率下降 1% 与实际 GDP 增长 0.3% 相关。[①] 这意味着，在

---

① Storm, S. & C. W. M. Naastepad. NAIRU Economics and the Eurozone Crisis ［J］. *International Review of Applied Economics*，2015，29（6）：843 – 877.

2000～2007 年，快速增长的西班牙和缓慢增长的德国之间的增长差距中，约有 40% 必须归因于西班牙低得多的实际利率。类似地，约 70% 的法国—德国增长差距和 20% 的希腊—德国增长差距可以用实际利率差异来解释。更高的增长意味着更多的进口，因此也意味着更高的贸易赤字。综上所述，这些发现表明货币因素，而非相对单位劳动力成本等真实因素，在解释增长差异和经常账户失衡方面具有压倒性的重要性。

7.5.3 欧洲货币联盟加强了结构分化

欧元区失衡更深层次的问题是，货币联盟强化了核心国家和外围国家之间在生产能力和出口专业化方面存在的结构性差异。尤其是在较大的经济体中，受到静态比较优势的引导，国内产业结构和贸易专业化通常密切相关，而且相辅相成。由于在中、高技术资本品方面的比较优势，德国不断增长的出口不仅更加集中在制造业产品的中、高技术领域，而且其国内生产结构也是如此。尽管德国因此成功地强化了其生产结构，但欧元区外围国却强化了不利地位——它们的制造活动和出口基地都变得相对狭窄，技术停滞不前。1999 年，德国高技术和中等技术制造业的附加值份额已经是欧元区最高的，占到 24.9%，在 1999～2007 年又提高了 2.4%。大多数欧盟国家未能跟上德国的技术升级步伐，法国、意大利、葡萄牙、西班牙的高技术和中等技术制造业的增值份额出现了绝对下降。与此同时，德国低技术制造业的附加值份额相对于外围国家，在 1999～2007 年出现了明显的下降。货币联盟成立后，欧元区内部的生产不对称加剧，德国在高技术产品方面变得更加强大，外围国家被更加强烈地锁定在中低技术生产领域。

欧元区产业结构差异的扩大表现为贸易专业化的差异。① 2004～2007 年，德国的出口更多地集中在制造业产品的高技术和中高技术部分（主要是高科技运输设备和机械以及科学仪器），而德国企业则减少了对中低技术和低技术产品的专业化。意大利、葡萄牙和西班牙的情况完全不同，它们的比较优势更加集中在低技术和低价格的制造业。欧元区的二元生产结构和随之而来

---

① Simonazzi, A., Ginzburg, A. & G. Nocella. Economic Relations Between Germanyand Southern Europe [J]. *Cambridge Journal of Economics*, 2013, 37 (3): 653－675.

的贸易专业化造成了欧元区外围国和核心国之间贸易的两种结构性不对称。

首先，外围国家从全球（或欧元区）需求增长中获得的好处远不及欧洲核心国家。尽管德国企业成功地进入了迅速扩张的全球市场（金砖四国），但希腊、意大利、葡萄牙和西班牙以及法国企业都未能做到这一点——在这一过程中，它们对国内市场的依赖程度越来越高。外围国家的公司专门从事出口市场增长速度低于德国产品市场的产品，并且与德国出口商相比，面向的目的地相对缺乏活力。威茨等（P. Wierts et al.，2014）为欧元区国家提供的计量经济学证据证实，高技术出口在总出口中的份额越高，伙伴国收入对出口需求的影响就越大。因此，拥有高技术出口份额的欧元区国家比拥有低技术出口份额的欧元区国家更能从世界其他地区的收入增长中获益。第二个结构性不对称是，由于出口专业化，欧元区外围国家不得不面对中国商品在共同出口市场的竞争。

欧元区失衡的更深层次的结构性根源在于成员国的生产结构和随之而来的出口实力与更具活力的全球市场和地区相吻合的程度不同。这些差异在引入共同货币后变得更广泛。欧元的外部价值对核心国来说被严重低估，而对外围国来说则被严重高估。据估计，希腊、葡萄牙和西班牙自欧元创立以来被大幅高估，2001～2008年，高估程度上升，葡萄牙和西班牙约为30%，希腊为50%；法国和意大利也经历了5%～10%的高估，相比之下，德国的实际有效汇率在2008年达到了15%的低估水平。[①] 这些隐含的实际汇率失调加剧了欧元区的贸易失衡——低估帮助德国增加了盈余，而高估则增加了外围国家的赤字。更糟糕的是，出口构成还决定了实际汇率对出口增长的影响——高技术出口占总出口的份额越低，实际汇率高估（或低估）的影响变得更大。[②] 这意味着外围国受到欧元高估的伤害要大于德国从欧元低估中获益的程度。欧元区内部经济结构和贸易的更大差异，加上欧洲央行的"一刀切"利率政策和缺乏共同（稳定）财政政策，这导致了外围国家非价格竞争力的累积损失和巨大的外部失衡，而这些结构性弱点反过来又解释了外围国家应对和从金融危机中复苏的能力。

---

① Carton，B. & K. Hervé. Euro Area Real Effective Exchange Rate Misalignments［J］. La Lettre du CEP Ⅱ No. 319，2012.

② Wierts，P.，Van Kerkhoff H. & J. de Haan. Composition of Exports and Export Performance of Euro-zone Countries［J］. *Journal of Common Market Studies*，2014，52（4）：928 – 941.

7.5.4 欧元区永久性危机

欧元区国家对欧洲货币联盟规则手册的遵守扼杀了它们的国内需求和出口，不仅导致经济停滞和生产力普遍放缓，而且导致经济活动的许多主要方面的相对和绝对下降。欧元区长期需求短缺有明确的来源：（1）永久财政紧缩；（2）永久实际工资限制；（3）缺乏技术竞争力，再加上欧元估值过高，这削弱了欧元国家（德国除外）在低工资国家日益激烈的竞争中保持其全球市场份额的能力。这三个方面导致较低的产能利用率，降低了企业盈利能力，并损害了投资、创新和多元化。因此，欧洲货币联盟规则手册将欧元区国家经济锁定在经济衰退和贫困中。

欧洲主权债务危机不是一场普通的经济危机，而是一场生存危机，它涵盖了后马斯特里赫特资本主义模式的全部内容。[①] 强大的负反馈机制将欧元区国家的经济锁定在无休止的停滞状态。图7-6展示了欧元区国家经济功能障碍的病理机制，突出了把这些国家锁定在长期停滞状态的四个反馈回路。[②]

永久的财政整顿、永久的工资限制和出口方面的技术竞争力不足，抑制了总需求，降低了产能利用率和盈利能力。结果是投资减少、研发支出减少和创新停滞——所有这些都导致 GDP 增长停滞。四种负反馈机制强化了这种因果关系。

反馈 A 表明由于投资不足和研发不足，限制了产品多样化、创新和质量升级，欧元区国家的技术竞争力进一步削弱。

反馈 B 从低迷的投资到较低的劳动生产率增长和较低的利润率。投资停滞意味着生产率增长放缓，因为投资停滞不仅会减缓技术进步，而且还会通过限制需求来限制"分工"。生产率增长和（投资）需求增长之间的这种关系就是本章开始所论述的"卡尔多—凡登效应"。生产率增长的下降会对利润份额和利润率产生负面影响，这反过来又降低了投资增长。

反馈 C 是双向反馈，向上的箭头意味着，一旦劳动生产率增长下降，为

① Costantini, O. Italy Holds a Mirror to a Broken Europe [J]. Blog Post, Institute for New Economic Thinking, June, 2018, 14; Fazi, Th. Italy's Organic Crisis [J]. *American Affairs Journal*, 2018 (May 20); Halevi, J. From the EMS to the EMU and… to China [J]. Institute for New Economic Thinking Working Paper No. 102, 2019.

② Storm, S. Lost in Deflation: Why Italy's Woes Are a Warning to the Whole Eurozone [J]. *International Journal of Political Economy*, 2019, 48 (3): 195–237.

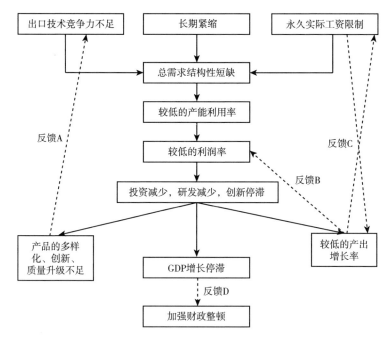

图 7 - 6　欧元区国家 1992 年后经济中的因果累积关系

了保护企业的利润份额，将进一步抑制实际工资的增长。向下的箭头反映了实际工资增长限制对生产率增长的阻碍作用，因为它使效率较低的公司能够留在市场上。双向反馈机制强化了"锁定"，因为无活力的公司要求低工资和禁止工资上涨，这反过来又消除了他们提高生产率的压力。

　　反馈 D 较为直接，GDP 增长停滞不利于降低债务与 GDP 的比率，并强化了继续产生基本财政盈余和将紧缩政策保持到永久的必要性。但是，与公共债务相比，紧缩政策的实施导致 GDP 减少，从而提高了债务与 GDP 的比率。综上所述，这四种反馈机制将欧元区经济锁定在一个低水平的均衡中，在这种均衡中，停滞的需求降低了盈利能力，减少了研发投资和支出，从而进一步削弱了国家经济的生产、抑制了需求。

7.6　工资与经济复苏

　　关于全球（尤其是欧元区）经济复苏或更广泛的长期增长问题，斯托姆和纳斯迪帕等学者得出了一系列有启发的独到见解。

7.6.1　低工资政策行不通

低工资政策对于经济复苏是行不通的。首先，如果经济是工资导向型的，工资削减和放松劳动力市场的管制不会为可行、持续的经济复苏创造条件。相反，它们导致产出和生产率增长长期停滞的结果，尤其在家庭、企业和政府背负大量债务的情况下。另外，即便实际工资削减对劳动生产率增长的抑制可能超过对产出增长的抑制，从而可能会带来一些就业增长，但在这个过程中，将主要创造低工资、不稳定、"不太体面"的服务业工作。必须理解的是，低工资战略相当于"工作更长时间"换取"更少收入"，在政治上可能会自我毁灭。

其次，如果经济是利润导向型的，降低实际工资增长确实会提高产出增长，但不是很强劲，因为生产率增长下降，技术进步陷入停滞。盈利能力和投资将上升，但也不是很强劲，因为较低的生产率增长会降低预期投资回报率。就业增长将上升（并在相当大的程度上），但也主要以低生产率、低工资工作的形式出现。这是一种"工作更多"以换取"收入稍高"的情景。此外，通过抑制投资需求和消费而降低实际工资，再加上债务积压，导致通货紧缩倾向，并在工资导向型和利润导向型的体制中造成不可忽视的债务通货紧缩风险。

最后，放松劳动力市场管制的政策会抑制劳动生产率增长并损害生产潜力。第一，较低的工资和更灵活的劳动力使低效率的公司能够留在市场上并阻碍结构变革。第二，较低的工资增长进一步意味着较低的总需求增长，这限制了分工的深化，减缓了"干中学"的进程。第三，较低的工资和需求增长降低了资本更新的速度。第四，在灵活的劳动力市场中，公司将减少对工人特定于公司的人力资本的投资，这也会损害生产率。第五，劳动力市场放松管制会侵蚀社会资本和对劳动关系的信任。

7.6.2　单纯提高实际工资不是灵丹妙药

降低工资不会让我们走上经济复苏之路，但通过提高实际工资是否就一定能走向经济复苏的康庄大道呢？如果是工资导向型增长体制，那么更高的实际工资将刺激产出，而这反过来可能创造一个更高投资、更高生产率和进一步增长的良性循环。但问题不是这么简单，虽然更高的实际工资确实提高了产出，但却进一步提高了劳动生产率，因此就业率可能会下降。失业率上升，再加上不确定时期的高债务，意味着消费者和投资者不愿意或谨慎地消费和投资，最终需求增长乏力。因此，即便在工资导向型增长体制中，单纯提高实际工资本身也不是灵丹妙药，不能治愈所有经济疾病。

7.6.3　非价格竞争力

重要的是非价格竞争力，而不是价格或成本竞争力。如果一个国家专注于具有较高需求水平的商品和目的地市场，并且设法在这些商品和目的地市场中保持恒定的市场份额，那么它在世界出口中的份额必然增加。这种对一国出口商品构成及其目的地市场的总体出口市场份额的影响称为"结构效应"。一旦确定了结构效应，一个国家的出口市场份额增长可以分解为结构效应和竞争力效应。斯托姆和纳斯迪帕估算了 1996～2007 年选定的欧元区经济体的结构效应和竞争力效应，发现德国的出口市场份额得益于有利的出口结构、面向快速增长的地区以及蓬勃发展的中等技术行业（化工、制药、汽车和机械，这些行业的世界市场增长速度高于平均水平）。由于这种"结构效应"，德国的出口市场份额每年将增长 1.46%。但是，值得注意的是，德国的实际出口市场份额每年仅增长 0.45%。这意味着德国的竞争力效应为负数，"德国制造"失去了竞争优势，尽管其相对单位劳动成本有所下降。[①]

归根结底，德国和外围国家的出口集中在技术不同的商品和不同的市场目的地。这就是外围国家真正的竞争力问题所在——它们被锁定在中低水平的技术上。降低工资份额永远不会解决这个问题。而真正的问题是，欧元区成员之间劳动生产率和技术能力的巨大差异。只有外围国家成功赶上德国的生产率和技术潜力，欧元区内部的失衡才能减少。与大多数其他欧元区国家不同，德国企业成功地抓住了全球需求并在大量专业产品方面建立了比较优势。关键在于，德国公司并未因关注成本和价格而得意忘形，而是继续专注

① Storm, S. & C. W. M. Naastepad. Europe's Hunger Games: Income Distribution, Cost Competitiveness and Crisis [J]. *Cambridge Journal of Economics*, 2014, 39 (3): 959–986.

于建立制造业的非价格竞争力,这体现在"德国制造"中,代表着强大的产品设计、质量、高科技含量和可靠性。

7.6.4 "双腿"发展战略与合作资本主义模式

就欧元区外围国家如何摆脱困境实现复苏,斯托姆提出了"两条腿走路"的发展战略:一是恢复国内(和出口)需求;二是升级生产结构和增强创新能力,进而增强出口的技术竞争力,摆脱直接工资成本竞争。① 这意味着不仅必须停止紧缩政策和抑制实际工资增长,而且政府应该做好准备,通过增加公共投资(在公共基础设施、"绿色"和脱碳能源和交通系统)和新的产业政策来促进创新、创业和更强的技术竞争力,为经济提供明确的方向性推动力。"单腿"财政刺激措施是不够的,其目的是通过增加公共(消费)支出在短期内恢复国内需求。这无助于解决外围国家的结构性问题。

发展的第二条腿,需要发挥"创新政府"的职能,即有效的产业政策。首先,政府挑选优胜者,例如,在可再生能源系统、公共交通、教育和健康领域推动创新和刺激投资。其次,驱动创新的不是基于价格的市场竞争,而是经济决策的社会协调,它为不稳定的资本主义体系带来秩序和稳定,监管和协调确实会带来更高的生产率增长。②

基于创新的非价格竞争力的培育是一种长期主义发展理念,这种发展需要建立在合作资本主义体系的基础上。德国的成功得益于合作资本主义模式,证明了其保持高度监管和协调的制造业经济并忠于其手工艺根源的执着精神。该监管采取工作委员会的形式,公司必须与其分享权力。手工根植于德国的"Mittelstand",这些中小型企业(通常是家族企业)与当地社区有着密切的联系,专注于和创新高品质的利基产品。由于国外廉价劳动力的竞争使得创新、技术和高质量得到了重视,德国的中小企业蓬勃发展。正是与学校、地方(合作)银行、企业、学徒和更广泛的社区的稳定联系,赋予了中小企业竞争优势。这一对企业行为和市场具有"制衡"作用的体系之所以有效,是

---

① Storm, S. Lost in Deflation: Why Italy's Woes Are a Warning to the Whole Eurozone [J]. *International Journal of Political Economy*, 2019, 48(3): 195-237.

② Storm, S. & C. W. M. Naastepad. *Macroeconomics beyond the NAIRU* [M]. Cambridge, MA: Harvard University Press, 2012.

因为它创造了员工"干中学"和银行融资的承诺，这些是创新、技术变革和
持续改进的基础。

生产率增长不仅是一项工程成就，它还是一种人为和社会建构，它在很
大程度上取决于所谓的"国家创新系统"或者有人称其为生产系统和技术的
"社会上层结构"①。这种社会上层结构包括工人与管理层的关系、企业内部
的公司治理、企业与银行的关系、企业与生产网络的整合以及企业与政府的
互动。对生产率增长、创新和技术进步依赖于经济的社会上层结构，而不是
工程创新。德国在其高科技和中型高科技制造业核心活动中的实力建立在资
本、金融、劳动力和德国创新国家之间的密切合作和协调之上。欧元区债务
国在"Troïka"的压力下被迫实行财政紧缩、大幅削减工资和大幅放松劳动
力市场管制，这意味着，减少就业保护、更分散的工资谈判、更低的最低工
资、更高的退休年龄，但养老金更低，劳动力税更低。因此，欧元区债务国
将无法缩小与德国核心部门的生产率差距，而是陷入低工资、低生产率的活
动中，出口专业化与工资更低的中国重叠。唯一的出路是欧元区外围国家需
要国家和市场的正确结合，彻底重新思考产业政策，为结构变化和经济多样
化提供必要的方向性推动力，从而塑造未来的比较优势。

7.6.5　复苏需要更广泛的一揽子政策

"降低实际工资显然会适得其反，但提高实际工资的相反政策不太可能
（而且完全靠自身）让经济走上复苏之路。"②复苏需要更广泛的一揽子政策
来保护工资和利润、就业和技术进步、平等主义成果以及国际非价格竞争力。
（1）企业和劳动力之间公平分享劳动生产率增长的收益；（2）留出足够高的
利润以刺激投资；（3）承诺在公司层面和作为（充分就业）宏观经济战略提
供就业保障。实际工资可以提高，但要结合支持性宏观经济政策，例如，低

① Storm, S. & C. W. M. Naastepad. Europe's Hunger Games: Income Distribution, Cost Competitive-ness and Crisis [J]. *Cambridge Journal of Economics*, 2014, 39（3）: 959 – 986; Storm, S. & C. W. M. Naastepad. Germany's Recovery from Crisis: The Real Lessons [J]. *Structural Change and Economic Dynamics*, 2015, 32（1）: 11 – 24.

② Storm, S. & C. W. M. Naastepad. *Wage-led or Profit-led Supply: Wages, Productivity and Investment* [M] //Lavoie M. & E. Stockhammer. *Wage-led Growth: An Equitable Strategy for Economic Recovery*. Bastoke: Palgrave Macmillan, 2014: 100 – 124.

实际利率和税收制度,逐步向高储蓄收入群体征税,以资助公共部门就业和研发。并且要求公平的实际工资增长和可信的充分就业（而不是低通胀）宏观经济决策承诺——如果管理得当,这些要求不会与生产率增长和盈利能力产生冲突。与此同时,为使股东成为更加忠诚的长期投资者,应该加强对资本的严格强制,一个国家的技术竞争力越强,其协商一致的宏观治理结构越有效,该国越有可能经受住危机。

第8章 现代货币理论与经济复苏方案

诞生于 20 世纪 90 年代的现代货币理论（modern monetary theory，MMT）是后凯恩斯主义经济学家在货币、财政、金融理论方面做出的新发展，它为一系列全新的宏观经济政策主张提供了理论基础，因此备受关注。2008 年全球金融危机和经济危机使资本主义深陷经济衰退的泥淖，这为现代货币理论提供了大展拳脚的机会，以之为基础的一系列经济复苏方案应运而生。

兰德尔·雷（L. Randall Wray）对现代货币理论的成熟做出了突出贡献，可谓现代货币理论的集大成者。正如兰德尔·雷所言，"现代货币理论是一个全新的研究方法"，但它又有悠久的理论传统，"建立在凯恩斯、马克思、英尼斯、克纳普、勒纳、明斯基、戈德利以及其他许多学者的见解之上"。[①] 现代货币理论中的"现代"，按凯恩斯所言，是指"至少 4000 年以来"，即近 4000 年来的货币制度为"国家货币制度"。"简单来说，就是由一个国家来选择计价货币，制定责任与义务（如纳税、进贡、缴什一税、罚款和上交相关费用等），以该货币单位计价，以及发行按照上述义务付款的、被认可的货币"[②]。按照现代货币理论，现代货币即国家主权货币，因此现代货币理论也被称为主权货币理论。

8.1 现代货币理论思想史

8.1.1 克纳普：货币国定说

20 世纪初，德国经济学家克纳普（Georg Friedrich Knapp）提出了货币国

---

① 兰德尔·雷. 现代货币理论［M］. 张慧玉，等译，北京：中信出版社，2017：1－2.
② 兰德尔·雷. 现代货币理论［M］. 张慧玉，等译，北京：中信出版社，2017：2.

定说（state theory of money），这种货币学说与货币金属论观点直接对立。根据金属论观点，货币的价值来源于所采用的金属标准（例如金或银）的价值。根据克纳普的说法，"国家货币"是"在公共偿付处所被接受的"，因此，不可能把货币理论与国家理论分开，金属论者试图"在没有国家概念的情况下"推断"货币体系"，这是"荒谬的"。①

克纳普认为，债务是以价值单位即"表示支付金额的单位"来表示的，并以支付手段清偿。那么，是什么决定了哪些东西可以作为清偿债务的手段呢？克纳普注意到，支付手段经常发生变化。有时一种材料（例如黄金）已经被接受，但"突然"被另一种材料（例如白银）取而代之。因此，虽然支付手段可以是某种确定的材料，但它不受任何特定材料的约束。"一项公告规定：这样的东西和这样一种描述的东西作为价值单位是有效的"②，"公告的有效性不受任何材料的约束。它可以发生在最贵或最便宜的金属上……"③。关键在于这些转变要求国家公布一个兑换比率。债务从来不是真正的"金属"，所有的债务都可转换成新的金属，这证明所有的记账单位都必须是名义上的。由此，国家货币，更确切地说应该是国定货币，因为"公告"是由国家制定的。克纳普研究了从黄金重量的使用，到称重以确定价值的盖印硬币，到按面值接受盖印硬币，最后到纸币的转变，他发现国家在这一转变中扮演了主要角色。

克纳普描述了现代货币体系的形成。他指出，"每一种支付手段我们都称之为货币"，它们都具有一个共同特征——它们是支付代币，或者说，是用作支付手段的"票"或"记号"。④ 货币名目论通常与这样一个命题相一致，即法定货币法决定了必须接受哪种作为支付手段，克纳普的货币国定说属于货币名目论的范畴，不过，克纳普的分析更进一步。他认为，如果宣称货币是法律的创造，那么这不是狭义的解释——它是法学的创造，而是广义的解释——它是国家活动的创造。

"什么是国家货币体系的一部分，什么不是？我们不能定义得太狭隘。标准不能是货币由国家发行，因为这将排除最重要的货币种类；我指的是

---

① Knapp, G. F. *The State Theory of Money* [M]. Clifton, NY: Augustus M. Kelley, (1924) 1973: 7 – 8.

②③ Knapp, G. F. *The State Theory of Money* [M]. Clifton, NY: Augustus M. Kelley, (1924) 1973: 30.

④ Knapp, G. F. *The State Theory of Money* [M]. Clifton, NY: Augustus M. Kelley, (1924) 1973: 34.

银行钞票，它们不是国家发行的，但它们是货币体系的一部分。也不能以法定货币作为检验标准，因为在货币体系中，非常常见的货币种类不是法定货币。……如果我们将其作为检验标准，我们将最接近事实，即在向国家部门付款时接受这笔货币。那么所有可以向国家付款的手段就构成了货币体系的一部分。……国家接受界定了货币体系。'国家接受'一词只能理解为在国家为接收方的国家偿付处所接受。"①

国家票据在私人交易中被接受的原因不仅是因为一部法定货币法，更是因为国家首先决定在自己的交易中使用或接受它作为货币，然后必须将其作为清偿私人债务的手段来接受。"法律并不能决定什么是终极货币，它们只是表达了一种虔诚的希望，因为它们无力反抗造物主，国家……"②。

克纳普将他的分析扩展到银行货币。"银行制作票据并将其提供给客户。发行票据并不是一项特殊的业务……而是银行努力付款的一种特殊方式。……它试图用自己的票据而不是国家发行的货币来支付，因为这样用相对较少的资本就能获得比其他方式更大的利润"③。克纳普认为，银行钞票的价值并非来自用于兑换的储备（无论是黄金还是政府法定货币），而是来自它们在"私人支付"和"公共支付"中的使用。在"私人支付"中，银行货币是用于支付的主要货币；然而，"公共支付"需要国家货币。一般而言，将银行货币交付给国家不是最终的或决定性的，因为国家会将其提交给银行以进行"赎回"。

什么能让银行钞票成为国家货币？钞票并非自动成为国家的货币，但一旦国家宣布接受以钞票的方式向国家支付，钞票就成为国家货币。如果国家接受向国家支付的钞票，那么钞票就变成了"附属货币"；如果国家用钞票进行"国家支付"，钞票就会变成"终极"货币。然而，各个国家为确保其发行的货币处于优越地位，经常要求银行将其钞票兑换成国家发行的货币，从而使银行钞票保持附属货币的作用。一旦国家接受银行钞票支付，但不支付这些钞票，那么这些钞票最终将被赎回。甚至，在困难时期，政府会通过终止可兑换性的法律，宣布国家从此将以纸币支付，从而通过国家的行动，纸币变成了终极货币。④

---

① Knapp, G. F. *The State Theory of Money* ［M］. Clifton, NY：Augustus M. Kelley，（1924）1973：95.
② Knapp, G. F. *The State Theory of Money* ［M］. Clifton, NY：Augustus M. Kelley，（1924）1973：111.
③ Knapp, G. F. *The State Theory of Money* ［M］. Clifton, NY：Augustus M. Kelley，（1924）1973：131.
④ Knapp, G. F. *The State Theory of Money* ［M］. Clifton, NY：Augustus M. Kelley，（1924）1973：143.

8.1.2 因内斯：信用货币论

因内斯（A. Mitchell Innes）的贡献是将货币国定论与货币信用论结合起来，这体现在他于 1913 年和 1914 年发表的两篇论文中。因内斯把货币经济关系视作信用和债务关系。

首先，因内斯在赔偿金制度中找到信用和债务关系的起源。"赔偿金"由违法者直接支付给受害者及其家属，并由公众集会设立和征收。因内斯认为，货币是基于"赔偿金"实践的"惩罚制度"演变而来，并强调了"货币当局"在其中的作用。国家以一种广义的社会核算单位的形式——一种用于衡量义务的货币，施加一种责任。一旦当局可以征收这些义务，他们就可以通过对那些可以交付的东西进行命名，换句话说，通过对它们进行定价，来命名履行这一义务的东西。国家选择了单位，命名了支付债务时接受的东西，并（最终）发行了它接受的货币。国家发行的货币所用的材料并不重要，关键是国家公布的名义价值，并在支付给国家的款项中接受货币。

其次，因内斯把货币的本质放在了信用和清算系统上。他认为，"销售不是一种商品与被称为'交换媒介'的中间商品的交换，而是一种商品与信用的交换"①。"买卖是商品交换信用，而不是一块金属或任何其他有形财产。在这一理论中蕴含着整个货币科学的精髓"②。因内斯把商品交换称为"原始商业法"："信用和债务不断产生，相互抵消而消灭，形成整个商业机制……"③。因内斯解释道："通过购买我们成为债务人，通过出售我们成为债权人，我们既是买家又是卖家，我们都是债务人和债权人。作为债务人，我们可以强

---

① Innes，A. M. What is Money？［J］. *The Banking Law Journal*，May 1913；Republished as "What is Money?"，In：L. Randall Wray（ed）. *Credit and State Theories of Money*. Cheltenham：Edward Elgar，2004：391.

② Innes，A. M. The Credit Theory of Money［J］. *The Banking Law Journal*，1914；Republished as "The Credit Theory of Money"，In：L. Randall Wray（ed）. *Credit and State Theories of Money*. Cheltenham：Edward Elgar，2004：159.

③ Innes，A. M. What is Money？［J］. *The Banking Law Journal*，May 1913；Republished as "What is Money?"，In：L. Randall Wray（ed）. *Credit and State Theories of Money*. Cheltenham：Edward Elgar，2004：393 – 394.

迫债权人取消我们对他的义务，方法是将他自己的债务确认书交给他，数量上等于他自己承担的等额债务。"① 因此，市场不被视为交换货物的地方，而是债务和信用的清算所。在这种观点下，债与贷、清算是普遍现象；货物和服务贸易是一个人成为债务人或债权人的方式之一。因内斯认为，信用和债务关系是货币面纱背后的基本社会关系。信用货币背后没有"自然"的自由货币关系。

从买卖是商品与信用的交换这一主要理论出发，产生了一个子理论，即信用或货币的价值并不取决于任何一种或多种金属的价值，而是取决于债权人获得的"付款"的权利，即清偿信用的权利，以及债务人"偿还"债务的义务。反之，债务人有权以债权人所欠的等值债务的形式解除其债务，债权人有义务接受该债务以清偿其债权。如果某人的"直接债务总额超过他的直接信用总额，那么这些债务对他的债权人的实际价值将下降到一个数额，使他们等于他的信用额。这是商业最重要的原则之一"②。

最后，因内斯将信用方法推广到货币，将国家货币作为信用货币。通过承认"信用的本质"，即发行人必须接受自己的借据，来整合国家货币和信用货币。③那么，政府有什么特别之处呢？政府的信用"通常在任何一个特定城市的排名都比城市以外的银行家的货币略高，根本不是因为它代表黄金，而仅仅是因为政府的财政运作广泛，以至于各地都需要政府的货币来履行对政府的税收或其他义务"④。那么，政府货币的特殊性就是"可通过税收机制赎回"⑤。主权政府处于一种特权地位，它可以通过要求纳税人必须在纳税时交付政府债务来创造对自身债务的需求。"正是税收赋予国家'借据'以'价值'。一美元的货币就是一美元，不是因为制造它的材料，而是

①② Innes，A. M. What is Money? [J]. *The Banking Law Journal*，May 1913；Republished as "What is Money?"，In：L. Randall Wray（ed）. *Credit and State Theories of Money*. Cheltenham：Edward Elgar，2004：393 – 394.

③ Randall Wray，L. Introduction to an Alternative History of Money [J]. Economics Working Paper No. 717，Levy Economics Institute，2012.

④ Innes，A. M. The Credit Theory of Money [J]. *The Banking Law Journal*，1914；Republished as "The Credit Theory of Money"，In：L. Randall Wray（ed）. *Credit and State Theories of Money*. Cheltenham：Edward Elgar，2004：154.

⑤ Innes，A. M. The Credit Theory of Money [J]. *The Banking Law Journal*，1914；Republished as "The Credit Theory of Money"，In：L. Randall Wray（ed）. *Credit and State Theories of Money*. Cheltenham：Edward Elgar，2004：152.

因为为了赎回它而征收的一美元的税。"①在长期历史中，国家发行的货币是棍子、黏土、贱金属、皮革或纸张等，人们之所以会接受这些"毫无价值"的东西，是因为这些是国家债务的证明，国家在人民支付税款和其他欠自己的债务时会接受它们。国家的关键权力是征税的能力："政府依程序强制规定某些特定的人成为其债务人……这个程序被称为征税，因此这些人被迫成为政府的债务人，他们必须寻找政府确认的票据或其他工具的持有人。"②因此，与正统思想相反，国家发行的货币的可取性不是由内在价值（即使在金本位制度下）决定的，而是由国家在自己的支付机构中对其设定的名义价值决定的。

8.1.3 凯恩斯：国家货币理论

凯恩斯的货币理论深受克纳普和因内斯的影响，凯恩斯关于货币本质的认识集中体现在 1930 年出版的专著《货币论》第一章的论述中。

在凯恩斯看来，"记账货币"是货币理论的"基本概念"，记账货币"与作为延期支付合同的债务和作为购销合同要约的价目单一起诞生"③；与之不同，"货币本身，是交付后可解除债务合同和价格合同的东西，而且也是储存一般购买力的形式，它的性质来自它与记账货币的关系，因为债务和价格首先必须用记账货币来表示"④。凯恩斯进一步澄清了货币和记账货币之间的区别："记账货币是表征和名义，而货币则是相应于这种表征的实物"⑤。

凯恩斯认为，国家决定了什么是记账货币，也决定了什么"东西"将被接受为货币。凯恩斯说："国家首先是作为法律当局出现，强制支付符合契约所载的名义或表征的东西。但它除了这种强制作用之外，还要求有权决定

---

① Innes，A. M. The Credit Theory of Money [J]. *The Banking Law Journal*，1914；Republished as "The Credit Theory of Money"，In：L. Randall Wray（ed）. *Credit and State Theories of Money*. Cheltenham：Edward Elgar，2004：165.

② Innes，A. M. What is Money？[J]. *The Banking Law Journal*，May 1913；Republished as "What is Money？"，In：L. Randall Wray（ed）. *Credit and State Theories of Money*. Cheltenham：Edward Elgar，2004：398.

③④ Keynes，J. M. A Treatise on Money [M]. Volumes I and II，New York：Harcourt，Brace & Company，1976：3.

⑤ 凯恩斯. 货币论（上卷）[M]. 何瑞英，译，北京：商务印书馆，1997：5-6.

并宣布哪种东西符合于这一名义……"①。凯恩斯接着说："当国家要求宣布什么东西可以作为符合现行记账货币的货币时，当它不只要求有权强制执行品类规定，而且要求有权拟定品类规定时，就达到了国家货币或国定货币时代。"② 凯恩斯认为，"国家货币时代"至少在 4000 年前就已经开始了，因为"所有的现代国家都要求这种权利"。因此，国家货币理论适用于所有"现代"经济体，包括 19 世纪生活在金本位制下的"商品"货币也是国家货币。

凯恩斯建议，"国家货币不但要包括强制发行的法币本身，还要包括国家或中央银行担保在对其本身支付中被接受的货币，或担保可兑换强制性法币的货币"③。例如银行发行的债务支付证券等私人发行的债务，也可以在交易结算中被接受，与"国家货币"一起流通。④ 而且一旦国家"利用其制定货币的特权，宣布银行债务证券是可接受的债务清偿手段"⑤，银行货币就变成了"正式货币"。因此，与克纳普一样，凯恩斯的分析超越了法定货币法，将"国家接受"确定为决定什么是货币的关键。

国家货币可以采取商品货币、法定货币和管理货币三种形式。商品货币是"由某种可自由取得的特定非垄断商品的实际单位构成的"⑥。法定货币是"由国家制定发行，但依法不得兑换成本本身以外的任何东西，也不具有以客观标准表示的固定价值"⑦。管理货币类似于法定货币，"只是由国家保证以一种方式管理其发行条件，以致通过可兑换性或其他性质，使之具有一种以客观标准表示的确定价值"⑧。

凯恩斯认为，管理货币是最普遍的货币形式，当管理当局对其持有百分之百的客观标准时，它可以退化为商品货币；当它失去客观标准时，就会蜕变成法定货币。换句话说，金属货币有资格作为商品货币，而可兑换成黄金的纸币符合管理货币的条件。因此，金本位制度既可以作为商品货币运行，也可以作为管理货币运行。值得注意的是，凯恩斯认为，即使是金本位制，无论是商品货币体系还是管理货币体系，都是作为国家货币体系运作的。无论哪种情况，国家总是可以"改写品类规定"，例如，采用银标准和换算率

①② 凯恩斯. 货币论（上卷）［M］. 何瑞英，译，北京：商务印书馆，1997：5–6.

③ 凯恩斯. 货币论（上卷）［M］. 何瑞英，译，北京：商务印书馆，1997：8.

④⑤ Keynes，J. M. *A Treatise on Money*［M］. Volumes I and II，New York：Harcourt，Brace & Company，1976：6.

⑥⑦⑧ 凯恩斯. 货币论（上卷）［M］. 何瑞英，译，北京：商务印书馆，1997：9.

（比如，一盎司黄金换四盎司白银）。

总之，随着现代国家的兴起，记账货币和货币都是由国家自由选择的，这超出了法定货币法的范围。国家可以自由选择以商品货币、法定货币或管理货币为基础的制度。即使它选择了严格的商品货币制度，货币的价值也不是从被接受为货币的商品中衍生出来的，"因为当国家指定与记账货币相对应的客观标准时，国定货币就开始了"①。"货币是衡量价值的尺度，但将其视为价值本身，是货币的价值受其所构成物质的价值所制约的观点的残余，这就像把戏票与表演混为一谈一样"②。一旦认识到国家的权力，很明显，商品货币或管理货币的名义价值不能从"客观标准"的价值中推导出来，因为在所有三种情况下，国家都决定了货币的名义价值，这是在国家确定其将在公共偿付处所接受的内容以及接受的事物的名义价值时完成的。

8.1.4　勒纳：从货币国定论到功能财政思想

二战后，首先复兴货币国定论的学者是勒纳（Abba Lerner），他在1947年发表了《货币作为一种国家的产物》一文，扼要重申了该理论的核心思想，并在此基础上阐释了"功能财政"的思想。

勒纳明确指出"货币是国家的产物"，"无论黄金的历史如何，在目前这个正常运转良好的经济体中，它的普遍可接受性是其最重要的属性，它的好坏取决于国家的可接受性"。③ 如同克纳普和凯恩斯一样，勒纳强调，货币的可接受性源于国家强制给公民的缴税义务，而不是法定货币法的强制。"现代国家可以把它选择的任何东西作为货币来普遍接受。诚然，一个简单的宣称某某就是货币的宣言是行不通的，即使有最有说服力的宪法证据支持国家的绝对主权。但是，如果国家愿意接受这笔货币来支付税款和其他义务，那么'骗局'就完成了。每个对国家负有义务的人都愿意接受他可以用来清偿义务的纸条，而所有其他人都愿意接受这些纸条，因为他们知道纳税人等会

① 凯恩斯. 货币论（上卷）[M]. 何瑞英，译，北京：商务印书馆，1997：9.

② Keynes, J. M. *The Collected Writings of John Maynard Keynes*, *Volume XI*: *Economic Articles and Correspondence*, *Academic* [M]. Edited by Donald Moggridge, London and Basingstoke: Macmillan/Cambridge University Press, 1983：402.

③ Lerner, A. Money as a Creature of the State [J]. *American Economic Review*, 1947, 37（2）：312 – 317.

依次接受这些纸条。"①

勒纳认为，国家在以记账货币计价纳税义务时，会写下货币的"表征"，并决定公共偿付处接受的"符合表征"的"事物"。对应"表征"的"事物"被广泛接受，不是因为法定货币法，也不是因为有黄金支持，而是因为国家有权征收和执行税收责任。正如勒纳所说，"只有在正常货币和总体经济处于混乱状态时，卷烟货币和外国货币才能广泛使用"②。当国家陷入危机，失去合法性，特别是失去征收和执行税收责任的权力时，"正常货币"就会处于"混乱状态"，导致在国内私人交易中使用外币。

勒纳的"货币是国家的产物"的论断逻辑上引出了"功能财政"观点。因为国家通过释放自己的债务来支出，它不需要税收收入或借款收益来支出。勒纳的功能财政的原则如下：（1）只有在公众收入过高造成通胀威胁的情况下，国家才应该增加税收。（2）只有在"公众应该有更少的货币和更多的政府债券是可取的"情况下，国家才应该"借债"（出售债券）。③ 勒纳反对稳健财政的观点，坚持认为所有形式的稳健财政都不应适用于发行本国货币的国家政府。主权国家永远不应该通过增税来减少预算赤字，而应该在通胀威胁时增税。而且，根据第二条原则，政府不应该仅仅因为发现自己有预算赤字就出售债券。相反，只有当利率面临下行压力，将其推至央行目标利率以下时，才应出售债券。

8.1.5 明斯基：从货币国定论到货币内生性

复兴货币国定论的另一个重要人物是美国后凯恩斯主义领军人物明斯基。明斯基强调货币的"内生性"，认为货币是在资本主义经济的正常运行中创造的，而不是由直升机创造和"投放"。此外，明斯基从熊彼特那里借用了寻求利润的创新概念，并将其应用于他对银行业务和货币创造的看法。这些论点集中体现在他 1986 年出版的《稳定不稳定的经济》一书中。

"货币的独特之处在于，它是在银行提供资金活动中产生的，在履行对

---

①② Lerner, A. Money as a Creature of the State [J]. *American Economic Review*, 1947, 37（2）：312 – 317.

③ Lerner, A. Functional Finance and the Federal Debt [J]. *Social Research：An International Quarterly*, 1943, 10（1）：38 – 51.

银行拥有的债务工具的承诺时被销毁。因为货币是在正常的商业过程中产生和消灭的，所以货币余额的数量是对融资需求的反应"①。"贷款"无非是银行在借款人承诺"以后付款"的基础上"现在"付款的协议。"贷款是银行为企业、家庭和政府支付的款项，以换取他们承诺在未来某个日期向银行付款"②。

所有这些放款活动都发生在银行的资产负债表上，一家银行创造的"货币"不过是对另一家银行资产负债表的贷记。根据明斯基的说法，债务是一个金字塔，中央银行的债务是最高的。银行负债可按需转换为中央银行负债，用于银行间清算。"银行向其他银行付款，但同时向客户的账户收费。在收款银行，付款贷记到存款人的账户……对于美联储系统的成员银行，银行间付款导致存款从一家银行的账户转移到另一家银行在美联储银行的账户。对于非成员银行，另一家银行（称为代理行）介入，这样在美联储银行的转账就属于代理行的账户了"③。公众使用银行存款作为货币，而银行使用美联储存款作为货币。

银行是"特殊的"，因为它们有政府的支持。中央银行不仅提供清算服务，而且还随时准备充当最后贷款人，通过按需提供流动性来保持支付系统正常运转。不过，明斯基也坚称，银行并不垄断"货币创造"。明斯基认为，任何人都可以创造货币，问题是让它被接受。他使用了负债金字塔的类比，国家的借据在顶部，然后银行借据在中间，家庭和企业负债在底部。最具流动性和可接受的借据位于顶部，随着金字塔向下移动，可接受性下降。

与克纳普的货币国定观点非常相似，明斯基解释说，人们接受银行货币的部分原因是他们可以用它来履行自己对银行的承诺。"活期存款具有交换价值，因为许多银行的债务人都有未偿债务，需要向银行支付活期存款。这些债务人通过工作并出售货物或金融工具以获得活期存款"④。根据明斯基的

---

① Minsky, H. P. *Stabilizing an Unstable Economy* [M]. New Haven, CT: Yale University Press, 1986: 249.

② Minsky, H. P. *Stabilizing an Unstable Economy* [M]. New Haven, CT: Yale University Press, 1986: 230.

③ Minsky, H. P. *Stabilizing an Unstable Economy* [M]. New Haven, CT: Yale University Press, 1986: 230 - 231.

④ Minsky, H. P. *Stabilizing an Unstable Economy* [M]. New Haven, CT: Yale University Press, 1986: 231.

说法，银行货币之所以具有价值，是因为它可以用来偿还银行的债务，在"银行支付办公室"被接受。明斯基把重点放在作为支付手段的货币上，这使明斯基重新回到克纳普和因内斯的认识，即税收赋予政府发行的货币价值。他说："在政府债务是存款发行银行账簿上的主要资产的经济体中，需要缴纳税款这一事实使经济体的货币具有价值。纳税的需要意味着人们为了得到可以纳税的东西而工作和生产。"①

8.2 现代货币理论的基本观点与政策含义

8.2.1 现代货币理论的基本观点

系统的现代货币理论或现代主权货币理论是在 20 世纪 90 年代发展起来的，其主要观点包括如下五个方面。

8.2.1.1 税收驱动货币

"货币是国家的产物"。在主权国家，政府有权力选择国家记账货币（美元、人民币、日元）并发行代币（硬币和纸币）。一国货币是国家主权的体现，货币发行与国家权力紧密相连。主权货币的本质是国家进行财政支出时开出的借据，是国家的负债。民众之所以会接受国家开出的借据——国家法定货币，在于国家拥有征税的权力，而国家法定货币通常是缴税时政府接受的唯一形式。"我们是通过将政府的欠条交给收税人员来履行纳税义务的"②，因此，只要政府承诺接受自己发行的借据作为税款，国民就会争相获取国家开出的借据。"每个人都可以创造货币，但问题在于其是否能被人接受"③，正是因为主权国家具有其他组织和个人不具有的征税特权，才保证了国家货币相对于私人借据在接受程度上具有绝对优势。总之，现代货币理论认为，"税收创造货币需求"，进一步说，税收的目的不是创收，而是创造货币需求。

---

① Minsky, H. P. *Stabilizing an Unstable Economy* [M]. New Haven, CT: Yale University Press, 1986: 231.

② 兰德尔·雷. 现代货币理论 [M]. 张慧玉等译，北京：中信出版社，2017：V.

③ 兰德尔·雷. 现代货币理论 [M]. 张慧玉等译，北京：中信出版社，2017：67.

8.2.1.2　收支是用记账货币保留记录

金融体系可以被看作一块巨大的记账货币的记分牌,银行是记分员,收支表现为用记账货币记录的"得分"的增减。货币是记账单位,代币是记录手段。现代金融体系实现了无实物化记录,即代币电子化,于是收支行为通过对资产负债表的借方与贷方进行电子化处理来完成。在现代社会,大多数支付与金融财富都不过是以国家记账货币衡量的电子记录。支付行为意味着借记付款人的账户、贷记收款人的账户——所有这些都通过敲击键盘来完成。例如,雇主给雇员支付工资,则借记雇主开户银行账户,贷记雇员开户银行账户;雇员向政府支付税收,则借记雇员开户银行账户,贷记政府开户银行(央行)账户。

8.2.1.3　货币体系具有金字塔结构

现代货币理论把以记账货币计价的借据(负债)指定为"货币",货币即发行人的负债。根据发行人的不同,货币体系构成了一种金字塔式的负债结构。最底部的一层由家庭借据构成,家庭通常使用负债金字塔更高一层的负债来进行账户的结算,这些负债往往来源于金融机构。由下向上的第二层则由从事生产的公司借据构成,多使用金融机构发行的负债来结算账户。由下向上的第三层则由非银行金融机构的借据构成,通过使用金字塔更高一层银行的负债来进行账户结算。处于金字塔顶端之下的便是银行的借据,它通过使用政府负债来进行净额结算。最后,政府的借据(中央银行票据和国库硬币,还有中央银行储备,这些统称为高能货币或基础货币)处于金字塔的顶端。

这个金字塔有三个维度[①]。第一个维度,从政府负债到家庭负债,货币的流动性下降。高流动性的现金可以立即用于购买和支付,而非金融公司或家庭的借据流动性不强,必须转换成流动性更强的货币才能用于支付。这导致了第二个维度——可兑换性。大多数现代政府都不承诺把借据兑换成任何东西,因为它们早就放弃了金本位制。银行支票存款通常是按要求兑换成政

---

① Randall Wray, L. Money in Finance [R]. Levy Economics Institute of Bard College Working Paper, No. 656, 2011.

府的高能货币。非金融公司和家庭借据，如抵押贷款和其他消费债务，可转换为银行负债。第三个维度，当我们沿着金字塔向下移动时，代理人使用金字塔中较高者的负债进行支付：家庭和企业使用银行负债进行支付，而银行使用高能货币相互支付。每一层的负债通常都会利用更高一层的负债作为杠杆，由此整个金字塔便是建立在相对数量较小的政府借据的杠杆效应之上。

8.2.1.4 主权政府不会耗尽自己的货币

主权货币的最大优势在于，政府可以"负担得起"任何以本国货币出售的东西，永远不会面临财政约束。其中的关键在于，政府通过"按键"支出，贷记银行账户。如果有银行想向央行出售资产，央行可以通过将准备金计入银行账户来购买。若有失业工人想工作挣钱，政府可以通过贷记银行账户来雇用他们。政府不需要为了支出而征税，因为财政支出先于税收，只有先创造出主权货币并用于财政支出，然后才能用它征税；政府不需要为了支出而出售债券，因为财政支出先于债券销售，除非政府事先已经提供了银行购买债券所需的货币和准备金否则无法出售。① 实际上，限制主权政府支出的不是可支配的货币而是国家可用的实际资源。因此，过度支出造成的问题不是更高的政府赤字和债务，而是真正的通货膨胀。同样，税收不是用于为政府支出提供资金，而是用于从经济中收回需求，为政府支出创造空间，将资源转移到公共部门而不会引起通货膨胀。

8.2.1.5 政府赤字形成私人部门的金融资产

著名学者戈德利将宏观经济划分为三个部门：政府、私人部门和国外部门。根据戈德利的总量会计等式，这三个部门的赤字和盈余之和必须为零。我们可以用简单的恒等式来表述这一原则：

$$国内私人余额 + 国内政府余额 + 国外余额 = 0$$

使用常规定义，总量等式如下所示：$(S - I) + (T - G) + (M - X) = 0$，S 代表私人储蓄，I 为私人投资，T 代表政府税收，G 为政府购买支出，M 为进口，X 为出口。

---

① 政府债券的销售是通过借记准备金来完成的，换句话说，一种政府借据（债券）取代另一种政府借据（准备金）。

很明显，如果一个部门出现预算盈余，那么至少另一个部门必须出现预算赤字。一个部门积累净金融财富，至少另一个部门必须增加相同数额的负债。所有部门不可能同时保持预算盈余来积累净金融财富。

假设国外部门余额为 0，即对外收支平衡，则国内政府部门的收支赤字形成了私人部门的金融资产余额。政府部门的赤字是因为政府所创造的主权货币不能够完全通过税收的货币回流机制所灭失，它们被私人部门持有，成为其货币性金融资产。[①] "如果政府在支付中的排放量大于在税收中的赎回量，那么货币就被非政府部门作为金融财富累积起来"[②]。反之，如果政府部门出现盈余，则意味着私营部门出现赤字，即金融财富净额为负，因为此时，私人部门对政府部门的债务偿还额大于从政府部门的货币获取额。

8.2.2　现代货币理论的政策含义

现代货币理论导致了对财政政策、货币政策以及政府可用政策空间问题的重新理解。

根据传统的"政府预算约束"观念，没有家庭能够持续维持超过收入的支出，政府也不能持续赤字支出，国家支出必须通过税收、借款或"印钞"来"融资"。现代货币理论坚持认为，不能将国家预算与家庭预算混为一谈，只要需要国家负债，国家（中央银行加财政部）的支出就可以提供这些负债；私人或国家借据的供给没有限制，只要他们愿意发行借据，但问题在于发行的借据能否被接受。然而，作为一个主权国家，国家可以通过强制规定必须以本国货币支付债务，来强制产生对其借据的需求。除此之外，还可以强制要求用于清算、最具流动性的资产的储备时，必须使用处在"货币金字塔"顶端的国家借据。当然，对国家发行借据能力的限制也可能来自供给方面：政府有一个预算程序，必然会限制其支出，而且可以通过施加债务限制走得更远，甚至通过强加平衡的预算要求。但是，这些限制是政治强加的，它们不是"自然"产生的。

---

① 马国旺. 从现代货币理论看美国贸易逆差的本质和成因 [J]. 学术研究，2020（2）：102 - 109.

② Randall Wray，L. & Xinhua Liu. Options for China in a Dollar Standard World：A Sovereign Currency Approach [R]. Levy Economics Institute of Bard College Working Paper，No. 783，2014.

大多数经济学家认识到，主权政府通过发行货币（通常等同于"印钞为支出融资"）进行支出的能力没有自然的限制。然而，人们认为，这是最不受欢迎的支出融资方式。相较而言，使用税收、通过发行国债来借款较为安全。使用税收将政府支出限制在"收入"范围内；通过发行国债来借款将政府赤字限制在市场愿意通过向政府"贷款"来融资的范围内。

在勒纳之后，国家货币理论拒绝了所有这些论点。"最好将货币创造、税收收入和债券销售视为政府支出过程的不同部分，而不是为政府支出'融资'的可选方式"①。国家货币理论坚持认为，支出在逻辑上先于政府获得税收或出售债券。如果政府在征税时收到自己的借据，则必须先提供借据，然后才能缴纳税款。如果债券购买者必须使用政府的借据来支付他们购买的债券，那么政府在出售债券之前必须已经发行其借据。

正如勒纳所说，政府债券销售的功能目的不是借入储备（政府自己的借据），而是替代超额储备以提供一种利息收入，否则会将隔夜利率（银行利率或联邦基金利率）推向零。虽然债券销售似乎为财政支出提供了"资金"，但实际上，债券销售是在支出发生后进行的。只有当私营部门持有的高能货币超出预期时（这种情况表现为隔夜利率低于目标）才应出售债券。功能财政方法坚持认为，债券销售只是为了消耗超额准备金，允许中央银行达到目标利率，因此财政部的债券销售也是非自由裁量的。

尽管大多数发达国家的典型制度安排保证央行从财政部"独立"，然而，就像在美国，美联储和财政部一样，归根结底是"国会的产物"，立法机构可以在必要时指示央行为财政部的支出提供资金。虽然政府预算约束事后成立（政府支出将通过发行中央银行债务"融资"，因为增加的国库支出将导致银行系统的准备金信贷增加），但这不是对国库支出的操作限制。实际上，只要央行通过将准备金计入财政部支出来满足对银行准备金的所有需求，额外的财政部支出就会对隔夜利率施加下行压力，迫使（央行和/或财政部）出售债券以耗尽超额准备金，并将隔夜利率保持在目标水平。

通过整合货币国定论和货币信用论，我们能够理解所有借据发行人必须通过接受付款来"赎回"借据的一般原则。适用于主权国家的特殊原则是，

---

① Randall Wray, L. From the State Theory of Money to Modern Money Theory: An Alternative to Economic Orthodoxy [R]. Levy Economics Institute of Bard College Working Paper, No. 792, 2014.

它可以通过征收税款和其他货币义务，确保其借据至少有一定的可接受性。只要国家只承诺将借据"赎回"给自己（也就是说，它不承诺以固定利率兑换成贵金属或外币），就永远不会被迫违约。这是国家能够站在金字塔顶端的部分原因。"对国家支出的限制不是任意的赤字或债务比率，而是为国家货币提供的实际资源。换句话说，国家过度支出的主要问题是通货膨胀，而不是违约和破产的风险。"①

8.3 基于现代货币理论的经济复苏方案

8.3.1 就业保障（JG）计划

就业保障计划，又称为最后雇主计划，是指政府为任何愿意工作但又无法在私人部门就业的人提供工作，即政府发挥最后雇主的角色。20 世纪 90 年代末，后凯恩斯主义经济学家开始发表他们自己的研究成果来支持就业保障计划。② 2008 年全球金融危机之后，面对主要发达国家就业市场萎靡不振，失业率居高不下的局面，后凯恩斯主义者再次呼吁实施就业保障计划，一方面澄清了他们的主张，另一方面对实施细节进行了细致的论证。③

第一，就业保障应具有普遍性。就业保障计划在全国范围内向任何愿意工作的人提供有偿工作，尤其是为技能和教育水平较低的工人创造就业机会。就业保障计划应该支付工人工资和良好的福利待遇，并在全国范围内设定统一的最低工资标准，避免实施分级工资。

---

① Randall Wray, L. From the State Theory of Money to Modern Money Theory: An Alternative to Economic Orthodoxy [J]. Levy Economics Institute of Bard College Working Paper, No. 792, 2014.

② Mitchell, W. F. & M. J. Watts. The Path to Full Employment [J]. *Australian Economic Review*, 1997, 30 (4): 405 –417; Mosler, W. Full Employment and Price Stability [J]. *Journal of Post-Keynesian Economics*, 1997, 20 (2): 167 – 182; Wray, L. R., *Understanding Modern Money: The Key to Full Employment and Price Stability* [M]. Aldershot, England: Edward Elgar, 1999; Forstater, M. Flexible Full Employment: Structural Implications of Discretionary Public Sector Employment [J]. *Journal of Economic Issues*, 1998, 32 (2): 557 –563.

③ Randall Wray, L. A Consensus Strategy for a Universal Job Guarantee Program [J]. Economics Policy Note Archive18 –3, Levy Economics Institute, 2018; Pavlina R. Tcherneva. The Job Guarantee: Design, Jobs, and Implementation [R]. Levy Economics Institute of Bard College Working Paper, No. 902, 2018.

第二，分散项目实施和管理。就业保障计划重点支持能够促进当地社区发展和环境可持续发展的就业项目，如基于社区的、对社会有益的、具有代际回报的活动，包括城市更新项目、社区和个人护理以及环境计划（如重新造林、沙丘稳定、河谷和侵蚀控制等）。所有州和地方政府以及注册的非营利组织都可以向联邦办公室提出项目申请以供最终批准和资助。项目在实施前应经过地方、州或地区、联邦政府的评估与批准，项目实施与管理由所在社区负责，权力下放和分散化实施有助于保护就业保障计划免受来自联邦政府政治风向的影响，也可以保证经营的灵活性。

第三，避免与私营部门雇主的竞争。就业保障支出不能用于补贴私营企业雇用工人的工资。然而，私营企业将间接受益于该计划，因为就业保障计划提供了一个像缓冲库存一样运作的可雇用的劳动力池：在低迷时期，失业者在就业保障计划中工作，以保持良好的习惯，为工作做好准备；在繁荣时期，私营企业会从就业保障计划中招募工人。避免支付分级工资，以避免使拥有更高技能的劳动者提升与私营部门雇主的谈判力，从而避免就业保障计划对私营部门雇主构成威胁。当工作机会短缺时，受过更高教育和技能培训的工人转向就业保障计划，但他们的参与是过渡性的，他们在就业保障计划中临时工作，直到他们的正常工资高于就业保障计划规定的最低工资时，他们将重返项目外的工作岗位。

第四，就业保障计划不应替代现有社会福利。不能因为就业保障项目而取消任何现有的社会服务。如果个人不想在就业保障项目工作，他们应该能够继续获得现有的社会福利。就业保障项目的目的是提供有报酬的工作，而不是福利。工人可以因故被解雇，也可以通过申诉程序以保护他们的权利，并有条件通过重新雇用进入就业保障计划。

第五，就业保障计划应该伴随着财政赤字的增加。就业保障计划的目的是创造一个劳动力的缓冲存量，在固定工资水平下，这些劳动力的可雇佣性将抑制通常随着劳动力市场收紧而出现的工资通胀。这反过来将有助于遏制生产成本和产品价格的上涨压力。鉴于就业保障计划具有抑制通胀的效果，后凯恩斯主义就业保障计划倡导者认为，就业保障计划不仅可以而且通常应该伴随着财政赤字的增加。赤字的增加将从两个方面推动经济实现充分就业。首先，它将为就业保障计划本身创造就业机会。其次，用于支付该计划的额外赤字支出导致的总需求增加将在私营部门创造更多就业机会，从而减少就业保障计划为实现充分就业而必须提供的就业机会数量。这一战略的唯一限制是，就业保障计划必须维持在足够高的水平，以使其能够继续有效地履行其缓冲库存的职能。

第六，渐进实施。就业保障计划在几年内逐步实施，这样使得雇主有时间调整就业人数，以适应更高的工资支付。另外，就业保障计划应该加强培训和教育，使工人为在就业保障项目以及项目以外的工作做好准备。同时，就业保障项目应该多样化，政府应该征求关于创造就业机会的新方法的建议。例如，可以成立工人合作社，提出由联邦政府在特定时期内支付工资、福利和有限材料成本的项目等。

兰德尔·雷对就业保障计划作出评论："它是一个普遍的就业保障，以促进源于收入的消费和减少不平等。将对金融机构进行重新监管，并制定适当的激励措施，以防止贷款人欺诈。……其他建议……包括支持工会、使底层工资的增长速度快于高层工资的增长速度、将政府政策转向有利于消费和政府支出而非私人投资，以及有利于工作而非福利。其目标是促进'工业'而不是'金融'，促进稳定的机构而不是'自由市场'政策，以降低另一次'大崩溃'再次发生的可能性。"[1]

8.3.2　绿色新政

通过政府大规模动员来解决环境问题的想法在 20 世纪末和 21 世纪初反复出现。[2] 然而，正是 2008 年的全球经济崩溃让许多人开始考虑政府需要组织实施"绿色新政"（green new deal，GND）[3]。2010 年卡斯特斯（P. Custers）提出了一项绿色新政，作为解决全球环境危机和经济危机叠加的解决方案，[4]

---

[1]　Randall Wray, L. Lessons We Should Have Learned from the Global Financial Crisis but Didn't ［R］. Levy Economics Institute of Bard College Working Paper No. 681, 2011.

[2]　Luke, T. W. A Green New Deal: Why Green, How New, and What is the Deal? ［J］. *Critical Policy Studies*, 2009, 3（1）: 14–28.

[3]　《纽约时报》普利策奖得主托马斯·弗里德曼于 2007 年 1 月在发表在《纽约时报》上的一篇评论中首次使用"绿色新政"一词，参见 Luke, T. W. A Green New Deal: Why Green, How New, and What is the Deal? ［J］. *Critical Policy Studies*, 2009, 3（1）: 14–28.

[4]　Custers, P. The Tasks of Keynesianism Today: Green New Deals as Transition towards a Zero Growth Economy? ［J］. *New Political Science*, 2010, 32（2）: 173–191.

与罗斯福新政中凯恩斯的宏观经济方法有着强烈的相似之处。2012 年有学者提出绿色新政作为通过刺激支出振兴世界经济的一种方式。[①] 2018 年美国女议员亚历山大·科尔特斯（A. O. Cortez）和参议员埃德·马基（Ed Markey）提出的绿色新政决议案引发了广泛反应。[②] 该决议案由 111 名美国联邦立法者共同签署，得到了民主党 2020 年总统候选人中大多数支持，它的主要目标是从根本上降低美国经济的碳排放，同时显著减少经济不平等。"英国绿色新政组织"（UK Green New Deal Group）是首批公开提出绿色新政想法的非政府组织之一，该组织于 2008 年发布了第一份"绿色新政"报告。[③] 不久之后，由欧洲议会绿党（European Parliament's Green Party）支持的绿色欧洲基金会（Green European Foundation）成为欧洲绿色新政的主要倡导者。[④] 大约在同一时间，美国进步中心（Progressive Centre for American Progress）提出了一项绿色复苏计划，旨在"提振陷入困境的经济，并迅速启动⋯⋯，向低碳经济的长期转型"[⑤]。在欧洲和美国之外，韩国政府于 2009 年宣布通过一项绿色新政，计划在 2009～2012 年耗资约 360 亿美元，创造 96 万个就业岗位。[⑥] 除了国家倡议外，2009 年 3 月联合国环境规划署（United Nations Environment Programme，UNEP）还推广了"全球绿色新政"的理念，作为对金融和环境崩溃的紧急应对措施。[⑦]

　　形形色色的绿色新政主张有一个共同点，就是认为需要把环境问题与贫困、不平等问题联系起来一起解决。气候变化的主流经济解决方案是以碳为中心的方法，如碳税和排放交易计划，或对污染者的狭隘监管等；而凯恩斯式的绿色新政提案旨在通过经济的深度转型实现气候变化缓解，通过提高而

① Aşıcı, A. & Z. Bünül. Green New Deal：A Green Way out of the Crisis? [J]. *Environmental Policy and Government*, 2012, 22 (5)：295－306.

② Ocasio Cortez, A., Hastings, T. & C. M. Serrano. Recognizing the Duty of the Federal Government to Create a Green New Deal [J]. *H. RES*, 2019, 109.

③ Green New Deal Group. A Green New Deal：Joined-up Policies to Solve the Triple Crunch of the Credit Crisis [J]. Climate Change and High Oil Prices：The First Report, New Economics Foundation, 2008.

④ Green European Foundation. A Green New Deal for Europe [J]. Wuppertal Institute for Climate, Environment and Energy, Brussels, 2009.

⑤ Pollin, R., Garrett Peltier, H., Heintz, J. & H. Scharber. Green Recovery：A Program to Create Good Jobs and Start Building a Low-Carbon Economy [J]. *PERI and the Centerfor American Progress*, 2008.

⑥⑦ Edward B. Barbier. *Rethinking the Economic Recovery：A Global Green New Deal* [M]. Cambridge, UK：Cambridge University Press, 2010.

不是降低最弱势群体的权利和福祉的方式，从根本上避免迫在眉睫的气候灾难。

绿色新政是耗资巨大的系统工程。国家财力是否支付得起，是否能够在不出现不可接受的高通胀的情况下融资，成为绿色新政支持与反对双方辩论的焦点。"现代货币理论"为绿色新政的可行性提供了坚实的经济理论基础——政府创造尽可能多的货币用于支付其项目，并通过税收、费用和发行债券从流通中提取货币以抑制通胀。

现代货币理论家耶娃·纳斯斯岩和兰德尔·雷（Y. Nersisyan & L. Randall Wray）是绿色新政的坚定支持者，他们首先表明——绿色新政成本与地球上人类生命全部毁灭的成本相比，是微不足道的；无论如何，积极应对危机是明智的，而不是再等下去，即使不能确定采取行动比不采取行动的净事后利益；我们必须摆脱新自由主义旧政策——更多的财政紧缩，更多地依赖市场（碳交易，即使用价格体系来试图解决由价格体系造成的问题）。

耶娃·纳斯斯岩和兰德尔·雷指出，"从现代货币理论的角度看，政府通过货币制度来调动现实资源，并将其中一部分转移到追求公共目的上。与负担能力相比，资源的可用性和适宜性才是主权政府面临的问题。因此，现代货币理论和绿色新政之间存在天然的联盟关系。如果我们能够确定技术上可行的项目来实现绿色新政的目标，如果我们能够确定用于这些项目的资源，那么我们就可以为这些项目安排资金"[1]。因此，实施绿色新政在支付能力上不是问题，问题在于我们能否调动所需的资源。

调动所需的资源需要将过剩的产能投入生产，或者将已经使用的资源从现有生产转移到绿色新政项目。前者不会引起通货膨胀，而后者会引起通货膨胀。耶娃·纳斯斯岩和兰德尔·雷论述了绿色新政、通货膨胀与税收之间的内在关系，他们强调，"实施绿色新政将把支出从私营部门转移到政府部门。然而，与其他评估绿色新政的研究不同，我们并不认为仅仅因为政府支出增加就需要增税。相反，我们的立场是，只有在额外支出造成通胀压力的情况下，才应该提高税收。总的来说，从通货膨胀的角度看，用于雇佣资源的货币是来自政府还是来自私营部门，这没有什么区别。因此，绿色新政所

---

① Yeva Nersisyan & L. Randall Wray. How to Pay for the Green New Deal [J]. Economics Working Paper Series 931, Levy Economics Institute, 2019.

要求的从私营部门到政府的支出转移不一定会导致通货膨胀。但是，如果绿色新政真的使经济超过资源充分利用的边界，我们可以采取提高税收等措施来应对通胀压力。"①

耶娃·纳斯斯岩和兰德尔·雷评估了资源需求和可用性，以考察国家资源是否足以在未来十年逐步实施绿色新政项目。他们认为，已有的"足以让子孙后代破产"的评估结论是不科学的，没有考虑到绿色新政项目通过逐步淘汰资源的浪费和破坏性使用而带来的资源的潜在节约。他们认为，绿色新政的某些部分是资源消耗型，而其他部分是资源节约型。② 例如，就业保障项目从财务角度来看代表一种成本，但从实际角度来看也是绿色新政项目的资源来源。就业保障工人可以受雇于许多绿色新政项目。耶娃·纳斯斯岩和兰德尔·雷通过计算发现，就业保障使用的资源量相当于 GDP 的 2%，但同时可以为绿色新政项目提供了相当于 GDP1% 的资源量。因此，就业保障资源使用的净成本仅为 GDP 的 1%。再例如可再生能源和能源效率项目，虽然可再生能源投资巨大，但为了过渡到零排放，将停止对不可再生部门的所有投资，并逐步拆除现有的不可再生产能。再例如被认为是最昂贵的绿色新政项目——"全民医疗保险"项目。医疗保健在国内生产总值中所占比重大大高于世界平均水平，医疗保健、药品和供应商成本以及管理成本由营利性保险来支付。采用全民医疗保险，可以取代营利性私人保险公司，将显著减少用于不寻常的医疗保健支付方式的资源。耶娃·纳斯斯岩和兰德尔·雷估计，全民医疗保险短期内可以节省约 3.7% 的 GDP，而长期可节省 10% 的 GDP。

考虑资源的可用性，实施绿色新政项目后对国家资源的净需求增长不一定必然超出资源潜力。第一，存在大量的闲置产能。第二，绿色新政将在许多领域调整资源利用方向，减少对环境和社会造成破坏的资源利用。第三，潜在产能是动态可变的。潜在产能在某种程度上取决于实际产能使用情况，在一段时间内接近满负荷运行将带来投资和更多产能。

耶娃·纳斯斯岩和兰德尔·雷的研究结论表明，绿色新政计划不会产生过大的资源压力，资源的需求净增加相当于 GDP 的 1.3%。③ 他们认为，退

①②③　Yeva Nersisyan & L. Randall Wray. Can We Afford the Green New Deal? ［J］. *Journal of Post Keynesian Economics*，2021，44（1）：68 - 88.

一步说，破坏性、浪费性用途释放的资源不足以满足绿色新政计划的需求时，就会出现通胀压力。但此时真正的问题是：我们如何减少私人资源的使用，以释放用于绿色新政计划的资源，从而避免竞争性抬高价格导致通货膨胀？他们认为无法避免对已经使用的资源进行竞争的情况下，有必要使用税收手段。加税的目的不是向政府提供"支付"绿色新政的财政手段，而是减轻稀缺资源的压力。

方法一是向富人征税。通过对富人实施高累进税减少富人的资源使用，释放资源用于绿色新政项目。方法二是征收工资税。为了减少资源消耗，需要有效降低总需求的"有针对性"税收，但是工资税需要以累进所得税的方式实施，对最低收入者实行豁免，同时有对以后生活水平提高的明确承诺。征税的目的是暂时推迟员工薪酬增长，随着社会保障福利的提高，以补偿工人在实施绿色新政项目期间所作出的牺牲。随着全球资源需求的下降和国家生产能力的提高，工资税会被逐步取消。耶娃·纳斯斯岩和兰德尔·雷毫不担心绿色新政的通胀后果，因为有很多应对措施。他们说："如果实际资源需求比估计的大得多，我们还可以探索二战中成功使用的其他方法，如爱国储蓄（自愿递延消费）、价格控制、配给，以及附加税。最重要的是，如果要使用税收，则必须制定税收以减少资源使用，而不是'增加收入'。"[①]

8.3.3　大政府的回归

2008 年全球金融危机之后，经济学家和政策制定者重新发现了大政府的好处。新自由主义的支配地位被动摇了，大政府又回到了人们的视野。支撑大政府的理论基础便是升级的凯恩斯主义——建立在现代货币理论基础上的国家干预主义。

首先，现代货币理论学者认为，在短期中需要大政府。这是指我们需要的是"大政府"财政部加大支出，以防止债务紧缩导致的萧条再次发生。兰德尔·雷建议，美国联邦预算赤字每年将增长到 1 万亿美元，使私营部门能

---

① Yeva Nersisyan & L. Randall Wray. Can We Afford the Green New Deal? [J]. *Journal of Post Keynesian Economics*, 2021, 44（1）: 68 - 88.

够通过维持预算盈余来加强其资产负债表。他补充道："这里一万亿，那里一万亿，我们就能避免另一场'大萧条'"①。

其次，现代货币理论学者所需要的不只是一个大而短的财政刺激，他们主张在长期中也需要大政府来维持可持续增长。兰德尔·雷等指出，大政府应该能在"萧条"期间增加政府支出以提供所需的有效需求，然后在复苏期间继续实施财政刺激，以确保能够运营即将到位的新工厂和设备。此外，需要一个永久性大政府的存在，以提供良好的就业机会、更好的基础设施以及所需的公共服务。他们赞扬奥巴马政府承诺在基础设施和"绿色"投资上投入更多资金，他们还主张政府需要在卫生、教育、儿童护理和老年护理领域提供更多的公共服务。"即使在经济高涨期间，我们也需要为那些长期处于落后状态的人提供数百万个新的、永久性的工作岗位"②，也即前面提到的就业保障计划。

兰德尔·雷说："我们现在需要的是创造就业机会、增加收入（特别是工资）和减免债务，所有这些都将使家庭财务状况得到改善。我们需要公共基础设施投资，而不是私人投资，以及更多、更好的公共服务。几乎所有的经济学者都赞成政府扮演更大的角色；然而，大多数人认为这是一个暂时的解决办法。我的观点是，我们需要一个庞大的、不断增长的政府，以产生一条可持续的增长道路。"③

兰德尔·雷提出了实现可持续经济增长的政策：（1）绿色政策。经济的可持续发展需要更多地关注环境，对替代能源和服务给予补贴、对低收入家庭的能源成本减免、禁止养老基金进行指数投机以抑制对石油和其他商品的投机行为。（2）工资税改革。总体上降低工资税。财政部直接支付所有的社会保险金，确保劳动者体面退休；将资源从劳动人口重新分配到退休人员上；以累进的方式对所有收入来源征税，以便分担照顾日益增长的老年人口的负担。（3）州和地方政府收入。联邦政府权力下放使州和地方政府承担更多的责任，但没有必要的资金。随着税收的急剧下降，中央政府鼓励地方政府远离累退的税收，联邦政府给那些同意取消累退税的州资金援助。（4）扭转不平等加剧的趋势。抑制金融部门扩张，通过就业保障计划提高底层的收入。

---

①②③ Randall Wray, L. The Return of Big Government: Policy Advice for President Obama [J]. Economics Public Policy Brief No. 99, Levy Economics Institute, 2009.

（5）提供医疗保健。提供国家资助、全民享有合理的医疗保健，并建立一个小得多的私人资助体系。（6）基础设施和社会支出。政府支出需要像棘轮一样运转：在经济不景气时，政府支出应该增加，以摆脱衰退；在经济景气时，政府支出应该增加，以产生对产能增长的需求。政府支出领域应该着重放在教育、医疗保健、军事和安全服务以及其他社会服务等方面。（7）金融改革。金融市场需要缩减金融规模和重拳出击的重新监管。（8）工作。实施就业保障计划，为任何愿意并准备好工作的人提供就业机会。

兰德尔·雷指出，这是一场"真正的变革"，需要利用这次危机机会，借助大政府，用另一种促进经济、金融和环境可持续性的形式取代货币经理资本主义。兰德尔·雷总结道，"总之，我们面临着巨大但并非不可能的挑战。我们需要解决当前的危机，这场危机有很多方面：金融危机、住房危机、就业危机、零售危机，等等。我们还需要应对长期问题：不平等、环境挑战（包括全球变暖）、老龄化社会以及恢复大多数美国人不断提高的生活水平。我们必须努力制订政策解决方案，而不是简单地让我们陷入另一场危机。这不仅需要我们了解将我们带到悬崖边的过程，而且还需要我们设想一种新的资本主义形式，这种资本主义在经济、金融、社会、政治和环境方面更具可持续性。这是我们可以相信的改变"①。

8.3.4 欧元区重组

早在欧元区主权债务危机爆发的 10 年前，后凯恩斯主义者基于现代货币理论，揭示了欧洲单一货币制度潜在的根本缺陷："货币当局和财政当局之间将出现一场前所未有的分离"②。古德哈特（C. A. Goodhart）指出，"转向欧洲货币联盟和欧元的显著和独特之处在于没有伴随政府和财政职能的联邦化。这种在民族国家层面上的货币集中与政府分权之间的分离，是潜在紧张局势的根源"③。

基于现代货币理论，后凯恩斯主义者认为，欧元区的问题是，每个国家

---

① Randall Wray, L. The Return of Big Government: Policy Advice for President Obama [J]. Economics Public Policy Brief No. 99, Levy Economics Institute, 2009.

②③ Goodhart, C. A. The Two Concepts of Money: Implications for the Analysis of Optimal Currency Areas [J]. *European Journal of Political Economy*, 1998, 14 (3): 407 – 432.

都放弃了主权货币，转而使用欧元。对单个国家来说，欧元是一种外币。由于失去了主权货币，这些国家货币政策不能配合财政政策充分发挥经济调节作用。按兰德尔·雷的说法，欧元区主权债务危机核心问题在于"经济状况迥异的国家与同一货币挂钩"①。

主权货币和非主权货币之间有着重要的区别。主权货币的发行者，即使用自己的浮动和不可兑换货币进行支出的政府，不能被迫负债，没有偿付能力风险，因为主权货币政府的支出来自银行账户的贷记，因此它的支出永远不会受到税收或债券销售的约束。然而，欧元区国家统一使用欧元，每个国家不能发行自己的主权货币，失去主权货币发行权的国家将面临偿付能力风险。

尽管相对于独立主权国家，没有一个欧元国家有"大"的赤字或债务比率，但由于非主权货币，欧元国家在借贷方面面临"市场强加的"限制。2008 年国际金融危机开始后，欧元区正式进入衰退。结果，各国政府采取了反周期的"刺激方案"，试图应对不断恶化的经济形势，欧元区国家预算赤字激增。不幸的是，这些支出的增加加剧了人们对政府债务水平、欧元未来影响的担忧。在不能发行主权货币的国家，所有这些债务都必须在私人资本市场寻找销路。金融危机后资本市场的金融状况已大幅收紧。这给必须为其债券寻找买家的成员国政府带来了重大问题。预计债务水平的急剧上升加剧了卖主之间的竞争，迫使一些国家支付明显更高的利率，以补偿放贷人对该国所感知的风险和流动性问题。这造成了一个恶性循环：赤字的产生导致公共债务的降级，并导致金融市场要求更高的溢价，从而提高利息成本，进而政府赤字进一步增加。"由于欧元区 16 个成员国不再发行主权货币，在财政政策上行使自由裁量权时，它们任由金融市场摆布"②。

欧债危机的根源并不像主流学者所认为的：挥霍的政府或懒惰的工人导致非常高的债务和赤字水平。因此，紧缩药方不可能奏效。爆发主权危机的欧元区国家，政府赤字的很大一部分不是可以自由支配的，而是自动稳定器

①　Dimitri B. Papadimitriou, Randall Wray, L. & Yeva Nersisyan. Endgame for the Euro? Without Major Restructuring, the Eurozone is Doomed [J]. Economics Public Policy Brief No. 113, Levy Economics Institute, 2010.

②　Stephanie A. Kelton & L. Randall Wray. Can Euroland Survive? [J]. Economics Public Policy Brief No. 106, Levy Economics Institute, 2009.

的结果。随着欧洲经济开始滑入衰退，税收收入下降，失业救济金等社会转移支付增加，导致税收收入和支出之间的差距拉大，带来更高的赤字。经济衰退期间政府试图通过削减成本或提高税收来缩小赤字的战略注定要失败。削减工资、增加税收将降低国民收入并进一步减少税收，从而使预算赤字更大。更重要的是，较低的收入意味着较低的有效需求，这将进一步加剧失业状况，引发更多的内乱。更糟糕的是，这些对欧盟非主权成员国的财政限制很可能导致更多地依赖外国需求作为经济增长的引擎。由于国内需求下降，个别成员国试图增加其净出口，但由于与其他欧盟成员国的汇率是固定的，它们唯一的选择是在国内维持或降低工资和价格。这种反应强化了财政紧缩和经济增长放缓。因此，由欧盟和国际货币基金组织提出的紧缩计划，会导致失业率增加，加剧经济的螺旋式下降。

紧缩政策不仅不是应对欧债危机的有效药方，而且部分国家经济长期萎靡不振可归咎于长期紧缩的财政政策。阻碍实施扩张性财政政策的原因在于非主权国家面临的财政约束。摆脱这一困境的唯一途径是使用国家的主权，并增加政府支出。因此，"欧元区危机最有可能的（当然也是最理想的）结果将把更大的财政责任转移给主权国家，也就是欧洲议会。……但真正的问题是政治"①。现在是时候开始考虑欧洲项目的重大重建了。欧元区需要通过投资欧洲议会的财政权威来形成一个"更完美的联盟"，从而使这一权力与美国国会旗鼓相当。统一货币是欧盟的一项经济冒险，但缺乏一个真正的政治联盟。遵循加强欧盟财政权威的思路，兰德尔·雷为解决当前主权债务危机开出了如下药方。②

第一，在欧元区国家需要的时候，欧洲央行可以立即提供救助。每个欧元区国家都可以在其认为合适的情况下使用这一紧急救济。欧洲央行将在二级市场购买政府债券，但紧急措施由各国自行决定。一旦各国政府选择了行动方式，欧洲央行将为当前的政府运作提供资金。

第二，从长期来看，欧洲央行通过永久性的财政安排向成员国分配资金。

---

① Stephanie A. Kelton & L. Randall Wray. Can Euroland Survive? [J]. Economics Public Policy Brief No. 106, Levy Economics Institute, 2009.

② Dimitri B. Papadimitriou, Randall Wray, L. & Yeva Nersisyan. Endgame for the Euro? Without Major Restructuring, the Eurozone is Doomed [J]. Economics Public Policy Brief No. 113, Levy Economics Institute, 2010.

每年将欧元区国内生产总值的一定比例按人均分配给各成员国，以支持它们的财政支出。这种安排将在某些方面复制美国财政部与美国各州的关系，但会有更多的财政转移和欧洲国家的更多控制。这个措施将减轻采取紧缩措施的压力，并限制从金融市场借款以弥补赤字的必要性。

第三，个别成员国创造和使用"平行"货币。这种方法并不能解决已经发行的政府债务过多的问题。但长远来看，每个国家都可以创造一种新的货币供国内使用。这些资金将被政府用来为一部分财政支出提供资金，并被接受为一部分税款。平行货币是一种主权货币，将相对于欧元"浮动"。平行货币发行国中央银行将同时以平行货币和欧元两种方式提供准备金和清算账户。政府不需要发行平行货币债券，但可能会选择为平行货币储备支付隔夜利率。随着支出的增加，它将创造更多的平行货币，当收到税款时，它将摧毁平行货币。同时将继续用欧元偿还其欧元债务，但不会发行新的欧元债务。为了确保收到欧元以偿还欧元计价的债务，政府必须要求以欧元支付一部分税款。

第9章 全球失衡与治理

进入 21 世纪以来，"全球失衡"问题成为全球关注的焦点，处于政策辩论的中心。在当前语境下，"全球失衡"特指 20 世纪 90 年代末以来的全球经常账户失衡加剧现象，即，美国和英国等一些发达国家长期存在经常账户赤字，而中国、其他亚洲新兴国家和许多主要石油出口等经济体则长期存在经常账户盈余。用卡巴列罗（R. Caballero）的话说，全球失衡"指的是美国经历了巨大而持续的经常账户赤字，而外围国家为这赤字提供了资金"①。全球失衡是不可持续的，它被认为是当今世界经济稳定的主要威胁，许多学者把 2008 年全球金融危机归因于全球失衡。因此，全球经济再平衡已成为全球经济改革议程的重中之重。围绕全球失衡问题，学术界提出了五花八门的解释和治理方案。全球失衡为各派思想之间的争锋提供了话题。作为非主流宏观经济学代表的后凯恩斯主义，因其对金融危机的超强解释力，在 2008 年全球金融危机后大放异彩，在此主题上也不甘落后，积极参与到该场争鸣当中，提出了独到见解。

9.1 主流经济学对全球失衡的解释

9.1.1 双赤字和储蓄不足假说

面对美国的巨额贸易逆差，在 20 世纪 80～90 年代，双赤字假说和储蓄不足假说非常流行。双赤字假说认为，美国贸易逆差是由美国预算赤字造成

---

① Ricardo J. Caballero. Commentary：Global Imbalances and the Financial Crisis：Products of Common Causes ［J］. Asia Economic Policy Conference 1st；2009，San Francisco，Calif.

的。其逻辑如下：预算赤字导致国内实际利率上升；这吸引了外国资本流入，导致国内货币升值，从而导致经常账户赤字。它反映了学者对 20 世纪 80 年代里根政府预算赤字恶化的担忧。在 20 世纪 90 年代的克林顿政府时期，美国出现了预算赤字改善与贸易赤字恶化并行的局面，这令双赤字假说名誉扫地。储蓄不足假说在 20 世纪 90 年代流行开来，取代了双赤字假说。它认为，美国贸易逆差是美国家庭病态的低储蓄率（即过度消费）造成的。这反映了 20 世纪 90 年代美国家庭在"新经济"乐观预期推动下消费膨胀、储蓄率不断下降的事实。然而，随着"新经济"泡沫的破裂，这种假说在 21 世纪初黯然失色。双赤字假说和储蓄不足假说是密切相关的，它们都认为，经常账户赤字增加的原因是国民储蓄下降。国民储蓄下降包括公共储蓄下降和私人储蓄下降，双赤字假说强调前者，储蓄不足假说强调后者；与此同时，两种假说均承认预算赤字扩大是导致私人储蓄下降的原因之一，因为据说减税刺激了私人消费[1]。

　　2008 年金融危机前夕，随着预算赤字飙升和私人储蓄进一步下降，双赤字假说和储蓄不足假说得到复兴。萨尔瓦托（D. Salvatore）说："近年来，美国的双赤字再次出现并持续恶化，人们对预算赤字与经常账户赤字或'双赤字'之间的关系重新产生了兴趣。"[2] 弗兰克尔（J. Frankel）指出，"自 2000 年以来，经常账户赤字的增加与美国国民储蓄的下降有关，而这又与不断上升的联邦预算赤字（以及较低的私人储蓄）有关。我们正经历 20 世纪 80 年代双重赤字的重演"[3]。有学者测算表明，美国每 1 美元的财政赤字会带来私人消费上升或国民储蓄下降约 35 美分，而这一数字与每 1 美元带来经常项目赤字增加 30 美分的测算相吻合。[4] 按照储蓄不足假说，这一时期关于私人储蓄不足的原因，除了受政府预算赤字的影响外，更重要的是，"低利率支撑的宽松信贷、金融创新以及宽松的监管，推动了家庭消费的快速增长。飙升

───────────────

　　① Cavallo, M. Government Consumption Expenditures and the Current Account［J］. Federal Reserve Bank of San Francisco, Working Paper No. 2005 – 03, 2005.

　　② Salvatore, D. Twin Deficits in the G – 7 Countries and Global Structural Imbalances［J］. *Journal of Policy Modeling*, 2006, 28（6）: 701 – 712.

　　③ Jeffrey Frankel. Could the Twin Deficits Jeopardize US Hegemony?［J］. *Journal of Policy Modeling*, 2006, 28（6）: 653 – 663.

　　④ Leonardo Bartolini & Amartya Lahiri. Twin Deficits, Twenty Years Later［J］. *Current Issues in Economics and Finance*, 2006, 12（7）: 1 – 7.

的房价也鼓励了私人债务的迅速积累和杠杆率的提高"①。弗拉茨舍尔和斯特劳布（Fratzscher & Straub）发现，资产价格对各国的经常账户有着显著的影响，资产价格上升通过财富效应和汇率效应对私人消费产生积极影响，因此资产泡沫是美国储蓄不足背后的主要力量。②

9.1.2 布雷顿森林体系Ⅱ假说

杜利（Dooley）等提出了以美国经常账户赤字为永久性特征的可持续全球失衡的观点，这种观点被称为"布雷顿森林体系Ⅱ"（Bretton Woods SystemⅡ，BWⅡ）假说③。BWⅡ假说认为，全球经常账户失衡反映了赤字（美国）和顺差（发展中国家）国家之间的利益共生关系，这种共生关系支撑着全球失衡具有可持续性和相对稳定性。

BWⅡ假说指出，在20世纪50年代的布雷顿森林体系（即布雷顿森林体系Ⅰ）中，美国是资本和商品市场基本上不受控制的中心地区。被战争摧毁的欧洲和日本构成了新兴的外围国家。外围国家选择了一种出口导向型发展战略，即低估货币价值、控制资本流动和贸易、储备积累，以及利用中心地区作为金融中介，为自己的金融体系提供信誉。20世纪70年代，当欧洲的发展战略转向自由市场时，金融管制被解除，固定汇率体系很快崩溃为浮动汇率制度。这并不意味着布雷顿森林体系的消亡，而仅仅是一个过渡期：第一代外围国家升级到中心国家，新一代外围国家还未兴起。

21世纪初，某些亚洲发展中国家坚持的是西欧和日本几十年前遵循的出口导向型发展战略，它们代替欧洲和日本变成了新的"外围国家"。随着美国重新成为发行储备货币的"中心国家"，并向新的"外围国家"提供金融中介服务，国际货币体系进化到第二阶段，即布雷顿森林体系Ⅱ。自布雷顿森林体系出现以来，除了新的参与者取代了前一代的外围国家，全球货币体

---

① Vladimir Klyuev. *The United States*：*Resolving "Twin" Deficits* [M] //Hamid Faruqee & Krishna Srinivasan, *Global Rebalancing*：*A Roadmap for Economic Recovery*. Washington, D. C.：International Monetary Fund, 2013：21-37.

② Fratzscher, M. & R. Straub. Asset Prices and Current Account Fluctuations in G7 Economies [J]. *IMF Economic Review*, 2009, 56（3）：633-654.

③ Dooley, M. P., Folkerts-Landau, D. & P. Garber. An Essay on the Revised Bretton Woods System [J]. Working Paper 9971, Cambridge, MA：National Bureau of Economic Research, 2003.

系的动态结构基本保持不变。

外围国家形成了"贸易账户区",其主要关注的是对美国的出口,因为"出口意味着增长"。BW II 假说称:"当贸易账户地区的进口跟不上时,官方部门乐于购买美国证券,直接为缺口融资,而不考虑证券的风险/回报特征。从所有实际目的来看,它们对此类投资的兴趣是无限的,因为它们的增长能力远未达到极限。"① 与此同时,在这一过程中积累起来的美元外汇储备,为那些自身金融结构尚不发达的国家不断增长的外国直接投资提供了担保。

BW II 假说强调全球失衡本质上是一个两面性的问题。把重点放在美国的经常账户赤字上,而忽视世界经济其他地方必须有相应的盈余,这是毫无意义的。事实上,BW II 假说认为,寻求盈余的国家是失衡背后的最终驱动力,被称为"布雷顿森林体系 II"的整个局势可能远没有最初看起来那么不稳定。这种局面是可持续的,因为它给外围顺差国家和处于中心地位的逆差国家带来了互惠互利。

从本质上讲,外围国家以从中心国家(美国)积累储备资产为交换条件,承担美元资产的违约风险。外围国家之所以这样做,是因为它希望出口带动增长。美国愿意这样做,是因为"美国乐于现在投资,现在消费"②。

9.1.3　全球储蓄过剩假说

美联储前主席伯南克认为,"在过去的十年里,各种力量的结合导致了全球储蓄供给的大幅增加——全球储蓄过剩,有助于解释美国经常账户赤字的增加以及当今世界实际长期利率水平相对较低的原因"③。伯南克随后特别指出,"发展中国家最近从国际资本市场的资金净使用者转变为资金净提供者"④,这是全球储蓄供给上升背后的一个重要来源。换句话说,伯南克认为,美国的外部赤字在很大程度上是发展中国家储蓄增加的结果。

伯南克认为,发展中国家经历的一系列金融危机是这一显著变化的"关键原因"。例如,亚洲危机之后,一些东亚国家出于预防动机开始积累大量

---

① ②　Dooley, M. P., Folkerts-Landau, D. & P. Garber. An Essay on the Revised Bretton Woods System [J]. Working Paper 9971, Cambridge, MA: National Bureau of Economic Research, 2003.

③ ④　Bernanke, B. The Global Saving Glut and the U. S. Current Account Deficit [J]. Federal Reserve Board, Remarks, March 10, 2005.

外汇储备。此外，新兴经济体通常追求出口导向型增长，因为国内需求被认为不足以充分利用国内资源。这就要求它们保持具有高度竞争力的汇率，并导致外汇储备的大量积累。默文·金恩补充了第三个原因："低水平的金融发展可能通过多种渠道发挥了重要作用"[①]。这包括四个方面：由于不完全进入国内保险市场而选择自保的家庭；国内"安全"金融资产供应不足，鼓励新兴市场投资者从发达经济体的金融市场积累"安全"资产；缩减政府提供的社会安全网以及提供卫生和教育服务，鼓励家庭建立储蓄缓冲；金融服务提供不足，迫使公司保留收益，从而为未来投资提供资金。

那么究竟是以什么方式、通过什么渠道，起源于发展中国家的全球过剩储蓄最终输送到美国市场？伯南克断言，"实际上，这些国家通过向本国公民发行债券，从而调动国内储蓄，然后用所得资金购买美国国债和其他资产，从而增加了外汇储备"[②]。实际上，各国政府充当了金融中介，将国内储蓄从地方用途转移到国际资本市场。他认为，发展中国家的那些"过剩储蓄"已经存在，通过国债发行被收集起来用于投资美国国债，发展中国家政府作为中介，将储蓄从穷国通过国际资本市场输送到富国。

发展中国家过剩储蓄流到美国带来的结果是什么呢？一方面，利率下降，资产价格上涨，居民储蓄率下降；另一方面，美元升值，贸易逆差加大。用伯南克的话说，"全球意愿储蓄超过意愿投资是全球低利率的一个主要原因，这主要是一些新兴市场经济体以及沙特阿拉伯等产油国造成的。他认为全球储蓄流入美国有助于解释为何在美联储提高短期利率的同时，2000 年中期长期利率持续走低。强劲的资本流入也推高了美元的价值，并帮助创造了当时非常巨大的美国贸易逆差，2006 年占美国国内生产总值的近 6%。国内需求的 6% 转向进口提供了另一种解释……尽管房地产泡沫不断扩大，但 2000 年初美国经济未能过热[③]。

总之，全球储蓄过剩假说认为，全球失衡或者美国巨额经常账户逆差的原因不在美国而在亚洲；责任不在亚洲国家的私人部门而在它们的政府，

---

① Mervyn King. Global Imbalances: The Perspective of the Bank of England [J]. *Financial Stability Review*, 2011 (15): 43 - 48.

② Bernanke, B. The Global Saving Glut and the U. S. Current Account Deficit [J]. Federal Reserve Board, Remarks, March 10, 2005.

③ Bernanke, B. Why Are Interest Rates So Low [J]. Brookings Institution, March 30, 2015.

发展中国家尤其亚洲国家政府政策导致了全球失衡；为实现全球再平衡和可持续发展，"美国和国际社会应继续反对那些促进巨额持续经常账户盈余的国家政策，并努力建立一个在贸易和资本流动方面实现更好平衡的国际体系"①。

9.1.4　资产短缺假说

资产短缺假说认为，由于全球化导致全球收入增加与资产需求增加，世界经济正面临优质金融资产短缺的困境。它声称，美国在生产高质量金融资产方面具有比较优势，因此，美国的贸易逆差是一种新的比较优势应用的产物，即美国用金融负债交换商品。② 世界范围内，优质金融资产供应很难跟上全球家庭、企业、政府、保险公司和更广泛的金融中介机构对价值存储和抵押品的需求。其根本原因在于，新兴市场经济体无法生产当地经济主体所需的安全金融资产来存储价值。这些经济体资产供应短缺的原因来自各种微观经济、宏观经济和政治缺陷。无力的破产程序、长期的宏观经济波动以及巨大的征用风险降低了当地资产的价值和安全性。

卡巴列罗等认为，20 世纪 90 年代末的新兴市场危机，随后中国和其他东亚经济体的快速增长，以及相关的大宗商品价格上涨，使资本从新兴市场流向了美国。实际上，新兴市场和石油等大宗商品生产者需要稳健、流动性强的金融工具来储存他们新获得的财富，于是转向了被认为具有提供这些金融资产独特优势的美国金融市场。③ 他们发现，国内较高的金融风险导致许多新兴市场投资者偏好发达经济体的安全资产。④

"资产价格和估值对这些短缺的均衡反应，在过去 20 年的全球经济发展

---

① Bernanke, B. Why are Interest Rates so Low [J]. Brookings Institution March 30, 2015.

② Ricardo J. Caballero. On the Macroeconomics of Asset Shortages [J]. Working Paper 12753, Cambridge, MA: National Bureau of Economic Research, 2006.

③ Ricardo J. Caballero, Emmanuel Farhi & Pierre-Olivier Gourinchas. Global Imbalances and Currency Wars at the ZLB [J]. Working Paper 21670, Cambridge, MA: National Bureau of Economic Research, 2015.

④ Ricardo J. Caballero, Emmanuel Farhi & Pierre-Olivier Gourinchas. An Equilibrium Model of "Global Imbalances" and Low Interest Rates [J]. *American Economic Review*, 2008, 98 (1): 358 – 393.

中发挥了核心作用"。① 所谓的"全球失衡"、历史上最低的实际利率、反复出现的投机泡沫等许多主要宏观经济事件，都可以通过在分析这些事件时认识到一个强大但基本上被忽视的因素来理解，即世界似乎严重缺乏资产。

在安全资产短缺中恢复均衡的主要市场机制是提高安全资产的估值，这一过程通过两个渠道来实现。一是利率。通过降低市场利率，实现资产升值。二是汇率。资产的计价货币（主要是美元）升值，增加了这些资产对非美国持有者的实际价值。

卡巴列罗等指出，20世纪90年代末和21世纪初的所谓的"全球失衡"主要是由于全球生产安全价值储备能力的巨大差异，以及这种能力与当地对这些资产的需求之间的不匹配造成的。世界区域间资产供给和需求之间的不匹配，自然会导致所谓的"全球失衡"，向世界其他地区提供金融资产必然带来经常账户赤字。这些"失衡"可能会持续很长一段时间，而且随着中国和更广泛的新兴市场的快速增长，这种失衡会加剧。

安全资产严重缺乏的国家，通过资本外流（相当于经常账户盈余），将其衰退扩散到其他国家。经常账户盈余国家正在输出疲软的国内总需求。像美国这样的赤字国家正在吸收世界其他国家疲软的国内总需求。因此，可以说，安全资产具有公益性，因为它们的生产有助于刺激其他国家的产出，而这些收益不可能被发行安全资产的经济体完全内在化。一个"搭便车"的问题出现了，它表现在数量（安全资产的发行不足）和价格（以邻为壑的贬值）上。

在短期和中期内，安全资产的数量可能会通过安全资产发行国更高的汇率以及这些国家的公债发行而增加。但解决问题的长期办法是发展中国家的金融发展，以此来增加全球安全金融资产供给，与此同时，如果政府有足够的税收信誉，那么就应该从发展国内公债市场开始。

卡巴列罗等指出资产短缺假说与全球储蓄过剩假说的区别，他们说："全球储蓄过剩假说的重点是将过剩的全球储蓄配置到美国泡沫中，但它没有像我们在这里所做的那样，将资本流动和增长与国内金融市场基本面联系起来。"②

---

① Ricardo J. Caballero. On the Macroeconomics of Asset Shortages [J]. Working Paper 12753, Cambridge, MA: National Bureau of Economic Research, 2006.

② Ricardo J. Caballero, Emmanuel Farhi & Pierre-Olivier Gourinchas. An Equilibrium Model of "Global Imbalances" and Low Interest Rates [J]. *American Economic Review*, 2008, 98 (1): 358–393.

9.1.5　人口结构变动假说

库珀（Cooper，2008，2009，2013）提出"人口结构变动假说"，认为人口结构和生命周期储蓄动态应该对全球失衡负责。库珀指出，"过去 10～15 年美国贸易逆差普遍上升是世界经济两大重要力量——金融市场全球化和人口结构变化的自然结果"[1]。

日本、德国、亚洲新兴经济体正在经历持续的经常账户盈余。而经常账户盈余意味着国民储蓄超过了国内投资。出现这种情况的原因是这些国家和地区正在经历的巨大的人口转变——社会正在老龄化。社会老龄化归因于两个原因：寿命延长和出生率下降。平均预期寿命的增加将增加家庭退休储蓄。由于医疗技术不断进步，生命不仅更长，而且还存在相当大的不确定性，预防性储蓄也相应增加。另外，较低的出生率往往会减少投资。低出生率意味着，随着时间的推移，对学校和住房的需求降低。装备新劳动力所需的新资本也减少了。

按库珀的分析，中国、德国、日本等经济体的年轻人每年大约减少 1%。与此形成鲜明对比的是，美国年轻人的数量预计在未来将保持正增长。虽然美国出生率有所下降，但仍保持在 2% 以上，美国人口每年增加 100 多万移民，这些移民总体上都很年轻，随着时间的推移，很好地融入了美国的劳动力队伍。[2] 因此，与大多数富裕国家不同，美国并不存在储蓄相对于投资的过剩问题。

与国内投资相比，许多高收入国家的储蓄过剩，为什么这些资金会如此大量地流向美国经济？外国资金寻求资本丰富的美国作为投资地有以下四个方面的原因。

首先，美国经济的规模和制度安排，许多有价证券比其他金融市场的流动性要大得多，这增加了它们对被动投资者的吸引力；市场根据其风险特征提供了多样性的金融资产。其次，在美国，财产权相对安全，争端解决相对

---

[1]　Cooper, R. N. Global Imbalances：Globalization, Demography, and Sustainability［J］. *Journal of Economic Perspectives*，2008，22（3）：93－112.

[2]　Cooper, R. N. How Serious Are Global Imbalances?［J］. *Rebalancing the Global Econom*，2010：52－78.

迅速和公正。再次，尽管是富裕国家，但美国经济仍然充满活力，除上述人口因素外，还要归因于其经济具有高度创新性，相对而言比其他经济体更具灵活性。最后，具有包括法律、金融机构以及公共基础设施等在内的优越的投资环境。

美国赤字的部分融资来自外国央行购买美元计价资产，在其中一些情况下，外国央行只是代表老龄化的公众充当金融中介，这些人要么选择不投资，要么不被允许直接在海外投资。"各国政府和国际金融机构不应像他们（口头上）那样担心全球失衡。在一个资本市场全球化的世界里，经常账户失衡必然比历史上更严重。这反映了世界储蓄的全球分配和世界投资的多样化，总的来说，这提高了福利。未来的养老金领取者希望储蓄，他们希望自己的投资收益率高于通常在国内的投资收益率，因为社会老龄化，国内的收益率可能较低。简言之，产生经常账户失衡的资本流动可能是可取的，反映了跨期交易，而失衡不反映不平衡。"① 政府大力削减赤字的努力很可能会延长世界经济衰退，或产生新的衰退，因为那些试图纠正赤字的国家，特别是美国，在需求萎缩的同时，其他国家的需求却没有相应地扩大。

9.2　后凯恩斯主义经济学对全球失衡的解释

9.2.1　有效国际调整机制缺乏假说

后凯恩斯主义学者扬·克雷格尔、保罗·戴维森等认为，全球失衡问题是一个国际调整机制的问题，以及以出口为导向的发展战略与国际收支平衡的兼容性问题。克雷格尔认为，出口导向型增长和资本自由流动是造成持续全球失衡的真正原因。摆脱这一困境的唯一途径是转向以内需为主导的发展战略，资本流动必须成为解决方案的一部分。他们极力主张改革国际货币体系，重新考虑凯恩斯的建议——建立一个"国际清算联盟"，以确保"所有

---

① Cooper, R. N. How Serious Are Global Imbalances? [J]. *Rebalancing the Global Econom*, 2010: 52–78.

国家、资本和劳动力平等承担国际调整成本"①, 或者说, "调整的主要责任从债务国手中转移到债权国的手中"②。

克雷格尔概述了金本位制和布雷顿森林体系在解决全球失衡方面的作用。③就金本位制而言, 以套利为基础的国际收支调节机制未能解决问题。克雷格尔借用凯恩斯的观点指出, 金本位制调整过程中存在两种不对称, 都是基于经济活动水平的变化。首先, 国内调整成本将主要落在就业上, 因为劳动力价格比资本价格更具黏性。其次, 国际调整成本将主要落在赤字国家。这是由于外部赤字而出现黄金外流的国家将不得不通过减少活动来削减其进口, 因为它们将在相对价格调整过程开始之前耗尽黄金; 而盈余国家则不受任何约束地进行盈余累积。因此结论是, 金本位制下的调整过程将产生一种趋势, 即主要通过降低产出和就业来降低全球经济活动水平。

为了恢复国际收支平衡, 布雷顿森林体系转而求助于管理调整过程, 禁止将调整过程交给私人市场的国际套利者。布雷顿森林体系对美元或黄金实行票面价值以实现经常项目可兑换, 意味着赤字受到一国外汇储备规模和国际货币基金组织提款权的限制, 因此累积的失衡被控制在一个小范围内。然而, 这一制度保留了金本位制下的非对称调整。与金本位制类似, 布雷顿森林体系也没有对盈余国家进行盈余积累施加积极的限制。而是通过对国家赤字的限制, 才限制了全球盈余, 从而限制了失衡的总体规模。然而, 这一调整过程意味着, 赤字国家被迫过度收缩国内收入, 以便恢复平衡, 偿还国际货币基金组织的债务。虽然这种方法能够产生一种所有国家都能在一段时间内平均保持外部平衡的体系, 但这只会以全球经济的平均产出和就业下降为代价。

那么当前的后布雷顿森林体系下又如何呢? 在全球经济不断增长、需要扩大国际流动性的情况下, 不可能让美元成为全球流动性的来源, 也不可能固定美元在黄金方面的价值。解决这个困境意味着放弃限制全球失衡的固定汇率制度, 转向浮动汇率和不受监管的国际资本流动。一种新的、以市场为基础的调整机制开始发挥作用, 取代了国际货币基金组织的干预和限制。

---

①③　Kregel, J. An Alternative Perspective on Global Imbalances and International Reserve Currencies [J]. Economics Public Policy Brief No. 116, Levy Economics Institute, 2010.

②　保罗·戴维森. 凯恩斯方案——通向全球经济复苏与繁荣之路 [M]. 孙时联, 译. 北京: 机械工业出版社, 2011: 125.

克雷格尔强调，与布雷顿森林体系时代相比，当前体系中贸易和金融结构发生了根本变化。[①] 在二战后建立的布雷顿森林体系的主要目的是支持工业化国家之间贸易的重建。可以说，对贸易体系的考虑决定了国际金融的结构。这是一种主要以双边交换国内生产的最终商品和服务的形式进行贸易的体系。今天的贸易体系在两个方面有着显著的不同。第一，金融主导贸易，企业寻求成本最低的生产平台，以实现全球生产利润最大化，这与布雷顿森林体系的假设相反。第二，当前体系中的贸易和生产发生在一个多边环境中，这反映了在一个由跨国企业组成的世界中主导生产的全球供应链的存在。随着贸易结构的变化，金融结构也发生了重要变化。国际货物和服务交换与金融交易密不可分，没有金融中介，国际贸易是不可能发生的，因此，随着越来越多的中间产品被交易，它们带来了跨境融资，越来越多的金融机构进入外国市场；除了私营部门金融服务提供者的全球化之外，各国政府越来越多地在外国市场上利用主权债务融资来进口货物和服务或解决私营部门的不平衡问题；除此之外，商品和服务的国际自由贸易不仅伴随着跨境金融资产交易的增加，在许多情况下，这种金融资产贸易还先于商品和服务贸易。这一切方面增加了独立于贸易流动的全球金融资产交易。

"任何独立于贸易流动的资本流动都会造成贸易流动的不平衡"[②]。利差导致资本流入，导致外汇储备增加和汇率升值。在赤字国家，自由资本流动下的灵活汇率，非但没有通过提高外国进口价格来支持支付调整，反而起到了相反的作用。外部账户不断恶化，汇率似乎无休止地升值，这是一种累积的自我强化趋势。而支撑日益失衡的能力，则因外汇储备的迅速增加而得到加强，外汇储备的迅速增加增强了投资者对这一进程稳定的信心。布雷顿森林体系瓦解之后，一个国家的赤字规模取决于国际投资者的信心，即一个国家可以持续增加外债，以履行其偿债承诺——明斯基称之为"庞氏骗局"。这种累积过程，就像任何庞氏骗局一样，最终必然会崩溃。这个体系中失衡的最大规模受到间歇性金融危机的限制，而不是受到国际货币基金组织条款的限制。

现在需要回答的基本问题是，是贸易还是金融推动了国际经常账户失衡。

---

①② Kregel, J. Global Imbalances and the Trade War [J]. Economics Policy Note Archive 19 - 2, Levy Economics Institute, 2019.

事实上，正是金融让这些失衡得以发生。在较低的或受控的资本流动条件下，国内需求是对外贸易的主要决定因素，通过凯恩斯式的需求管理微调，将失衡保持在最低水平。另外，在开放的资本市场中，金融占主导地位，因为它决定了贸易失衡的融资。20 世纪 90 年代全球失衡开始变得严重，失衡扩大的主要原因是贸易失衡和全球投资流动的私人融资增加，这是在布雷顿森林体系中隐含的固定汇率崩溃之后开始的。灵活的汇率没有确保外部收支平衡，而是私人融资的增加使国际收支赤字得到了支持。只要一个国家在主权债务利率或获得有利可图的国内投资方面向私人金融市场提供足够的激励，几乎任何规模的外部赤字都可以实现融资。这是金融主导贸易的过程，也是双边贸易失衡加剧时期的开始。

一方面，许多发展中国家选择出口导向型发展战略，通过促进基于竞争性汇率的净出口，支持国内工业化；另一方面，德国和日本等发达国家无法从出口导向型增长转变为内需导向型增长。"这些国家可以被视为向世界其他地区提供贷款，为其净出口融资，或者更好地说，是向世界其他地区借用有效需求。……任何坚持消除全球失衡的做法，都等同于阻止出口导向型发展战略"①。走出这一困境的唯一出路是出口导向型国家转向内需导向的发展战略。

当前是全球资本流动主导贸易流动的体系。全球持续失衡的原因在于缺乏一个与充分利用全球资源兼容的国际调整机制。根本问题不在于充当国际货币的特定国家责任，而在于全球失衡的有效调整机制的失败。

为了恢复国际收支平衡，二战后凯恩斯提出建立一个"清算联盟"计划，主要由经常账户盈余国家承担国际调整成本。凯恩斯的建议当时没有被采纳，代之确立的是布雷顿森林体系。克雷格尔和戴维森非常推崇凯恩斯的计划，他们认为，当今国际货币体系改革的方向应是遵循凯恩斯的原则建立国际清算联盟，这也是解决全球失衡问题的根本制度保障。

凯恩斯关于建立清算联盟的提案基于他所谓的"银行原则"。银行原则被定义为"借方和贷方、资产和负债的必要相等。如果不能把信贷转移到银

---

① Kregel, J. An Alternative Perspective on Global Imbalances and International Reserve Currencies [J]. Economics Public Policy Brief No. 116, Levy Economics Institute, 2010.

行系统外，而只能在系统内转移，那么银行本身就永远不会陷入困境"①。他进一步阐述道："这一原则的目的是在你能够清算的范围内相互抵销交易，然后处理由此产生的贷方和借方余额，使它们仍然相互抵销，就像内部银行业务一样。"② 凯恩斯提出的记账单位称为"bancor"。按照银行原则，在清算联盟中成员国之间的交易相互抵销，bancor 信贷余额将在指定的限度内自动借给赤字国家。这一体系的主要优势在于没有国家能够积累外汇盈余，这使维持充分就业和全球需求成为可能。

凯恩斯认为，"这一想法是放弃使用具有国际效力的货币，代之以相当于易货的东西，……这样，它就能够回到贸易的本质特征和最初目的，同时抛弃了本应促进贸易，但实际上却扼杀贸易的工具"③。但凯恩斯向他的批评者保证，这"并不意味着货物与货物的直接交易，而是一项交易迟早必须在另一项交易中找到对方"④。

凯恩斯的建议基于这样一个简单的想法，即金融稳定取决于进出口之间的平衡，任何与平衡的偏离都会使债权国通过清算所为债务国提供自动融资。这消除了用于进出口的国家货币支付；各国以固定于本国货币的名义记账单位接收贷方或借方。由于记账单位不能进行交易、买卖，它就不是国际储备货币。言下之意是，将不需要一个"外币"或储备余额的市场，因此不需要波动的汇率对国际货物的相对价格产生影响。

由于清算所的贷项只能用于通过购买进口来抵销借项，如果不用于这一

---

① Keynes, J. M. Activities 1940 – 1944: Shaping the Post-War World: The Clearing Union [M] // Moggridge, D. (ed), *The Collected Writings of John Maynard Keynes*, Vol. XXVII: *Activities 1940 – 1946. Shaping the Post-war World: Employment and Commodities.* Macmillan and Cambridge University Press for the Royal Economic Society, London and Basingstoke, [1943a] 1980: 44 – 45.

② Keynes, J. M. Activities 1940 – 1944: Shaping the Post-War World: The Clearing Union [M] // Moggridge, D. (ed), *The Collected Writings of John Maynard Keynes*, Vol. XXVII: *Activities 1940 – 1946. Shaping the Post-war World: Employment and Commodities*, Macmillan and Cambridge University Press for the Royal Economic Society, London and Basingstoke, [1943a] 1980: 209 – 210.

③ Keynes, J. M. Activities 1940 – 1944: Shaping the Post-War World: The Clearing Union [M] // Moggridge, D. (ed), *The Collected Writings of John Maynard Keynes*, Vol. XXVII: *Activities 1940 – 1946. Shaping the Post-war World: Employment and Commodities*, Macmillan and Cambridge University Press for the Royal Economic Society, London and Basingstoke, [1943a] 1980: 23.

④ Keynes, J. M. Activities 1940 – 1944: Shaping the Post-War World: The Clearing Union [M] // Moggridge, D. (ed), The Collected Writings of John Maynard Keynes, Vol. XXVII: *Activities* 1940 – 1946. *Shaping the Post-war World: Employment and Commodities*, Macmillan and Cambridge University Press for the Royal Economic Society, London and Basingstoke, [1943a] 1980: 18.

目的，这些贷项最终将被消灭，因此调整的负担是平等分担的：盈余产生的贷项必须用于从有借项结余的国家购买进口品。或者，它们可以用来购买外国资产，包括外国直接投资或有价证券投资，但这些购买的规模将受到盈余国家在清算所的贷方余额的严格限制。

克雷格尔总结道："凯恩斯建议建立一个清算联盟，在调整过程中引入对称性。支付不平衡将通过一种个人不能在私人市场交易的记账单位来解决。但他提议用假想货币'bancor'取代黄金并不是该计划成功的关键所在；而是假设各国政府同意通过规则或协商实施协调、对称的调整政策，包括同时采取行动恢复赤字国和盈余国的平衡。"①

9.2.2　收入不平等假说

一些后凯恩斯主义经济学家把全球失衡归因于收入不平等加剧。正如贝林格和范特雷克通过实证研究得出结论："从个人收入不平等和要素份额两个方面来看，收入分配的趋势可以解释大衰退之前观察到的全球经常账户失衡的很大一部分。"②

这些后凯恩斯主义经济学家一般认为，全球失衡表现为全球范围内两种经济增长模式——债务导向型增长模式和出口导向型增长模式的共生并存，因此，揭示收入分配与全球失衡之间的关系就是要揭示收入分配变化与两种经济增长模式形成之间的内在联系。正如贝拉贝等提出："为什么在一些国家，不平等加剧导致了伴随着消费繁荣和经常账户赤字而来的债务型增长模式，而在另一些国家，不平等削弱了消费，导致了出口型增长模式?"③ 贝林格和范特雷克分别以德国和美国的出口导向型和债务导向型增长模式为例，阐述了制度差异如何有助于解释为什么不同国家发展出不同的收入分配模式，

① Kregel, J. An Alternative Perspective on Global Imbalances and International Reserve Currencies [J]. Economics Public Policy Brief No. 116, Levy Economics Institute, 2010.

② Behringer, J. & T. van Treeck. Income Distribution and the Current Account [J]. *Journal of International Economics*, 2018 (114): 238 – 254.

③ Christian A. Belabed, Thomas Theobald & Till van Treeck. Income Distribution and Current Account Imbalances [J]. *Cambridge Journal of Economics*, 2018, 42 (1): 47 – 94.

以及收入分配和制度如何相互作用，产生不同的增长模式。①

　　贝林格和范特雷克认为，企业部门不同的制度设置和不同的战略目标是理解德国和美国不同的收入分配模式的关键。尽管当代资本主义表现出股东价值取向不断增长以及公司管理者市场竞争日益激烈和流动性增强的趋势，但与美国相比，德国股票市场资本占 GDP 的比例仍然很小。与美国高管薪酬激增相比，德国高管的薪酬在 2008 年金融危机前一段时期上涨较缓和。德国企业的一个重要特点是家族企业所占比重较大，这些家族控制的中小型企业被称作"Mittelstand"。Mittelstand 的一个重要特征是，企业所有者和经理之间的委托代理问题不像公开上市的股份公司那样明显。与平均工作年限短得多的雇用经理相比，Mittelstand 的所有者经理具有更多的长期目标。因此，所有者经理在尽可能短的时间内从他们的企业中提取尽可能多的现金的动机低于受雇经理。当所有权和管理权从一代传给下一代时尤其如此。在德国，与其他形式的遗产相比，商业财富享有税收优惠。此外，留存利润的税额低于分配的利润。德国的税法因此提供了"将公司用作储蓄罐的动力"。重要的是，企业部门的利润留存政策与家庭收入最高份额的相对稳定性直接相关。另外，企业储蓄的增加也与德国整个经济体工资份额的下降有关。对美国工资份额相对稳定的一种解释，是高层管理人员工资的激增，弥补了工资分配中 90% 左右底层更为缓慢的工资增长趋势。德国经济越来越具有二元劳动力市场的特征，在这一市场中，自信且受到良好保护的核心员工与不稳定的低工资员工共存。德国工资份额大幅下降的主要原因是工资分配的下半部分的工人，而收入分配在分配的上半部分保持相对稳定。简言之，在德国，工资份额的大幅下降以及伴随而来的企业留存收益的上升在很大程度上阻止了顶级家庭收入份额的增加，通过将企业部门推到持续的净储蓄头寸而抑制了国内需求。在美国，企业部门向高收入者支付的收入要高得多，这意味着企业储蓄减少，但高端收入不平等性加剧。简单地说，家族控制的德国 Mittelstand 企业和以股东价值为导向的美国股票公司之间的制度差异在很大程度上解释了为什么自 20 世纪 80 年代以来，尽管面临着相似的技术变革和全球化以及金融和劳动力市场自由化，但收入不平等趋势在美国表现为个人收入不平等，而在德国却表现为功能性收入分配的不平等。

---

　　① Behringer, J. & T. van Treeck. Income Distribution and Growth Models: A Sectoral Balances Approach [J]. *Politics and Society*, 2019, 47（3）: 303 – 332.

收入分配的变化如何促成危机前经常账户的失衡呢？在美英等国，功能性收入分配基本保持稳定，但高端家庭收入不平等急剧增加。这引发了从收入阶梯一路向下的支出级联。由于劳动力市场（劳动力流动性高、预防性储蓄薄弱）、教育系统（私立学校）和金融系统（监管不善、信贷容易获得）的体制特点，消费方面的模仿非常强烈。相对收入假说适用于美英等国的情况，凸显了中上层和中产阶级在面对分配顶端日益加剧的不平等时，在提供他们所认为的基本需求方面所面临的困难。典型的中产阶级需求包括希望把孩子送到相对好的学校，或住在相对体面的社区。这类商品可以称为地位性商品，因为它们的价值是由相对消费而不是绝对消费决定的。在相对收入下降的情况下，处于分配顶端以下的家庭选择减少储蓄，增加消费和债务，以跟上处于顶端家庭不断增长的支出模式。这导致经常账户赤字不断增加，并导致 2007 年开始的债务危机。相比之下，在德国和日本，由于企业选择在企业内部积累巨额财富，而不是提高高管薪酬，最高家庭收入份额的增幅并不大。同时由于劳动力流动性低、公共资助教育体系等体制原因，支出级联受到限制。由此，随着工资和家庭收入在国民收入中所占的比重大幅下降，私人家庭支出和总需求逐渐减少。2008 年全球金融危机爆发前的中国，较低的家庭收入削弱了私人家庭支出，从而削弱了总需求。与此同时，由于不发达的金融体系限制了获得个人信贷的机会，支出级联受到限制。在德国、日本和中国，经常账户余额的上升在很大程度上源于非家庭部门，即企业和政府的储蓄增加。与美、英相比，相对收入假说和向上看的地位比较在决定宏观经济趋势方面所起的作用较小。相比之下，以家庭为代价的收入分配的转变，以及企业净储蓄的提高，削弱了总需求，促成了经常账户盈余的增加。

贝拉贝（C. A. Belabed）等总结道："在很大程度上不受监管的金融市场背景下，个人收入不平等的加剧将产生债务支持的消费级联和经常账户赤字。另外，明显的企业或政府储蓄增加与家庭收入下降相互作用，导致私人消费疲软和经常账户盈余。这两种类型的冲击可能同时发生在同一个国家，因此很难预测哪种影响将占主导地位，因此，对制度的分析对于了解具体国家的体制至关重要。"[①]

[①]　Christian, A. Belabed, Thomas Theobald & Till van Treeck. Income Distribution and Current Account Imbalances [J]. *Cambridge Journal of Economics*, 2018, 42（1）: 47−94.

9.2.3　新自由主义全球化假说

帕利认为，全球失衡是"新自由主义全球化的必然结果"。他进一步指出，"全球失衡问题既有供给侧也有需求侧的问题。供给侧反映了新自由主义全球化背后的新生产范式。需求侧反映了凯恩斯主义的霸权货币理论"[①]。帕利所解释的全球失衡指的是美国巨额贸易逆差与出口导向型经济体（环太平洋、德国和墨西哥）巨额贸易顺差共存的格局，尤其关注中美之间的贸易失衡。主流解释企图调和全球失衡与全球化为所有人带来利益的正统理念，与此不同，帕利强调，全球失衡是新自由主义全球化带来的严重问题甚至灾难，反映了新自由主义全球化的失败。

按帕利的说法，第二次世界大战后的国际经济经历了三种不同制度的演变。1945～1979 年的自由贸易制度，与关贸总协定和关税下降有关。在自由贸易制度之后，公司全球化制度形成了 1980～2000 年的政策，该制度随后被当前"以中国为中心的全球化制度"所取代。[②]

帕利强调，全球化是一种不同于自由贸易的现象。[③] 关键的变化是由于运输、通信和管理全球多样化生产网络的能力的改善，生产资料（资本和技术）的国际流动性增加。这就为基于全球成本套利原则配置新的全球生产区模式创造了可能性。新的模式被帕利称为"驳船经济"，因为这就好像工厂被安置在漂浮于国家之间的驳船上，以利用最低成本——这可能是由于低估的汇率、低税收、补贴、监管缺失或大量廉价可利用劳动力造成的。贸易仍然是核心，因为货物必须跨越国界，因此需要签订贸易协定。然而，驳船经济学与比较优势贸易理论有着本质的不同。自由贸易是指商品和服务的跨境交换，但生产是固定不变的。全球化就是要创造一个灵活的国际生产网络，这个网络是按照全球成本套利的原则配置的。这种差异

①　Palley，T. I. The Theory of Global Imbalances：Mainstream Economics vs. Structural Keynesianism [J]. *Review of Keynesian Economics*，2015，3（1）：45 – 62.

②　Palley，T. I. The Rise and Fall of Export-Led Growth [J]. *Investigación Económica*，2012，280（71）：141 – 161.

③　Palley，T. I. Three Globalizations，Not Two：Rethinking the History and Economics of Trade and Globalization [J]. *European Journal of Economics and Economic Policies：Intervention*，2018，15（2）：174 – 192.

反映在政策辩论中，最初的贸易辩论是关于取消关税壁垒，现在争论的焦点是产权和投资者保护。

帕利认为，美国经济向新自由主义全球化的演变经历了三个关键阶段：（1）1994 年的北美自由贸易协定；（2）1997 年东亚金融危机之后实施的强势美元政策；（3）2000 年给予中国永久正常贸易关系地位，为 2001 年中国加入世界贸易组织（以下简称世贸组织）开辟了道路。帕利把美国对华贸易逆差激增归结为美国给予中国永久正常贸易关系和中国加入世界贸易组织。帕利认为，由于中国是全球低成本生产国，根据驳船经济的原则，大量跨国制造活动从美国和其他新兴市场国家转移到中国。

全球化导致了美国去工业化，使美国制造业基础持续萎缩，导致美国可贸易商品供给曲线向左旋转。它还将制造业生产转移到新兴经济体，使新兴经济体可贸易商品供给曲线向右旋转。因此，美国存在着巨大的结构性贸易逆差。

驳船经济解释了全球化带来的供给侧发展。需求侧的原因则是，全球购买力明显集中在北方经济体（特别是美国），而新兴市场经济体尚未建立自己的内需生成系统。因此，新兴经济体需要向美国出售产品，并依赖出口导向型增长。这也解释了为什么新兴市场经济体愿意积累美国金融资产和美元储备。这不是金融资产短缺或无法生产金融资产的问题，而是新兴经济体需要低估的货币才能在世界上保持国际竞争力。

2008 年全球金融危机之前的 30 年美国消费支出的强劲增长支撑着全球经济的需求面。这些支出增加了进口，吸收了新兴经济体不断扩大的生产。新兴市场经济体愿意接受美元，并与美国保持贸易顺差，因为出口使它们的工厂得以运转，出口的成功吸引了更多的外国直接投资，从而促进了发展。这种结构既解释了尽管美国存在贸易逆差，但对美元的需求依然强劲，也解释了美元在官方外汇储备中的主导地位。

传统的新古典主义理论认为，只有当各国的投资组合中持有的美元达到饱和时，美元才会失去主导地位。在这一阶段，它们将停止购买，甚至可能出售美元，导致美元下跌。然而事实是，各国没有动力出售美元，因为这将扼杀出口导向型增长的"金鹅"。

只要其他国家不能在本国市场产生足够的需求，它们就不得不依赖美国市场，积累以美元计价的金融资产。然而，这种相互依赖并不能很好地服务于任何人。其他国家对美国的特殊情况感到愤慨，因为美国的特殊情况使其免于贸易逆差纪律。同时，美国的长期经济前景也因制造业的衰退而受到损害，而美国工人则面临着来自进口的工资和就业压力，而进口是由于美元的高估而具有竞争优势的。

新自由主义全球化造成了一种分工，即消费者在北方，生产者在南方，相对于南方的生产能力，存在需求短缺问题。投资通过外国直接投资流向南方，以利用低生产成本，但投资的成果（即产品）流向北方。

新自由主义全球化的可持续性是个问题。这是因为全球化进程有助于逐步削弱发达经济体（北方）的中等家庭收入，从而削弱该体系的需求方面。因此，随着需求减弱，该体系可能会逐渐失去活力，陷入停滞。同时，在新兴经济体内部，政策动机是抑制工资增长以保持国际竞争力，这阻碍了新兴市场国内需求的发展，无法抵消发达经济体需求的停滞。新兴经济体有激励阻止政府实施必要的社会和环境法规和政策，这些法规和政策是产生共同繁荣的发展标志。

9.3　对全球储蓄过剩假说的批判

主流经济学对全球失衡的解释归根结底可以认为是全球储蓄过剩假说，而其他几种假说可以被认为是对全球储蓄过剩形成并流向美国的原因的解释。支撑全球储蓄过剩假说的框架基本上依赖于前凯恩斯主义的通过自然利率实现储蓄—投资平衡的假设。针对全球储蓄过剩假说，后凯恩斯主义经济学家提出了批评。

9.3.1　基于内生货币理论的批判

后凯恩斯主义经济学家非常强调货币和信贷在经济运行中的核心作用，他们批评全球储蓄过剩假说完全无视货币和信贷的这种作用。仅仅关注经常账户失衡，可能会转移人们对宏观经济不稳定的主要原因——货币因素的注意力。一旦研究重点明确了储蓄和融资之间的区别，那么全球储蓄过剩假说的分析框架及其政策含义都变得相当不可靠。①

对于新古典经济学的倡导者来说，像 2008 年金融危机这样的事件纯粹是外生的，只会导致短期偏离长期趋势。货币和银行业对经济均衡是中性的，而经济均衡是由实际因素决定的。然而，后凯恩斯主义者认为，考虑到银行业在内生货币创造过程中的重要作用，全球金融危机对于现代资本主义经济是内生的。

世界经济可以看作一个单一的封闭经济体。在封闭经济中，事后储蓄和投资是相对应的，但由于金融部门的存在，投资不一定靠储蓄来融资。在国民核算中，储蓄是按市场价格计算的国内生产总值与最终消费支出总额之间的净差额。然而，融资是一个现金流概念。它描述了以货币或信贷为媒介的商品和服务交易，因此，即使一个经济体没有储蓄，国内生产及其相关支出仍然可以通过借款或信贷获得资金。金融资产和负债价值的变化可以反映在各种金融流量组合中，这些组合由国民账户中的"资金流量"表和净资本收益记录。储蓄数据不能揭示融资模式，也与这些变化无关。例如，在经济发展过程中经常会看到金融深化②。随着获得信贷和贷款等金融服务的机会日益增加，在任何特定时期，资产和负债的增加都很可能超过储蓄。

全球储蓄过剩假说未能认识到储蓄和融资之间的差异，是由于其分析框架中存在三种误解。

首先，全球储蓄过剩假说所使用的实际分析框架存在合成谬误。从微观层面来看，总收入用于消费和储蓄，而储蓄被转换成金融资产或实物资产。然而，对于整个经济体而言，一个部门存款的增加总是与另一个部门存款账户相同金额的减少相匹配。金融资产和负债总额只有通过发行金融债券和债务产生额外收入时才会发生变化。

其次，该框架假设，在没有货币因素的情况下，实际投资是通过将实际资源从以标准商品为代表的储蓄单位转移到投资单位而实现的。根据实际分析，一项投资是由储户储蓄的资金来"融资"的；银行从储户那里吸收存款，发放贷款，银行业只是一个中介。这实质上被认为是储户向投资者的真

---

① Claudio Borio & Piti Disyatat. Capital Flows and the Current Account: Taking Financing (More) Seriously [J]. BIS Working Paper No. 525, Bank for International Settlements, 2015.

② 金融深化是指在一个经济体中提供更多的金融服务，经常使用广义货币供给量与 GDP 之比作为衡量指标。

实转移。鉴于储蓄等于投资，没有额外储蓄就没有新的投资。这种对投融资的认识是错误的，根据内生货币理论，融资不依赖储蓄。

最后，货币乘数理论是另一个误解。全球储蓄过剩假说认为，中央银行可以通过操纵基础货币直接或间接地管理货币供给量。相比之下，内生货币创造理论认为，银行不需要为了放贷而吸引储户的存款，它们可以通过向企业或家庭提供贷款来创造信贷，进一步，通过信贷产生的企业投资和家庭消费可以产生储蓄，这两个部门的资产负债表都会随着额外的资产和负债而扩大。货币可以通过借贷在经济中创造，也可以通过借款人的还款来销毁。

需要注意的是，银行创造的信贷不同于政府的法定货币。它本质上是一种债务契约，因此货币创造和毁灭的循环对整个经济的稳定具有重大影响。明斯基的金融不稳定假说清楚地说明了内生货币创造，如果管理不当，会导致宏观经济不稳定。

9.3.2　全球融资过剩假说

与全球储蓄过剩假说针锋相对，部分后凯恩斯主义者提出了"全球融资过剩假说"[①]。"虽然全球储蓄过剩假说侧重于金融危机前跨太平洋资本流入美国，但全球融资过剩的故事强调了跨大西洋资本流动的重要性"。[②]

全球融资过剩假说可以被视为内生货币理论的延伸，因为它们拥有相同的货币因素分析框架，但全球融资过剩假说更关注国际资本流动在全球金融危机前夕的作用。

在一个开放的经济体中，理想状态下，应该保持国际收支平衡，也即实现等式（9-1）：

$$CAB + KAB + FAB + Balancing\ item = 0 \qquad (9-1)$$

---

① Borio, C. & P. Disyatat. Global Imbalances and the Financial Crisis: Link or No Link? [J]. BIS Working Paper No. 346, Bank for International Settlements, 2011; Claudio Borio & Piti Disyatat. Capital Flows and the Current Account: Taking Financing (More) Seriously [J]. BIS Working Paper No. 525, Bank for International Settlements, 2015; Avdjiev, S., McCauley, R. N. & H. S. Shin. Breaking Free of the Triple Coincidence in International Fifinance [J]. *Economic Policy*, 2016, 31 (87): 409 – 451.

② Lu, S. Essays on Global Imbalances and the Financial Crisis [EB/OL]. https://doi.org/10.17863/CAM.57318, 2019.

其中，CAB 表示经常账户；KAB 表示资本账户；FAB 表示金融账户；*Balan-cing item* 表示误差项。

储蓄和融资之间的差异可以用净资本流和总资本流来说明。

在国际收支账户中，经常账户等于资本流入总额减去金融账户的资本流出总额。经常账户余额与国内储蓄投资缺口相同。当投资超过储蓄时就会出现赤字，赤字可以通过发行债务（D）或股份（E）来筹措资金。于是有等式（9 – 2）：

$$CAB = S - I = D + E \qquad\qquad (9-2)$$

即使是平衡的经常账户也不能保证一个国家不受大规模跨境金融活动的影响。在开放的资本市场下，如果一国也在海外进行股权投资，由于总流入和流出可以相互抵销（$\Delta D = -\Delta E$），则经常账户不能反映境外资本流动。

由此，经常账户只反映净资本流动，如果只注重经常账户，那么将无法反映总金融流量的变化及其对金融资产与负债存量的影响。权威机构统计数据都证实，发达经济体之间的总金融流量在 2008 年金融危机爆发前迅速扩大。尽管欧元区的经常账户大致处于平衡状态，但它对美国经济资本流入总额的贡献却超过了其他任何地区。总的来说，经常账户赤字的经济体从世界其他地区汲取资源。然而，赤字经济体并不一定由盈余经济体提供融资。经常账户头寸只反映生产和消费发生的地点，无法显示资金来源。总资本流动则表明资金的来源和使用地点。

林德纳（Lindner, 2015）详细介绍了欧美之间的国际金融交易。作为主要储备货币，海外对美元的需求巨大。其他国家只能通过两种方式获得美元。首先是通过国际贸易。当出口商从美国进口商那里获得作为支付手段的美元时，盈余国家就会积累美元储备。其次是美国货币市场。美元可以通过借贷或出售其他金融资产筹集。大多数欧洲国家对美国的经常账户接近平衡。因此，美欧之间庞大的资本流动总量主要通过第二个渠道。在金融危机之前，典型的金融交易分两步进行。第一步，欧洲银行向货币市场上的美国共同基金出售一些以欧元计价的短期流动性金融资产，如资产支持商业票据，以换取美元。这种交易本质上是一种资产交换。尽管资产负债表的总体规模不会改变，但美国共同基金和欧洲银行的资产构成将发生变化。在负债方面，欧洲银行筹集的美元将增加美国对欧洲的负债。第二步，欧洲银行持有的美元将用于从美国投资银行购买债务抵押债券。这些投资银行将利用美元从美国银行业的资产负债表中获得越来越多的证券化抵押贷款。

整个过程不会对经常账户产生总体影响，因为尽管美欧经济体内不同参与者之间的负债和资产发生了易手，但美欧之间的负债状况将得到恢复。然而，不同期限的错配在金融危机中扮演了关键角色。资产支持商业票据的到期日不超过 270 天，但抵押贷款的到期日可能长达数十年。当美国的房地产泡沫最终破裂时，货币市场对资产支持商业票据失去了信心，进而导致欧洲银行再融资产生困难。这一分析符合经验观察。在金融危机之初，最先感受到痛苦的是欧洲银行。这些美欧之间的往返交易是危机前的重要资金来源之一。这些资本流动对经常账户头寸的影响相对较小，因为流入欧洲的资金大多在后期回流至美国。

全球储蓄过剩假说强调经常账户盈余国家的资本流入。然而，如果不首先获得美元，新兴经济体央行就无法调动国内储蓄并在美国投资。这些来自盈余国家的资金流入有赖于这些国家继续将通过外贸获得的美元储备投资于美国长期国债（官方部门）的意愿。相比之下，全球融资过剩假说强调来自欧洲的资本流入的重要性。这些资金流入依赖于欧洲银行从美国货币市场筹集短期流动性和为抵押贷款支持证券市场（私人部门）提供融资的能力。根据全球储蓄过剩假说，新兴经济体的高储蓄是美国国内经济政策的外生因素，但全球融资过剩假说框架则表明并非如此。根据全球融资过剩假说，在危机前夕，新兴经济体的高储蓄水平是由于美国消费者的高消费倾向。美国的过度消费是房地产繁荣、国内信贷创造和美联储宽松货币政策的结果，大西洋彼岸的资本流动加速了美国的信贷创造。在具有内生货币创造特征的模型中，同样的外生冲击会对银行贷款造成更大的扰动，并对实体经济产生更为显著的影响。

9.3.3　美利率下降不是由全球储蓄过剩导致的

总资本流动数据和内生货币理论表明，新兴经济体的资本主要流向官方部门，由此，新兴经济体等盈余国家对美国私人部门融资繁荣的贡献有限。然而，要完全否定全球储蓄过剩假说，还需要找到美国长期实际利率下降的原因，从而否定盈余国家对美国国债的高需求与美国长期实际利率持续下降之间的假定联系。

全球储蓄过剩假说只有在市场利率趋向于自然利率时才有效，全球储蓄过剩假说通过古典经济学中的储蓄—投资框架来解释利率的变动，这更适合自然利率这一均衡概念。然而，自然利率是不可观察的理论结构。我们观察到的是市场利率，市场利率是政策利率、预期通货膨胀率、未来政策利率以及期限溢价等因素相互作用的结果。[1] 这些因素将影响金融资产持有者的投资组合以及风险感知和偏好。当商品市场、劳动力市场和信贷市场等所有市场处于均衡状态时，长期市场利率与自然利率一致，并且不存在通货膨胀压力。

尽管基于不同的内在机制，威克塞尔模型和新凯恩斯模型都依赖于名义刚性，并将通胀视为两种利率之间存在偏差的信号。如果市场利率低于（高于）自然利率，那么价格水平就会上升（下降）。市场利率与自然利率趋于一致时，价格水平将趋于稳定。因此，在 20 世纪 80 年代中期到 2008 年金融危机爆发之前的大缓和时期，通货膨胀保持在低水平，全球储蓄过剩假说的观点被认为是有效的。

然而，2008 年金融危机前信贷和资产价格的不可持续扩张表明，市场利率明显持续低于自然利率。根据新凯恩斯主义模型的预测，在这种不可持续的资产繁荣下，通胀率将上升。然而这与实际情况相反，这也部分解释了为什么大多数经济学家未能预见经济崩溃。央行被通胀目标模型误导，在市场利率低于均衡水平时未能加息，最终导致美国金融动荡。

虽然全球金融危机前的低通胀水平表明市场利率正趋向于自然利率，但信贷繁荣似乎表明市场利率一直低于自然利率。另外，后凯恩斯主义经济学家沿袭了凯恩斯"存在多个自然利率"的观点，认为自然利率的概念在货币分析中既不能提供有意义的结果，也不能提供一致的结果。更进一步，后凯恩斯主义经济学家提出，市场利率从根本上取决于美联储制定的政策利率，实体经济必须适应政策决定的利率环境。因此，最具影响力的工具是政策利率，它是由央行在外部设定的，并影响市场的整个利率范围。这种方法一定意义上暗示，美联储应为全球金融危机负责，因为它上调政策利率太少、太晚。

---

① Borio, C. & P. Disyatat. Global Imbalances and the Financial Crisis: Link or No Link? [J]. BIS Working Paper No. 346, Bank for International Settlements, 2011.

9.3.4　结构凯恩斯主义批判

帕利的结构凯恩斯主义认为，全球储蓄过剩假说存在两个方面的误解：误认为中国是为美国贸易逆差提供资金的国家；将中国的贸易顺差误判为过度储蓄。[①]

第一，帕利认为，全球储蓄过剩假说的第一个主要缺陷是，将中国误认为是为美国贸易逆差提供资金的国家。先由美国银行向美国家庭提供资金，然后，美国家庭用这笔钱从中国购买商品，中国购买美国金融资产。无论是在国内信贷市场还是在金融资产市场，该系统都可能出现故障。BW Ⅱ假说和主流经济学家关注的是中国突然停止购买金融资产，这就解释了为什么在2008 年金融危机之前，政策制定者和经济学家将主要危险视为汇率崩溃和中国撤回为赤字融资意愿而导致的利率飙升。帕利认为这种观点是错误的，他认为美国国内信贷市场的突然停止才是系统出现故障的原因。

第二，帕利认为，全球储蓄过剩假说的第二个缺陷是将中国的贸易顺差定性为过度储蓄。这种描述误解了全球生产的微观经济学。事实上，中国的出口能力是由跨国公司将生产设施转移到中国而创造的。2005 年，中国 50%以上的出口产品由 100% 的外资企业生产，76% 以上的出口产品由外资企业或合资企业生产。

帕利提出，全球储蓄过剩假说误解了货币宏观经济学和全球生产的微观经济学。全球储蓄过剩假说并不批评贸易和全球化，根据其逻辑，美国实际上从获得中国补贴储蓄中获益。只有当美国在非生产性的投机活动中滥用这些储蓄时，问题才会出现。最后，全球储蓄过剩假说在与凯恩斯主义需求短缺无关的情况下，制造了一个伪凯恩斯主义关于储蓄过剩的论述，从而混淆了人们的理解。

---

① Palley, T. I. The Theory of Global Imbalances: Mainstream Economics vs. Structural Keynesianism [J]. *Review of Keynesian Economics*, 2015, 3 (1): 45 – 62.

第10章 长期停滞理论的复兴

　　长期停滞理论最早是由美国凯恩斯主义之父汉森（A. H. Hansen）在 20 世纪 30 年代提出的，随后的 40、50 年代关于资本主义经济停滞问题成为经济学界争论的热门话题，然而此后人们逐渐对停滞问题失去了兴趣，到 20 世纪末和 21 世纪初这一话题基本被遗忘。2013 年 11 月 8 日，在国际货币基金组织纪念斯坦利·费舍尔（S. Fisher）的会议上，萨默斯（L. Summers）重新提出了"长期停滞"学说[①]，作为对主要发达经济体 2008 年金融危机之后经济疲软的激烈讨论的一部分，由此重启了学术界对长期停滞问题的公开辩论。后凯恩斯主义经济学家是此次辩论的主角，他们反对萨默斯、克鲁格曼等新凯恩斯主义经济学家对长期停滞的理论解释，他们把停滞问题与金融化结合起来，把资本主义新出现的停滞趋势视作过去几十年新自由主义政策造成的后果，提出逆转新自由主义政策取向解决停滞问题的建议主张。后凯恩斯主义停滞理论的形成预示着后凯恩斯主义经济学向新研究领域的扩张，也意味着在短期周期研究与长期趋势研究的综合方面迈出了重要的一步。

10.1 长期停滞理论概述

　　停滞假说在经济分析中有着悠久的历史。从古典经济学到今天，各种经济发展理论都考虑了发达资本主义经济体可能倾向于某种长期停滞的想法。然而，尽管有着悠久的传统，但"停滞"一词是一个定义模糊的概念。广义的长期停滞通常被定义为长期低增长期，虽然低增长可能等于零增长——正如古典经济

---

　　① Summers, L. H. Have We Entered an Age of Secular Stagnation? [Z]. Speech at the IMF Fourteenth Annual Research Conference in Honor of Stanley Fisher, 08 Nov 2013, International Monetary Fund, Washington.

学家所认为的，但这不必然如此。布莱克尔指出，停滞一词"是一种描述性的意义，也就是说，指的是长期趋于缓慢平均增长的趋势，而不是短期急剧下滑或缓慢的周期性复苏"①。一些停滞理论家更为关注增长率的下降。作为更广义的定义，如果长期平均产出增长率尚未达到较低水平，但遵循下降路径，则假定经济体存在陷入长期停滞的风险。另外，如果平均产出增长率较低，并且可能在更长的时间内进一步下降，那么长期停滞本身正在发生。

基于停滞原因的一般观点，停滞理论可以分为需求侧停滞理论和供给侧停滞理论。需求侧和供给侧两种停滞理论存在重大差异。需求侧停滞理论起源于美国经济学家汉森，② 他认为，长期停滞是由有效需求不足造成的，有效需求不足导致实际产出（增长）低于充分就业的潜在产出（增长），从而损害整体经济增长。充分就业时的潜在产出与实际产出之间日益扩大的差距通常被认为是需求驱动型停滞的主要症状。供给侧停滞理论认为，长期停滞的主要原因在于潜在产出本身的发展受到阻碍，肥沃土地的稀缺性、制度框架的缺陷、劳动力增长的减少或技术进步率低导致的潜在生产率增长缓慢。尽管需求侧和供给侧相互交织，不能严格分开，但这种区分从分析角度来看是有用的。

按照停滞理论发展的时间段来看，2008 年金融危机后形成的最新停滞概念被称为当代停滞假说，萨默斯重新提出了长期停滞问题。另外，20 世纪 30 年代后建立的理论被归类为现代停滞假说，它们与主要是古典经济学家的早期停滞概念形成对比。③

10.2　思想史回顾 I：供给侧停滞理论

10.2.1　早期供给侧停滞理论

18 世纪和 19 世纪的大多数古典经济学家遵守萨伊定律，他们预测经济

---

① Blecker, R. A. The US Economy Since the Crisis: Slow Recovery and Secular Stagnation [J]. *European Journal of Economics and Economic Policies: Intervention*, 2016, 13 (2): 203–214.

② Hansen, A. H. Capital Goods and the Restoration of Purchasing Power [J]. *Proceedings of Academy of Political Science*, 1934, 16 (1): 11–19.

③ Christina Anselmann. *Secular Stagnation Theories—A Historical and Contemporary Analysis with a Focus on the Distribution of Income* [M]. Springer, 2020.

增长将停止，因为潜在产出将达到极限。由于低估了技术进步的影响，英国古典经济学家预计利润率从长远来看会下降，导致资本积累停止，从而导致经济增长停止。斯密用资本家之间的竞争来解释停滞的过程，而马尔萨斯、李嘉图和约翰·穆勒则指出土地、劳动的收益递减是停滞的原因。

斯密认为，人均收入的决定因素首先是劳动生产率，其次是人口中生产性工人的数量，两者都需要实际资本投资。像其他古典经济学家一样，斯密相信投资由储蓄决定，所有储蓄都是自动投资的。反过来，他声称储蓄的动力深深植根于人性中，因为这是一个人改善生活条件的唯一可能性。斯密建议储蓄主要来自资产阶级。因此，资本家利润的发展，更准确地说，利润率对国家财富的演变起着决定性的作用。随着经济发展过程中实际资本的增加，资本之间的相互竞争自然趋向于降低其利润率。另外，随着实际资本积累的增加，资本对劳动力的需求增加，而劳动力供给的增加并不能立即与之匹配，导致实际工资率的上升，从而也会带来利润率的下降。斯密强调，利润率的下降可能会因新投资机会的出现而延迟，此外，如果利润率的下降被利润中储蓄份额的增加所补偿，资本积累也会继续增加。然而，从长远来看，斯密预计随着利润率的下降，资本积累会下降并最终停止。

马尔萨斯思想的核心是，人口以几何级数增长，然而，由于肥沃土地的稀缺性，并且技术进步幅度也不够快，粮食只能算数级数增长。由于人口增长快于粮食增长，实际工资和人均产出最终必须稳定在某种最低水平上，在这个水平上，"生活资料刚好等于维持居民的生计"①。如果技术进步或肥沃土地供给的增加提高了生活水平，那么将鼓励人口增长，直到人均产出和实际工资降低到维持生计的水平。

大卫·李嘉图接受了马尔萨斯的人口理论，认为实际工资长期处于维持生计的水平。李嘉图认为，对资本积累和经济增长至关重要的利润率由农业部门最贫瘠的土地上的产量决定。随着资本存量和人口数量的不断增加，越来越多的工人不得不在更贫瘠土地上就业，以提供足够的粮食。"利润的自然趋势是下降的，因为在社会和财富的进步中，所需的额外粮食是通过牺牲

---

① Malthus, T. R. *An Essay on the Principles of Population* [M]. London: Reeves and Turner, 1978: 29.

越来越多的劳动力获得的"①。随着贫瘠土地越来越多的耕种，工资和租金在产出中的份额增加，而利润份额下降。当边际土地上的产出刚好支付耕种这片土地所需的总工资时，经济中的总利润份额就会下降到零。生产的总产量此时在工资和租金之间分配。在零利润的情况下，资本积累和经济增长最终会停止。

沿着马尔萨斯和李嘉图的路线，约翰·穆勒预测，在经济发展过程中经济增长停止的趋势不可避免，但他强调增长停止可能会被多种反作用力推迟，如资本破坏、生产技术和教育的改进、资本输出和自由贸易。另外，穆勒对零产出增长静止状态的态度使他与其他古典经济学家区别开来。穆勒认为，零产出增长的静止状态对社会中的所有人都有好处。如果人口增长能够得到控制，分配政策能够保证财富的相对平均分配，他预测未来的静止状态将是一个整体愉快的状态，使生活不受强迫，人们过着富裕而又自由优雅的生活。尽管产出增长为零，但穆勒相信静止状态并不意味着社会生活的停滞。他说："不用说，资本和人口处于静止状态，并不意味着人类的进步也处于静止状态。各种精神文化以及道德和社会的进步，会同以前一样具有广阔的发展前景，'生活方式'也会同以前一样具有广阔的改进前景，而且当人们不再为生存而操劳时，生活方式会比以前更有可能加以改进。"②

10.2.2 现代供给侧停滞理论

10.2.2.1 熊彼特：资本主义的自我毁灭

熊彼特是汉森需求侧停滞假说的决定性批评者。虽然他不同意汉森的论点，但接受了汉森的停滞主义的结果，即经济增长可能会因投资支出不足而放缓。熊彼特指出，"人们可能并不相信凯恩斯和汉森的论据，却仍然预言资本主义的进化已趋于逐渐衰微，也就是说，进入一种也可以说是'停滞'的状态"③。

---

① Ricardo, D. On the Principles of Political Economy and Taxation [M] //Sraffa P (ed). *The Works and Correspondence of David Ricardo*, *Vol I: On the Principles of Political Economy and Taxation.* Cambridge University Press for the Royal Economic Society, London, [1817] 1951: 120.

② 约翰·穆勒. 政治经济学原理（下卷）[M]. 北京：商务印书馆，1997: 322.

③ 约瑟夫·熊彼特. 经济分析史（第三卷）[M]. 北京：商务印书馆，1996: 604.

熊彼特认为，20 世纪 20 年代末和 30 年代的经济疲软是一种周期性的萧条。他认为，20 世纪 30 年代初期的特点是康德拉季耶夫周期、朱格拉周期和基钦周期这三个周期的谷底叠加。他忽视了长期经济力量的影响，主要将其归因于某些外部的非经济因素。与汉森相比，熊彼特没有将 20 世纪 30 年代的经济动荡视为他长期资本主义发展理论的一部分。长期资本主义发展理论主要在他 1942 年出版的《资本主义、社会主义和民主》一书中进行了阐述。其中熊彼特阐述了资本主义生产体系可能会长期停滞和最终崩溃的三个原因。①

首先，企业家创新职能的逐渐消失。作为创新者的资本主义企业家通过开辟新的投资机会为经济提供了主要动力。然而，随着技术进步的自动化和官僚化，熊彼特发现企业家的创新功能逐渐消失。他强调："经济进步日益趋于与个人无关和自动化。机关和委员会的工作往往会取代个人活动。……领导人正变为办公室中的一个工作人员，而且不总是难以替代的一员。"②

其次，资产阶级保护层受到侵蚀。他解释说，在经济发展过程中，封建制度以及相关的制度和组织都被废除了。虽然这种变化带来了许多好处，但熊彼特"不知这样的彻底解放到底对资产阶级及其世界是否有好处"③。事实上，他并不这么认为，而是"在打破前资本主义的社会结构中，资本主义就这样不但冲破阻挡其进步的障碍物，而且也拆除了防止它崩溃的支架"④。

最后，资本主义制度框架的衰败。特别是随着对中小企业的压制，"业主形象连同明确的业主利益都从画面上消失了"⑤。管理者、高管和股东取代了具有内在动机的小企业主。熊彼特认为，"最后真正愿意支持它的人将不留一个——在大公司内外没有一个支持它的人"⑥。

熊彼特认为，上述因素的综合影响可能会造成敌对的、反资本主义的气氛，通过破坏性的公共政策和法规来阻碍投资支出和经济进步，这会给私营公司带来负担，从而会在很长一段时间内导致停滞。此外，由于熊彼特认为

---

① 约瑟夫·熊彼特. 资本主义、社会主义与民主 [M]. 北京：商务印书馆，2007：209 – 224.
② 约瑟夫·熊彼特. 资本主义、社会主义与民主 [M]. 北京：商务印书馆，2007：211 – 212.
③ 约瑟夫·熊彼特. 资本主义、社会主义与民主 [M]. 北京：商务印书馆，2007：215.
④ 约瑟夫·熊彼特. 资本主义、社会主义与民主 [M]. 北京：商务印书馆，2007：220.
⑤ 约瑟夫·熊彼特. 资本主义、社会主义与民主 [M]. 北京：商务印书馆，2007：223.
⑥ 约瑟夫·熊彼特. 资本主义、社会主义与民主 [M]. 北京：商务印书馆，2007：224.

政府政策本身是经济衰退的主要原因，因此他没有看到任何有效的治疗方法。类似于马克思，熊彼特的观点认为资本主义最终必须崩溃并产生社会主义。然而，对熊彼特来说，导致资本主义自我毁灭和衰败的不是资本主义的失败，而是资本主义的成功。他总结道："马克思对资本主义社会崩溃方式的判断是错误的；他预测它最终会崩溃，这一预测没有错。停滞论者对资本主义进程停滞原因的诊断是错误的；但他们的预测可能是正确的，即在公共部门的充分帮助下，经济将停滞。"①

10.2.2.2　福拉斯蒂和鲍莫尔：向生产率增长低的部门的结构性转变

在 20 世纪中叶，一些经济学家将部门的结构性变化视为经济增长下降的可能原因。其中法国经济学家让·福拉斯蒂（J. Fourastié）和美国经济学家威廉·鲍莫尔（W. Baumol）是这种理论的典型代表。

根据技术进步和劳动生产率增长的差异，福拉斯蒂②区分了三个经济部门。与传统的部门划分一致，他将第一部门定义为劳动生产率提升潜力中等的行业，以农业为主；第二部门包括经济发展水平较高的行业，主要为制造业；第三部门涵盖了所有生产率增长幅度较小行业，主要为服务业。

福拉斯蒂提到了产出和就业从初级部门到第二部门，最后到第三部门的结构性转变，这一过程始于第一次工业革命，他通过指出供给侧和需求侧发展的相互作用对其进行了解释。随着产出和就业向第三产业转移，福拉斯蒂意识到经济停滞的趋势。他提到，"然而，在当前条件下，生活水平不可避免地接近上限。这一上限源于这样一个事实，即消费能力将很快只存在于第三产业，其中技术进步目前只会导致生产率的小幅增长。第三产业对技术进步的阻力最大，将主导整个经济。资本主义将被技术进步彻底摧毁；对第一部门和第二部门的投资将不再产生任何可观的利润。"③

即便如此，福拉斯蒂对经济停滞趋势并不悲观。他假设"第三文明"状态的特征是高水平的教育、道德和文化，以及高质量的工作条件和多样化的

① Schumpeter, J. A. The March into Socialism ［J］. *American Economic Review*, 1950, 40（2）: 446 – 456.

② Fourastié, J. *Die Grosse Hoffnung des zwanzigsten Jahrhunderts* ［M］. Köln Bund-Verlag, Cologne, ［1949］1969.

③ Fourastié, J. *Die Grosse Hoffnung des zwanzigsten Jahrhunderts* ［M］. Köln Bund-Verlag, Cologne, ［1949］1969: 242.

娱乐机会。由于第三部门生产率增长有限，但对第三部门产品和服务的需求几乎无法满足，福拉斯蒂预计第三部门将提供第一部门和第二部门中逐渐消失的就业机会。福拉斯蒂乐观地将第三部门的强劲需求归因于对节省时间的服务的渴望以及消费者对个性化商品的要求。

　　与福拉斯蒂不同，鲍莫尔（Baumol）区分了两个生产最终消费品和服务的经济部门：一个是以生产率强劲增长为特征的进步部门，另一个是没有或有限生产率增长的停滞部门。① 前者包括技术先进和创新产业，如制造业；后者主要包括一系列不同的服务业，如医疗保健、教育、法律服务、福利计划、表演艺术和警察保护。基于这种部门划分，鲍莫尔假设了三个前提条件：（1）除劳动力成本以外，所有成本忽略不计；（2）进步部门和停滞部门的工资同步变动；（3）货币工资与进步部门的劳动生产率同步增长。由此，进步部门的单位成本保持不变，而停滞部门的单位成本则持续上升。随着停滞部门生产成本和价格的上升，对这些产品和服务的需求有望下降。然而，由于对诸如医疗保健和教育等此类服务和产品的价格缺乏弹性，停滞部门可以持续存在。在此背景下，鲍莫尔假设进步部门和停滞部门的实际产出比率恒定。由于生产率发展的差异两个部门的均衡产出增长率要求增加停滞部门就业的劳动力比例。如果非进步部门的生产率恒定，经济增长会收敛到零。然而，即使非进步部门的生产率增长是正的，总生产率和实际产出增长也会随着时间的推移而放缓。原因是总生产率增长是部门生产率增长率的加权总和，随着劳动力从进步部门转向停滞部门以及停滞部门名义产出份额的上升，总生产率和产出增长下降。

　　鲍莫尔并不太担心停滞趋势本身，而是担心随着经济增长放缓而出现的财政负担。原因在于，停滞部门持续增加成本可能会使政府预算紧张，导致公共赤字和债务增加。

10.2.2.3　梅多斯等：增长的环境限制

　　在 20 世纪 70 年代，肥沃土地稀缺导致经济停滞的古典论点以经过修改

---

　　① Baumol, W. J. Macroeconomics of Unbalanced Growth: The Anatomy of Urban Crisis [J]. *American Economic Review*, 1967, 57（3）: 415 – 426.

和扩展的形式复活。梅多斯（Meadows）等的开创性工作①是受罗马俱乐部委托进行的，引发了关于自然、生态增长限制的辩论。

环境科学家通常采取全球视角，认为在一个自然资源供应有限且吸收污染能力有限的世界中，增长过程不可能永远保持下去。他们认为，数百年来，人口和（工业）产出在全球范围内呈指数增长。这种发展反过来又导致不可再生资源的污染和消耗呈指数增长。如果这些发展继续下去，恐怕在不久的将来会接近地球在自然资源供应和处理污染能力方面的物理极限，导致社会福利不受控制地崩溃，同时伴随着危机、冲突和动乱。②

为了避免这种崩溃并允许"人类足迹平稳地适应地球的承载能力"，环境科学家要求对增长进行自愿的、自我强加的限制，还应积极推动人口和产出增长的终结，使其成为一个持续稳定的过程。然而，这尤其要求全球社会放弃其对增长的迷恋，并停止将增长本身作为一种手段。③ 例如，梅多斯等将术语"均衡"描述为人口、资本和产出增长为零的状态，他们提到"社会必须重新导向均衡目标而不是增长目标"④。尽管像这种"经济和生态均衡的稳定状态"的过渡期的特点是痛苦的调整过程，但自我强加的最终停滞状态通常被认为是一种愉快的状态，⑤ "一个可持续发展的社会将关注质量发展，而不是物理扩张"⑥。

10.2.3 当代供给侧停滞理论

罗伯特·戈登（R. J. Gordon）的停滞假说是当代供给侧停滞理论的主要

---

① Meadows, D. H., Meadows, D. L., Randers, J. W. & W. W. Behrens Ⅲ. *The Limits to Growth* [M]. Universe Books, New York, 1972.

② Meadows, D. H., Randers, J. & D. L. Meadows. *Limits to Growth*: *The 30-year Update* [M]. Earthscan, London and Sterling, VA., 2004, PP. x – xii.

③ Meadows, D. H., Randers, J. & D. L. Meadows. *Limits to Growth*: *The 30-year Update* [M]. Earthscan, London and Sterling, VA., 2004: 18.

④ Meadows, D. H., Meadows, D. L., Randers, J. W. & W. W. Behrens Ⅲ. *The Limits to Growth* [M]. Universe Books, New York, 1972: 193.

⑤ Meadows, D. H., Meadows, D. L., Randers, J. W. & W. W. Behrens Ⅲ. *The Limits to Growth* [M]. Universe Books, New York, 1972: 196.

⑥ Meadows, D. H., Randers, J. & D. L. Meadows. *Limits to Growth*: *The 30-year Update* [M]. Earthscan, London and Sterling, VA., 2004: 255.

代表。戈登将长期停滞称为潜在产出增长的下降，同时指出了长期停滞对人均实际产出增长衡量的平均生活水平发展的影响。

戈登认为，美国和其他发达国家的实际产出增长在过去几年中一直在下降的原因是潜在产出增长一直呈下降趋势。[①] 他强调，从长远来看，潜在产出的演变可以用其实际产出的变化来表示。在描述过去几年实际产出增长的发展时，戈登首先提到了改变劳动生产率增长的因素。尽管主要关注美国，但戈登表明类似的趋势也适用于其他发达国家。

戈登以广阔的历史视角看待劳动生产率的发展，区分了三个不同的时代：19 世纪后期至 1920 年、1920～1970 年和 1970 年以来。[②] 对于每个时期，他分析了平均劳动生产率的三个主要驱动因素的演变——资本深化、劳动力质量以及全要素生产率。戈登发现，在美国，从 1890～1920 年和 1970～2014 年，平均年劳动生产率增长率分别为 1.50% 和 1.62%，而在 1920～1970 年的中期，平均年劳动生产率增长率为 2.82%。与其他两个时代相比，1920～1970 年每小时实际产出的更高平均增长率几乎完全可以追溯到全要素生产率的更高增长率。

为什么平均全要素生产率在 1920～1970 年以如此高的速度增长？戈登认为，全要素生产率增长的演变反映了工业革命的影响。尽管第二次工业革命主要基于 19 世纪末和 20 世纪初的发明，但它们的传播、实施和扩展需要更长的时间，并持续了几十年，直到 20 世纪 70 年代初。正如戈登所说："第二次工业革命的发明在 1870～1920 年蓄势待发，然后在 1920～1970 年创造了美国历史上劳动生产率增长最快的时期，从 1870 年开始，人类生活的大多数方面都发生了彻底的变化。"[③] 大萧条和第二次世界大战延缓了第二次工业革命大多数发明的传播速度，但这两个事件都以其他途径推动了劳动生产率的进步。例如，新政政策通过减少每周平均工作时间，同时提高劳动议价能力和实际工资，对生产率增长产生了积极影响；大萧条后的制造业重组以及二战后的"干中学"和新生产技术的实施进一步提高了效率；战争期间政府的

① Gordon，R. J. The Turtle's Progress：Secular Stagnation Meets the Headwinds ［M］//Teulings C & R. Baldwin. *Secular Stagnation*：*Facts*，*Causes and Cures*. CEPR Press，London，2014：47 -59.

② Gordon，R. J. *The Rise and Fall of American Growth*：*The U. S. Standard of Living Since the Civil War*［M］. Princeton University Press，Princeton，New Jersey，2016.

③ Gordon，R. J. *The Rise and Fall of American Growth*：*The U. S. Standard of Living Since the Civil War*［M］. Princeton University Press，Princeton，New Jersey，2016：522.

大量实际投资也带来了效率的提高。

戈登继续分析了第三时期劳动生产率增长缓慢的原因。他提出,以娱乐、信息和通信技术为基础的第三次工业革命始于 1960 年左右,至今仍在继续产生影响。然而,与第二次工业革命涵盖范围相比,第三次工业革命的转型范围非常狭窄。尽管技术进步尚未结束,医学、机器人和大数据等领域的创新和进步预计将保持稳定进步,但其对全要素生产率的影响相当小。服务业所占比重日益增加,但这一领域大幅提高生产力的潜力相对较小。

除了全要素生产率增长相对缓慢外,教育程度增长放缓、人口结构变化带来的工作时间增长的减少这两种因素也阻碍了实际产出的增长,并将持续产生影响。教育可以提高劳动质量和工作效率,对生产率增长非常重要,然而,教育程度似乎已经达到了一个平台,并且在过去几十年中增长缓慢。[①]由于妇女和婴儿潮一代进入劳动力市场,从 20 世纪 70 年代到 90 年代中期,工作时间增长非常强劲,但这种趋势在随后几年发生了逆转。劳动适龄人口增长放缓、劳动力参与率下降以及第一批婴儿潮一代的退休是造成这种逆转的主要原因。工作时间增长率的下降,对实际产出增长率施加了下行压力。[②]

除此之外,戈登还明确了另外两个影响可支配收入增长的因素。第一个是不断加剧的收入不平等,戈登的主要观点是,当收入分配最高的人在经济增长方面享有更显著的增长时,经济进步的成果并没有被平等分享。人均实际产出的增长对整体生活水平的发展提供了相当扭曲的图景,人均收入中位数的增长远低于人均收入。如果没有抵消力量,在未来几年,收入不平等的不利因素可能会继续对收入等级较低群体的实际收入增长造成下行压力。第二个是高公共债务与 GDP 的比率会阻碍未来可支配收入的增长。他认为,鉴于人口增长放缓和预期寿命延长,美国和其他发达国家政府债务与 GDP 比率的当前发展即将变得不可持续。由于政府迟早会被迫通过削减转移支付、提高税收来减少债务,未来可支配收入增长可能会放缓。

考虑到所有四个不利因素的影响,即教育程度下降、人口变化、收入不平等加剧以及"财政调整的可能性很大",戈登预测未来实际可支配收入中

---

① Gordon, R. J. Is U. S. Economic Growth Over? Faltering Innovation Confronts the Six Headwinds [J]. NBER Working Paper No. 18315, National Bureau of Economic Research, Cambridge, MA, 2012: 16.

② Gordon, R. J. *The Rise and Fall of American Growth: The U. S. Standard of Living Since the Civil War* [M]. Princeton University Press, Princeton, New Jersey, 2016: 627 – 629.

位数的增长远低于过去。

总之，戈登把资本主义近几十年来的停滞趋势归因于技术进步缓慢和四大不利因素。戈登提出了旨在缓解四大不利因素的系列政策。

提倡普及学前教育，使收入等级最低的儿童和家庭受益以提高整体受教育程度；将地方资助的公立学校转变为国家资助的公立学校以减少地区教育质量的不平等；制订更灵活的债务偿还计划以解决高等教育后的学生债务问题；提高退休年龄以应对平均预期寿命普遍上升的状况；建立更加累进的税收制度以缓解或扭转收入分配更加不平等的趋势；提高实际最低工资以减轻分配底部的不平等。此外，戈登还建议提高对非常高的收入、股息和资本收益的税率，弥补税收立法中的漏洞，征收碳税，以进一步增加政府收入，从而减少政府债务的增加。

尽管戈登的目标是通过这一系列的政策影响来解决他的四个不利因素，但他也承认，拟议的政策措施可能只会导致可支配收入中位数增长率的小幅增长。[①]

10.3　思想史回顾 II：需求侧停滞理论

10.3.1　前凯恩斯消费不足理论

需求侧停滞理论可以追溯到 19 世纪和 20 世纪初的消费不足假说。在凯恩斯主义之前，霍布森（Hobson）是较晚的消费不足论者之一，他与马默里（Mummery）在 1889 年首次提出了消费不足假说[②]。与早期的消费不足论者类似，霍布森并未将投资支出视为有效需求的独立组成部分，他坚持认为，任何投资都会通过对消费需求产生负面影响而自动减少有效需求。

在遵循事前储蓄等于事前投资的古典假设的同时，霍布森将消费不足归因于过度储蓄（即过度投资）。"在任何时候，总储蓄和消费需求之间都必须

---

① Gordon，R. J. *The Rise and Fall of American Growth*：*The U. S. Standard of Living Since the Civil War* [M]．Princeton University Press，Princeton，New Jersey，2016：652.

② Mummery，A. F. & J. A. Hobson. *The Physiology of Industry*：*Being an Exposure of Certain Fallacie-sin Existing Theories of Economics* [M]．John Murray，London，1889.

存在一个经济上合适的比例"①。换句话说,当为了储蓄和投资而减少消费时,所引起的生产增加必须立即"伴随或紧随其后的是按比例扩大的消费"。如果消费支出与总产出不匹配,价格和利润就会下降到未来生产、资本积累和经济增长停止的程度。

更进一步地,霍布森认为,生产和消费之间的这种不平衡是经济的常态,由于现代生产技术的采用以及严格的消费习惯,导致生产能力的增长要比消费快得多。另外,收入的不平等分配也阻碍了消费支出的更为持久的增长。与大量贫困工人相比,处于分配顶层的富人无法消费他们所有的资金。通过将大部分非劳动盈余储蓄起来,并自动投资于实际资本,强化了生产和消费之间的不平衡。尽管霍布森和马尔萨斯一样都将消费不足归咎于富人的过度储蓄,但他们提出的补救措施却大相径庭。与马尔萨斯建议刺激富裕阶层的消费不同,霍布森提出收入从顶层到底层再分配的三条途径:(1)将"资产阶级"的部分盈余收入转移给工人,提高社会消费倾向,确保储蓄(即投资)和消费之间的适当比例;(2)建立强大的工会以提高工人的议价能力,有助于提高穷人的工资并刺激消费;(3)对富人的非生产性盈余征税并将其用于提供国家安全、医疗和教育等一系列公共服务以惠及穷人。

前凯恩斯主义消费不足理论没有摆脱事前储蓄等于事前投资的古典假设,随着储蓄被自动投资,普遍过剩无法形成,停滞不可能归因于需求不足。前凯恩斯主义消费不足理论的主要缺陷是,忽视了投资是有效需求的来源。

10.3.2 现代需求侧停滞理论

与19世纪和20世纪初的消费不足论者相反,现代需求侧停滞论者并不仅仅关注消费支出,而是将投资支出作为单独的需求来源,认为对实物资本的投资会立即增加有效需求,并在一定时间内扩大生产能力。此外,所有储蓄都被自动投资的古典假设也被否定了。事实上,在充分就业的产出水平上,事前投资低于事前储蓄的问题是所有现代和当代需求侧停滞理论的核心。

---

① Hobson, J. A. *The Economics of Unemployment* [M]. George Allen & Unwin Ltd., London, 1922: 38.

10.3.2.1　凯恩斯

凯恩斯指出，只要有效需求低于充分就业产出，就可能出现就业不足均衡，他还谈到了发达经济体陷入持续经济停滞期的潜在风险。

凯恩斯在《通论》中回顾了 19 世纪的特殊情况："人口和发明的增长、新土地的开放、信心的状态已经足够，再加上消费倾向"足以产生确保足够就业水平的足够高的投资量。然而，凯恩斯怀疑这些经济有利的环境是否能够持续，因为投资受到资本边际效率下降的阻碍。他甚至考虑了净投资完全停止的可能性：由于强烈的流动性偏好，长期利率在短期内缺乏灵活性，通过传统扩张性货币政策促进投资无法避免较长时期的失业。

凯恩斯关注到人口的减少。在 1937 年的论文《人口下降的一些经济后果》① 中，他指出，人口增长是资本投资的重要驱动力。人口的增长有利于商业乐观主义，并刺激了需求，特别是对房屋和机械的需求，因此资本积累与人口同等增长。然而，凯恩斯预计总人口将停滞甚至下降。最终，有效需求不足导致产出低于其充分就业水平。更进一步，这种效应可能会因资本节约技术的进步而得到进一步加强。由于人口增长和技术变革都无法产生足够的需求来确保充分就业，有效需求的增加只能通过收入和财富的更平等分配或降低利率来实现。然而，由于上层社会的政治阻力，这些措施可能无法实施，"最终必然会导致资源利用不足的长期趋势"②。

凯恩斯 1943 年出版的小册子《充分就业的长期问题》③ 表达了他的长期观点。凯恩斯将战后可能的经济发展划分为三个阶段。第一阶段在战后的前五年左右，由于大量积压的需求以及恰当的政策措施，凯恩斯预计会出现充分就业，但也有通胀压力，一旦过剩需求消失，经济将过渡到战后第二阶段，这一阶段将持续五到十年，可以维持充分就业，可能出现的短期波动主要可

---

①② Keynes, J. M. Some Economic Consequences of a Declining Population [M] //Moggridge, D. (ed). *The Collected Writings of John Maynard Keynes*, Vol. *XIV*: *The General Theory and after* (*Part II*: *Defence and Development*). Macmillan St. Martin's Press for the Royal Economic Society, London and Basingstoke, [1937] 1973.

③ Keynes, J. M. Letter to Sir Wilfried Eady and others (9 July 1943) [M] //Moggridge, D. (ed). *The Collected Writings of John Maynard Keynes*, Vol. *XXVII*: *Activities 1940 – 1946. Shaping the Post-war World*: *Employment and Commodities*. Macmillan and Cambridge University Press for the Royal Economic Society, London and Basingstoke, [1943a] 1980: 359 – 361.

以通过反周期财政政策来缓解。最后，在战后第三阶段，凯恩斯预计会出现需求侧停滞趋势，因为投资需求将达到饱和程度，"我们迟早会面临为新投资找到令人满意的出路的困难"①。为了避免长期失业，找到增加消费支出和减少储蓄的方法至关重要，例如将收入和财富从富人重新分配给穷人。凯恩斯指出，当第三阶段真的来临时，"我们必须开始进行非常重要的社会变革，旨在抑制储蓄，重新分配国民财富，并建立鼓励消费、抑制储蓄的税收制度"②。此外，为了在资本积累率较低的情况下确保劳动力的充分就业，凯恩斯大力提倡减少工作时间。

10.3.2.2　汉森

尽管凯恩斯涉及了长期停滞问题，但最早对长期停滞展开深入研究的是汉森。汉森首先在1934年的一篇文章③中偶然提到了长期停滞这一术语，并在随后的几年中发展了这一基本概念。

在汉森看来，19世纪和20世纪初经济快速增长和扩张的原因是，土地和资源用途的新发现、人口的增长以及技术的变革等外部因素的蓬勃发展为合理的投资提供了大量机会。例如，美国向西部边境的扩张和随后的城市化都需要大量的资本支出。同样，强劲的人口增长大幅地增加了对住房和其他资本密集型商品的需求。技术变革进一步刺激了投资，催生了铁路、有轨电车、电话、电力和汽车等主要新兴产业。除了典型的商业周期波动外，生产性资源的就业不足在当时并不是一个严重的问题。④

然而，从20世纪20年代开始，整个经济环境似乎发生了变化。汉森主要关心的是人口增长的发展及未来新土地和资源的可用性。他预测，这两个广泛因素不再能够刺激足够的投资以维持充分就业。

从20年代中期开始，到20世纪30年代末，美国人口增长率大幅下降。

---

①② Keynes, J. M. Letter to Sir Wilfried Eady and Others (9 July 1943) [M] //Moggridge, D. (ed). *The Collected Writings of John Maynard Keynes*, Vol. XXVII: *Activities 1940 – 1946. Shaping the Post-war World: Employment and Commodities.* Macmillan and Cambridge University Press for the Royal Economic Society, London and Basingstoke, [1943a] 1980: 360.

③ Hansen, A. H. Capital Goods and the Restoration of Purchasing Power [J]. *Proceedings of Academy of Political Science*, 1934, 16 (1): 11 – 19.

④ Hansen, A. H. *Fiscal Policy and Business Cycles* [M]. W. W. Norton & Company, Inc., New York, 1941: 38 – 41.

根据汉森的说法，① 持续下降的人口增长减少了资本的扩张，同时他也指出了产出构成的潜在变化——随着人口停滞不前和老年人口比例不断增加，对几乎不需要实际资本投资的服务的需求将会增加。汉森还表达了对经济边疆消失的类似担忧。整个 19 世纪和 20 世纪初，新领土的开发需要大量的资金投入。尽管 1890 年标志着美国西部边境的关闭，但它的经济发展一直持续到第一次世界大战。

随着人口增长和领土扩张的减少，只有技术进步才有可能引发足够的投资需求。正如汉森所说，"因此，我们正在迅速进入一个世界，在这个世界中，如果我们要找到足以维持充分就业的私人投资机会，就必须依靠比过去更快的技术进步"②。然而，汉森对技术变革弥补增长因素下降的影响表示怀疑。汉森发现，技术进步向节省资本的发明和创新的变化降低了资本系数。此外，企业间竞争力的下降和垄断的兴起阻碍了技术进步。汉森认为，尽管技术将继续进步，但技术进步不足以确保生产资源的充分利用。因此，他认为美国（和其他发达经济体）容易陷入长期停滞或经济成熟。

汉森认为，缺乏私人投资是长期停滞的主要原因，但是仅仅增加私人投资无法解决长期停滞问题。与凯恩斯一样，汉森坚信，激励性税收等政策可以在一定程度上刺激投资，但是对扩张性货币政策保持谨慎。汉森主张通过提高社会福利、更累进的所得税等制度变化实现收入从上到下的再分配，以增加私人消费支出。与消费支出相比，汉森更加强调政府投资支出。汉森主要考虑了各个领域的公共基础设施投资，包括但不限于高速公路、医院、贫民窟清理、学校、改善的住房和当地公园。为了资助这些政府支出，汉森并不反对公共债务。特别是在生产性资源没有得到充分利用、停滞趋势盛行的时候，公共债务比增税更可取，这尤其适用于公共投资项目，因为它们通常具有持久性，不会立即被消费。

10.3.2.3　卡莱斯基

卡莱斯基和凯恩斯发展了类似的有效需求理论，但他比凯恩斯更明确地论述了周期性和长期经济发展。他认为，长期和短期的过程是紧密交织在一

---

①② Hansen, A. H. Economic Progress and Declining Population Growth [J]. *American Economic Review*, 1939, 29 (1): 1–15.

起的，不可分割。"长期趋势只是一系列短期情况中缓慢变化的组成部分；它没有独立性"①。与凯恩斯相反，卡莱斯基认为，虽然投资支出在短期内增加了有效需求，但在中长期内却提高了产能。

卡莱斯基假设经济受需求约束。他指出，资本家通常不会充分利用他们的产能，只要产能没有约束力，他们就会面临恒定的边际成本。在给定的价格水平下，生产和销售的产量增加会增加利润。此外，只要存在闲置产能且实际工资不超过劳动生产率，劳动力需求就与实际工资率呈正相关，即劳动力需求曲线向上倾斜。换句话说，实际工资率的上升增加了工人的消费支出，以及其他同等条件下的产出和就业。

卡莱斯基对产出和就业的分析核心是关于不完全竞争下利润、价格和收入分配的理论。卡莱斯基认为，资本家的税后利润等于私人投资、资本家的消费支出、经常账户余额之和，再减去工人的工资储蓄。在假设政府预算平衡、国际收支平衡和工人零储蓄的特殊情况下，总利润取决于私人投资和源于利润的消费。卡莱斯基提出，如果资本家群体不消费或不投资，就不会产生利润。在短期内，私人投资决策受到公司内部可用储蓄和利润增加的刺激，同时，固定资本存量的增加对投资产生负面影响。

首先，卡莱斯基认为，就业不足是资本主义经济的正常状况。在自由放任资本主义下，"资源的充分利用只能在繁荣的顶峰实现，而且往往在繁荣的顶峰也无法实现"②。其次，卡莱斯基坚信资本主义不存在内生的长期经济发展。由于无法产生内生增长趋势，如果没有外生发展因素的刺激，经济将陷入静止状态。例如，相对于资本存量而言，食利者的储蓄（即公司以外的资本家的储蓄）相对较低且不断下降，被认为有利于经济增长。此外，卡莱斯基认为，强劲的人口增长能够促进有效需求，但他指出，刺激有效需求的不是人口数量，而是购买力的增加。再次，卡莱斯基强调包括技术进步、新产品的引进以及新资源和原材料的开发等内容的创新是最重要的发展因素。通过提高对未来利润的预期，稳定的创新流可以产生长期的增长趋势。但是，发达资本主义经济体的长期经济增长可能至少部分受到创新强度降低的阻碍。

① Kalecki, M. *Selected Essays on the Dynamics of the Capitalist Economy* [M]. Cambridge：Cambridge University Press，1971：165.

② Kalecki, M. *Selected Essays on the Dynamics of the Capitalist Economy* [M]. Cambridge：Cambridge University Press，1971：169.

这种不利的发展，一方面，可能是由原材料发现的减少或技术进步特征的变化引起的；另一方面，长期垄断趋势的增加阻碍了创新的发展。在卡莱斯基的理论中，不断上升的垄断程度也会对工资份额产生不利影响，从而阻碍实际国民收入的增加。

卡莱斯基认为，政治干预，特别是他提出的三项政策措施，是确保充分就业的关键。① 第一，可以通过增加私人投资来刺激产出和就业。用资本税代替部分所得税，允许公司从其应税金额中扣除实际资本投资支出。第二，政府增加对公共投资的支出或者进行消费补贴。第三，可以通过将收入从收入阶层的顶层重新分配到底层来提振有效需求，比如通过改变税收结构或通过垄断市场的价格控制来提高实际工资。

10.3.2.4 斯坦德

斯坦德（Steindl）是奥地利经济学家，20 世纪 40 年代初在牛津大学与卡莱斯基相识。斯坦德的巨著《美国资本主义的成熟与停滞》② 的思想源于卡莱斯基的建议，卡莱斯基关于不完全竞争下（功能性）收入分配的工作是斯坦德长期停滞理论的主要灵感来源。

在第二次世界大战后的几年里，斯坦德提出了自己的停滞假说。受美国发展的启发，斯坦德的分析主要关注资本主义经济体市场结构从自由竞争转变为寡头垄断的微观和宏观经济影响。

在自由竞争的资本主义阶段，产品市场具有高度的竞争性，大多数行业包括数量相对较多的小企业。根据斯坦德的观点，在给定的产能利用率下，企业规模与其单位生产成本呈负相关。这意味着只有最大的企业才能使用最新、最具生产力的技术，从而在规模经济中获益。因此，各行业中较大的公司比较小的竞争对手享有成本优势。这种差异优势使得大型企业相对于中小企业能够进行扩张。利润率越高，企业储蓄率越高，实际资本积累率越高。假设企业只投资于自己的行业，那么利润率的变化是企业扩张率差异的原因。

与小企业相比，大企业通过创新降低其生产成本，从而提高净利润率，

① Kalecki, M. Three Ways to Full Employment [M] //The Oxford University Institute of Statistics (ed). *The Economics of Full Employment*. Basil Blackwell, Oxford, 1944: 39-58.

② Steindl, J. *Maturity and Stagnation in American Capitalism* [M]. Oxford, Basil Blackwell, [1952] 1976.

并扩大其生产能力。然而，大企业的扩张速度可能超过整个行业的需求增长速度，以至于只有消除一些竞争对手或许才可以防止不必要的产能过剩。换句话说，许多现有公司必须被挤出该行业，即实现绝对集中。如果绝对集中的过程持续一段时间，成本最高的生产商不断被竞争压力挤出市场，最终只剩下少数几家大公司，也即转变为寡头垄断市场。在资本主义的后期阶段，斯坦德认为这种寡头垄断倾向在许多行业中很常见，竞争性行业在整个经济中的比例下降。然而，在寡头垄断市场中，通过加大销售力度将竞争对手赶出市场几乎是一项不可能完成的任务。在此情况下，公司倾向于通过价格协议或价格领导等垄断行为来提高加价率。加价率提高带来了利润幅度和净利润率的提升。收入向利润的重新分配会降低实际工资和总支出，导致产出和产能利用率下降。然而，与自由竞争市场相反，在寡头垄断中，最初的产能利用率不会通过价格—成本调整来恢复。正如斯坦德所说，在给定的产能利用率下，"利润率在下降方向上变得无弹性"，这意味着必须通过产能利用率的下降来建立均衡。①

如果公司加价率提高，在任何给定的产能利用率下，则提高了净利润份额。然而，在其他条件不变的情况下，向利润的转变会降低产量和产能利用率，部分抵销了净利润份额的上升，甚至可能下降到低于其初始水平。

斯坦德为寡头垄断中可能的停滞趋势提供了另一种解释。由于寡头垄断市场中的公司意识到竞争者不能轻易被挤出市场，他们往往更担心产能过剩，因此可能会提高期望产能利用率。虽然每个企业都可能通过削减实际投资支出来避免不必要的产能过剩，但实际资本积累率的下降会降低整个经济体的产能利用率。产能利用率的下降反过来又可能导致后续时期实际资本积累率下降，从而可能导致经济停滞。

与依赖外生投资理论的汉森的停滞学说不同，斯坦德的经济停滞理论强调经济停滞由资本主义固有的内生变化引起。

斯坦德并不认为他的停滞假设已被战后经济繁荣所推翻，而是提到有利的外来力量抵消了美国和欧洲寡头垄断趋势的不利影响。② 从 20 世纪 70 年代初开始，经济增长速度放缓，为了解释这些发展，斯坦德没有直接借鉴他以

---

① Steindl, J. *Maturity and Stagnation in American Capitalism* [M]. Oxford, Basil Blackwell, [1952] 1976：137.

② Steindl, J. *Economic Papers* 1941 - 88 [M]. UK：Palgrave Macmillan, 1990：166 - 179.

前的停滞理论，因为他不认为这些想法直接适用于 70 年代的新问题。斯坦德指出，"政府对充分就业和增长的态度发生了变化"①，由于政府旨在遏制通货膨胀和公共债务，充分就业政策逐渐淡出背景。斯坦德将这些政策变化视为对战后长期经济繁荣期间工人议价能力增强的回应。他总结道："反对充分就业的论点在权力议会中占了上风，因此我们看到的停滞不是一种难以理解的命运，就像 20 世纪 30 年代那样，而是一种政策性的停滞"②。

10.3.3 当代需求侧停滞理论

尽管在 20 世纪 70 年代经济增长放缓之后，长期停滞的话题重新引发了一些讨论，但在 20 世纪末和 21 世纪初基本被遗忘。然而，在 2008 ~ 2009 年的金融危机之后，该主题已被几位经济学家重新提起。在主张将长期停滞视为需求侧现象的当代经济学家中，萨默斯是最著名的代表。2013 年 11 月在国际货币基金组织的一次会议上，萨默斯开启了长期停滞问题的公开辩论。③他认为，在未来几年，周期性波动的问题可能只是次要的，而长期停滞的话题可能会在发达国家变得有意义。人们普遍认为，萨默斯的思路与汉森的外生停滞学说非常相似，因此可以说，萨默斯开启了"汉森停滞理论的复兴"，由此长期停滞理论重新回到了人们的视野。

萨默斯停滞假说的焦点是，主要发达经济体的储蓄倾向增加，投资倾向下降，以至于均衡的实际利率很可能非常低，甚至是负值。然而，由于短期名义市场利率接近于零和低通胀率，这种所谓的自然实际利率可能无法实现。因此，事后储蓄和投资在低于充分就业的产出水平上保持一致，同时经济增长可能相对较弱。萨默斯认为，"一个经济体不可能同时实现充分就业、令人满意的增长和金融稳定"④。他认为："基准名义利率的零下限，再加上低

① Steindl, J. *Economic Papers* 1941 – 88 ［M］. UK：Palgrave Macmillan, 1990：124.

② Steindl, J. *Maturity and Stagnation in American Capitalism* ［M］. Oxford, Basil Blackwell, ［1952］1976：xvii.

③ Summers, L. H. Have We Entered an Age of Secular Stagnation? ［Z］. Speech at the IMF Fourteenth Annual Research Conference in Honor of Stanley Fisher, 08 Nov 2013, International Monetary Fund, Washington.

④ Summers, L. H. Reflections on the New Secular Stagnation Hypothesis ［M］//Teulings C. & R. Baldwin, *Secular Stagnation：Facts, Causes and Cures.* CEPR Press, London, 2014：29.

通胀，使得实现充分就业所需的充足需求成为问题。如果能够找到产生足够需求的方法，它们很可能与不可持续的金融条件有关"①。

萨默斯预测，如果主要发达经济体的自然实际利率已降至如此低的水平，以至于市场利率无法跟上，那么经济表现将长期低迷。自然实际利率下降的原因包括：阻碍投资倾向（人口变动、技术进步放缓、资本品相对价格下降、转向资本密集度较低的行业、公共投资支出减少等）、提高储蓄倾向（人口变动、不平等加剧等）、经常账户的变化，以及与危机相关的因素。由于这些因素与汉森的三个外生因素仅在一定程度上重叠，萨默斯将自己的理论描述为"新长期停滞假说"②。

萨默斯提出了货币政策、结构性改革和扩张性财政政策等政策措施。

由于 2008~2009 年金融危机后几年的高度扩张性货币政策的影响，大多数发达国家的央行只有很少的干预空间。与提出更高的通胀目标以扩大货币行动空间相比，萨默斯更支持设定名义 GDP 增长目标，为通胀（预期）提供更灵活的通道。在短期名义利率接近于零的情况下，"更广泛的量化宽松"的货币政策可用于进一步降低长期和高风险资产的利率。然而，他认为，试图通过一切可用手段降低市场利率会带来一些风险，例如，降低金融稳定性与加剧收入和财富不平等。

结构性改革通常面向经济的供给侧，但萨默斯认为，经济的供给侧和需求侧并不完全相互分离，供给侧改革可能会对总需求产生积极影响。萨默斯强调了税收改革和降低结构性障碍以增加投资的重要性，以及促进创新、增强工会议价能力和减少不平等的措施的重要性。

最后，萨默斯认为，扩张性财政政策是克服经济疲软所必需的。由于发达经济体的利率和净公共投资均处于历史低位，增加由政府借款提供资金的公共投资"可能是恢复合理增长的关键"。③ 公共支出的增加直接促进了总需求，特别是政府在生产性投资上的支出可能会额外刺激私人投资。

---

① Summers, L. H. Low Equilibrium, Real Rates, Financial Crisis, and Secular Stagnation [M] // Baily, M. N. & J. B. Taylor. *Across the Great Divide: New Perspectives on the Financial Crisis.* Hoover Institution Press, Stanford, CA, 2014: 37.

② Summers, L. H. Reflections on the New Secular Stagnation Hypothesis [M] //Teulings C. & R. Baldwin. *Secular Stagnation: Facts, Causes and Cures.* CEPR Press, London, 2014: 29.

③ Summers, L. H. Demand Side Secular Stagnation [J]. *American Economic Review*, 2015, 105 (5): 60 – 65.

萨默斯的需求侧长期停滞假说引发了激烈的争论，并在经济学界引发了各种反应。一方面，他的一般方法显示了凯恩斯主义的特征；另一方面，维克塞尔自然实际利率这一有争议的概念在他的分析中起着关键作用。事实上，萨默斯的意思是，只要短期名义市场利率不停留在接近于零的水平，而是能够进一步下降，以追踪自然的实际利率，潜在的长期停滞趋势就是可以克服的。尽管萨默斯意识到金融不稳定的风险，但他似乎相信，在经济困难时期，央行政策利率的进一步降低可能是提振经济增长的关键。

10.4　后凯恩斯主义长期停滞理论

10.4.1　对自然利率和零利率下限解释的批判

以萨默斯为代表的新凯恩斯主义停滞理论常用的自然利率假说与零利率下限假说被后凯恩斯主义停滞理论所拒绝或反对。

所谓的零利率下限（ZLB）假说[①]是指：由于一系列因素引起储蓄曲线和投资曲线的变动，导致充分就业利率被推低到零以下；而 ZLB 阻止了货币政策充分降低市场实际利率达到充分就业均衡利率（自然利率）以恢复充分就业，由此导致了经济停滞；负利率政策由于零下限的限制而行不通，从而需要诉诸赤字财政政策来应对经济停滞。

萨默斯基于威克塞尔的"自然"利率假说，区分了"自然"利率与市场利率。市场利率由中央银行等货币当局控制，自然利率由"生产率"和"储蓄"的实际力量决定。自然利率是在充分就业时投资需求等于储蓄供给时的均衡利率，如图 10 - 1 所示。投资需求反映了在利率和私人投资支出之间形成的系统性的反向关系，储蓄供给表明私人居民提供的储蓄额随着利率的增加而增加。经过几十年的连续崩溃，受到资本品相对价格下降、收入分配不平等加剧、人口变化等因素的影响，投资倾向下降，储蓄倾向上升，最终自

---

① Eggertsson, G. B. & P. Krugman. Debt, Deleveraging, and the Liquidity Trap: A Fisher-Minsky-Koo Approach [J]. *Quarterly Journal of Economics*, 2012, 127 (3): 1469 -1513; Summers, L. US Economic Prospects: Secular Stagnation, Hysteresis, and the Zero Lower Bound [J]. *Business Economics*, 2014, 49 (2): 65 -73.

然利率被认为是负的。尽管负利率政策是达到负自然利率和刺激经济的理想手段，但是，由于名义利率的零下限约束，负利率政策是不可行的。正如萨默斯解释的那样："如果假设投资是利率的递减函数，储蓄是利率的递增函数，充分就业的均衡水平需要负名义利率，那么调整将以较低产出水平的形式进行，而这种较低的产出水平可能会无限期地持续下去。"[1]

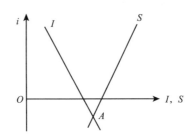

图 10 - 1 古典投资—储蓄模型中的负利率决定

帕利指出，"零利率下限经济学是新凯恩斯主义共识的一部分。新凯恩斯主义将宏观经济视为一个充分就业体系，但由于刚性和市场不完善，这个体系无法解决充分就业问题。主要的刚性关系到价格和名义工资。零利率下限经济学将名义利率添加到刚性列表中"[2]。帕利接着批判道："新凯恩斯主义关于失业原因的观点与凯恩斯在《通论》中所表达的观点根本不一致。对凯恩斯来说，名义刚性不是失业的原因，有些刚性实际上有助于稳定经济。这意味着新凯恩斯主义经济学实际上应该被称为'新庇古经济学'，因为它采用了庇古的市场摩擦方法来解释失业。"[3] 因此，所谓的零利率下限假说归根结底可以被称为"市场失灵假说"[4]。

根据帕利的说法，通过控制利率来刺激私人投资的困难并非因为零利率下限，必须到存在作为价值储存手段的"非再生产资产"的情况中发现问题所在。帕利论述道："零利率下限不是问题所在。相反，正如凯恩斯在《通

① Summers, L. H. Demand Side Secular Stagnation [J]. *American Economic Review*, 2015, 105 (5)：60 - 65.

②③ Palley, T. I. The Fallacy of the Natural Rate of Interest and Zero Lower Bound Economics：Why Negative Interest Rates may not Remedy Keynesian Unemployment [J]. *Review of Keynesian Economics*, 2019, 7 (2)：151 - 170.

④ Palley, T. I. Inequality and Stagnation by Policy Design：Mainstream Denialism and Its Dangerous Political Consequences [J]. *Challenge*, 2019, 62 (2)：128 - 143.

论》第 17 章中所指出的那样，问题在于非再生产资产的存在，如现金、土地、黄金等商品、专利和版权等资产、现有企业中体现的专有技术和组织资本等资产，以及拥有垄断权的企业所拥有的租金流。这些资产的价格将被负利率抬高，但投资不会增加。……投资支出的利率无弹性是非再生产资产和资产负债表再造方案存在的结果。"①

　　帕利对此进行了解释，如图 10－2 所示。纵轴 r 代表各种形式投资的回报率，横轴是实际资本投资 I 和获得非再生产资产（NRA）的投资额。L^S 是贷款供给，I^D 是实际资本投资需求，NRA^D 是非再生产资产需求，i 是利率。

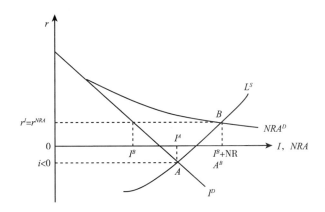

图 10－2　具有和不具有 NRA 时的两种均衡情况

　　在投资曲线 I^D 和贷款供给曲线 L^S 的交点，将出现充分就业，这需要一定数量的实际资本投资 I^A 和负利率 i（A 点）。然而，由于存在边际回报率为正的 NRA，均衡点会出现在 B 点。在均衡回报率下，通过对单一需求函数的水平分解来确定企业财产类型持有量的再分配。尽管利率有可能降至零以下，但 NRA 的存在阻止了投资的增加和资本的边际效率的充分下降，资本的边际效率必然停留在大于零的水平上。因此，I^B 低于 I^A。

　　帕利进一步指出，低利率或负利率可能会增加储蓄，而不是减少储蓄，由此储蓄供给曲线在零利率附近和下方将会出现向后弯曲的可能性。这种情况下，甚至可能没有交点，而无法实现均衡利率。

① Palley, T. I. Inequality and Stagnation by Policy Design：Mainstream Denialism and Its Dangerous Political Consequences［J］. *Challenge*, 2019, 62（2）：128－143.

总之，帕利认为，负利率政策理论上是可行的，但是由于非再生产资产的存在以及储蓄曲线向后弯曲的原因，导致实际上无法达到均衡利率，负利率政策实际上是无效的。有学者甚至主张负利率政策可能是危险的。帕利和普雷斯曼都强调了负利率政策所涉及的危险：它可能危及银行信贷供给，鼓励向风险更高的资产负债表构成的转变，为资产价格泡沫创造有利环境，并刺激金融脱媒。①

后凯恩斯主义者不仅就零利率下限假说进行了批判，而且进一步否定了自然利率假说。后凯恩斯主义者认为，自然利率理论隐含地依赖于投资和储蓄函数的存在，而投资和储蓄函数分别依赖于实际市场利率。然而，根据凯恩斯理论以及从实证角度来看，意愿储蓄和计划投资的利率弹性是模糊的。②利率变化对储蓄倾向的影响可能很小，事实上，可能是正的，也可能是负的，这取决于替代效应或收入效应的主导地位。③ 另外，按照凯恩斯主义的思路，投资需求受当前市场利率和资本边际效率的影响，反映了投资者的未来预期和信心状态。尽管意愿储蓄、实际投资和就业水平可能因此因利率变化而发生变化，但确切的联系还远未明确，因为还有其他潜在的抵销因素需要考虑。从事前的角度来看，较低的市场利率是否真的能够提高总需求是不明确的。正如帕利指出的那样，"经济学家已经忘记了凯恩斯关于利率可能无法解决需求短缺的信息"④。换句话说，投资—储蓄（IS）曲线和总需求（AD）曲线可能是垂直或向后弯曲的，在其他条件相同的情况下，可能没有能够恢复充分就业的自然利率。在总需求曲线向后弯曲的情况下，较低的市场利率甚至可能加剧潜在的需求疲软。

迪布基亚尼科（Di Bucchianico）对自然利率假说提出了另类批评，他认为，根据"两剑桥的资本之争"，资本的边际效率不能用于在正区域绘制一

---

① Palley, T. I. Why Negative Interest Rate Policy（NIRP）Is Ineffective and Dangerous［J］. *Real-World Economics Review*, 2016（76）：5 – 15；Pressman, S. How Low Can We Go? The Limits of Monetary Policy［J］. *Review of Keynesian Economics*, 2019, 7（2）：137 – 150.

② Arestis, P. & M. Sawyer. "New Consensus", New Keynesianism, and the Economics of the "Third Way"［J］. Levy Economics Institute Working Paper No. 364, Levy Economics Institute of Bard College, Annandale-on-Hudson, 2002：6.

③ Palley, T. I. Zero Lower Bound（ZLB）Economics：The Fallacy of New Keynesian Explanations of Stagnation［J］. IMK Working Paper 164, Macroeconomic Policy Institute（IMK）, Dusseldorf, 2016：29.

④ Palley, T. I. Why Negative Iinterest Rate Policy（NIRP）Is Ineffective and Dangerous［J］. *Real-World Economics Review*, 2016（76）：5 – 15.

条向下倾斜的投资曲线（利率反向和持续向下倾斜的资本需求曲线）。表现糟糕的投资曲线阻止了自然利率的明确定义。因此，他说："最好不要依赖于一种基于自然（或均衡）利率（无论正负）、由边际生产率或资本边际效率决定的停滞的逻辑表述。在我们看来，利率与资本边际生产率（或边际效率）之间的关系应该被切断。借用熊彼特的二分法，不应从'真实'的角度考察利率，而应将其视为一种'货币'现象"。他的结论是：自然（或均衡）利率不是货币政策的适当"锚"。①

10.4.2 对停滞趋势的解释

10.4.2.1 帕利

早在 2009 年 7 月发表的一篇论文中，帕利就得出结论："尽管经济可能稳定下来，但很可能无法摆脱经济停滞的影响。这是因为停滞是现有范式下一个合乎逻辑的阶段"②。紧接着在 2012 年出版的专著《从金融危机到停滞》中，帕利又坚定地预测，"大衰退之后将出现大停滞，在此期间，失业率将居高不下，工资将停滞不前，人们普遍感到经济不安"③。他预测的依据在于，"尽管政策制定者成功地防止了金融危机演变成第二次大萧条，但他们未能修复导致危机的根本结构性缺陷"④。在帕利这里，这个"根本结构性缺陷"指的是新自由主义经济范式或增长模式。帕利指出，"2008 年金融危机和大衰退的根源可以追溯到一个错误的美国宏观经济范式，其根源是新自由主义，这一直是占主导地位的知识范式。该范式的一个缺陷是 1980 年之后采用的增长模式，该模式依靠债务和资产价格通胀来推动需求，而不是与生产率增长相关的工资增长。第二个缺陷是与全球经济接触的模式，这种模式造

---

① Di Bucchianico, S. Negative Interest Rate Policy to Fight Secular Stagnation: Unfeasible, Ineffective, Irrelevant, or Inadequate? [J]. *Review of Political Economy*, 2021, 33（4）: 687 – 710.

② Palley, T. I. America's Exhausted Paradigm: Macroeconomic Causes of the Financial Crisis and Great Recession [J]. Working Paper No. 02/2009, Hochschule für Wirtschaft und Recht belin, Institute for International Politcal Economy（IPE）, Berlin, 2009.

③④ Palley, T. I. *From Financial Crisis to Stagnation: The Destruction of Shared Prosperity and the Role of Economics* [M]. Cambridge, Cambridge University Press, 2012: 3.

成了进口支出、制造业失业和离岸投资的三重经济大失血"①。

在帕利看来，新自由主义经济范式或增长模式完全是政策设计的结果，因此他认为，"金融危机、不平等和经济停滞是政策设计的结果"②。

1945～1980年，美国经济的特点是"良性循环"的凯恩斯增长模式，这种增长模式建立在充分就业和工资增长与生产率增长挂钩的基础上。生产率的增长推动了工资的增长，从而推动了需求增长，创造了充分就业。这为投资提供了激励，从而推动了生产率的进一步增长，并支持了更高的工资水平。这一模式在全球经济中盛行。

1980年后，良性循环的凯恩斯增长模式被新自由主义增长模式所取代。首先，政策制定者放弃了充分就业的承诺，转而瞄准低通胀。其次，政策切断了工资与生产率增长之间的联系。这两种变化共同创造了一种新的经济动力。1980年以前，工资是美国需求增长的引擎；1980年后，债务和资产价格上涨成为了引擎。

新自由主义增长模式植根于新自由主义经济思想，新自由主义政策全方位地对工人施加压力：（1）政策制定者放弃了充分就业的承诺；（2）全球化的公司模式将工人置于国际竞争中；（3）"小"政府议程攻击了政府的合法性，并且不顾危险坚持要求放松管制；（4）劳动力市场灵活性议程攻击了工会和劳动力市场支持（如最低工资、失业救济、就业保护和雇员权利等）。与战后凯恩斯主义的增长模式一样，新自由主义政策也在全球范围内实施。

新自由主义模式的另一个关键部分涉及金融化和金融的作用。金融发挥了双重作用。首先，金融为新自由主义政策提供了结构性支持。其次，金融支持总需求的生成过程。

金融在以下三个方面为新自由主义政策提供结构性支持。第一，金融市场通过实施公司治理的股东价值最大化范式来控制公司。公司被重新定位为服务于金融市场的利益和最高管理层的利益。第二，金融市场和企业在政治上为新自由主义政策进行游说，他们支持倡导这些政策的智囊团和经济研究。第三，金融创新通过敌意收购、杠杆收购和反向资本分配促进了金融市场对

---

① Palley, T. I. *From Financial Crisis to Stagnation*: *The Destruction of Shared Prosperity and the Role of Economics* [M]. Cambridge, Cambridge University Press, 2012: 4.

② Palley, T. I. Inequality and Stagnation by Policy Design: Mainstream Denialism and Its Dangerous Political Consequences [J]. *Challenge*, 2019, 62 (2): 128–143.

企业的控制。通过捕捉和重组公司，金融市场改变了商业行为。再加上新自由主义经济政策，产生了一个压制工资和加剧不平等的经济矩阵。

金融的另一个重要作用是支持总需求。新自由主义模式通过工资停滞和不平等加剧，逐渐破坏了收入和需求的产生过程，造成了越来越大的结构性需求缺口。放松管制、金融创新、投机和抵押贷款欺诈使金融业能够通过向消费者放贷和刺激资产价格上涨来填补需求缺口。在这一过程中，它还制造了一个房价泡沫，泡沫的破裂成为引发金融危机和经济停滞的导火索。

按照帕利的解释，1980 年向新自由主义政策的转变启动了一个双重过程。一方面，工资停滞和不平等加剧推动了通货紧缩，并慢慢破坏了总需求生成过程。另一方面，通货紧缩使利率下降，而金融化则引发了资产价格通胀和长达 30 年的信贷泡沫。这一组合增加了财富，增加了宽松信贷的数量，从而掩盖了需求短缺的新问题，制造出一种"大缓和"的假象。2008 年的金融危机使信贷泡沫骤然停止，然后，政策制定者们通过救助来解决金融体系的破产问题，以及大规模的财政和货币政策刺激措施来防止大衰退成为第二次大萧条。然而，没有采取任何措施来改变新自由主义增长模式。鉴于此，"经济停滞是不可避免的，因为该模式不可避免地通过抑制工资和增加收入不平等而造成结构性需求短缺"[①]。

当新自由主义增长模式在 1980 年实施时，收入和总需求产生的过程仍然强劲，收入不平等的程度要低得多。此外，由于资产价格和负债都低得多，美国经济还有资产价格上涨和信贷增长的空间。这些有利的初始条件意味着尽管新自由主义政策产生了停滞效应，但经济仍可以扩张。然而，当这些条件用尽，债务和资产价格通胀不再能够充分填补结构性需求缺口时，大停滞就成为合乎逻辑的结果。

10.4.2.2　布莱克尔

布莱克尔指出，美国经济自 2009 年以来的缓慢复苏，虽然部分上可以归因于本次金融危机的严重性，但主要反映了"长期增长放缓的延续"[②]。布莱

---

① Palley, T. I. Inequality and Stagnation by Policy Design: Mainstream Denialism and Its Dangerous Political Consequences [J]. *Challenge*, 2019, 62 (2): 128-143.

② Blecker, R. A. The US Economy Since the Crisis: Slow Recovery and Secular Stagnation [J]. *European Journal of Economics and Economic Policies: Intervention*, 2016, 13 (2): 203-214.

克尔首先澄清了"长期停滞"一词的含义,他说:"我在这里使用的'长期停滞'一词是一种描述性的意义,也就是说,指的是长期趋于缓慢平均增长的趋势,而不是短期急剧下滑或缓慢的周期性复苏。"① 具体到美国,指的是"美国经济经历了 2008 年金融危机之前的长期增长和就业创造放缓"。具体表现为:自 20 世纪 80 年代初以来的每一个美国商业周期在复苏和扩张阶段的增长都比之前的慢;此外,就业的周期性表现甚至比产出更为恶化,就业与产出脱钩。

关于停滞理论,布莱克尔指出,"我的分析在很大程度上与海因讨论的'后斯坦德主义'理论观点一致。我特别不支持萨默斯关于长期停滞的新古典主义观点,该观点侧重于基于可贷资金方法的假设为负的'自然'利率"②。基于此,布莱克尔认为,长期停滞主要源于总需求的停滞。而总需求停滞的罪魁祸首是受教育程度的差距拉大、劳动力占国民收入的比例下降、收入分配差距扩大等不平等加剧带来的对消费的负面影响。

自 20 世纪 70 年代以来,收入差距持续拉大。根据后凯恩斯主义或新卡莱斯基理论,这种日益加剧的不平等预计会对消费产生抑制作用,而消费又是总需求的最大组成部分。然而,在 20 世纪 90 年代末和 21 世纪初,家庭债务的大幅增加抵销了不平等加剧对消费的负面影响。这种债务驱动的消费和房地产繁荣是不可持续的,而金融危机结束了通过借贷维持高水平消费的能力。也有学者认为,21 世纪初利润份额的上升可能导致了投资的增加,而这本可以弥补消费的疲软。然而,事实上,自 2000 年以来,尽管企业利润份额急剧增加,尽管利率处于历史低位,但企业固定投资总额在 GDP 中的份额呈下降趋势。这表明,在投资函数中,特别是在长期内,相对于盈利能力或资本成本因素,强烈的加速效应起着主导作用。③

布莱克尔进一步分析后指出,不平等加剧和就业与产出脱钩都源于美国产业结构和国际地位的结构性变化——制造业的下降以及服务业的崛起。制

---

① ② Blecker, R. A. The US Economy Since the Crisis: Slow Recovery and Secular Stagnation [J]. *European Journal of Economics and Economic Policies: Intervention*, 2016, 13 (2): 203 – 214.

③ Chirinko, R. S., Fazzari, S. M. & A. P. Meyer. A New Approach to Estimating Production Function Parameters: The Elusive Capital-Labor Substitution Elasticity [J]. *Journal of Business and Economic Statistics*, 2011, 29 (4): 587 – 594; Schoder, C. Credit vs. Demand Constraints: The Determinants of US Firm-level Investment over the Business Cycles from 1977 to 2011 [J]. *North American Journal of Economics and Finance*, 2013, 26 (1): 1 – 27.

造业就业率下降的原因是制成品贸易逆差的恶化和制造业生产的垂直解体——中间产品和组装业务向低工资地区的离岸外包。美国制造业的这一转型对劳动力市场和不平等性产生了双重影响。一方面，这给工资带来了下行压力。另一方面，离岸外包直接导致部门就业人数下降。与制造业高薪就业的减少相对应，增加的服务业就业大部分都集中在收入较低的职业。此外，不同的服务部门对产出和就业的贡献并不相同。例如，金融服务业已经发展到占 GDP 的一半以上，但这些部门产出增长时，不一定会按比例创造就业机会，由此，就业增长与产出增长越来越脱钩。

就前景而言，布莱克尔认为，一个带来一线希望的因素是，美国政治体中左翼的公共部门出现了强化作用的压力。进步力量和民主党的一些主流人士都呼吁制订新的财政扩张计划，重点关注基础设施投资、太阳能和风能、公共教育以及其他社会和环境需求。但新的财政扩张和公共投资的增加，除非足以创造一段持续的高就业期，导致工资相对于生产率的复苏，除非采取补充措施来抵消导致更大不平等和失业增长的结构性变化，否则不会削弱不平等和停滞的长期趋势。

10.4.2.3 奥纳兰

奥纳兰把长期停滞归结为金融化和不平等，他说："世界经济增长缓慢且不稳定的新常态（被称为长期停滞）的根源在于日益加剧的不平等、金融化、长期低需求、积累缓慢和生产率增长的恶性循环。"[1] 奥纳兰通过探讨金融化、收入分配、积累和生产率之间的联系得出结论，"增长率放缓以及更高的波动性不是新现象。这是自新自由主义兴起以来，在所有发达资本主义国家以及拉丁美洲或土耳其等一些新兴经济体观察到的趋势。这一发展的核心在于利润和投资之间缺失的联系。不平等加剧和金融化是造成这一缺失环节的主要原因，也是资本积累和增长的主要障碍"[2]。

金融化不仅对收入分配和需求产生了负面影响，对投资产生的负面影响更为突出。尽管利润不断增加，但发达经济体的私人投资仍然疲软，因为企业将利润用于金融投机，挤掉了实体机械和设备的私人投资。

---

[1][2] Onaran，Ö. Secular Stagnation and Progressive Economic Policy Alternatives［J］. *European Journal of Economics and Economic Policies*：*Intervention*，2016，13（2）：229 – 240.

金融化及其对公司战略的影响也对劳动力的议价能力产生了不利影响。一方面，股东价值取向增加了股东需求对员工需求的支配地位。另一方面，国内和全球金融投资机会的增多增加了非金融企业在地理位置和金融资产方面的后备选择，给国内实物机械和资本实际投资带来压力。金融化和资本后备选项的增加，特别是在不同司法管辖区之间的税收竞争，也对公共支出和税收的构成产生了影响，这反过来又导致了劳动力议价能力的下降。这些发展伴随着进一步的制度和结构变化，导致工会密度和集体谈判覆盖率显著下降的结果。在危机前的 30 年中，全球不平等性大幅增加，全世界用于工资的国民收入份额大幅下降。

工资停滞推动了利润份额的增加，但导致需求前景黯淡。在大衰退之后，工资收入没有完全复苏继续拖累着总需求的增加，而这反过来又在国内需求没有健康增长的情况下阻碍了商业投资。危机后，许多采用债务驱动模式的国家的复苏仍然基于不稳定的基础，因为它是由私人家庭债务的大幅增加推动的，并且对未来利率的任何提高都很脆弱。"不平等性的加剧和工资的停滞是新自由主义经济模式的两个根本缺陷，而新自由主义经济模式是大衰退的根源，我们还远远没有纠正这一不平衡"。①

投资响应需求。较低的工资不仅导致需求降低，并通过需求渠道影响投资，而且由于倾向于利用较低的劳动力成本，使得企业不太愿意投资。在没有强劲的投资表现和停滞的需求的情况下，世界正处于低生产率和低增长潜力的阶段。生产率有两个组成部分。一个是与需求有关，因为实际产出是由需求驱动的。另一个是潜在生产率，它由技术进步决定，与投资和工资成本相关。奥纳兰总结道："金融化和不平等性加剧的混合造成了需求波动和生产率停滞的日益脆弱的资本主义生产模式。"②

关于金融化、不平等性加剧、积累和生产率放缓的恶性循环的经验证据暗示了基于平等导向的发展和公共投资的协调政策组合的替代性进步政策。"体面就业的强劲复苏，而不是债务驱动的脆弱增长，需要嵌入更广泛的宏观经济和产业政策、金融监管和公司治理框架的工资强劲复苏。只有这样，投资和生产率才会随之而来"③。

①②③ Onaran, Ö. Secular Stagnation and Progressive Economic Policy Alternatives ［J］. *European Journal of Economics and Economic Policies：Intervention*，2016，13（2）：229 - 240.

奥纳兰设想了基于全球协调一致的政策组合，目标为在未来若干年内在全球范围内提高工资所占 GDP 的比例。在全球层面协调工资政策对于确保工资增长与生产率增长保持一致至关重要，可以稳定有效需求，避免适得其反的以邻为壑政策，并防止逐底竞争。以工资为导向的发展战略要求制定针对工资分配的顶层、中层和底层的政策，这反过来又需要使用初次分配和再分配政策。关于工资分配的底层，关键是制定足够高的法定最低工资，以解决在职贫困的增长问题。工资分配的顶层也必须受到监管。这将增加底层和中层工资的增长空间，同时通过削减高层管理人员工资抵销利润的挤压。

工资导向的复苏对增长和就业的影响是积极的，但并不是解决长期停滞的灵丹妙药。为了实现可持续和平等发展，需要调动所有经济政策工具，特别是公共支出，以实现充分就业、生态可持续性和平等。工资政策、财政政策和产业政策的协调成为经济政策的核心。需要制定合理的产业政策，同时刺激需求、监管金融和改革公司治理，恢复私人投资与利润之间缺失的联系。

10.4.2.4　海因

如前所述，当前关于经济停滞的主流辩论已经形成了一种共识，根据这一共识，长期停滞可以被定义为一种经济状态，在这种状态下，资本市场需要负实际利率才能建立储蓄和投资的平衡，然而这是不可行的。海因批判了当前经济停滞理论主流观点的缺陷。首先，主流观点容易受到"剑桥资本理论争论"的批评，经济体中与利率反向和持续向下倾斜的资本需求曲线的存在受到质疑，以及凯恩斯主义对货币生产经济中储蓄和投资之间的因果关系和调整的批评。其次，大多数关于长期停滞的主流文献似乎都假设自然或潜在增长率或多或少独立于总需求动态，因此忽略了潜在反馈和内生性渠道。最后，在关于长期停滞的现代讨论中，制度和社会阶层间权力关系的变化似乎根本没有起到重要作用，过去 30 多年来金融主导的资本主义崛起就是明证。①

海因认为，斯坦德的著作《美国资本主义的成熟和停滞》可以被视为现代资本主义停滞领域的一项开创性工作，斯坦德的著作"提供关于停滞趋势的另一种观点的基础"。他认为，斯坦德的工作不容易出现当前关于长期停

---

① Hein，E. Secular Stagnation or Stagnation Policy? A Post-Steindlian View ［J］．*European Journal of Economics and Economic Policies：Intervention*，2016，13（2）：160–171.

滞的辩论中发现的问题——它原则上不依赖于自然利率这一可疑概念，相反，斯坦德的贡献基于这样一种理念：现代资本主义经济体正面临总需求约束，储蓄通过产能利用率和长期收入增长的变化来适应投资。它允许潜在增长成为实际需求驱动增长的内生增长。它认真考虑了制度、权力关系和经济政策对长期增长以及停滞的作用。海因指出，"斯坦德提供了一种方法，它也在长期增长分析中认真对待'有效需求原则'，包括分配冲突、权力关系和经济政策，以解释经济停滞，也就是持续失业的低增长时期"[①]。

海因阐述了斯坦德晚年关于停滞的贡献，他认为，斯坦德将停滞趋势和停滞政策与现代资本主义经济中金融部门日益占主导地位联系起来。[②] 海因沿着斯坦德的足迹开展了对危机后停滞趋势的分析。他把当前停滞趋势与始于20世纪80年代初的发达资本主义国家的"金融化"现象联系起来。不仅如此，他还在斯坦德强调宏观政策视角的基础上特别突出了宏观经济体制的作用。他认为，"现代资本主义停滞趋势的重新出现可能与金融化及其导致近期危机的宏观经济失败有关，特别是与成熟资本主义经济体对危机的宏观经济反应和各自的体制更替有关"[③]。

海因认为，在金融化背景下，世界发展了两种极端但互补的增长体制。美国、英国、西班牙和其他国家的"债务导向的私人需求繁荣"体制，依赖于信贷融资的私人消费，作为需求和增长的主要驱动力，接受日益增长的经常账户赤字。"出口导向的重商主义"体制，如德国、日本和其他规模较小、开放程度更高的经济体，它们的需求和增长是由不断增加的净出口推动的，从而产生不断增加的经常账户盈余。

每种体制都可以被视为"没有投资的利润"体制，因为动态资本存量增长要么被信贷融资的消费需求所取代，要么被净出口增长所取代。由于生产率增长，以及由此产生的"自然"或潜在增长，在很大程度上体现在资本存量增长中，也受到实际工资增长的推动，资本存量投资减少和实际工资增长停滞都导致了劳动生产率的低增长，从而降低了金融化资本主义的潜在增长。此外，

---

①③ Hein, E. Financialisation and Tendencies Towards Stagnation: The Role of Macroeconomic Regime Changes in the Course of and after the Financial and Economic Crisis 2007 – 09 [J]. *Cambridge Journal of Economics*, 2019, 43（4）: 975 – 999.

② Bhaduri, A. & J. Steindl. The Rise of Monetarism as a Social Doctrine [M] //Arestis, P. & T. Skouras. *Post-Keynesian Economic Theory*. Sussex: Wheatsheaf, 1985.

"债务导向的私人需求繁荣"体制和"出口导向的重商主义"体制存在内部矛盾，前者涉及家庭债务，后者涉及相应的经常项目赤字国家的外债。这些最终破坏了这些体制的可持续性，并导致了 2007～2009 年的金融和经济危机。

由于各国采取了适当的财政和货币稳定政策，这场危机既没有导致世界经济崩溃，也没有导致全球层面的大萧条。然而，在危机开始几年之后，世界经济作为一个整体正面临增长放缓，停滞趋势重新出现。海因认为，问题在于全球增长体制的格局并没有发生根本改变：出口导向型重商主义国家（德国、西班牙、欧元区整体、日本、意大利和俄罗斯）的高经常项目盈余与国内需求导向型经济体（特别是美国、英国和法国等）的高公共部门赤字相匹配。① 这样一个全球情形的风险是显而易见的。如果有更多的经济体试图转向出口导向型重商主义体制，世界经济将面临一个"合成问题"（aggregation problem）。在世界其他地区产生相关的经常账户赤字将变得越来越困难。因此，"停滞的主导趋势是全球层面需求生成失败不可避免的后果"②。

然而，从长远来看，当前仍以金融化宏观经济为主的基础结构将必须得到解决。这应该有四个维度，每个维度都旨在"用国内收入或需求导向的体制取代危机前债务导向的私人需求繁荣和出口导向的重商主义体制"③：金融部门的重新监管和缩小规模；从上到下以及从资本到劳动力的收入（和财富）重新分配；重新调整宏观经济政策以在非通胀充分就业水平上稳定内需；重新建立国际货币和经济政策协调。

海因总结道："从斯坦德主义的角度，我们可以得出结论，资本主义经济长期面临的主要制约因素是可持续需求的产生。因此，停滞主要是由那些减缓可持续需求增长的因素造成的。任何缺乏可持续需求增长的情况都会对潜在或"自然"增长产生负面影响，因为技术进步是由需求驱动的。因此，在金融主导的成熟资本主义经济体中，扭转停滞政策是对抗停滞趋势的主要目标。"④

①② Hein, E. Financialisation and Stagnation：A Macroeconomic Regime Perspective ［J］. IPE Working Paper, No. 149, 2020.

③ Hein, E. Financialisation and Tendencies Towards Stagnation：The Role of Macroeconomic Regime Changes in the Course of and after the Financial and Economic Crisis 2007 - 09 ［J］. *Cambridge Journal of Economics*, 2019, 43（4）：975 - 999.

④ Hein, E. Secular Stagnation or Stagnation Policy? A Post-Steindlian View ［J］. *European Journal of Economics and Economic Policies：Intervention*, 2016, 13（2）：160 - 171.

第 11 章 "工资导向复苏"经济学
对中国经济发展的启示

"工资导向复苏"经济学作为西方非正统经济学——后凯恩斯主义经济学的新发展,在对资本主义新自由主义进行全面批判和反思的基础上,为资本主义发展提出了与主流经济学截然不同的系统性经济改革和发展方案。虽然其理论成立的基本经济制度基础和社会条件与我国不同,但其政策主张对我国当前经济发展具有启发意义,甚至会看到其部分政策主张与我国当前的某些政策实践有异曲同工之妙,可以说,"工资导向复苏"经济学为理解我国的新发展理念、新发展格局提供了另类视角。

11.1 转向以实际工资上升为基础的
消费驱动增长模式

改革开放之初的 30 年中,我国经济发展严重依赖出口导向型发展模式。这种模式依赖廉价劳动力的比较优势,工资收入落后于实际 GDP 的增长,消费需求不振,国内需求不足,进而导致我国生产更加依赖国外市场,进一步产生工资抑制的内在需求。于是,我国形成了不可持续和欠缺韧性的增长模式,在出现逆全球化和遭受贸易制裁时,缺乏强大内需产生的支撑,经济增长马上表现出了疲态。我们必须发挥广阔国内市场的优势,化解外部风险,这又根本上依赖于广大人民群众收入水平的提高与可支配收入的增加。因此,转向以实际工资上升为基础的消费驱动增长模式、发挥消费对经济发展的基础性作用,是新形势下重获发展动力的必由之路。

近十几年来,我国工资收入份额开始呈现上涨趋势,工资收入的上升在改善劳动者生活、增加消费对增长的贡献率的同时也给企业带来了经营上的成本压力。劳动力成本的上升会给整个经济产生怎样的影响？对这个影响的判断将直接决定国家收入政策的制定，进而影响到我国未来一段时期的经济发展战略。对于最近几年中国出现的局部"用工荒"，劳动力成本上升致使一些企业难以为继、外资转移等现象，社会上出现了悲观的声音，表达了需要关注工资过快上涨带来的负面影响的呼吁。对此新卡莱斯基增长理论提供了另一种见解。

新卡莱斯基增长模型的最重要结论就是"成本悖论"，即实际工资率和利润率、积累率之间通常有一个正向关系，不同阶级之间可以实现共赢。实际工资率的下降，也就是 GDP 中工资收入份额的下降，或者说实际工资上涨速度慢于劳动生产率的提高会使社会总需求萎缩，有效需求不足会导致产能利用率降低，进而导致企业投资积极性和资本积累率下降，结果是企业总资本利润率和经济增长速度的下降。与外贸结合到一起，低工资会使发展中国家陷入"低工资——内需不足——出口依赖——低工资——……"的结构性陷阱。最终结果是，这种国家在国际分工中被锁定在劳动密集、技术含量低的产业价值链低端。纵观历史，没有一个国家是靠低工资政策从落后国家挤进发达国家行列的。相反，陷入低工资陷阱的国家比比皆是。大幅度提高劳动者工资水平是扩大内需进而打破这种恶性循环的有效方法。

然而，工资一方面是需求因素，但另一方面它毕竟是企业的最重要的成本，工资的上升不可能不对企业产生成本压力。对此，后凯恩斯主义者进一步指出，成本悖论只是在某些条件之下的一种可能性。工资份额的上升有扩大消费需求的作用，这对投资产生正面效应；工资份额的上升相对应的是利润份额下降，利润份额下降对投资产生负面效应。当工资上升对投资的正面效应大于对投资的负面效应时成本悖论成立，即工资上升促进经济增长；反之，当对投资的负面效应大于正面效应时成本悖论失效，即工资上升阻碍经济增长。前者被称作"工资导向增长体制"，后者被称作"利润导向增长体制"。也就是说，工资上升对一个经济体的经济增长的影响取决于这个经济体是怎样的增长体制。用新卡莱斯基增长模型来表述，增长体制取决于投资函数形式以及投资对决定投资的各种参数变动的敏感程度，而投资函数本身仅代表有投资决策权的企业家团体的企业家精神，所以一个经济体的企业家精神决定着这个经济体的增长体制。而企业家精神不是由永恒的人性决定的，而是由社会和文化塑造出来的，由企业家精神决定的增长体制也是由社会和文化塑造出来的，是可以转变的。

现在再来考虑一个利润导向增长体制中工资上升的影响，短期的直接结果将是经济增速降低，这是令人沮丧的事情；然而，提高劳动者报酬在长期中有助于塑造积极向上和谐的社会文化，而企业家精神是整体社会文化因素的产物。因此，企业家精神及其决定的增长体制是受工资变动影响的。虽然工资上升，在短期会减缓经济增长，但在长期会有助于一个经济体从利润导向增长体制转变成工资导向增长体制。增长体制的转变本身是一个具有重大意义的事件，因为工资导向增长体制避免了社会阶层的分化，消除"经济增长必然带来劳资分化"的诅咒，使一个经济体实现和谐增长与持续增长。另外，随着向工资导向增长体制的转变，工资上升对增长的消极作用逐渐消退，积极因素逐渐成长，由此从长期来看，即使在开始处于利润导向的增长体制中实施促进工资上升的措施对经济增长的影响都是积极的。

转向以实际工资上升为基础的消费驱动增长模式，发挥消费对经济发展的基础性作用，根本上在于增加居民的可支配收入，尤其要减小收入不平等程度以及增加劳动者工资收入。为此应从以下方面做出调整。

首先，把促进就业作为首要目标。就业是最基本的民生。提高劳动者收入的关键在于提高劳动者在市场经济中的地位，而市场主体在市场活动中的地位根本上取决于其占有的要素所处的供求关系。只有增加就业机会、促进机会公平，才能减少失业"后备军"带来的压力，保障劳动者在劳资关系以及劳资收入分配中处于有利位置。在劳资关系中劳动者往往因分散和不占有生产资料而处于劣势地位，劳动者的权益容易受到侵犯，这变相造成劳动报酬损失。因此，劳动者权益保障需要加强，这不仅需要有法可依，而且需要提高组织性，更好发挥工会职能，落实劳资集体协商制度，还需要搞好维权组织建设，开拓维权渠道，降低维权成本。其次，增加公共服务，强化社会保障。在我国市场化改革过程中，住房、医疗、教育等多方面的公共服务市场化，造成低收入群体生活支出负担过重。公共服务的市场化造成居民丧失生活安全感，强烈的预防动机造成过度储蓄，抑制了社会消费。正如明斯基所论述的，货币经理资本主义最突出的问题是不平等和不安全。公共服务最能体现均等化和平等性。政府提供更多的公共服务是消除社会不平等和工人不安全感的根本举措。与此类似，政府公共支出应该强化社会保障功能，提高养老金和失业保险等社会保障水平既是增加低收入群体收入的一种重要举措，也是解决老百姓花钱后顾之忧的有效方法。最后，调节过高收入，鼓励高收入人群和企业更多回报社会。经过40余年的发展，我国已经形成一大批高收入阶层，具备条件开征遗产税，拓宽财产税征税范围。运用市场经济机制的初衷之一是通过收入差异的方法实现激励目的，对于超越激励范畴的过高收入应该采取一定的限制措施，如对"造星"的演艺、体育行业以及垄断行业实施限薪政策。鼓励高收入人群和企业更多回报社会，发挥慈善等社会公益事业的第三次分配协调作用，调动全社会力量济困扶弱。

11.2 发挥投资在稳增长和调结构中的关键作用

我国曾经经历了长期畸形的投资驱动经济增长模式，投资率（全社会固定资产投资/国内生产总值）从1991年的25.7%上升到2008年的57.4%。为应对国际金融危机的冲击，2009年和2010年投资增长又出现了快速攀升，固定资产投资分别同比增长30%和23.8%。[①] 我国的投资驱动增长模式实质上是以房地产为特征的投资驱动和各级政府兴建基础设施为特征的财政驱动，并且这两种驱动模式早在20世纪90年代就已经出现，但是，直到2008年之后，二者才变成中国经济的主要增长模式。但也正是在投资驱动增长的顶峰，这种增长模式积累的不良后果完全暴露出来，如传统部门产能过剩严重，消费需求乏力、全社会杠杆率高企、创新不足。中央也由此提出"三去一降一补"的经济发展任务，有学者断定"投资驱动增长模式已走到尽头"。

自此之后，转方式、调结构成为我国经济发展的首要问题，转变传统的"投资驱动"增长模式和出口导向增长模式、实现消费需求驱动和创新驱动已成为人们的共识。在这种氛围当中，投资成为了不受欢迎的事物，投资快速增长似乎成为了坏事。然而这种认识是片面的。根据后凯恩斯主义增长理论，投资对经济增长起着关键作用，经济增长本身就直接表现为资本积累过程——投资既是供给因素，又是需求因素，投资与技术进步有正向关系，产

---

① 资料来源：根据国家统计局的历年《全国年度统计公报》整理而成，http://www.stats.gov.cn/tjsj/tjgb/ndtjgb/。

业结构转变依赖新投资。长期来看，要实现经济增长必然需要投资和资本积累。中国当前出现的增长问题并不在于投资增长本身，而在于特有的增长模式，也即特有的资本积累模式。首先，拉动或刺激投资的力量是总需求，在总需求中，消费需求比重过低，投资需求过高，这导致投资品部门畸形膨胀，经济增长成为与消费者无关的事情。其次，投资由行政力量主导而不是市场力量主导。为了吸引投资，地方政府人为地压低各种要素的价格（包括利率、土地租金、工资等），为投资提供各种优惠政策，投资项目没有经历市场的筛选和淘汰，资本经营中缺少市场竞争的历练，缺少了投资成本约束，结果导致投资效率低，民众不能分享投资利益，资源浪费严重。再次，廉价劳动力、出口导向基础上的低层次重复投资严重。这导致整体经济效率低，创新不足、竞争力弱，产业附加值低。最后，政府支出结构明显偏向于生产性支出，忽视福利性支出，使得国家投资挤占了改善民生的资源。总之，转变经济增长方式并不是否定投资的作用，而是需要重新理解投资概念和运用新的投资方式：由只重视投资的数量，转变为更重视投资的质量；由只重视国家投资转变为鼓励个人投资；由重复投资转向新领域的投资。

凯恩斯主义认为，大政府在经济发展过程中是必不可少的，是弥补市场经济个人活动宏观无效的方式，财政政策是重要手段。2008年全球大衰退之后后凯恩斯主义经济学重新强调了大政府和功能财政的积极作用，一方面，主张进行基础设施投资，弥补新自由主义30年欠账；另一方面，主张实施罗斯福新政的升级版——"绿色新政"。绿色新政指主要通过政府投资解决环境危机以实现绿色发展，强调通过实施"一揽子"计划同时解决环境问题和不平等问题以实现经济可持续发展。各种版本的绿色新政主张在西方发达国家被提出来，然而由于利益集团的阻挠，最终多是雷声大雨点小，无疾而终。然而这给我们以很好的启发。

首先，西方国家提出的基础设施建设和绿色新政主张是受到中国启发的，在他们眼中过去几十年中国政府主导的大规模基础设施建设对于中国经济持续强劲增长是功不可没的。我们应该有道路自信，不应妄自菲薄而丢掉成功的法宝，应该发挥新型举国体制的优势，在重大关键领域取得突破，打造中国经济新引擎，引领整体经济升级。其次，面对新形势应该升级政府投资而不是否定政府投资。需要把基础设施建设和调结构、转方式、促创新结合起来，其中最关键的是把以新经济为代表的新增长动能最大限度地激发出来。

目前，以5G为代表的新型数字基础设施是新型基础设施的核心，已成为推动经济社会数字化转型、拉动新一轮经济增长的重要引擎。投资布局一批5G新型基础设施项目，可以起到直接的拉动作用，而且更进一步的是，通过带动5G产业链上下游企业系统发展而起到间接的拉动作用。再次，提供完备的创新基础设施，为科技创新提供坚实支撑，这是提高科技创新能力、建设创新型国家的保证。从政策促进角度看，要充分发挥新型举国体制，集中国家科技力量在关键核心技术领域打好攻坚战，加快推进国家实验室建设，加快布局综合性国家科学中心，打造安全可靠的国家科技文献基础设施，建设一批支持产业共性基础技术开发的新型共性技术平台、中试验证平台、计量检测平台。

11.3 保持金融体系稳定，发挥金融服务实体经济功能

正如帕利所言，2008年国际金融危机"揭示了过去30年来金融体系的不稳定性，有充分的理由重建金融监管，以恢复经济稳定。⋯⋯然而，金融监管还有其他原因，因为金融应该服务于实体经济的需要"①，后凯恩斯主义者特别强调加强对金融的监管，而这种监管的目标有两个——一是保持金融体系稳定；二是发挥金融服务实体经济功能。具体而言，帕利建议，一方面，金融市场监管应限制投机行为，提高透明度，使央行能够解决资产价格泡沫，维护金融稳定；另一方面，货币当局应实施基于资产的准备金率，以促进货币政策和经济增长。按帕利的意思，金融公司必须持有针对不同类别资产的准备金，监管机构根据其对每种资产类别的关注设定可调准备金要求。基于资产的准备金率提供了一套新的政策工具，可以针对过热的资产类别设置较高的准备金率以防止资产泡沫，还可用于鼓励在被视为具有战略性或社会重要性的领域进行投资，对用于此类活动的资金规定较低（甚至为负）的准备金率。

---

① T. I. Palley. The Economics of Wage-led Recovery: Analysis and Policy Recommendations ［J］. *International Journal of Labour Research*，2011，3（2）：219－244.

明斯基以其对金融体系内在不稳定的关注而著称,但稳定性并不是他追求的根本目标,正如其学生兰德尔·雷所表明的,"明斯基始终坚持认为,金融体系的恰当功能是推动经济的'资本发展'。这并非简单意味着银行应该对资本投资提供融资。相反,明斯基更希望创建一个有利于经济发展、提高生活水平的金融结构"①。接着他阐述道:"明斯基的'资本发展'概念广泛适用于多个层面,包括公共和私人基础设施投资、技术进步和人类能力的提高(通过教育、培训及改善健康和福利)。需要注意的是,明斯基总是把充分就业、更加平等和稳定放在一起作为政策目标,所以追求经济的资本发展,也就必须采取能确保这些目标得以实现的路径"②。也就是说,明斯基认为金融的根本职能是服务于经济发展,不仅是经济增长,而且更根本的是要能够增加人民的福祉。

我国当前阶段一方面缺乏支持经济发展的发达金融体系,另一方面金融体系风险隐忧很突出。所以我国需要在政府顶层设计下有序推进金融体系改革,增强我国金融业服务实体经济的能力和抗风险的能力。

防范、化解金融风险,需要进一步加强金融监管。(1)统筹协调监管。金融监管统筹协调关键是解决现有金融交叉领域的监管问题,避免各部门在制定政策时各自为政,强化监管统筹协调,提高监管有效性。(2)提升监管手段。充分运用科技手段,提升监管的数字化、智能化、精准化。(3)完善长效机制。防范、化解金融风险还需要进一步完善金融机构治理机制,提升防范风险的内生机制和能力。

金融要坚守服务实体经济的本分,引导金融业"脱虚向实"、持续为经济发展提供推动力,是未来一段时期金融改革的方向。要改变资金脱实向虚的现象,需要重构信用体系和生产要素市场化改革,提升金融系统的资金传导效率。只有建立完善的信用体系,才能让更多守信的人得到激励,让失信人得到惩罚,才能更好地优化配置有限的资金,提升资本运转效率。实现生产要素市场化改革,就是要通过市场机制更好地发挥资本市场风险定价功能,使融资者和投资者直接对接,提升资本使用效率。

---

① 兰德尔·雷. 下一场全球金融危机的到来 [M]. 张田,张晓东译. 北京:中信出版社,2016:186.

② 兰德尔·雷. 下一场全球金融危机的到来 [M]. 张田,张晓东译. 北京:中信出版社,2016:215.

就金融服务实体经济而言，除了结构配置问题，还要考虑总量供给问题。根据后凯恩斯主义主权货币理论，中、美、日等独立主权国家具有独立的货币主权，这是独特的发展优势。我国要充分利用独立主权货币优势，为经济发展提供金融动力。按贾根良教授的建议，我国应通过分步骤消灭巨量美元储备，收回货币主权，并通过财政部发行主权信贷，创造巨大的国债市场，降低企业生产性借贷资金的利率，消灭高利贷生存空间。大量的廉价融资将为我国推进第三次工业革命提供强大的动力。①

11.4　稳增长与调结构、心脏复苏与强筋健骨要统筹兼顾

后凯恩斯主义"工资导向复苏"经济学与危机之前的后凯恩斯主义经济学在视角上发生了明显改变，他们看待经济发展更加全面和深入，政策主张更加综合系统。在理论上，他们既保留了立足需求侧、关注短期周期问题的传统，又兼顾了供给侧，更加注重对增长体制（模式）长期问题的研究；在政策主张上，既关注经济复苏问题又考虑到经济增长模式调整问题，既关注实体经济发展问题又涉及金融制度改革，既考虑国内政策调整又考虑政策的国际协调方面。

我国历史上的宏观经济政策往往犯了"头疼医头，脚疼医脚"的错误，在经济平稳时强调调结构转方式追求内涵式发展，然而在面对短期冲击时往往不计成本地采取逆周期短期措施，一顿猛药之后，前期调结构转方式的成果被摧毁殆尽，下一步调结构转方式的任务更加沉重，陷入周而复始的经济调控怪圈。事实上，无论何时都要统筹兼顾稳增长与调结构、心脏复苏与强筋健骨，着眼于长期结构调整实施短期反周期措施，着眼于增强经济内生增长动力实施眼前救急措施。近年来，中央对经济形势"三期叠加"和"三重压力"的判断以及多次强调"兼顾跨周期和逆周期调节""要做好宏观政策跨周期调节""跨周期和逆周期宏观调控政策要有机结合"，证明中央已经注

---

① 贾根良. 国内大循环——经济发展新战略与政策选择［M］. 北京：中国人民大学出版社，2020：167.

意到了过往调控政策实施上的不足，开始以更具全局性和前瞻性的视角审视经济形势和调控政策，试图兼顾解决经济发展中的短期周期性问题与中长期结构性问题。宏观经济政策在促进经济增长保持平稳运行的同时，还要肩负起调整经济结构、促进创新发展、转变长期经济增长动能的任务。新基建承担起保增长和促创新发展的双重任务。这与后凯恩斯主义的政策建议不谋而合，即"停止紧缩政策和抑制实际工资增长，而且政府应该做好准备，通过增加公共投资（在公共基础设施、'绿色'和脱碳能源和交通系统）和新的产业政策来促进创新、创业和更强的技术竞争力，为经济提供明确的方向性推动力"①。

① Storm, S. Lost in Deflation: Why Italy's Woes Are a Warning to the Whole Eurozone [J]. *International Journal of Political Economy*, 2019, 48（3）: 195－237.

参 考 文 献

[1] 安德鲁·布朗, 史蒂夫·弗利特伍德. 批判实在论与马克思主义 [M]. 陈静译, 桂林: 广西师范大学出版社, 2007.

[2] 保罗·戴维森. 凯恩斯方案——通向全球经济复苏与繁荣之路 [M]. 孙时联译, 北京: 机械工业出版社, 2011.

[3] 保罗·斯威齐. 现阶段的资本主义世界危机 [J]. 国际经济评论, 1978 (2): 19-24.

[4] 保罗·斯威齐. 论美国经济危机 [J]. 现代外国哲学社会科学文摘, 1982 (7): 1-4.

[5] 保罗·斯威齐. 经济停滞的原由 [J]. 世界经济与政治论坛, 1982 (16): 1-7.

[6] 保罗·巴兰, 保罗·斯威齐. 垄断资本 [M]. 北京: 商务印书馆, 1997.

[7] 保罗·斯威齐. 美国资本主义的危机 [J]. 现代外国哲学社会科学文摘, 1981 (8): 10-15.

[8] 保罗·戴维森. 约翰·梅纳德·凯恩斯 [M]. 张军, 译. 北京: 华夏出版社, 2009.

[9] 布赖恩·斯诺登, 霍华德·文, 彼得·温纳齐克. 现代宏观经济学指南 [M]. 苏剑, 等译. 北京: 商务印书馆, 1998.

[10] 陈波. 经济金融化: 含义、发生机制及影响 [J]. 复旦学报 (社会科学版), 2018 (5): 159-168.

[11] 陈彦斌, 姚一旻, 陈小亮. 中国经济增长困境的形成机理与应对策略 [J]. 中国人民大学学报, 2013 (4): 27-35.

[12] 高柏. 休生养息与强筋健骨——卡莱斯基宏观经济学与未来中国经济增长模式 [J]. 文化纵横, 2018 (6): 43-57.

[13] 格雷塔·克里普纳. 美国经济的金融化 [J]. 国外理论动态, 2008 (6)：7 - 15.

[14] 哈考特. 琼·罗宾逊 [M]. 北京：华夏出版社, 2011.

[15] 哈里·兰德雷斯. 经济思想史 [M]. 北京：人民邮电出版社, 2014.

[16] 海曼·P. 明斯基. 稳定不稳定的经济 [M]. 北京：清华大学出版社, 2015.

[17] 黄鑫. 5G 成经济增长新引擎 [N]. 经济日报, 2021 - 12 - 27 (001).

[18] 贾根良. 国内经济一体化：扩大内需的政治经济学研究 [J]. 清华政治经济学报, 2013 (1)：11 - 40.

[19] 贾根良. 国内大循环——经济发展新战略与政策选择 [M]. 北京：中国人民大学出版社, 2020.

[20] 凯恩斯. 货币论（上卷）[M]. 何瑞英, 译. 北京：商务印书馆, 1997.

[21] 兰德尔·雷. 下一场全球金融危机的到来 [M]. 张田, 张晓东译, 北京：中信出版社, 2016.

[22] 兰德尔·雷. 现代货币理论 [M]. 张慧玉, 等译. 北京：中信出版社, 2017.

[23] 刘文超. 后凯恩斯主义增长理论研究 [M]. 北京：经济科学出版社, 2016.

[24] 刘文超. 价格理论的真实与虚构——后凯恩斯主义经济学对新古典经济学的挑战 [J]. 当代经济研究, 2020 (12)：41 - 49.

[25] 刘文超. 20 世纪真实世界的微观经济学——后凯恩斯主义企业理论发展 90 年回顾 [J]. 社会科学战线, 2021 (1)：110 - 121.

[26] 马克·拉沃. 后凯恩斯主义经济学 [M]. 王鹏, 译. 济南：山东大学出版社, 2009.

[27] 马克·拉沃. 后凯恩斯主义经济学新基础 [M]. 北京：中国人民大学出版社, 2021.

[28] 马克思. 资本论（第三卷）[M]. 北京：人民出版社, 1975.

[29] 琼·罗宾逊. 现代经济学导论 [M]. 北京：商务印书馆,

1982：120.

[30] 托马斯·帕利. 明斯基金融不稳定假说对危机解释的局限性 [J]. 国外理论动态，2010（8）：21－28.

[31] 闫衍. 双碳目标对中国经济的影响及风险挑战 [R]. CMF 宏观经济热点问题研讨会报告，2021－12－22.

[32] 约翰·B. 福斯特. 资本主义的金融化 [J]. 国外理论动态，2007（7）：9－13.

[33] 约翰·B. 福斯特. 结构凯恩斯主义对国际金融危机解释的局限性 [J]. 国外理论动态，2010（10）：20－28.

[34] 约翰·穆勒. 政治经济学原理（下卷）[M]. 北京：商务印书馆，1997.

[35] 约瑟夫·熊彼特. 经济分析史（第三卷）[M]. 北京：商务印书馆，1996.

[36] 约瑟夫·熊彼特. 资本主义、社会主义与民主 [M]. 北京：商务印书馆，2007.

[37] 张思成. 金融化的逻辑与反思 [J]. 经济研究，2019（11）：4－20.

[38] Amadeo, E. J. The Role of Capacity Utilization in Long-Period Analysis [J]. *Political Economy Studies in the Surplus Approach*, 1986, 2 (2): 147－160.

[39] Arestis, P. Post-Keynesian Economics: Towards Coherence, Critical Survey [J]. *Cambridge Journal of Economics*, 1996, 20 (1): 111－135.

[40] Arestis, P. & M. Sawyer. "New Consensus", New Keynesianism, and the Economics of the "Third Way" [J]. Levy Economics Institute Working Paper No. 364, Levy Economics Institute of Bard College, Annandale-on-Hudson, 2002.

[41] Aşıcı, A. & Z. Bünül. Green New Dea: A Green Way out of the Crisis? [J]. *Environmental Policy and Government*, 2012, 22 (5): 295－306.

[42] Avdjiev, S., McCauley, R. N. & H. S. Shin. Breaking Free of the Triple Coincidence in International Fifinance [J]. *Economic Policy*, 2016, 31 (87): 409－451.

[43] Barbosa-Filho, N. & L. Taylor. Distributive and Demand Cycles in the US Economy: A Structuralist Goodwin Model [J]. *Metroeconomica*, 2006, 57 (3): 389－411.

［44］ Barry Cynamon & Steven Fazzari. Inequality, the Great Recession and Slow Recovery ［J］. *Cambridge Journal of Economics*, 2016, 40 (2): 373 – 399.

［45］ Baumol, W. J. Macroeconomics of Unbalanced Growth: The Anatomy of Urban Crisis ［J］. *American Economic Review*, 1967, 57 (3): 415 – 426.

［46］ Behlul, T. Was it Really a Minsky Moment? ［J］. *Journal of Post Keynesian Economics*, 2011, 34 (1): 137 – 158.

［47］ Behringer, J. & T. van Treeck. Income Distribution and Growth Models: A Sectoral Balances Approach ［J］. *Politics & Society*, 2019, 47 (3): 1 – 30.

［48］ Ben Fine. Financialization from a Marxist Perspective International ［J］. *Journal of Political Economy*, 2013, 42 (4): 47 – 66.

［49］ Behringer, J. & T. van Treeck. Income Distribution and the Current Account ［J］. *Journal of International Economics*, 2018 (114): 238 – 254.

［50］ Behringer, J. & T. van Treeck. Income Distribution and Growth Models: A Sectoral Balances Approach ［J］. *Politics and Society*, 2019, 47 (3): 303 – 332.

［51］ Bernanke, B. The Global Saving Glut and the U. S. Current Account Deficit ［Z］. Federal Reserve Board, Remarks, March 10, 2005.

［52］ Bernanke, B. Why Are Interest Rates so Low ［J］. Brookings Institution March 30, 2015.

［53］ Bhaduri, A. & J. Steindl. The Rise of Monetarism as a Social Doctrine ［M］ // Arestis, P. & T. Skouras. *Post-Keynesian Economic Theory*. Sussex: Wheatsheaf, 1985.

［54］ Bhaduri, A. & S. Marglin. Unemployment and the Real Wage: The Economic Basis for Contesting Political Ideologies ［J］. *Cambridge Journal of Economics*, 1990, 14 (4): 375 – 393.

［55］ Blecker, R. International Competition, Income Distribution and Economic Growth ［J］. *Cambridge Journal of Economics*, 1989, 13 (3): 395 – 412.

［56］ Blecker, R. *Distribution Demand and Growth in Neo-Kaleckian Macromodels* ［M］. Cheltenham, UK and Northampton MA, USA: Edward Elgar, 2002.

［57］ Blecker, R. *Open Economy Models of Distribution and Growth* ［M］ // Heinz, E. & E. Stockhammer. *A Modern Guide to Keynesian Macroeconomics and Economic Policies*. Cheltenham, UK and Northampton, MA, USA: Edward Elgar,

2011: 215 - 239.

[58] Blecker, R. A. Wage-led Versus Profit-led Demand Regimes: The Long and the Short of it [J]. *Review of Keynesian Economics*, 2016, 4 (4): 373 - 390.

[59] Blecker, R. A. The US Economy Since the Crisis: Slow Recovery and Secular Stagnation [J]. *European Journal of Economics and Economic Policies: Intervention*, 2016, 13 (2): 203 - 214.

[60] Borio, C. & P. Disyatat. Global Imbalances and the Financial Crisis: Link or No Link? [J]. BIS Working Paper No. 346, Bank for International Settlements, 2011.

[61] Bowles, S. & R. Boyer. Wages Aggregate Demand and Employment in an Open Economy: An Empirical Investigation [M] //Epstein, G. A. & H. M. Gintis (eds). *Macroeconomic Policy after the Conservative Era*. Cambridge, UK: Cambridge University Press, 1995: 143 - 171.

[62] Brazelton, W. R. Post-Keynesian Economics: An Institutional Compatibility? [J]. *Journal of Economic Issues*, 1981, 15 (2): 531 - 542.

[63] Bridji, S. & M. Charpe. The Impact of the Labour Share on Growth: A Time-frequency Analysis [D]. Paper Presented at the Workshop "Macrodynamics and Inequality 2016", University of Bielefeld, 2016: 22 - 23.

[64] Bryay, D. , Martin, R. & M. Rafferty. Financialization and Marx: Giving Labor and Capital a Financial Makeover [J]. *Review of Radical Political Economics*, 2009, 41 (4): 458 - 472.

[65] Cappelli, Peter, Lauri Bassi, Harry Katz, David Knoke, Paul Osterman & Michael Useem. *Change at Work* [M]. New York: Oxford University Press, 1997.

[66] Carlin, W. , Glyn A. & J. van Reenen. Export Market Performance of OECD Countries: An Empirical Examination of the Role of Cost Competitiveness [J]. *The Economic Journal*, 2011, 111 (468): 128 - 162.

[67] Carton, B. & K. Hervé. Euro Area Real Effective Exchange Rate Misalignments [J]. La Lettre du CEPII No. 319, 2012.

[68] Carvalho, L & A. Rezai. Personal Income Inequality and Aggregate Demand [J]. *Cambridge Journal of Economics*, 2016, 40 (2): 491 - 505.

［69］ Cavallo, M. Government Consumption Expenditures and the Current Account ［J］. Federal Reserve Bank of San Francisco, Working Paper NO. 2005 – 03, 2005.

［70］ Charles, S. Teaching Minsky's Financial Instability Hypothesis: A Manageable Suggestion ［J］. *Journal of Post Keynesian Economics*, 2008, 31 (1): 125 – 138.

［71］ Charles J. W. Understanding Financialization: Standing on the Shoulders of Minsky. Financial Internet Quarterly ［J］. *E-Finanse*, 2017, 13 (2): 45 – 61.

［72］ Chiarella, C. & C. Di Guilmi. The Financial Instability Hypothesis: A Stochastic Microfoundation Framework ［J］. *Journal of Economic Dynamics and Control*, 2011, 35 (8): 1151 – 1171.

［73］ Chick, V. Is There a Case for Post Keynesian Economics? ［J］. *Scottish Journal of Political Economy*, 1995, 42 (1): 20 – 36.

［74］ Chirinko, R. S. , Fazzari, S. M. & A. P. Meyer. A New Approach to Estimating Production Function Parameters: The Elusive Capital-labor Substitution Elasticity ［J］. *Journal of Business and Economic Statistics*, 2011, 29 (4): 587 – 594.

［75］ Christian, A. Belabed, Thomas Theobald & Till van Treeck. Income Distribution and Current Account Imbalances ［J］. *Cambridge Journal of Economics*, 2018, 42 (1): 47 – 94.

［76］ Christina Anselmann. *Secular Stagnation Theories—A Historical and Contemporary Analysis with a Focus on the Distribution of Income* ［M］. Springer, 2020.

［77］ Claudio Borio & Piti Disyatat. Capital Flows and the Current Account: Taking Financing (More) Seriously ［J］. BIS Working Paper No. 525, Bank for International Settlements, 2015.

［78］ Cooper, R. N. Global Imbalances: Globalization, Demography, and Sustainability ［J］. *Journal of Economic Perspectives*, 2008, 22 (3): 93 – 112.

［79］ Cooper, R. N. How Serious Are Global Imbalances? ［J］. *Rebalancing the Global Econom*, 2010: 52 – 78.

［80］ Costantini, O. Italy Holds a Mirror to a Broken Europe ［J］. Blog post, Institute for New Economic Thinking, June 14, 2018.

[81] Crotty, J. Owner-manager Conflict and Financial Theories of Investment Instability: A Critical Assessment of Keynes, Tobin, and Minsky [J]. *Journal of Post Keynesian Economics*, 1990, 12 (4): 519 – 542.

[82] Crotty, J. Neoclassical and Keynesian Approaches to the Theory of Investment [J]. *Journal of Post Keynesian Economics*, 1992, 14 (4): 483 – 496.

[83] Custers, P. The Tasks of Keynesianism Today: Green New Deals as Transition towards a Zero Growth Economy? [J]. *New Political Science*, 2010, 32 (2): 173 – 191.

[84] Cynamon, B. Z. & S. M. Fazzari. Inequality, the Great Recession and Slow Recovery [J]. *Cambridge Journal of Economics*, 2016, 40 (2): 373 – 399.

[85] Davidson, P. *Money and the Real World* [M]. London: Macmillan, 1972.

[86] Davidson, P. *Post Keynesian Macroeconomic Theory* [M]. Aldershot: Edward Elgar, 1994.

[87] Davidson, P. The Post Keynesian School [M] //Snowden B. & H. Vane. *Modern Macroeconomics*. Cheltenham: Elagr, 2005.

[88] Davidson, P. Is the Current Financial Distress Caused by the Subprime Mortgage Crisis a Minsky Moment? Or Is It the Result of Attempting to Securitize Illiquid Non-commercial Mortgage loans? [J]. *Journal of Post Keynesian Economics*, 2008, 30 (4): 669 – 678.

[89] Dequech, D. Post Keynesianism, Heterodoxy and Mainstream Economics [J]. *Review of Political Economy*, 2012, 24 (2): 353 – 368.

[90] Di Bucchianico, S. Negative Interest Rate Policy to Fight Secular Stagnation: Unfeasible, Ineffective, Irrelevant, or Inadequate? [J]. *Review of Political Economy*, 2021, 33 (4): 687 – 710.

[91] Diallo, M., Flaschel, P., Krolzig, H. & C. Proaño. Reconsidering the Dynamic Interaction between Real Wages and Macroeconomic Activity [J]. *Research in World Economy*, 2011, 2 (1): 77 – 93.

[92] Dick Bryan, Michael Rafferty & Chris Jefferis. Risk and Value: Finance, Labor, and Production [J]. *South Atlantic Quarterly*, 2015, 114 (2): 307 – 329.

［93］ Dillard, D. A Monetary Theory of Production: Keynes and the Institutionalists ［J］. *Journal of Economic Issues*, 1980, 14 (2): 255 – 273.

［94］ Dillard, D. Money as an Institution of Capitalism ［J］. *Journal of Economic Issues*, 1987, 21 (4): 1623 – 1647.

［95］ Dimitri B. Papadimitriou, Randall Wray, L. & Yeva Nersisyan. Endgame for the Euro? Without Major Restructuring, the Eurozone is Doomed ［J］. Economics Public Policy Brief No. 113, Levy Economics Institute, 2010.

［96］ Disoska, Elena Makrevska & Toshevska-Trpcevska, Katerina. Debt or Wage-led Growth: The European Integration ［J］. *Journal of Economic Integration*, 2016, 31 (2): 326 – 352.

［97］ Dornbusch, R. & S. Fischer. *Economics* ［M］. New York: McGraw Hill, 1990.

［98］ Dooley, M. P. , Folkerts-Landau, D. & P. Garber. An Essay on the Revised Bretton Woods System ［J］. Working Paper 9971, Cambridge, MA: National Bureau of Economic Research, 2003.

［99］ Dow, S. C. Post Keynesianism as Political Economy: A Methodological Discussion ［J］. *Review of Political Economy*, 1990, 2 (3): 345 – 358.

［100］ Dow, S. C. Methodological Pluralism and Pluralism of Method ［M］ // Salanti A. & E. Screpanti. *Pluralism in Economics: Theory, History and Methodology.* Aldershot: Edward Elgar, 1997: 89 – 99.

［101］ Dow, S. C. Post Keynesian Methodology ［M］ //Holt R. & S. Pressnab. *A New Guide to Post Keynesian Economics.* London: Routledge, 2001.

［102］ Downward, P. A Realist Appraisal of Post-Keynesian Prcing Theory ［J］. *Cambridge Journal of Economics*, 2000, 24 (2): 211 – 224.

［103］ Dunn, S. P. Wither Post Keynesianism? ［J］. *Journal of Post Keynesian Economics*, 2000, 22 (3): 343 – 364.

［104］ Dunn, S. P. *The "Uncertain" Foundation of Post Keynesian Economics* ［M］. London: Routledge, 2008.

［105］ Dunn, S. P. *The Economics of John Kenneth Galbraith: Introduction, Persuasion and Rehabilitation* ［M］. Cambridge: Cambridge University Press, 2011.

［106］ Dutt, A. K. Stagnation Income Distribution and Monopoly Power ［J］.

Cambridge Journal of Economics, 1984, 8 (1): 25 – 40.

[107] Dutt, A. K. Internal Finance and Monopoly Power in Capitalist Econo-mies: A Reformulation of Steindl's Growth Model [J]. *Metroeconomica*, 1995, 46 (1): 16 – 34.

[108] Eichner, A. S. & J. A Kregel. An Essay on Post-Keynesian Theory: A New Paradigm in Economics [J]. *Journal of Economic Literature*, 1975, 13 (4): 1293 – 1314.

[109] Ederer, S. & E. Stockhammer. Wages and Aggregate Demand: An Empirical Investigation for France [M] //Hein, E. & A. Truger (eds). *Money, Distribution and Economic Policy: Alternatives to Orthodox Macroeconomics.* Chel-tenham, UK and Northampton, MA: Edward Elgar, 2007: 119 – 138.

[110] Ederer, S. Competition-oriented Wage Policies and Its Effects on Effective Demand in the Netherlands [J]. WIFO Working Papers, 2008: 312.

[111] Edward B. Barbier. *Rethinking the Economic Recovery: A Global Green New Deal* [M]. Cambridge, UK: Cambridge University Press, 2010.

[112] Eggertsson, G. B. & P. Krugman. Debt, Deleveraging, and the Liq-uidity Trap: A Fisher-Minsky-Koo Approach [J]. *Quarterly Journal of Econom-ics*, 2012, 127 (3): 1469 – 1513.

[113] Eichner, A. S. *A Guide to Post-Keynesian Economics* [M]. London: Macmillan, 1979.

[114] Eichner, A. S. The Micro Foundations of the Corporate Economy [J]. *Managerial and Decision Economics*, 1983 (3): 136 – 152.

[115] Eichner, A. S. *The Macrodynamics of Advanced Market Economics* [M]. Armonk, NewYork: M. E. Sharpe, 1987: 360 – 361.

[116] Edith T. Penrose. *The Theory of the Growth of the Firm* [M]. Oxford: Basil BlackWell, 1959.

[117] Epstein, G. A. *Financialization and the Word Economy* [M]. Edward Elgar, Cheltenham, 2005.

[118] Fazi, Th. Italy's Organic Crisis [J]. *American Affairs Journal*, 2018 (May 20).

[119] Fazzari, S. M. & Minsky H. P. Domestic Monetary Policy: If Not Mon-

etarism, What? [J]. *Journal of Economic Issues*, 1984, 18 (1): 101 – 116.

[120] Fazzari, S. , Ferri, P. & E. Greenberg. Cash Flow, Investment, and Keynes-Minsky Cycles [J]. *Journal of Economic Behavior and Organization*, 2008, 65 (3 – 4): 555 – 572.

[121] Felipe, J. & U. Kumar. Unit Labor Costs in the Eurozone: The Competitiveness Debate Again [J]. Working Paper No. 651, Levy Economics Institute of Bard College, 2011.

[122] Fernald, J. G. Reassessing Longer-run U. S. Growth: How Low? [J]. Federal Reserve Bank of San Francisco Working Paper, 2016 (18).

[123] Ferri, P. & H. P. Minsky. The Breakdown of the IS-LM Synthesis: Implications for Post-Keynesian Economic Theory [J]. *Review of Political Economy*, 1989, 1 (2): 123 – 143.

[124] Ferri, P. & H. P. Minsky. Market Processes and Thwarting Systems [J]. *Structural Change and Economic Dynamics*, 1992, 3 (1): 79 – 91.

[125] Frank, R. H. , Levine, A. S. & O. Dijk. Expenditure Cascades [J/OL]. http: //ssrn. com/abstract = 1690612, 2010.

[126] Foley, D. *Financial Fragility in Developing Economies* [M] //Dutt, A. K. & J. Ros (ed.). *Development Economics and Structuralist Macroeconomics*. Edward Elgar, Cheltenham and Northampton, MA, 2003.

[127] Fontana, G. & A. Palacio-Vera. Are Long-run Price Stability and Short-run Output Stabilization All that Monetary Policy Can Aim for? [J]. *Metroeconomica*, 2007, 58 (2): 269 – 298.

[128] Fontanari, C. , Palumbo, A. & C. Salvatori. Potential Output in Theory and Practice: A Revision and Update of Okun's Original Method [J]. Institute for New Economic Thinking Working Paper No. 93, 2019.

[129] Forstater, M. Flexible Full Employment: Structural Implications of Discretionary Public Sector Employment [J]. *Journal of Economic Issues*, 1998, 32 (2): 557 – 563.

[130] Fourastié, J. *Die Grosse Hoffnung des zwanzigsten Jahrhunderts* [M]. Köln Bund-Verlag, Cologne, [1949] 1969.

[131] Fratzscher, M. & R. Straub. Asset Prices and Current Account Fluctua-

tions in G7 Economies [J]. *IMF Economic Review*, 2009, 56 (3): 633 – 654.

[132] Furman, J. Productivity Growth in the Advanced Economies: The Past, the Present, and Lessons for the Future [J]. Remarks at Peterson Institute for International Economics, July 9, 2015.

[133] Galbraith, John K. *The New Industrial State* [M]. New York: New American Library, 2nd edn, 1972.

[134] Girardi, D. , Paternesi Meloni W. & A. Stirati. Persistent Effects of Autonomous Demand Expansions [J]. Institute for New Economic Thinking Working Paper No. 70, 2018.

[135] Goda, T. Global Trends in Relative and Absolute Income Inequality [J]. *Ecos de Economia*, 2016, 20 (42): 46 – 69.

[136] Goodhart, C. A. The Two Concepts of Money: Implications for the Analysis of Optimal Currency Areas [J]. *European Journal of Political Economy*, 1998, 14 (3): 407 – 432.

[137] Goodwin, R. M. *A Growth Cycle* [M] //Feinstein, C. H. (ed.). *Socialism*, *Capitalism and Growth*. Cambridge, UK: Cambridge University Press, 1967.

[138] Gordon, R. J. Productivity, Wages, and Prices inside and outside of Manufacturing in the U. S. , Japan, and Europe [J]. *European Economic Review*, 1987, 31 (3): 685 – 733.

[139] Gordon, R. J. Is U. S. Economic Growth Over? Faltering Innovation Confronts the Six Headwinds [J]. NBER Working Paper No. 18315, National Bureau of Economic Research, Cambridge, MA, 2012.

[140] Gordon, R. J. U. S. Economic Growth Is Over: The Short Run Meets the Long Run [M] //*Growth*, *Convergence and Income Distribution*: *The Road from the Brisbane G – 20 Summit*. Brookings, Think Tank 20, 2014: 185 – 192.

[141] Gordon, R. J. The Turtle's Progress: Secular Stagnation Meets the Headwinds [M] //Teulings C & R. Baldwin. *Secular Stagnation*: *Facts*, *Causes and Cures*. CEPR Press, London, 2014: 47 – 59.

[142] Gordon, R. J. Secular Stagnation: A Supply-side View [J]. *American Economic Review*, 2015, 105 (5): 54 – 59.

[143] Gordon, R. J. *The Rise and Fall of American Growth: The U. S. Standard of Living Since the Civil War* [M]. Princeton University Press, Princeton, New Jersey, 2016.

[144] Green European Foundation. A Green New Deal for Europe [R]. Wuppertal Institute for Climate, Environment and Energy, Brussels, 2009.

[145] Green New Deal Group. A Green New Deal: Joined-up Policies to Solve the Triple Crunch of the Credit Crisis [R]. Climate Change and High Oil Prices: The First Report, New Economics Foundation, 2008.

[146] Halevi, J. From the EMS to the EMU and… to China [J]. Institute for New Economic Thinking Working Paper No. 102, 2019.

[147] Hansen, A. H. Capital Goods and the Restoration of Purchasing Power [J]. *Proceedings of Academy of Political Science*, 1934, 16 (1): 11 – 19.

[148] Hansen, A. H. Economic Progress and Declining Population Growth [J]. *American Economic Review*, 1939, 29 (1): 1 – 15.

[149] Hansen, A. H. *Fiscal Policy and Business Cycles* [M]. W. W. Norton & Company, Inc. , New York, 1941.

[150] Hans Despain. Sweezyian Financial Instability Hypothesis—Monopoly Capital, Inflation, Financialization, Inequality and Endless Stagnation [J]. *International Critical Thought*, 2015, 5 (1): 67 – 79.

[151] Harcourt, G. C. Post-Keynesianism: Quite Wrong and/or Nothing New [M] // Arestis P. & T. Skouras. *Post Keynesian Economic Theory: A Challenge to Neo-Classical Economics.* Sussex: Wheatsheaf Books, 1985.

[152] Hartwig, J. Distribution and Growth in Demand and Productivity in Switzerland (1950 – 2010) [J]. Applied Economics Letters, 2013 (20): 938 – 944.

[153] Hartwig, J. Testing the Bhaduri-Marglin Model with OECD Panel Data [J]. *International Review of Applied Economics*, 2014 (28): 419 – 435.

[154] Hein, E. Interest Rate, Debt, Distribution and Capital Accumulation in a Post-Kaleckian Model [J]. *Metroeconomica*, 2007, 58 (2): 310 – 339.

[155] Hein, E. & T. van Treeck. "Financialisation" in Kaleckian/Post-Kaleckian Models of Distribution and Growth [J]. IMK Working Paper 07/2007.

[156] Hein, E. , Niechoj, T. , Spahn, P. & A. Truger. *Finance-led Capi-*

talism? Macroeconomic Effects of Changes in the Financial Sector [M]. Marburg: Metropolis-Verlag, 2008.

[157] Hein, E. Shareholder Value Orientation, Distribution and Growth-short-and Medium-run Effects in a Kaleckian Model [J]. Department of Economics Working Papers wuwp120, 2008.

[158] Hein, E. & L. Vogel. Distribution and Growth Reconsidered: Empirical Results for Six OECD Countries [J]. *Cambridge Journal of Economics*, 2008, 32 (3): 479 – 511.

[159] Hein, E. & T. Van Treeck. "Financialisation" in Post-Keynesian Models of Distribution and Growth-a Systematic Review [J]. IMK Working Paper, No. 10/2008.

[160] Hein, E. & L. Vogel. Distribution and Growth in France and Germany: Single Equation Estimations and Model Simulations Based on the Bhaduri/Marglin Model [J]. *Review of Political Economy*, 2009, 21 (2): 245 – 271.

[161] Hein, E. *The Macroeconomics of Finance-dominated Capitalism and its Crisis* [M]. Cheltenham, Edward Elgar, 2012.

[162] Hein, E. & A. Truger. Finance-dominated Capitalism in Crisis: The Case for a Global Keynesian New Deal [J]. *Journal of Post Keynesian Economics*, 2012, 35 (2): 187 – 213.

[163] Hein, E. & Mundt, Matthias. Financialisation and the Requirements and Potentials for Wage-led Recovery: A Review Focusing on the G20 [J]. ILO Working Papers 994709323402676, International Labour Organization, 2012.

[164] Hein, E. Secular Stagnation or Stagnation Policy? [J]. *PSL Quarterly Review*, 2016, 69 (276): 3 – 47.

[165] Hein, E. Secular Stagnation or Stagnation Policy? A Post-Steindlian View [J]. *European Journal of Economics and Economic Policies: Intervention*, 2016, 13 (2): 160 – 171.

[166] Hein, E. Financialisation and Tendencies Towards Stagnation: The Role of Macroeconomic Regime Changes in the Course of and after the Financial and Economic Crisis 2007 – 09 [J]. *Cambridge Journal of Economics*, 2019, 43 (4): 975 – 999.

［167］ Hein, E. Financialisation and Stagnation: A Macroeconomic Regime Perspective ［J］. IPE Working Paper, No. 149, 2020.

［168］ Hobson, J. A. *The Economics of Unemployment* ［M］. George Allen & Unwin Ltd. , London, 1922.

［169］ Hoffer, F. Don't Waste the Crisis: The Case for Sustained Public Investment and Wage-led Recovery Policies ［J］. *Global Labour Column*, No. 1, November 2009.

［170］ Horn, G. , Dröge, K. , Sturn, S. , van Treeck T. & R. Zwiener. Von der Finanzkrise zurWirtschaftskrise （Ⅲ）, Die Rolle der Ungleichheit ［J］. IMK Report No. 41, 2009, http: //www. boeckler. de/show_product_imk. html? productfile = HBS-004487. xml.

［171］ Innes, A. M. What is Money? ［M］ //L. Randall Wray （ed）. *Credit and State Theories of Money*. Cheltenham: Edward Elgar, 2004.

［172］ Innes, A. M. The Credit Theory of Money ［M］ //L. Randall Wray （ed）. *Credit and State Theories of Money*. Cheltenham: Edward Elgar, 2004.

［173］ Jakab, Zoltan & Kumhof, Michael. Banks are not Intermediaries of Loanable Funds: Facts, Theory and Evidence ［J］. Bank of England Working Papers, No. 761, 2018.

［174］ Jeffrey Frankel. Could the Twin Deficits Jeopardize US Hegemony? ［J］. *Journal of Policy Modeling*, 2006, 28 （6）: 653 – 663.

［175］ Jo, T. H. & J. F. Henry. The Business Enterprise in the Age of Money Manager Capitalism ［J］. *Journal of Economic Issue*, 2015, 49 （1）: 23 – 46.

［176］ Kaboub, F. Understanding and Preventing Financial Instability: Post-Keynesian Institutionalism and Government as Employer of Last Resort ［M］ // Whalen, C. J. （ed. ）. *Financial Instability and Economic Security after the Great Recession*. Edward Elgar, Cheltenham, 2011: 73 – 90.

［177］ Kapeller, J. & B. Schütz. Conspicuous Consumption, Inequality and Debt: the Nature of Consumption-driven Profit-led Regimes ［J］. *Metroeconomica*, 2014, 66 （1）: 51 – 70.

［178］ Kalecki, M. Three Ways to Full Employment ［M］ //The Oxford University Institute of Statistics （ed. ）. *The Economics of Full Employment*. Basil

Blackwell, Oxford, 1944: 39 – 58.

[179] Kalecki, M. *Selected Essays on the Dynamics of the Capitalist Economy* [M]. Cambridge: Cambridge University Press, 1971.

[180] Kaldor, N. Marginal Productivity and the Macro-Economic Theories of Distribution: Comment on Samuelson and Modigliani [J]. *The Review of Economic Studies*, 1966, 33 (4): 309 – 319.

[181] Kaldor, N. *Economics without Equilibrium* [M]. Cardiff: University College of Cardiff Press, 1985.

[182] Keller, R. R. Keynesian and Institutional Economics: Compatibility and Complementarity? [J]. *Journal of Economic Issues*, 1983, 7 (4): 1087 – 1095.

[183] Keynes, J. M. The General Theory of Employment [J]. *The Quarterly Journal of Economics*, 1937, 51 (2): 209 – 223.

[184] Keynes, J. M. Some Economic Consequences of a Declining Population [M] //Moggridge, D. (ed.). *The Collected Writings of John Maynard Keynes*, *Vol. XIV: The General Theory and after* (*Part II: Defence and Development*). Macmillan St. Martin's Press for the Royal Economic Society, London and Basingstoke, [1937] 1973.

[185] Keynes, J. M. *A Treatise on Money* (Volumes I and II) [M]. New York: Harcourt, Brace & Company, 1976.

[186] Keynes, J. M. *Activities 1940 – 1944: Shaping the Post-War World: The Clearing Union* [M] //In: Moggridge, D. (ed.). *The Collected Writings of John Maynard Keynes, Vol. XXVII: activities 1940 – 1946. Shapingthe Post-war World: Employment and Commodities.* Macmillan and Cambridge University Press for the Royal Economic Society, London and Basingstoke, [1943a] 1980.

[187] Keynes, J. M. Letter to Sir Wilfried Eady and Others (9 July 1943) [M] //Moggridge, D. (ed.). *The Collected Writings of John Maynard Keynes, Vol. XXVII: Activities 1940 – 1946. Shaping the Post-war World: Employment and Commodities.* Macmillan and Cambridge University Press for the Royal Economic Society, London and Basingstoke, [1943a] 1980.

[188] Keynes, J. M. *The Collected Writings of John Maynard Keynes, Volume XI: Economic Articles and Correspondence, Academic* [M]. London and Basing-

stoke: Macmillan/Cambridge University Press, 1983.

[189] Kiefer, D. & C. Rada. Profit Maximizing Goes Global: The Race to the Bottom [J]. *Cambridge Journal of Economics*, 2015, 39 (5): 1333 – 1350.

[190] King, J. E. *A History of Post Keynesian Economic Science* 1936 [M]. Cheltenham: Elgar, 2002.

[191] King, J. E. Post Keynesians and Others [J]. *Review of Political Economy*, 2012, 24 (2): 305 – 319.

[192] Knapp, G. F. *The State Theory of Money* [M]. Clifton, NY: Augustus M. Kelley, (1924) 1973.

[193] Kregel, J. Minsky's Cushions of Safety Systemic Risk and the Crisis in the US. Subprime Mortgage Market [J]. *Finance & Bien Communication*, 2008 (2): 31 – 32, 51 – 59.

[194] Kregel, J. An Alternative Perspective on Global Imbalances and International Reserve Currencies [J]. Economics Public Policy Brief No. 116, Levy Economics Institute, 2010.

[195] Kregel, J. Global Imbalances and the Trade War [J]. Economics Policy Note Archive 19 – 2, Levy Economics Institute, 2019.

[196] Lapatsioras, S., Maroudas, L., Michaelides, P. G., Milios, J. & D. P. Sotiropoulos. On the Character of the Current Economic Crisis [EB/OL]. Radical Notes, 2009, Internet: http://radicalnotes.com/content/view/99/39/.

[197] Lapavitsas, C. *Profiting Without Producing*: *How Finance Exploits Us ALL* [M]. New York: Verso, 2013.

[198] Lavoie, M. *Foundations of Post-Keynesian Economic Analysis* [M]. Aldershot, UK: Edward Elgar, 1992.

[199] Lavoie, M. Interest Rates in Post-Keynesian Models of Growth and Distribution [J]. *Metroeconomica*, 1995, 46 (2): 146 – 177.

[200] Lavoie, M. & M. Seccareccia. Minsky's Financial Fragility Hypothesis: A Missing Macroeconomic Link? [M] //Ferri, P. & R. Bellofiore (ed.). *Financial Fragility and Investment in the Capitalist Economy*: *The Economic Legacy of Hyman Minsky*. Cheltenham: Edward Elgar, 2001.

[201] Lavoie, M. & E. Stockhammer. *Wage-Led Growth*: *An Equitable Strat-*

egy for Economic Recovery [M]. Basingstoke, UK: Palgrave Macmillan, 2013.

[202] Lavoie, M. *Post-Keynesian Economics: New Foundations* [M]. Cheltenham, UK and Northampton, MA: Edward Elgar, 2014.

[203] Lawson, T. The Nature of Post Keynesianism and Its Links to Other Traditions: A Realist Perspective [J]. *Journal of Post Keynesian Economics*, 1994, 16 (4): 503 –538.

[204] Lawson, T. *Economics and Reality* [M]. London: Routledge, 1997.

[205] Lee, F. *Post Keynesian Price Theory* [M]. Cambridge: Cambridge University Press, 1998.

[206] Lee, F. *A History of Heterodox Economics: Challenging the Mainstream in the Twentieth Century* [M]. London: Routledge, 2009.

[207] Leonardo Bartolini & Amartya Lahiri. Twin Deficits, Twenty Years Later [J]. *Current Issues in Economics and Finance*, 2006, 12 (7): 1 –7.

[208] Leon-Ledesma, M. A. The Endogeneity of the Natural Rate of Growth [J]. *Cambridge Journal of Economics*, 2002, 26 (4): 441 –459.

[209] Lerner, A. Functional Finance and the Federal Debt [J]. *Social Research: An International Quartely*, 1943, 10 (1): 38 –51.

[210] Lerner, A. Money as a Creature of the State [J]. *American Economic Review*, 1947, 37 (2): 312 –317.

[211] Lima, G. & J. A. Meirelles. Macrodynamics of Debt Regimes, Financial Instability and Growth [J]. *Cambridge Journal of Economics*, 2007, 31 (4): 563 –580.

[212] Lindner, F. Did Scarce Global Savings Finance the US Real Estate Bubble? The "Global Saving Glut" Thesis from a Stock Flow Consistent Perspective [J]. IMK Working Paper No. 155, IMK, Macroeconomic Policy Institute, 2015.

[213] Lu, S. Essays on Global Imbalances and the Financial Crisis [EB/OL]. https://doi.org/10.17863/CAM.57318, 2019.

[214] Lucas, R. *Studies in Business-cycle Theory* [M]. Cambridge, Mass: MIT Press, 1981.

[215] Luke, T. W. A Green New Deal: Why Green, How New, and What is the Deal? [J]. *Critical Policy Studies*, 2009, 3 (1): 14 –28.

［216］Lysandrou, P. Inequality as one of the Root Causes of the Financial Crisis: A Suggested Interpretation ［J］. *Economy and Society*, 2011, 40 (3): 323 - 344.

［217］Lysandrou, P. Global Inequality, Wealth Concentration and the Subprime Crisis: A Marxian Commodity Theory Analysis ［J］. *Development and Change*, 2011, 42 (1): 183 - 208.

［218］Magdoff, H. & P. M. Sweezy. Financial Instability: Where Will It All End? ［J］. *Monthly Review*, 1982, 34 (6): 18 - 23.

［219］Magdoff, H. & P. M. Sweezy. *The Irreversible Crisis: Five Essays* ［M］. New York: Monthly Review Press, 1988.

［220］Marglin, S. A. *Growth Distribution and Prices* ［M］. Cambridge, MA, Harvard University Press, 1984.

［221］Marglin, S. A. & A. Bhaduri. Profit Squeeze and Keynesian Theory ［M］//Marglin, S. A. & J. B. Schor. *The Golden Age of Capitalism*. Oxford: Oxford University Press, 1990: 153 - 186.

［222］Malthus, T. R. *An Essay on the Principles of Population* ［M］. London: Reeves and Turner, 1978.

［223］Marris, Robin. *The Economic Theory of "Managerial" Capitalism* ［M］. Basingstoke, UK: Palgrave Macmillan, 1964.

［224］Marshall, R. , 1983. Comments on the Institutionalist View of Reaganomics ［J］. *Journal of Economic Issues*, 1983, 7 (2): 503 - 506.

［225］McCombie, J. , Pugno, M. & B. Soro. *Productivity Growth and Economic Performance: Essays on Verdoorn's Law* ［M］. Basingstoke and London: Palgrave, 2002.

［226］Meadows, D. H. , Meadows, D. L. , Randers, J. W. & W. W. Behrens III. *The Limits to Growth* ［M］. Universe Books, New York, NY, 1972.

［227］Meadows, D. H. , Randers, J. & D. L. Meadows. *Limits to Growth: The 30-year Update* ［M］. Earthscan, London and Sterling, VA. , 2004.

［228］Mervyn King. Global Imbalances: The Perspective of the Bank of England ［J］. *Financial Stability Review*, 2011 (15): 43 - 48.

［229］Minsky, H. P. *John Maynard Keynes* ［M］. New York: Columbia

University Press, 1975.

[230] Minsky, H. P. *Stabilizing an Unstable Economy* [M]. New Haven, CT: Yale University Press, 1986.

[231] Minsky, H. P. Money and Crisis in Schumpeter and Keynes [M] // Wagener H. J. & J. W. Druker (eds.). *The Economic Law of Motion in Modern Society: A Marx-Keynes-Schumpeter Centennial.* Cambridge, UK: Cambridge University Press, 1986: 113.

[232] Minsky, H. P. Schumpeter: Finance and Evolution [M] //Arnold Heertje, Mark Perlman. & Ann Arbor. *Evolving Technology and Market Structure: Studies in Schumpeterian Economics.* The University of Michigan Press, 1990: 55.

[233] Minsky, H. P. Finance and Stability: The Limits of Capitalism [J]. Working Paper No. 93, Jerome Levy Economics Institute, May 1993.

[234] Minsky, H. P. Schumpeter and Finance [M] //Salvatore Biasco, Alessandro Roncaglia & Michele Salvati. *Market and Institutions in Economic Development: Essays in Honor of Paulo Sylos Labini.* New York: St. Martin's Press, 1993.

[235] Minsky, H. P., Delli Gatti, D. & M. Gallegati. *Financial Institutions, Economic Policy and the Dynamic Behavior of the Economy* [R]. Working Paper #126, The Jerome Levy Economics Institute of Bard College, October 1994.

[236] Minsky, H. P. Longer Waves in Financial Relations: Financial Factors in the More Severe Depressions Ⅱ [J]. *Journal of Economic Issues*, 1995, 29 (1): 83 – 96.

[237] Minsky, H. P. Uncertainty and the Institutional Structure of Capitalist Economies [J]. Working Paper, No. 155, Jerome Levy Economics Institute, April 1996.

[238] Minsky, H. P. Uncertainty and the Institutional Structure of Capitalist Economies: Remarks upon Receiving the Veblen-Commons [J]. *Journal of Economic Issues*, 1996, 30 (2): 357 – 368.

[239] Minsky, H. P. & C. J. Whalen. Economic Insecurity and the Institutional Prerequisites for Successful Capitalism [J]. *Journal of Post Keynesian Economics*, 1996, 19 (2): 155 – 170.

[240] Mitchell, W. F. & M. J. Watts. The Path to Full Employment [J].

Australian Economic Review, 1997, 30 (4): 405 –417.

[241] Moore, G. & E. Stockhammer. The Drivers of Household in Debtedness Reconsidered: An Empirical Evaluation of Competing Arguments on the Macroeconomic Determinants of Household in Debtedness in OECD Countries? [J]. *Journal of Post Keynesian Economics*, 2018, 41 (4): 547 –577.

[242] Mosler, W. Full Employment and Price Stability [J]. *Journal of Post-Keynesian Economics*, 1997, 20 (2): 167 –182.

[243] Mummery, A. F. & J. A. Hobson. The Physiology of Industry: Being an Exposure of Certain Fallaciesin Existing Theories of Economics [M]. John Murray, London, 1889.

[244] Naastepad, C. W. M. & S. Storm. OECD Demand Regimes (1960 – 2000) [J]. *Journal of Post-Keynesian Economics*, 2006, 29 (2): 211 –246.

[245] Naastepad, C. W. M. Technology, Demand and Distribution: A Cumulative Growth Model with an Application to the Dutch Productivity Growth Slowdown [J]. *Cambridge Journal of Economics*, 2006, 30 (3): 403 –434.

[246] Nikiforos, M. & D. K. Foley. Distribution and Capacity Utilization: Conceptual Issues and Empirical Evidence [J]. *Metroeconomica*, 2012, 63 (1): 200 –229.

[247] Nikolaidi, M. Margins of Safety and Instability in a Macrodynamic Model with Minskyan Insights [J]. *Structural Change and Economic Dynamics*, 2014 (31): 1 –16.

[248] Nishi, H. A Dynamic Analysis Of Debt-led and Debt-burdened Growth Regimes with Minskyian Financial Structure [J]. *Metroeconomica*, 2012, 63 (4): 634 –660.

[249] Ocasio Cortez, A. , Hastings, T. & C. M. Serrano. Recognizing the Duty of the Federal Government to Create a Green New Deal [J]. *H. RES*, 2019: 109.

[250] Onaran, Ö. & E. Stockhammer. Two Different Export-oriented Growth Strategies: Accumulation and Distribution in Turkey and South Korea [J]. *Emerging Markets Finance and Trade*, 2005, 41 (1): 65 –89.

[251] Onaran, Ö. , Stockhammer, E. & L. Grafl. Financialisation, Income

Distribution and Aggregate Demand in the USA [J]. *Cambridge Journal of Economics*, 2011, 35 (4): 637 – 661.

[252] Onaran, Ö. & G. Galanis. Is Aggregate Demand Wage-led or Profifitled National and Global Effects [J]. *Conditions of Work and Employment Series No.* 40, Geneva: International Labour Offifice, 2012.

[253] Onaran Ö. How to Create More and Better Jobs Via a Wage-led Recovery in Europe? [C]. Paper to be Presented at the Euromemo Conference, 20 – 21 Sept 2013.

[254] Onaran, Ö. & G. Galanis. Income Distribution and Growth: A Global Model [J]. *Environment and Planning* A, 2014, 46 (10): 2489 – 2513.

[255] Onaran, Ö. Wage Versus Profit-led Growth in the Context of Globalization and Public Spending: the Political Aspects of Wage-led Recovery [J]. *Review of Keynesian Economics*, 2016, 4 (4): 458 – 474.

[256] Onaran, Ö. & T. Obst. Wage-led Growth in the EU15 Member-states: The Effects of Income Distribution on Growth, Investment, Trade Balance and Inflation [J]. *Cambridge Journal of Economics*, 2016, 40 (6): 1517 – 1551.

[257] Onaran, Ö. Secular Stagnation and Progressive Economic Policy Alternatives [J]. *European Journal of Economics and Economic Policies: Intervention*, 2016, 13 (2): 229 – 240.

[258] Palley, T. I. *Plenty of Nothing: The Downsizing of the American Dream and the Case for Structural Keynesianism* [M]. Princeton, New Jersey, USA, Princeton University Press, 1998.

[259] Palley, T. I. Asset Price Bubbles and the Case for Asset-Based Reserve Requirements [J]. *Challenge*, 2003, 46 (3): 53 – 72.

[260] Palley, T. I. Asset-Based Reserve Requirements: Reasserting Domestic Monetary Control in an Era of Financial Innovation and Instability [J]. *Review of Political Economy*, 2004, 16 (1): 43 – 58.

[261] Palley, T. I. America's Exhausted Paradigm: Macroeconomic Causes of the Financial Crisis and Great Recession [J]. Working Paper No. 02/2009, Hochschule für Wirtschaft und Recht belin, Institute for International Politcal Economy (IPE), Berlin, 2009.

[262] Palley, T. I. The Economics of Wage-led Recovery: Analysis and Policy Recommendations [J]. *International Journal of Labour Research*, 2011, 3 (2): 219 – 244.

[263] Palley, T. I. The Rise and Fall of Export-Led Growth [J]. *Investigación Económica*, 2012, 280 (71): 141 – 161.

[264] Palley, T. I. *From Financial Crisis to Stagnation: The Destruction of Shared Prosperity and the Role of Economics* [M]. Cambridge, Cambridge University Press, 2012.

[265] Palley T. I. *Financialization: The Economics of Finance Capital Domination* [M]. Basingstoke, UK: Palgrave Macmillan, 2013.

[266] Palley, T. I. The Theory of Global Imbalances: Mainstream Economics vs. Structural Keynesianism [J]. *Review of Keynesian Economics*, 2015, 3 (1): 45 – 62.

[267] Palley, T. I. Why Negative Iinterest Rate Policy (NIRP) is Ineffective and Dangerous [J]. *Real-World Economics Review*, 2016 (76): 5 – 15.

[268] Palley, T. I. Zero Lower Bound (ZLB) Economics: The Fallacy of New Keynesian Explanations of Stagnation [J]. IMK Working Paper 164, Macroeconomic Policy Institute (IMK), Dusseldorf, 2016.

[269] Palley, T. I. Why ZLB Economics and Negative Interest Rate Policy (NIRP) are wrong [J]. IMK Working Paper No. 172, 2016.

[270] Palley, T. I. Three Globalizations, Not Two: Rethinking the History and Economics of Trade and Globalization [J]. *European Journal of Economics and Economic Policies: Intervention*, 2018, 15 (2): 174 – 192.

[271] Palley, T. I. The Fracturing of Globalization: Implications of Economic Resentments and Geopolitical Contradictions [J]. *Challenge*, 2019, 62 (1): 49 – 66.

[272] Palley, T. I. The Fallacy of the Natural Rate of Interest and Zero Lower Bound Economics: Why Negative Interest Rates May not Remedy Keynesian Unemployment [J]. *Review of Keynesian Economics*, 2019, 7 (2): 151 – 170.

[273] Palley, T. I. Inequality and Stagnation by Policy Design: Mainstream Denialism and Its Dangerous Political Consequences [J]. *Challenge*, 2019, 62

（2）：128 – 143.

［274］ Pasquale Commendatore. Keynesian Theories of Growth ［J］. Working Paper, 2001.

［275］ Pavlina R. Tcherneva. The Job Guarantee: Design, Jobs, and Implementation ［J］. Levy Economics Institute of Bard College Working Paper, No. 902, 2018.

［276］ Peterson, W. C. Institutionalism, Keynes and the Real World ［J］. *Journal of Economic Issues*, 1977 （11）: 201 – 221.

［277］ Peterson, W. C. Macroeconomic Theory and Policy in an Institutionalist Perspective ［J］. *Journal of Economic Issues*, 1987, 21 （4）: 1587 – 1621.

［278］ Pollin, R., Garrett Peltier, H., Heintz, J. & H. Scharber. Green Recovery: A Program to Create Good Jobs and Start Building a Low-Carbon Economy ［J］. *PERI and the Centerfor American Progress*, 2008.

［279］ Poitras, G. The Philosophy of Investment: A Post Keynesian Perspective ［J］. *Journal of Post Keynesian Economics*, 2002, 25 （1）: 105 – 121.

［280］ Pressman, S. How Low can We Go? The Limits of Monetary Policy ［J］. *Review of Keynesian Economics*, 2019, 7 （2）: 137 – 150.

［281］ Randall Wray, L. The Return of Big Government: Policy Advice for President Obama ［J］. Economics Public Policy Brief No. 99, Levy Economics Institute, 2009.

［282］ Randall Wray, L. Money in Finance ［J］. Levy Economics Institute of Bard College Working Paper No. 656, 2011.

［283］ Randall Wray, L. Lessons We Should Have Learned from the Global Financial Crisis but Didn't ［J］. Levy Economics Institute of Bard College Working Paper No. 681, 2011.

［284］ Randall Wray, L. Introduction to an Alternative History of Money ［J］. Economics Working Paper No. 717, Levy Economics Institute, 2012.

［285］ Randall Wray, L. & Fernandez Lommen, Yolanda. Monetary and Fiscal Operations in the People's Republic of China: An Alternative View of the Options Available ［J］. Asian Development Bank Economics Working Paper Series No. 380, Asian Development Bank, 2013.

[286] Randall Wray, L. & Xinhua Liu. Options for China in a Dollar Standard World: A Sovereign Currency Approach [J]. Levy Economics Institute of Bard College Working Paper, No. 783, 2014.

[287] Randall Wray, L. From the State Theory of Money to Modern Money Theory: An Alternative to Economic Orthodoxy [J]. Levy Economics Institute of Bard College Working Paper, No. 792, 2014.

[288] Randall Wray, L. A Consensus Strategy for a Universal Job Guarantee Program [J]. Economics Policy Note Archive18 – 3, Levy Economics Institute, 2018.

[289] Rezai, A. Demand and Distribution in Integrated Economies [J]. *Cambridge Journal of Economics*, 2015, 39 (5): 1399 – 1414.

[290] Ricardo, D. On the Principles of Political Economy and Taxation [M] //Sraffa P (ed.). *The Works and Correspondence of David Ricardo, Vol I: On the Principles of Political Economy and Taxation.* Cambridge University Press for the Royal Economic Society, London, [1817] 1951.

[291] Ricardo J. Caballero. On the Macroeconomics of Asset Shortages [D]. Working Paper12753, Cambridge, MA: National Bureau of Economic Research, 2006.

[292] Ricardo J. Caballero, Emmanuel Farhi & Pierre-Olivier Gourinchas. An Equilibrium Model of 'Global Imbalances' and Low Interest Rates [J]. *American Economic Review*, 2008, 98 (1): 358 – 393.

[293] Ricardo J. Caballero. Commentary: Global Imbalances and the Financial Crisis: Products of Common Causes [C]. Asia Economic Policy Conference 1st: 2009, San Francisco, Calif.

[294] Ricardo J. Caballero, Emmanuel Farhi & Pierre-Olivier Gourinchas. Global Imbalances and Currency Wars at the ZLB [D]. Working Paper 21670, Cambridge, MA: National Bureau of Economic Research, 2015.

[295] Robert Boyer. Is a Finance-led Growth Regime a Viable Alternative to Fordism? A Preliminary Analysis [J]. *Economy and Society*, 2000, 29 (1): 111 –145.

[296] Robinson, J. *Essays in the Theory of Economic Growth* [M]. London:

Macmillan, 1962.

[297] Robinson, J. *Economics Heresies: Some Old-fashioned Questions in Economic Theory* [M]. London: Macmillan, 1971.

[298] Roncaglia, A. On the Compatibility between Keynes's and Sraffa's Viewpoints on Output Levels [M] //*Income and Eomployment in Theory and Practice: Essays in Memory of Athannasios Asimakopulos.* London: Macmilian Press, 1995: 111 – 125.

[299] Rowthorn, B. Demand Real Wages and Economic Growth [J]. *Thames Papers in Political Economy*, 1981.

[300] Ryoo, S. Long Waves and Short Cycles in a Model of Endogenous Financial Fragility [J]. *Journal of Economic Behaviour and Organization*, 2010, 74 (3): 163 – 186.

[301] Ryoo, S. Minsky Cycles in Keynesian Models of Growth and Distribution [J]. *Review of Keynesian Economics*, 2013, 1 (1): 37 – 60.

[302] Ryoo, S. Household Debt and Housing Bubble: a Minskian Approach to Boom-bust Cycles [J]. *Journal of Evolutionary Economics*, 2016, 26 (5): 971 – 1006.

[303] Salvatore, D. Twin Deficits in the G – 7 Countries and Global Structural Imbalances [J]. *Journal of Policy Modeling*, 2006, 28 (6): 701 – 712.

[304] Sasaki, H. & S. Fujita. The Importance of the Retention Ratio in a Kaleckian Model with Debt Accumulation [D]. Kyoto University, Graduate School of Economics, Research Project Center Discussion Paper Series (E – 10 – 008), 2010.

[305] Schoder, C. Credit vs. Demand Constraints: the Determinants of US Firm-level Investment over the Business Cycles from 1977 to 2011 [J]. *North American Journal of Economics and Finance*, 2013, 26 (1): 1 – 27.

[306] Schumpeter, J. A. The March into Socialism [J]. *American Economic Review*, 1950, 40 (2): 446 – 456.

[307] Sciacchitano, K. Fighting for a Jobs and Wage-led Recovery [J]. *Rank and File Economics*, 2011: 13 – 19.

[308] Skott, P. Increasing Inequality and Financial Instability [J]. *Review of Radical Political Economics*, 2013, 45 (4): 478 – 488.

[309] Simonazzi, A. , Ginzburg, A. & G. Nocella. Economic Relations Between Germanyand Southern Europe [J]. *Cambridge Journal of Economics*, 2013, 37 (3): 653 – 675.

[310] Solow, R. W. Alternative Approaches to Macroeconomics: A Partial View [J]. *Canadian Journal of Economics*, 1979, 12 (3): 339 – 354.

[311] Sotiropoulos, D. P. , Milios, J. & S. Lapatsioras. Demystifying Finance: How to Understand Financialization and Think of Strategies for a Good Society [M] //Marangos J. (ed.). *Alternative Perspectives of a Good Society*. Basingstoke, UK: Palgrave Macmillan, 2012: 99 – 120.

[312] Steindl, J. *Maturity and Stagnation in American Capitalism* [M]. Oxford, Basil Blackwell, [1952] 1976.

[313] Steindl, J. *Economic Papers* 1941 – 88 [M]. UK: Palgrave Macmillan, 1990.

[314] Stephanie A. Kelton & L. Randall Wray. Can Euroland Survive? [D]. Economics Public Policy Brief No. 106, Levy Economics Institute, 2009.

[315] Stockhammer, E. & Ö Onaran. Accumulation, Distribution and Employment: A Structural VAR Approach to a Kaleckian Macro Model [J]. *Structural Change and Economic Dynamics*, 2004, 15 (4): 421 – 447.

[316] Stockhammer, E. Finacialisation and the Slowdown of Accumulation. *Cambridge Journal of Economics*, 2004, 28 (5): 719 – 741.

[317] Stockhammer, E. & S. Ederer. Demand Effects of the Falling Wage Share in Austria [J]. *Empirica*, 2008 (35): 481 – 502.

[318] Stockhammer, E. , Onaran, Ö. & S. Ederer. Functional Income Distribution and Aggregate Demand in the Euro Area [J]. *Cambridge Journal of Economics*, 2009, 33 (1): 139 – 159.

[319] Stockhammer, E. & R. Stehrer. Goodwin or Kalecki in Demand? Functional Income Distribution and Aggregate Demand in the Short Run [J]. *Review of Radical Political Economics*, 2011 (43): 506 – 522.

[320] Stockhammer, E. , Hein, E. & L. Grafl. Globalization and the Effects of Changes in Functional Income Distribution on Aggregate Demand in Germany [J]. *International Review of Applied Economics*, 2011, 25 (1): 1 – 23.

［321］ Stockhammer, E. Wage-led Growth: an Introduction ［J］. *Kingston University Economics Discussion Papers*, 2011, No. 1.

［322］ Stockhammer, E. & Ö. Onaran. Rethinking Wage Policy in the Face of the Euro Crisis. Implications of the Wage-led Demand Regime ［J］. *International Review of Applied Economics*, 2012, 26 (2): 191 – 203.

［323］ Stockhammer E. & Ö. Onaran. Wage-led Growth: Theory, Evidence, Policy ［J］. *Review of Keynesian Economics*, 2013, 1 (1): 61 – 78.

［324］ Stockhammer, E. Rising Inequality as a Cause of the Present Crisis ［J］. *Cambridge Journal of Economics*, 2015, 39 (3): 935 – 958.

［325］ Stockhammer, E. & R. Wildauer. Debt-driven Growth? Wealth, Distribution and Demand in OECD Countries ［J］. *Cambridge Journal of Economics*, 2016, 40 (6): 1609 – 1634.

［326］ Stockhammer, E. & J. Michell. Pseudo-Goodwin Cycles in a Minsky Model ［J］. *Cambridge Journal of Economics*, 2017, 41 (1): 105 – 125.

［327］ Stockhammer, E. An Update on Kalecki-Minsky Modeling ［J］. *European Journal of Economics and Economic Policies: Intervention*, 2019, 16 (2): 179 – 192.

［328］ Storm, S. & C. W. M. Naastepad. OECD Demand Regimes (1960 – 2000) ［J］. *Journal of Post Keynesian Economics*, 2007, 29 (2): 211 – 246.

［329］ Storm, S. & C. W. M. Naastepad. The Productivity and Investment Effects of Wage-led Growth ［J］. *International Journal of Labour Research*, 2011, 3 (2): 197 – 218.

［330］ Storm, S. & C. W. M. Naastepad. *Macroeconomics beyond the NAIRU* ［M］. Cambridge, MA: Harvard University Press, 2012.

［331］ Storm, S. & C. W. M. Naastepad. Wage-led or Profit-led Supply: Wages, Productivity and Investment ［M］//Lavoie M. & E. stockhammer. *Wage-led Growth: An Equitable Strategy for Economic Recovery*. Bastoke: Palgrave Macmillan, 2014: 100 – 124.

［332］ Storm, S. & C. W. M. Naastepad. Europe's Hunger Games: Income Distribution, Cost Competitiveness and Crisis ［J］. *Cambridge Journal of Economics*, 2014, 39 (3): 959 – 986.

[333] Storm, S. & C. W. M. Naastepad. NAIRU Economics and the Eurozone Crisis [J]. *International Review of Applied Economics*, 2015, 29 (6): 843 – 877.

[334] Storm, S. & C. W. M. Naastepad. Germany's Recovery from Crisis: The Real Lessons [J]. *Structural Change and Economic Dynamics*, 2015, 32 (1): 11 – 24.

[335] Storm, S. & C. W. M. Naastepad. Structural Divergence and Crisis in the Eurozone: The Role of NAIRU Economics [J]. *Contemporary Issues in Macroeconomics*, 2016: 101 – 128.

[336] Storm, S. The New Normal: Demand, Secular Stagnation, and the Vanishing Middle Class [J]. *International Journal of Political Economy*, 2017, 46 (4): 169 – 210.

[337] Storm, S. Lost in Deflation: Why Italy's Woes Are a Warning to the Whole Eurozone [J]. *International Journal of Political Economy*, 2019, 48 (3): 195 – 237.

[338] Storm, S. The Secular Stagnation of Productivity Growth [J]. Working Papers Series 108, Institute for New Economic Thinking, 2019.

[339] Summers, L. H. A Conversation on New Economic Thinking [EB/OL]. http://larrysummers.com/commentary/speeches/brenton-woods-speech/, April 8, 2011.

[340] Summers, L. H. Have We Entered an Age of Secular Stagnation? [C]. Speech at the IMF Fourteenth Annual Research Conference in Honor of StanleyFisher, 08 Nov. 2013, International Monetary Fund, Washington.

[341] Summers, L. H. Reflections on the New Secular Stagnation Hypothesis [M] //Teulings C. & R. Baldwin. *Secular Stagnation: Facts, Causes and Cures.* CEPR Press, London, 2014.

[342] Summers, L. H. Low Equilibrium, Real Rates, Financial Crisis, and Secular Stagnation [M] //Baily, M. N. & J. B. Taylor. *Across the Great Divide: New Perspectives on the Financial Crisis.* Hoover Institution Press, Stanford, CA, 2014.

[343] Summers, L. US Economic Prospects: Secular Stagnation, Hysteresis, and the Zero Lower Bound [J]. *Business Economics*, 2014, 49 (2): 65 – 73.

［344］Summers，L. H. Demand Side Secular Stagnation ［J］. *American Economic Review*，2015，105（5）：60 – 65.

［345］Summers，L. H. Equitable Growth in Conversation：An Interview with Lawrence H. Summers ［EB/OL］. Washington Center for Equitable Growth Evidence for a Stronger Economy，Washington，DC，2016 – 02 – 11.

［346］Sweezy，P. M. & H. Magdoff. Production and Finance ［J］. *Monthly Review*，1983，35（1）：1 – 13.

［347］Sweezy，P. M. & H. Magdoff. The Financial Explosion ［J］. *Monthly Review*，1985，37（7）：1 – 10.

［348］Sweezy，P. M. Monopoly Capital After Twenty-five Years ［J］. *Monthly Review*，1991，43（7）：52 – 57.

［349］Sweezy，P. M. The Triumph of Financial Capital ［J］. *Monthly Review*，1994，46（2）：1 – 11.

［350］Sweezy，P. M. More（or Less）On Globalization ［J］. *Monthly Review*，1997，49（4）：1 – 4.

［351］Sylos Labini P. *The Forces of Economic Growth and Decline* ［M］. Cambridge，MA：MIT Press，1971.

［352］Taylor,L. A Stagnationist Model of Economic Growth ［J］. *Cambridge Journal of Economics*，1985，9（4）：383 – 403.

［353］Taylor，L. & Ö. Ömer. Race to the Bottom：Low Productivity，Market Power，and Lagging Wages ［J］. International Journal of Political Economy，2019，48（1）：1 – 20.

［354］Tcherneva，P. R. The Job Guarantee：Design，Jobs，and Implementation ［J］. Levy Economics Institute of Bard College Working Paper，No. 902，2018.

［355］Tobin，J. Theoretical Issues in Macroeconomic ［M］//Feiwel，G. *Issues in Contemporary Macroeconomics and Distribution*. Albany：Albany State University of New York Press，1985.

［356］Todorova，Z. What Makes a Bailout Acceptable? ［J］. *Journal of Economic Issues*，2009（43）：319 – 325.

［357］Tomas Dallery. Post-keynesian Theories of the Firm under Financialization ［J］. *Review of Radical Political Economics*，2009，41（4）：492 – 515.

［358］ Tymigne, E. Financial Stability, Regulator Buffers and Economic Growth after the Great Recession: Some Regulatory Implications ［M］//Whalen, C. J. (ed.). *Financial Instability and Economic Security after the Great Recession.* Edward Elgar, Cheltenham, 2011: 114 – 140.

［359］ Van der Zwan, N. Making Sense of Financialization ［J］. *Socio-Economic Review*, 2014, 12 (1): 99 – 129.

［360］ Van Treeck, T. Reconsidering the Investment-profit Nexus in Finance-led Economies: An ARDL-based Approach ［J］. *Metroeconomica*, 2008, 59 (3): 371 – 404.

［361］ Van Treeck T. & S. Sturn. Income Inequality as a Cause of the Great Recession? A Survey of Current Debates ［J］. Conditions of Work and Employment Series, No. 39, 2012.

［362］ Van Treeck T. Did Inequality Cause the U. S. Financial Crisis? ［J］. *Journal of Economic Surveys*, 2014, 28 (3): 421 – 448.

［363］ Vergeer, R. & A. Kleinknecht. The Impact of Labor Market Deregulation on Productivity: A Panel Data Analysis of 19 OECD Countries (1960 – 2004) ［J］. *Journal of Post Keynesian Economics*, 2010, 33 (2): 369 – 405.

［364］ Vladimir Klyuev. The United States: Resolving 'Twin' Deficits ［M］// Hamid Faruqee & Krishna Srinivasan. *Global Rebalancing: A Roadmap for Economic Recovery.* Washington, D. C.: International Monetary Fund, 2013: 21 – 37.

［365］ Vickers, D. *Economics and the Antagonism of Time* ［M］. Ann Arbor: University of Mochigan Press, 1994.

［366］ Wade, R. The Global Slump Deeper Causes and Harder Lessons ［J］. *Challenge*, 2009, 52 (5): 5 – 24.

［367］ Walters, B. & D. Young. On the Coherence of Post Keynesian Economics ［J］. *Scott ish Journal of Political Economy*, 1997, 44 (3): 329 – 349.

［368］ Whalen, C. J. Integrating Schumpeter and Keynes: Hyman Minsky's Theory of Capitalist Development ［J］. *Journal of Economic Issues*, 2001, 35 (4): 805 – 823.

［369］ Whalen, C. J. Understanding the Credit Crunch as a Minsky Moment ［J］. *Challenge*, 2008 (51): 91 – 109.

［370］Whalen, C. J. Economic Policy for the Real World ［D］. Policy Note, No. 2010 - 1. Annandale-on-Hudson, NY: Levy Economics Institute of Bard College, 2010.

［371］Whalen, C. J. A Minsky Perspective on the Global Recession of 2009 ［M］//Daniela Tavasci & Jan Toporowsk. *Minsky, Crisis and Development.* London: Palgrave Macmillan, 2010: 106 - 126.

［372］Whalen, C. J. An Institutionalist Perspective on the Global Financial Crisis ［M］//Kates, S. (ed.). *Macroeconomic Theory and Its Failings.* Edward Elgar, Cheltenham, 2010: 235 - 259.

［373］Whalen, C. J. Post-Keynesian Institutionalism after the Great Recession ［Z］. Working Paper No. 724, Congressional Budget Office, May 2012.

［374］Whalen, C. J. Understanding Fnancialization: Standing on the Shoulders of Minsky ［J］. *E-Finance*, 2017 (13): 45 - 61.

［375］Whalen, C. J. Post-Keynesian Institutionalism: Past, Present, and Future ［J］. *Evolutionary and Institutional Economics Review*, 2020, 17 (1): 71 - 92.

［376］Wierts, P. , Van Kerkhoff H. & J. de Haan. Composition of Exports and Export Performance of Eurozone Countries ［J］. *Journal of Common Market Studies*, 2014, 52 (4): 928 - 941.

［377］Wilber, C. K. & K. P. Jameson. *An Inquiry into the Poverty of Economics* ［M］. Notre Dame, Indiana: University of Notre Dame Press, 1983.

［378］Lazonick, W. & Mary O'sullivan. Maximizing Shoreholder Value: A New Idelogy for Corporate Governace ［J］. *Economy and Society*, 2000, 29 (1): 13 - 35.

［379］Wood, A. *A Theory of Profits* ［M］. Cambridge: Cambridge University Press, 1975.

［380］Wray, L. R. *Understanding Modern Money: The Key to Full Employment and Price Stability* ［M］. Aldershot, England: Edward Elgar, 1999.

［381］Wray, L. R. The Return of Big Government: Policy Advice for President Obama ［A］. Economics Public Policy Brief No. 99, Levy Economics Institute, 2009.

［382］Wray, L. R. The Rise and Fall of Money Manager Capitalism: A Minskian Approach ［J］. *Cambridge Journal of Economics*, 2009, 33 （4）: 807 – 828.

［383］ Wray, L. Minsky's Money Manager Capitalism and the Global Financial Crisis ［J］. *International Journal of Political Economy*, 2011, 40 （2）: 5 – 20.

［384］ Wray, L. Randall. *Minsky Crisis* ［A］. Working Paper, No. 659, 2011, Levy Economics Institute of Bard College, Annandale-on-Hudson, NY.

［385］ Wray, L. R. *Modern Money Theory*: *A Primer on Macroeconomics for Sovereign Monetary Systems* ［M］. 1st ed, London: Palgrave Macmillan, 2012.

［386］ Yellen, J. L. A Minsky Meltdown: Lessons for Central Bankers. ［C］. 18*th Annual Hyman P. Minsky Conference on the State of the U. S. and World Economies*, New York, Levy Economics Institute of Bard College, 2009.

［387］ Yeva Nersisyan & L. Randall Wray. How to Pay for the Green New Deal ［A］. Economics Working Paper Series 931, Levy Economics Institute, 2019.

［388］ Yeva Nersisyan & L. Randall Wray. Can We Afford the Green New Deal? ［J］. *Journal of Post Keynesian Economics*, 2021, 44 （1）: 68 – 88.

［389］ Yilmaz, S. D. & E. Stockhammer. Coupling Cycle Mechanisms: Minsky Debt Cycles and the Multiplier-Accelerator ［A］. Working Paper hal-02012724, 2019.

［390］ Zalewski, D. A. Collective Action Failures and Lenders of Last Resort: Lessons from the US Foreclosure Crisis ［J］. *Journal of Economic Issues*, 2012 （46）: 333 – 342.

［391］ Zalewski, D. A. Uncertainty, Control, and Karl Polanyi's Protective Response ［J］. *Journal of Economic Issues*, 2018 （52）: 483 – 489.